नरक मसीहा

[उपन्यास]

नरक मसीहा

भगवानदास मोरवाल

राजकमल प्रकाशन

ISBN : 978-81-267-2708-7

मूल्य : ₹650

पहला संस्करण : 2014
तीसरा संस्करण : 2021

प्रकाशक : राजकमल प्रकाशन प्रा. लि.
1-बी, नेताजी सुभाष मार्ग, दरियागंज
नई दिल्ली-110 002

शाखाएँ : अशोक राजपथ, साइंस कॉलेज के सामने, पटना-800 006
पहली मंज़िल, दरबारी बिल्डिंग, महात्मा गांधी मार्ग, प्रयागराज-211 001
36 ए, शेक्सपियर सरणी, कोलकाता-700 017

वेबसाइट : www.rajkamalprakashan.com
ई-मेल : info@rajkamalprakashan.com

मुद्रक : बी.के. ऑफसेट
नवीन शाहदरा, दिल्ली-110 032

NARAK MASIHA
Novel by Bhagwandas Morwal

जो गरीबी की आदर्श स्थिति में हैं वे दुनिया के सारे खजाने के मालिक होते हैं। दूसरे शब्दों में वह सब कुछ, जिसकी तुम्हें जरूरत है, तुम पाओगे। अगर तुम्हें खाने की जरूरत है, खाना तुम्हारे पास आएगा।

—महात्मा गांधी

लंदन, 1931

गरीबी ईश्वर का उपहार है और यह हमेशा बनी रहेगी। अगर दुनिया से गरीबी खत्म हो जाए तो हम बेरोजगार हो जाएँगे।

—सिस्टर निर्मला

भारतरत्न मदर टेरेसा की उत्तराधिकारी

नरक मसीहा

एक

ऐसी प्रचंड गरमी गंगाधर आचार्य ने अपनी जिंदगी में कभी नहीं देखी।

मध्य जून के आग बरसाते लू के थपेड़ों से झुलसे और पसीने से तर आचार्य जी के जिस्म को वातानुकूलित स्वागत कक्ष की ठंडक ने हल्के-से दबोचा ही था कि किसी कार के रुकने, और एकाएक बढ़ती गहमागहमी ने उन्हें झिंझोड़ते हुए जगा दिया।

बाहर अभी-अभी आकर रुकी बगुले-सी सफेद अम्बेसडर कार की ओर लपकते बदहवास चपरासियों, स्वागत अधिकारी की मुस्तैदी और वहाँ पहले से बैठे आगंतुकों की भंगिमाओं-मुद्राओं से आचार्य जी ने भाँप लिया कि जिसका इस प्रचंड गरमी में पूरे स्वागत कक्ष को इंतजार था, वह आ चुकी है। एकाएक उनका हाथ सिर पर गया, तो पाया उनकी दुपल्ली टोपी अपनी जगह पर नहीं है। हड़बड़ाते हुए आचार्यजी ने नीचे सरक गई टोपी को उठाया और उसे वापस उसकी जगह पर रख दिया।

पल-भर के लिए गंगाधर आचार्य की आँखें धोखा खा गईं। इससे पहले कि वे स्मृतियों के पुराने रेखाचित्रों में रंग भर पाते, स्वागत कक्ष का मुख्य द्वार खुला और सधी हुई पदचाप के साथ आँखों पर चढ़े कीमती काले चश्मे ने उनके पास आकर स्वागत किया, "नमस्कार आचार्यजी! माफ करना आपको इंतजार करना पड़ा। वो क्या है कि फ्लाइट लेट हो गई थी। आइए!"

गंगाधर आचार्य स्वागत कक्ष का मुख्य द्वार खुलते ही, उसमें प्रवेश करते कीमती काले चश्मे के साथ विदेशी इत्र के भभूके के पीछे-पीछे हो लिये। विशाल कमरे में प्रवेश कर, अपनी कुर्सी के ठीक ऊपर टँगी वर्तमान राष्ट्रपति, प्रधानमंत्री, और उन दोनों के मध्य स्निग्ध मुस्कान बिखेरती तस्वीरों को नमन कर काले चश्मे ने आचार्यजी को बैठने का आग्रह किया। बैठते हुए आचार्यजी रह-रहकर सोचते रहे कि उसके सामने बैठे इस काले चश्मे ने, जो संभवतया किसी ने उपहार में दिया होगा, दीवार पर टँगी इन तस्वीरों में से किसे नमन किया होगा—बाईं ओर टँगे राष्ट्रपति को, दाईं ओर लटके प्रधानमंत्री को, या फिर इन दोनों के मध्य एक निश्चित दूरी पर स्निग्ध मुस्कान के साथ झूलते गांधी को!

सामने दीवार पर टँगे एलईडी टीवी की विशाल स्क्रीन पर एक धार्मिक चैनल पर पहले से चल रहे किसी आध्यात्मिक गुरु के प्रवचनों की अनुगूँज से पड़ने वाली बाधा को, रिमोट से कम करते हुए काले चश्मे ने ठीक गांधी-सी महीन मुस्कान उछालते हुए पूछा, ''बताइए, क्या लेंगे?''

''जी कुछ नहीं। आज मेरा उपवास है।'' गंगाधर आचार्य ने पूरी विनम्रता के साथ काले चश्मे के आग्रह को अस्वीकार करते हुए कहा।

''तो क्या आपका वो साप्ताहिक उपवास वाला क्रम अभी भी जारी है?''

''आदत जो पड़ गई है।'' बेहद भोलेपन के साथ कहा आचार्यजी ने।

''ना बाबा, मुझसे नहीं होता अब यह सब। पता नहीं इस उम्र में भी आप कैसे कर लेते हैं।'' चश्मे को आँखों से उतार टिश्यू पेपर से माथे की चिपचिपाहट को पोंछते हुए वापस चढ़ाते हुए बोला काला चश्मा।

''बात आदत की भी नहीं है बहनजी, संयम और अनुशासन की है।''

''आचार्यजी, ऐसा भी क्या अनुशासन जिसे आदमी जिंदगी-भर छाती से चिपकाए रखे।''

इस बीच चपरासी जूस का गिलास रख गया।

''लाइए, पहले काम की बात कर लें!'' जूस का लंबा घूँट भरते हुए बोला काला चश्मा।

गंगाधर आचार्य ने कंधे से लटके, मोटे खादी से बने झोले को उतारा। उसमें से कागजों का पुलिंदा निकाल यह कहते हुए आगे बढ़ा दिया, ''आपने जैसा निर्देश दिया था वैसा ही बना कर लाया हूँ।''

काले चश्मे ने जूस का पहले से लंबा घूँट मारा और उसे हल्के-हल्के हलक से नीचे उतारते हुए होंठों ही होंठों में बुदबुदाया—'सर्वोदयी कल्याण सभा'। अचानक पलटते पन्नों को ठिठकता देख आचार्यजी असहज-से हो उठे।

''मेरा एक सुझाव है आचार्यजी...वैसे यह जरूरी नहीं है कि आप इसे मानें भी, परंतु इस पर विचार जरूर करके देखना कि यहऽऽ सर्वोदयी...कल्याण...सभा नाम अब बीते जमाने की बात नहीं हो गया है? अगर सभा की जगह आश्रम होता, तो क्या कहने!''

गंगाधर आचार्य एक अजीब भूल-भुलैया में भटक गए। नहीं समझ पाए सामने बैठे काले चश्मे का आशय और तात्पर्य।

''दरअसल, सेवाभाव या परोपकार का जो दर्शन इस आश्रम शब्द में निहित है, वह सभा में नहीं है। सभा से लगता है जैसे जमीन पर टाट-पट्टी बिछा कर, या कहीं खुले में जाजम बिछा कर भीड़ जुटा रहे हैं। जबकि आश्रम में मानो गांधी का पूरा चिंतन समाया हुआ है।'' कहते-कहते बापू की तस्वीर के ठीक नीचे बैठा काला चश्मा गहरे चिंतन में डूब गया। कुछ क्षणों के बाद वह वर्तमान में लौटा तो एक

अकल्पनीय सुझाव के साथ, ''वैसेऽऽऽ एक और सुझाव है मेरा कि सभा या आश्रम की जगह ट्रस्ट अथवा फाउंडेशन की तो बात ही कुछ और है—वह भी किसी बड़े नाम के साथ। सबसे बड़ा फायदा ट्रस्ट या फाउंडेशन का यह होता है कि विदेशी अनुदान मिलने में बड़ी सुविधा रहती है।''

गंगाधर आचार्य की आँखें मारे कौतूहल के फैलने लगीं। सिर से सरक गई टोपी को दुरुस्त करने लगे।

''आपको सुनकर हैरानी होगी कि एक ऐसे ही फाउंडेशन के पास...फाउंडेशन का अर्थ समझते हैं न...एक तरह का अंतर्राष्ट्रीय एनजीओ...आज करोड़ों की कर मुक्त संपत्ति है।''

आचार्य जी निर्णय-अनिर्णय की सुरंग में फँस गए। बमुश्किल अपनी दुविधा को व्यक्त कर पाए, ''फिर तो बहनजी, बापू या गांधी का नाम ठीक रहेगा!''

झुँझला उठा इस पर काला चश्मा, ''आचार्यजी, बापू या गांधी का हमने बहुत तेल निकाल लिया। इनके नाम पर लोगों को बहुत ठग लिया। बहुत खा-कमा लिया। कुछ नहीं बचा है अब इनमें। वैसे भी अपने बापू अब कुलीन बैठकों की शोभा और सरकारी दफ्तरों की डिस्टेंपर उखड़ी दीवारों पर टाँगने-भर की वस्तु बन कर रह गए हैं। गांधी अब लोगों के दिलों में नहीं, इन्हीं बैठकों में बसते हैं। इन्हीं कुलीन बैठकों में बापू के संग बिताए गए पलों की गौरवगाथा सुनाई जाती है। वो जमाना गया जब गांधी के विचारों को जन-जन तक पहुँचाने के लिए प्रभात फेरियाँ निकाली जाती थीं।'' कहते-कहते तमतमा उठा काला चश्मा।

गंगाधर आचार्य कुछ नहीं समझ पा रहे हैं।

''बुरा मत मानना आचार्यजी, राष्ट्रीय बाल एवं महिला कल्याण परिषद की अध्यक्ष होने के नाते यहाँ से आपको छोटा-मोटा अनुदान मिल जाएगा लेकिन जिस दिन मैं यहाँ नहीं रहूँगी इसकी कोई गारंटी नहीं है कि आपका यह अनुदान जारी रह पाएगा।'' काले चश्मे ने पहली बार अपना छोटा-सा परिचय देते हुए, भविष्य के प्रति आचार्यजी को चेताते हुए कहा।

गंगाधर आचार्य से सचमुच अब न उठते बन रहा है, न बैठते। वातानुकूलित कमरे में, जिसे चैंबर कहना उचित होगा, दम घुटने लगा।

''बहनजी, अब आप आज्ञा दीजिए!'' गंगाधर आचार्य ने सचमुच उठते हुए जाने की इजाजत माँगी।

''इतनी गर्मी में कहाँ जाएँगे। बाहर आग बरस रही है। ऐसा करिए विजिटिंग रूम में थोड़ा आराम कर लें। तब तक मैं भी कुछ काम निपटा लेती हूँ।''

महीन मुस्कान बिखेरती बापू की तस्वीर के नीचे बिछी कुर्सी की आत्मीयता ने गंगाधर आचार्य की सारी थकान मिटा दी। कुछ देर पहले तक पसीने की चिपचिपाहट से पूरे बदन में जो चींटियाँ रेंग रही थीं, अब जैसे उनकी जगह बर्फ़

की छोटी-छोटी डलियाँ आपस में ठिठोली कर रही हैं। कमरे की शीतलता में पता ही नहीं चला कि कब उनकी आँख लग गई। झपकी खुली तो फिर से जैसे किसी दु:स्वप्न में लौट आए। सामने दीवार पर टँगी घड़ी देखी तो हड़बड़ा कर खड़े हो गए। साढ़े तीन बज चुके हैं। चार बजे तो उन्हें प्रतिष्ठान पहुँचना है।

आचार्यजी अभी कुछ तय कर पाते कि चपरासी ने आकर सूचना दी, ''सर, मैडम तो एक जरूरी मीटिंग के लिए मंत्रालय चली गई हैं।''

अब क्या करें गंगाधर आचार्य ? कैसे जाएँ प्रतिष्ठान ? बाहर लू की प्रचंडता की कल्पना-भर से उन्हें अपनी देह पर फिर से चींटियाँ रेंगती महसूस होने लगीं।

इस बीच चपरासी ने एसी बंद कर दिया। आचार्यजी के लिए इतना ही संकेत काफी था। उन्होंने अपनी दुपल्ली टोपी ठीक की और मार्गदर्शन के लिए चपरासी के पीछे-पीछे स्वागत कक्ष में आ गए। वे कब स्वागत कक्ष से बाहर आए और बाहर आकर कब वे शांति प्रतिष्ठान की तरफ जाने वाली बस में चढ़ गए, उन्हें मानो पता ही नहीं चला।

गंगाधर आचार्य को अभी भी अपनी आँखों पर विश्वास नहीं हो रहा है। उनका मन-पंछी बार-बार, पीछे छोड़ आए दीवार पर टँगे टीवी स्क्रीन पर उभरते दृश्यों के कोलाज में जा भटकता। वे भीतर ही भीतर एक अनजाने रश्क में तप उठे। खचाखच भरी बस में यात्रियों के बीच छूट गए रंध्रों से होता हुआ, लू का कोई थपेड़ा जिस्म से आकर टकराता, तो एक आत्महीनता से वे बिलबिला उठते। यह सोचते हुए उनकी पिंडलियों की नसें फटने लगीं कि कहाँ खादी की हरे किनारे वाली सफेद धोती और कहाँ हल्के कत्थई रंग की विदेशी शिफॉन साड़ी। कहाँ धूप और धूल में सने बिवाई पड़े पाँवों में साइकिल टायर से बनी देसी चप्पलों की फटफट, और कहाँ सुरमई रंग की ब्रांडेड सैंडिल की ऐसी ठसक कि दूर से पता चल जाए किसी सरकारी संस्थान की मुखिया का आगमन हो रहा है। जिस देह से पसीने की आत्मीय गंध फूटा करती थी, उसी देह से विदेशी इत्र का भभूका फूट रहा है। स्वर्ग की कल्पना के अनुसार कहीं कोई ऐसी जगह रही होगी, तो निश्चित ही वह ऐसी ही होगी, जैसी वह देख कर आ रहा है।

गंगाधर आचार्य के अंदर जैसे कुछ चटकने लगा। अनायास उनकी नजर अपने काँधे पर पड़े पसीने से गंधाते गमछे से होती हुई अपने पाँवों की चप्पलों पर पड़ी। छोटी-छोटी अंदर धँसी मिचमिचाती आँखों और स्याह जिल्द वाली अपनी ही त्वचा से उन्हें चिरायंध-सी आने लगी। इसके बर-अक्स हाथों की चिकनी लुनाई और चेहरे की ताँबई आब ने बहन भाग्यवती की उम्र से मानो कई बरस चुरा लिये हों। धूप और अंधड़ों से पैदा हुए तुमुल संघर्ष का एक भी जर्रा नजर नहीं आया—न आँखों में, न चेहरे पर। मांसल कलाइयों में खनकती सोने की चूड़ियों और गले में

हिलोरें मारती मोतियों की माला अर्थात् इस पूरे नख-शिख बाँकपन ने बहन भाग्यवती के वर्तमान को बे-पर्दा कर दिया।

अकारथ और निष्फल लगने लगा गंगाधर आचार्य को अपना आगत। एक क्षण रुककर, चित्त को स्थिर कर वे फिर से लौट गए परिषद की अध्यक्ष बहन भाग्यवती के पास। उन्होंने बहनजी द्वारा कहे गए वाक्यों और शब्दों की तह में उतरकर उनका शांत मन से मनन किया, तो उन्हें इनमें जीवन-व्यवहार और सत्य छिपा हुआ नजर आया। बस से उतर पैदल चलते हुए उन्होंने अपने पास से गुजरती भीड़ को गौर से देखा। उन्हें ऐसा लगा ही नहीं कि इस भीड़ में शामिल किसी का किसी से कोई सरोकार है। वे अपने गंतव्य पर कब पहुँच गए, इसका उन्हें भान ही नहीं होता यदि सामने टँगे, 'गांधी शांति प्रतिष्ठान' बोर्ड पर उनकी नजर नहीं पड़ती। एक गहरा नि:श्वास ले वे प्रतिष्ठान की चाहरदीवारी में प्रवेश कर गए।

बाहर अभी भी गरम लपटें उगलती हवा के थपेड़े, अपनी पूरी प्रचंडता के साथ पूरी मस्ती में चहलकदमी कर रहे हैं। सचमुच आचार्यजी ने अपनी जिंदगी में ऐसी गरमी कभी नहीं देखी।

दो

परिषद की अध्यक्ष बहन भाग्यवती को न जाने क्यों एक अप्रत्याशित-सा डर रह-रहकर सताने लगता है। लगता है जैसे समाजविज्ञानी व स्त्री अध्येता डॉ. वंदना राव और ग्रासरूट फाउंडेशन की एक्जीक्यूटिव डायरेक्टर सानिया पटेल हमेशा उसके इर्द-गिर्द मँडरा रही होती हैं। ऐसा लगता है मानो इन दोनों ने उसे सम्मोहित कर लिया है। इतना सम्मोहित कि दोनों अब उसकी जैसे जरूरत बन चुकी हैं। गंगाधर आचार्य बेशक उनके पुराने सहयोगी रहे हैं, बावजूद इसके बहन भाग्यवती आचार्यजी पर इतना विश्वास नहीं करती है जितना इन दोनों पर करती है।

अपने चैंबर में बहन भाग्यवती बीते दिनों के कुछ पुराने पड़ चुके धुँधले चित्रों से अठखेलियाँ कर रही थी कि इसी बीच इंटरकॉम ने उन्हें रोक दिया। चैंबर का दरवाजा खुलते ही डॉ. वंदना राव और सानिया पटेल का आत्मीयता के साथ स्वागत करते हुए चहकी परिषद की अध्यक्ष बहन भाग्यवती, ''कित्ती लंबी उम्र है आप दोनों की। मैं आपके ही बारे में सोच रही थी।''

''मैम, दिल से एक बार भगवान को याद करो, तो दुःखी होकर वह भी दर्शन दे जाएगा।'' कुर्सी पर बैठते हुए कहा सानिया पटेल ने।

''आज बहुत दिनों बाद आना हुआ इधर?''

''हाँ मैम।'' इस बीच सानिया ने अपने हैंडबैग से पॉलीथीन की छोटी-सी पोटली निकाली और उसे आगे बढ़ाते हुए बोली, ''दरअसल, हम शिरडी चले गए थे श्री साईं के दर्शन करने।''

''अच्छा।'' इतना कह बहन भाग्यवती ने पोटली से आधा दर्जन के करीब छोटी-छोटी पुस्तिकाओं को निकाला, और उन्हें आँख से छुआकर उनके पन्ने पलटने लगी।

''मैम, यह श्री साईं चालीसा है। इसमें साईं बाबा की आरती, बाबा के वचन, उनके भक्तिगीत और हुक्का-चिलम सब एकसाथ हैं।''

''हुक्का-चिलम!'' पुस्तिका के पन्ने पलटते हुए बहन भाग्यवती बड़बड़ाई।

समझ गई समाजविज्ञानी व स्त्री अध्येता डॉ. वंदना राव परिषद की अध्यक्ष का इस तरह बड़बड़ाना। तुरंत अपने समाजविज्ञान और स्त्री-अध्ययन के तर्क और

अनुभव का सहारा लेते हुए समझाने लगी, "वो हुक्का-चिलम नहीं मैम, जो आप समझ रही हैं। वो क्या है कि इस नाम से बाबा का एक छोटा-सा भजन है। दिखाइए, मैं बताती हूँ।" इतना कह डॉ. वंदना ने पुस्तिका वापस ली, और उसमें प्रकाशित 'हुक्का-चिलम' का सस्वर पाठ करते हुए, इसका मर्म और अर्थ दोनों समझाने का प्रयास करने लगी—

"लेना जी महाराज हुक्का भर लाओ, दीन के दयाल साईं अरज सुनियो।
मन की चिलम भरियो तन का तमाखू, ज्ञान अंगार सिलगायो।"

"और मैम, यह श्री साईं लक्ष्मी प्राप्ति मंत्र है। इसका रोजाना जाप करने से धन की प्राप्ति होती है।"

इससे पहले कि सानिया पटेल धन प्राप्ति के दूसरे विधि-विधान बताती, बहन भाग्यवती ने तुरंत दूसरी पुस्तिका अर्थात् श्री साईं लक्ष्मी प्राप्ति मंत्र खोली और मंत्रों का जाप करने लगी, "साईं ब्रह्म साईं विष्णु, साईं मेरा महेश/साईं शारदे साईं लक्ष्मी/ साईं गौरी गणेश।"

एक के बाद एक अध्यक्ष बहन भाग्यवती लक्ष्मी प्राप्ति मंत्रों का जाप करने लगी, और इससे पहले कि वह पुस्तिका में संग्रहीत सत्तावन के सत्तावन मंत्रों को समाप्त कर धन प्राप्त करने की योजना को मूर्त रूप दे पाती, समाजविज्ञानी और स्त्री अध्येता डॉ. वंदना ने यह कहते हुए विघ्न डाला, "मैम, यह हैं साईं रक्षा मंत्र और श्री कष्ट निवारण मंत्र। ये मंत्र आदमी को हर कष्ट से मुक्ति दिलाते हैं।"

परिषद की अध्यक्ष बहन भाग्यवती की सारी योजना पर पानी फेर दिया समाजविज्ञानी ने। सब गड्डमड्ड हो गया। भूल गई बहन भाग्यवती कि उसने आखिर में कौन से मंत्र का जाप किया था। सारी पुस्तिकाओं को एक ओर सरकाते हुए बहन भाग्यवती ने सानिया पटेल से सहजता से पूछा, "सानिया, तुम तो पक्की कम्युनिस्ट रही हो और सुना है कि एक समय सीपीएम की सदस्य भी रही हो... फिर यह एकाएक पूऽऽजा...पाठ!"

"कम्युनिस्ट तो मैम मैं अभी भी हूँ पर इसका मतलब यह नहीं है कि मैं अपनी हिंदू होने की असली पहचान ही भुला दूँ।"

"वैसे मैम यह पूजा-पाठ, आस्था-अनास्था, नास्तिकता-आस्तिकता आदमी का व्यक्तिगत मामला है।" समाजविज्ञानी डॉ. वंदना राव ने सानिया पटेल के तर्क को थोड़ा-सा पुख्ता बनाते हुए कहा।

"वैसे भी पूजा-पाठ आदमी को वामपंथी या दक्षिणपंथी होने से थोड़े रोकता है इसलिए मेरे लिए मेरा ईश्वर या भगवान मेरे मार्क्स से ऊपर है। मार्क्स के लिए मैं अपने ईश्वर का त्याग नहीं कर सकती।"

"मैम, मार्क्सवाद का क्या, वह तो एक विचार है लेकिन ईश्वर, ईश्वर तो सृष्टि का रचयिता है—उस सृष्टि का जहाँ इनसान पहले आता है और विचार बाद

में।'' समाजविज्ञानी डॉ. वंदना राव ने सानिया पटेल की ओर से पुनः मोर्चा सँभालते हुए कहा।

''यह तो आप सही कह रही हैं।'' समाजविज्ञानी व स्त्री अध्येता डॉ. वंदना राव और ग्रासरूट फाउंडेशन की एक्जीयूटिव डायरेक्टर व सीपीएम की पूर्व सदस्य सानिया पटेल के तर्कों से अध्यक्ष बहन भाग्यवती धराशायी हो गई। मार्क्सवाद और ईश्वर के द्वंद्व ने जैसे उसे किसी गहरी सुरंग में धकेल दिया। मगर तुरंत इस सुरंग को भेद कर, बाहर आते हुए खुली हवा में एक आश्वस्ति-भरा गहरा साँस ले, बाहर छोड़ते हुए मन ही मन खुद से कहा, 'अच्छा हुआ, जो वह गांधीवादी है।'

इसी बीच परिषद की उपसचिव मिसेज़ मौर्य ने चैंबर में प्रवेश किया।

''मैम, तीस जनवरी के लिए मुख्य सचिव का पत्र आ गया है। स्टेट गेस्ट का अप्रूवल हो गया है। मैं अब आपका टूर प्रोग्राम बना देती हूँ, क्योंकि इसके बाद एयर टिकट्स भी बुक करानी होंगी।'' इतनी सूचना दे उपसचिव लौटने लगी कि अपनी अध्यक्ष की बगल में पड़ी पुस्तिकाओं पर नजर मारते हुए उसने अनुमान लगाया, ''लगता है मैम, साईं बाबा के दर्शन करके आ रही हैं आप?''

उप सचिव मिसेज़ मौर्य के अनुमान के साथ ही झोले से पुस्तिकाओं का एक और सैट बाहर आया तथा उपसचिव की ओर बढ़ गया।

''यह श्री साईं मंत्र माला है। इसमें साईं के पूरे एक सौ आठ मंत्र संकलित हैं। इन मंत्रों का रोजाना सुबह-शाम भाव-सहित जाप करना चाहिए। फिर इनमें से कोई एक मंत्र लेकर पूरे दिन उसी का मनन करते रहना चाहिए। ऐसा करने से कुछ ही समय में सिद्धि प्राप्त होगी।'' सानिया पटेल ने श्री साईं मंत्र माला की विशेषता बताते हुए बाकायदा एक मंत्र का जाप करके बताया।

उप सचिव मिसेज़ मौर्य यह सोचकर मन ही मन मुस्कराती रही कि अच्छा हिल्ले-सिर लगाया सानिया पटेल और स्त्री अध्येता ने इस परिषद की अध्यक्ष को, अब पढ़ो इन मंत्रों को और तलाशो अपनी मुक्ति का मार्ग।

समाजविज्ञानी व स्त्री अध्येता डॉ. वंदना राव और सानिया पटेल जब भी परिषद की अध्यक्ष बहन भाग्यवती के पास आती हैं, कुछ-न-कुछ लेकर आती हैं।

यदि ये दोनों लस्त-पस्त बदहवास होने का अभिनय करती हुई आती हैं, तो समझो उस दिन ये कुछ-न-कुछ लेकर टलेंगी। अगर ये धड़धड़ाते हुए चैंबर में आएँगी, तो पता चल जाएगा कि ये कोई सूचना लेकर आई हैं। और यदि इनके कानों में झूलती एंटीक-सी दिखनेवाली झुमकियाँ बिना कुछ कहे शरमाने लगें, तो तय है कि ये दोनों कहीं लंबा हाथ मारने की फिराक में हैं। बहन भाग्यवती इन दोनों की एक-एक भंगिमा, इनके कदमों की एक-एक आहट, होंठों की सारी वक्रताओं और आँखों के सभी महीन इशारों अर्थात् अंग-मुद्राओं के एक-एक हिज्जे को

बाँचना सीख गई है। यह बात अलग है कि शुरुआत में इनको नकेल डालने में बहन भाग्यवती को नाकों चने चबाने पड़ गए थे। शुरुआत इन्होंने सूचना के अधिकार नियम के अनुसार परिषद से जुड़ी छोटी-छोटी जानकारियों से की थी, जो थोड़े ही समय बाद अध्यक्ष की निजी जानकारियों में बदलती चली गईं। जब-जब अध्यक्ष के रूप में माँगी गई सूचनाओं की लंबी फेहरिस्त को बहन भाग्यवती पढ़ती, तब-तब उसे लगता मानो शरीर में धँसे दो नुकीले दाँत उसका रक्त चूस रहे हैं। इन्हें देखते ही अध्यक्ष का चेहरा स्याह पड़ता चला जाता। अंतत: एक दिन घाघ मातहत ने अपने मुखिया के चेहरे पर बेबसी और भय की इबारतों को पढ़ ही लिया।

''मैम, आपकी पर्सनल जानकारी लेकर इन्हें क्या मिलेगा?'' घाघ मातहत ने भय को कम करने की कोशिश करते हुए पूछा।

''मिसेज़ मौर्य, ऐसे तथाकथित आरटीआई एक्टिविस्टों को तुम नहीं जानती!''

अध्यक्ष बहन भाग्यवती ने एक निहत्थी वीरांगना की तरह भरभराते हुए कहा। साँसें उखड़ने लगीं। ऐसी साँसें तो तब भी नहीं उखड़ा करती थीं, जब वह दिन-भर उपवास के साथ मीलों लंबी पदयात्राएँ किया करती थी।

''मैम, मुझे तो इनकी नीयत में ही खोट नजर आ रहा है। कहीं आरटीआई की आड़ में ये आपको ब्लैकमेल तो नहीं करना चाह रही हैं।''

''इतनी देर से मैं यही तो समझाने की कोशिश कर रही हूँ।''

''ऐसे तो मैम एक दिन ये दोनों चोट खाएँगी।''

''नहीं मिसेज़ मौर्य, ये दोनों बहुत चालाक हैं। तेज दौड़ने वाले खरगोश की तरह मूर्ख नहीं हैं। बल्कि धीरे-धीरे चलनेवाला वह कछुआ हैं, जो अपने विवेक से काम लेना अच्छी तरह जानता है।''

''अच्छा मैम एक काम करते हैं। इन्हें आजमा कर देखते हैं कि ये सचमुच मूर्ख खरगोश हैं, या अपने विवेक का इस्तेमाल करनेवाला कछुआ।''

''क्या मतलब? मैं कुछ समझी नहीं।'' अध्यक्ष की मारे जिज्ञासा के आँखों की पुतलियाँ ठहर-सी गईं।

''अगले महीने आयोजित होनेवाले सम्मेलन में इन्हें भी आमंत्रित करते हैं। अगर ये दोनों आ जाती हैं तो आपका अंदाजा सही है। यदि नहीं आती हैं तब समझना ये वास्तव में सोशल एक्टिविस्ट हैं।''

''ठीक है मिसेज़ मौर्य, जैसा तुम उचित समझो। इन्हें काबू में करना तुम्हारी जिम्मेदारी है।'' परिषद की अध्यक्ष बहन भाग्यवती ने पूरी तरह अपने मातहत के समक्ष घुटने टेक दिए, यह सोचकर कि चाहे तो यह उसे तिरा दे, चाहे डुबो दो।

अनुमान एकदम सही निकाला। राष्ट्रीय मनीषा सम्मेलन में सबसे पहले आनेवाले आमंत्रितों में ग्रासरूट फाउंडेशन की एक्जीक्यूटिव डायरेक्टर सानिया पटेल

और समाजविज्ञानी व स्त्री अध्येता डॉ. वंदना राव ही शामिल थीं। इन्हें देखते ही अध्यक्ष बहन भाग्यवती को यह डर भीतर ही भीतर कुतरने लगा कि कहीं सूचना के अधिकार अधिनियम के तहत माँगी गई सूचनाओं को ये सार्वजनिक न कर दें। अध्यक्ष के रूप में यूँ तो बहन भाग्यवती ने एक से एक राष्ट्रीय सम्मेलनों, संगोष्ठियों, प्रदर्शनियों, मेलों–उत्सवों को बड़ी सफलता के साथ संपन्न कराया है, और किसी तरह का तनाव महसूस नहीं हुआ था परंतु इस बार इसकी घबराहट दूसरी तरह की है।

सम्मेलन सफलतापूर्वक संपन्न होने पर अध्यक्ष ने अपने मातहत का आभार व्यक्त किया।

''मैम, मैंने कुछ नहीं किया। मुझे पहले से ही लग रहा था कि सूचनाएँ लेना तो एक बहाना था। इनका असली मकसद दबाव बनाना था, जो पूरा हो गया। मैम यह एक नई एनजीओ संस्कृति है कि पहले संस्थानों और व्यवस्था पर दबाव बनाओ और बाद में उनमें अपनी हिस्सेदारी तय करो।''

बहन भाग्यवती की पेशानी पर दुश्चिंताओं की लकीरें कम होने के बजाय और गहराती चली गईं। स्त्री अधिकारों से जुड़ी दोनों एनजीओ ग्रासरूट फाउंडेशन की सानिया पटेल तथा इंस्टीट्यूट फॉर वीमेन्स स्टडीज की मुखिया, समाजविज्ञानी व स्त्री अध्येता डॉ. वंदना राव ने बहन भाग्यवती अर्थात् परिषद की अध्यक्ष को अपने फंदे में पूरी तरह फँसा लिया। अकेले में अपने आप से जूझ रही अध्यक्ष ने अँगुलियों के पोरों से भर आए गालों को छुआ, तो लगा जैसे एकाएक गालों की सिमट आई त्वचा में उनके पोर उलझ गए हैं। नैराश्य की तंग दमघोंटू खाई में जैसे वह फँस गई है। चैंबर में एसी की भरपूर ठंडक के बावजूद माथे पर पसीना उभर आया।

''मैम, आपकी तबियत तो ठीक है?''

अचकचा गई बहन भाग्यवती। अपनी मातहत की यह आवाज उसे किसी गहरे कुएँ से आती हुई सुनाई दी। आसपास देखा तो पाया, अपने मातहत सहित पटेल और डॉ. वंदना राव के चैंबर में और कोई नहीं है, ''मैं...मैं तो दरअसल अपनी परिषद के पचास साल पूरे होने के बारे में सोच रही थी।'' फिर अपनी बाईं ओर रखे श्री साईं बाबा साहित्य को एक तरफ निर्ममता से ठेलते हुए बोली, ''हाँ मिसेज़ मौर्य, बताइए क्या बना कर लाई हैं?''

उप सचिव ने काँख में दबी फाइल खोल कर अपनी अध्यक्ष के सामने रख दी।

''मैं भी ऐसा ही चाहती हूँ मिसेज़ मौर्य कि स्वर्ण जयंती के उपलक्ष्य में साल-भर कुछ न कुछ कार्यक्रम होते रहें। वैसे क्यों न हम साल के बारह महीनों को बारह उत्सवों में बाँट दें। जैसे मानसी उत्सव, सबला उत्सव, ललना उत्सव, वामा उत्सव, मानवी उत्सव, मनुजा उत्सव आदि-आदि...बाकी आप सोचकर बताना।''

''हाँ मैम, पर्व तो हम सब मना ही चुके हैं। ऐसा कोई पर्व नहीं बचा है जो हमसे छूट गया हो—न विकास पर्व, न पहचान पर्व। न अभिनव पर्व, न जननी पर्व।'' उपसचिव ने अपनी अध्यक्ष का समर्थन करते हुए तर्क दिया।

''वैसे मैम, जो बात और मजा उत्सव में है वह पर्व में नहीं है। पर्व से लगता है मानो हम कोई तीज-त्योहार मना रहे हैं। जबकि उत्सव में मुक्ति और उल्लास का उद्घोष छिपा हुआ है।'' समाजविज्ञानी और स्त्री अध्येता ने दाल-भात में मूसरचंद की तरह जबरन घुसपैठ करते हुए हस्तक्षेप किया।

''मैम, क्यों न परिषद इस वर्ष को स्वर्णजयंती मुक्ति उत्सव के रूप में मनाए!'' इस बार दूसरे घुसपैठिए ने अपने लिए जगह बनाते हुए सुझाव दिया।

''एक आइडिया है मैम कि क्यों न हम गोल्डन जुबली सेलिब्रेशन कमेटी यानी स्वर्ण जयंती आयोजन समिति गठित कर दें। इसमें परिषद के अधिकारियों के अलावा कुछ एनजीओज के प्रतिनिधियों को इसका सदस्य बना, उनको उनका काम बाँट दें।'' इतना कह उपसचिव मिसेज़ मौर्य कनखियों से बारी-बारी दोनों घुसपैठियों की ओर देखते हुए होंठों ही होंठों में मुस्कराई।

अध्यक्ष बहन भाग्यवती की निगाह के चौखटे में यह दृश्य शायद ही आ पाता, परंतु मारे खुशी के कसमसाते हुए जिस तरह दोनों घुसपैठियों की आँखें चमकी थीं, उससे अपने मातहत और दो जोड़ी आँखों के टकराने, तथा उनसे पैदा हुई मुस्कराहट से भेद खुल गया।

''वैसे मैम, इस दौरान परिषद को महिला सशक्तीकरण संबंधी भी कुछ आयोजन करने चाहिए। जैसे महिला आरक्षण के पक्ष में कुछ सिविल सोसाइटी ऑर्गेनाइजेशन्स के साथ मिलकर इंडिया गेट पर मानव श्रृंखला बनाई जाए...पूरे देश में एक यात्रा जैसी चीज निकाली जाए और उसे एक नाम दिया जाए जैसेऽऽऽ...''

''जैसे कारवाँ, अधिकार यात्रा या फिर रिजर्वेशन एक्सप्रेस।'' समाजविज्ञानी डॉ. वंदना राव ने वाक्य पूरा करते हुए कहा। इसके बाद कुर्सी को आगे खिसकाते हुए हुलसी, ''और अगर इसमें भँवरी देवी, सुल्ताना शेख, मुशरत जहाँ, रुखसाना कौसर, संपत पाल, इरोम शर्मिला शानू को आमंत्रित करें...और अगर वे आ जाएँ, तो मैम मजा आ जाएगा।''

''वंदना जी, यह भँवरी तो वही है न जिसके साथ कभी गैंगरेप हुआ था?''

''जी, यह वही भँवरी है।''

''भँवरी तो ठीक है वंदनाजी लेकिन ये सुल्तानाऽऽऽ...रुखसानाऽऽऽ ये कौन हैं?''

''वही सुल्ताना शेख मैम, जिसके साथ दो हजार दो के दंगों में गैंगरेप हुआ था...और यह मुशरत जहाँ इस इशरत जहाँ की बहन है, जिसकी मुंबई में एक फर्जी मुठभेड़ में हत्या कर दी गई थी। मैम, संपत पाल को तो आप जरूर जानती होंगी। वही गुलाबी गैंग की मुखिया, जो बिग बॉस में भी आई थी।''

''लेकिन वंदनाजी, अगर इस यात्रा में कुछ दलित बहनें शामिल हो जाएँ तो सोने पे सुहागा हो जाए। इनके अलावा और भी सोशल एक्टिविस्ट हों तो उनसे भी बात कर लीजिए। वैसे दो नाम और हैं—एक है राहत फाउंडेशन की अमीना ख़ान और दूसरी है अखिल भारतीय अबला मंच की सरला बजाज। हमारे आयोजनों में भीड़ जुटाने का काम यह सरला बजाज ही करती है।''

''मैम, आप चिंता न करें सब हो जाएगा।'' समाजविज्ञानी डॉ. वंदना ने एक बेफिक्र हँसी बिखेरते हुए कहा।

''वंदनाजी, मुझे एक नाम पर आपत्ति है बस।''

अध्यक्ष बहन भाग्यवती की इस आपत्ति पर एक साथ चौंकी सब।

''मेरा मानना है कि हमें इरोम शर्मिला से परहेज करना चाहिए। यह ठीक है कि उनका सत्याग्रह अहिंसात्मक सत्याग्रह है। मगर है तो सरकारी नीतियों और भावनाओं के खिलाफ ही न।''

अध्यक्ष के इस तर्क पर सबने चुप्पी साध ली।

''आचार्य जी को तो हम भूल ही रहे हैं मैम।'' उपसचिव मिसेज़ मौर्य ने याद दिलाते हुए कहा।

''लो, बैठे-बिठाए बन गई समिति!''

''मैम, मेरे कहने से एक नाम और शामिल कर लीजिए।'' सानिया पटेल ने अनुनय करते हुए कहा।

''अगर शामिल करने लायक होगा तो जरूर कर लेंगे। नाम बताओ!''

''टीना डालमिया।''

बहन भाग्यवती को यह नाम कुछ सुना-सुना सा लगा।

''वही अपने जमाने की मशहूर हीरोइन और डालमिया ग्रुप ऑफ इंडस्ट्रीज की सीईओ। इनकी भी दो एनजीओ हैं मैम।'' सानिया पटेल ने इस नए नाम का छोटा-सा परिचय दिया।

''सच में फिर तो हमारे गोल्डन जुबली के कार्यक्रमों में चार चाँद लग जाएँगे अगर ऐसी बड़ी-बड़ी हस्तियाँ आ गईं।'' किलकते हुए बहन भाग्यवती एक काल्पनिक दुनिया में खो गई।

''मैम, क्यों न महिला आरक्षण के पक्ष में एक लाख बहनों के हस्ताक्षर किए हुए पोस्टकार्ड प्रधानमंत्री या फिर पार्टी अध्यक्ष को सौंपे जाएँ?''

''एक लाऽऽऽख!'' इतनी बड़ी संख्या सुन बहन भाग्यवती परेशान हो उठी कि आखिर इस हस्ताक्षर अभियान के लिए कौन घर-घर चप्पल चटकाता फिरेगा।

भाँप गई समाजविज्ञानी बहन भाग्यवती की इस दुविधा को। उसने पहले उपसचिव की तरफ देखते हुए एक रहस्यमयी मुस्कान फेंकी, फिर अपने आसपास देखा और आगे की ओर झुकते हुए लगभग फुसफुसाते हुए कहा, ''मैम, कहने को एक लाख

होंगे। कौन-सा मीडिया उनकी गिनती करने आ रहा है।'' इतना कह डॉ. वंदना राव फिस्स से हँस पड़ी।

थोड़े द्वंद्व और दुविधा के चलते अध्यक्ष बहन भाग्यवती ने अंततः अपनी स्वीकृति दे ही दी, ''मिसेज़ मौर्य, अगर हम डॉ. वंदना राव और सानिया पटेल दोनों को संयोजक बना दें तो?''

इससे पहले कि उपसचिव कोई उत्तर देती, सानिया पटेल उत्साहित होते हुए बोली, ''मैम, अगर थोड़ा-सा टाइम हो तो एक यूनीक आइडिया है मेरे पास। क्यों न उत्सव के दौरान एक मिर्ची झोंक समारोह किया जाए!''

नहीं रोक पाई इस बार अध्यक्ष अपनी हँसी।

''हाँ मैम, इस समारोह में हम बहनों को यह बताएँगे कि अगर कोई उनकी इज्जत के साथ खिलवाड़ करता है तो वह अपने आपको कैसे बचाएँ।''

''यह तो ठीक है सानियाजी लेकिन इस मिर्ची का उनकी इज्जत से क्या लेना-देना है?''

''मैं जानती थी मैम कि आप जरूर यह पूछेंगी लेकिन इस मिर्ची का इज्जत से सीधा संबंध है...मान लीजिए मिसेज़ मौर्य के साथ कोई शोहदा छेड़खानी करने लगे, तो ये क्या करेंगी?''

''अपने आपको उससे बचाने की कोशिश करूँगी।'' उपसचिव मिसेज़ मौर्य ने अपनी अध्यक्ष की जगह तुरंत खुद ही जवाब दे दिया।

''अगर वह नहीं माना तो?''

''चीखूँगी-चिल्लाऊँगी।''

''फिर भी नहीं माना तो?''

''भागने की कोशिश करूँगी।''

''और अगर तब भी नहीं माना तोऽऽऽ?''

इतना सुनते ही मिसेज़ मौर्य के माथे पर पसीना छलक आया। मारे भय और अनिष्ट की कल्पना से चेहरे का रंग ही बदल गया। होंठों से शब्दों को छीन लिया गया मानो। उपसचिव की बत्तीसी भिंचने लगी मारे डर के।

''मिसेज़ मौर्य, जब आपकी यह हालत है तब उनका क्या होता होगा जो ऐसे दौर से गुजरी होंगी। यह मिर्ची झोंक समारोह ऐसे ही एक तरीके को हमारी बहनों को बताएगा।''

अध्यक्ष बहन भाग्यवती और उसकी मातहत को अब जाकर कहीं मिर्ची और इज्जत के अंतर्संबंधों की हल्की-सी आहट सुनाई दी। जिन आँखों में इस संभावित आयोजन को लेकर एक उपहास का भाव नजर आ रहा था, वही आँखें अब जिज्ञासा और कौतूहल से फैलने लगीं।

''मिसेज़ मौर्य, आइडिया तो सचमुच नया है।'' पहली बार बहन भाग्यवती ने

इस पर प्रतिक्रिया व्यक्त की।

''इसके और भी कई फायदे हैं मैम। जरूरत पड़ने पर वे अपने आपको बचाने में इसका इस्तेमाल तो करेंगी ही, बल्कि गरीबी रेखा से नीचे गुजर-बसर करनेवाली गरीब औरतों को, उनका जीवन-स्तर ऊपर उठाने में भी मदद मिलेगी। मैम देखना, मीडिया इस आइडिया को कैसे हाथों-हाथ लपकेगा।''

सानिया पटेल ने ऐसा जीवंत दृश्य पैदा कर दिया कि लगा जैसे वातानुकूलित बंद कमरे की दीवारों पर अनगिनत हाथ चिपके हुए हैं। घूरती हुई असंख्य आँखें उनके जिस्म को भेद रही हैं। अध्यक्ष बहन भाग्यवती और उसकी मातहत का रोआँ-रोआँ खड़ा हो गया।

''इसके लिए ढाई सौ ग्राम का पैकेट काफी होगा मैम?''

''क्या मिसेज़ मौर्य, ढाई सौ ग्राम मिर्ची से कहीं जीवन-स्तर उठता हुआ देखा है। एक औरत की अस्मत की कीमत बस ढाई सौ ग्राम मिर्ची पाउडर रह गई है। कम-से-कम आधा किलो तो होना चाहिए।'' समाजविज्ञानी और स्त्री अध्येता डॉ. वंदना राव ने मिर्ची पाउडर और स्त्री अस्मत के अंतर्संबंध को थोड़ा विस्तार देते हुए, समझाने का प्रयास किया।

''पर मैम, इसके लिए तो टेंडर मँगाने पड़ेंगे!'' अपनी अध्यक्ष को संबोधित कर, घाघ मातहत ने अपनी शर्मिंदगी को ढँकते हुए कहा।

''वैसे कितने पैकेट लग जाएँगे इसमें?'' अध्यक्ष ने अपनी मातहत के अड़ंगे पर कान नहीं धरे।

''डेमो में तो मैम कुछ ही पैकेट लगेंगे लेकिन हमें देना उन सभी को चाहिए जिन्हें प्रशिक्षित करने के लिए बुलाया जाएगा।''

''मैम, आपको लगता है कि आधा किलो मिर्ची के लिए ये गरीब औरतें चली आएँगी?'' हत्थे से उखड़ गई इस बार समाजविज्ञानी। स्त्री अध्ययन पर उनके निजी तर्क तमतमा उठे। सानिया पटेल के बजाय मोर्चा डॉ. वंदना राव ने सँभाल लिया।

''आप कैसी बातें कर रही हैं मिसेज़ मौर्य। इस देश में इतनी गरीबी है कि एक मामूली-सी सूती साड़ी के लिए तो औरतें अपनी जान गँवाने के लिए तैयार रहती हैं...और आप कह रही हैं कि आधा किलो मिर्ची के लिए ये चली आएँगी क्या!''

''वंदनाजी ठीक कह रही हैं मिसेज़ मौर्य। ऐसा करते हैं कि जय बजरंगबली मिर्ची वाले मेरे परिचित हैं। मैं उनसे बात करती हूँ।'' अपनी सहमति देते हुए अध्यक्ष बहन भाग्यवती एकाएक गंभीर होते हुए आगे बोली, ''वैसे भी मिसेज़ मौर्य, हम औरतों के पास हमारी इस अस्मत के अलावा है ही क्या। यही तो हमारा जिंदगी-भर साथ देती है...बाकी तो सब इन मर्दों का है। अपनी इस अस्मत की रक्षा के लिए वह कहीं भी जा सकती है।'' इसके बाद अध्यक्ष का वातानुकूलित चैंबर भावुकता की नमी से देर तक इस कदर पसीजा रहा कि उसे खुश्क होने में काफी देर लग गई।

स्वर्ण जयंती मुक्ति उत्सव की मोटा-मोटी रूपरेखा तैयार होने के बाद उपसचिव मिसेज़ मौर्य उठकर जाने लगी कि पीछे से अध्यक्ष ने टोका। जाते-जाते रुक गई उप सचिव।

"मिसेज़ मौर्य, ऐसा नहीं लग रहा है कि इस आयोजन में कुछ कमी रह गई है?" अपने मातहत को अध्यक्ष ने जान-बूझकर कोंचा।

पता नहीं मिसेज़ मौर्य को कुछ याद नहीं आ रहा है, या जान-बूझकर वह भूलने की मुद्रा बना रही है, कहना मुश्किल है।

"मिसेज़ मौर्य, परिषद अपनी स्वर्ण जयंती मनाए और उसमें कोई कवि सम्मेलन ना हो तो वह कैसी स्वर्ण जयंती।"

"हाँ मैम। कवि सम्मेलन तो होना ही चाहिए। कम से कम लोगों का मनोरंजन तो होगा।" सानिया पटेल ने हुमकते हुए अध्यक्ष के प्रस्ताव का समर्थन किया।

"वैसे मैम, इसमें आपका कविता-पाठ जरूर होना चाहिए।" मातहत ने अपनी अध्यक्ष की खुशामद करते हुए कहा।

"आप पोएट्री भी करती हैं मैम?" सानिया ने हैरान होते हुए पूछा।

"आपको पता नहीं है। हमारी मैम तो बहुत बड़ी कवि हैं। हिंदी पखवाड़े में इन्होंने बड़े-बड़े कवि सम्मेलनों में अपनी कविताएँ सुनाई हैं।" उपसचिव मिसेज़ मौर्य ने सानिया पटेल को लगभग धिक्कारते हुए उसका सामान्य ज्ञान बढ़ाया।

"वैसे मुझे भी एक जमाने में पोएट्री का बहुत शौक था। पार्टी के लिए बहुत से स्लोगंस जैसे 'हम हमारा हक माँगते, नहीं किसी से भीख माँगते' लिखे थे।" सानिया पटेल आवेश में कह तो गई परंतु अगले ही पल अपने आपको दुरुस्त करते हुए बोली, "बट नॉऊ आई हेट स्लोगंस।" न जाने ऐसी कौन-सी निराशा थी कि कहते-कहते उसकी कनपटी की नसें फैल गईं।

डॉ. वंदना राव ने देखा, सानिया पटेल एकाएक कुछ असहज-सी हो गई है। उसने तुरंत बात पलट दी, "क्यों न कॉमनवेल्थ गेम्स की तरह इसमें भी एक थीम सांग हो। ठीक 'ओ यारो इंडिया बुला लिया' की तर्ज पर 'ओ बहनोऽऽ दिल्ली बुला लिया' जैसा कुछ।"

"वंदना जी, यह भी कोई थीम सांग था। न कोई भाव, न विचार। न सुर, न ताल।" बहन भाग्यवती इस बार गंभीर हो गई।

"थीम सांग तो अपनी मैम के पास है।" मातहत ने तुरंत अपनी अध्यक्ष की काव्य-प्रतिभा को उद्घाटित करते हुए कहा।

"तो फिर सुनाइए न मैम!"

समाजविज्ञानी डॉ. वंदना राव ने बच्चे की तरह ठुनकते हुए जिस तरह इसरार किया, उसे नजरअंदाज करना बहन भाग्यवती के लिए मुश्किल हो गया। हालाँकि सच यह है कि उसके अंदर दुबककर बैठी उदास कविता बाहर आने को काफी देर

से मचल रही थी। धीरे-धीरे उसकी पलकें भारी होने लगीं। कुछ पलों के बाद हल्के-से आँखें खुलने के साथ, सस्वर थीम सांग की पहली पंक्ति 'हृदय गगन के शरद सुधाकर, बिखरा कर निज पुण्य प्रकाश' हृदय से बाहर फूटी ही थी कि उस सचिव के व्यवधान ने बीच में बँधे हुए सुर को तोड़ दिया, ''मैम, यह नहीं, वो सुनाइए 'आँसू की कुछ बूँदें'...वो मुझे बहुत पसंद है।'' साफ झूठ बोल गई मिसेज़ मौर्य।

सब गड्ड-मड्ड हो गया। मुश्किल से बँधे सुर गुँथी हुई माला की तरह बिखर गए। असमंजस में पड़ गई बहन भाग्यवती कि पहले किसकी फरमाइश पूरी करे—समाजविज्ञानी व स्त्री अध्येता डॉ. वंदना राव की, या अपनी मातहत की?

''मैम, आपको जो अच्छा लगे वही सुनाइए।'' डॉ. वंदना राव ने बहन भाग्यवती की उलझन दूर करते हुए कहा।

बहन भाग्यवती पुनः सुरों के बिखरे हुए मणकों को बटोरने लगी। छूटे हुए छंद को फिर से जोड़ते हुए चित्त को एकाग्र किया और अपनी पसंद की कविता सुनाने लगी—

आँसू की कुछ बूँदें तो
मेरी आँखों से ढुलक कर
बरौनियों पर बंदनवार-सी तन गई हैं
और कुछ गालों से होती हुई
धरती पर गिर कर
धूल और मिट्टी में सन गई हैं
मगर कुछ ऐसी भी हैं
जो स्वाति कणों सी
तुम्हारे आँचल में पहुँचकर मोती बन गई हैं।

कविता खत्म होने के बावजूद देर तक अध्यक्ष के चैंबर में नीरवता छाई रही।

बहन भाग्यवती ने बारी-बारी से डॉ. वंदना राव और सानिया पटेल की निस्तब्ध आँखों में झाँका। वह जानती है कि एक अच्छी रचना पर तुरंत प्रतिक्रिया व्यक्त नहीं की जाती। पाठक के हृदय तक पहुँचने में कुछ तो वक्त चाहिए न उसे।

''मैम, यह सच्चे मायने में एक उत्तर-आधुनिक स्त्री-विमर्श की कविता है।''

डॉ. वंदना राव की इस संक्षिप्त किंतु ऐतिहासिक टिप्पणी से बहन भाग्यवती इतनी उत्प्रेरित हुई कि जब तक वह अपनी दूसरी स्व-रचित कविता पढ़ पाती, उपसचिव किसी सीलन-भरी अँधेरी सुरंग से पीछा छुड़ा चैंबर से बाहर आ गई। उसने पीछे की ओर पलटकर भी नहीं देखा।

तीन

स्त्री अध्ययन संस्थान की डायरेक्टर और समाजविज्ञानी डॉ. वंदना राव तथा ग्रासरूट फाउंडेशन की एक्जीक्यूटिव डायरेक्टर सानिया पटेल को चालीस चोरों की गुफा का रास्ता बताने वाला उनका एक साथी अचानक उनके हाथ लग गया। दोनों ने सारी स्थितियों और परिस्थितियों का बारीकी से अध्ययन किया, तो पाया इसे नाथना व साधना बिलकुल भी मुश्किल नहीं है। इतना तो वे जान ही चुकी हैं कि इनका सरदार इस पर जरूरत से कुछ ज्यादा ही भरोसा करता है।

सानिया को तो रात काटनी मुश्किल हो गई। वैसे भी अपार्टमेंट संस्कृति के अनुसार यदि उसका रहवासी आधी रात से पहले बिस्तर पकड़ ले, तो कायदे से वह इस संस्कृति के लायक नहीं है। इसलिए आधी रात तो खाना खाते-खाते और दूसरी व्यस्तताओं के चलते बीत गई, मगर बाकी बची रात के दोनों पहर, उनका एक-एक पल एक-एक सदी जितना लंबा हो गया।

सुबह होते-होते सानिया का धैर्य बगावत पर उतर आया।

इतनी सवेरे सानिया को सामने खड़ा देख मिसेज़ मौर्य को हैरानी हुई, ''आइए सानियाजी! अचानक कैसे सवेरे-सवेरे...सब ठीक तो है?'' दरवाजे से एक तरफ हटते हुए पूछा।

''क्यों, आपके साथ सुबह की चाय नहीं पी सकती?'' प्रत्युत्तर में सानिया की बड़ी-बड़ी आँखों ने शून्य में पूरा चक्कर काटते हुए, अपनत्व दर्शाते हुए पूछा।

''हाँ-हाँ...क्यों नहीं, आइए!'' अकबकाते हुए मिसेज़ मौर्य ने कहा। ड्राइंग रूम में सानिया को बिठा कर मिसेज़ मौर्य अंदर चली गई।

अनुमान एकदम सही निकला। चालीस चोरों की गुफा के अंदर तक पहुँचने के लिए उनका यह साथी सही समय पर मिला है। जगह-जगह करीने से रखी गई विभिन्न अंचलों की कलाकृतियों, हस्तशिल्प व चित्रों को देख सानिया ने मिसेज़ मौर्य का पूरा बायोडाटा बाँच लिया।

''क्या सोचने लगीं सानियाजी? लीजिए चाय पीजिए!'' दो खूबसूरत चाय की प्यालियों को मेज पर रखते हुए मिसेज़ मौर्य ने पूछा।

''क...कुछ नहीं।'' क्षण-भर के लिए उसे लगा जैसे मिसेज़ मौर्य ने उसके

मनोभावों को ताड़ लिया है। तुरंत अपने आपको संयत कर बोली, "दरअसल, बहुत पहले मुझे आपका धन्यवाद करना चाहिए था। मगर अपने एक प्रोजेक्ट के सिलसिले में बाहर चली गई थी। इसी बीच बगल में रखे एक पैकेट को आगे बढ़ाते हुए कहा, "सवेरे-सवेरे किसी के घर खाली हाथ नहीं जाना चाहिए।" इतना कह सानिया पटेल ऐसे हँसी कि पूरा जिस्म लरज उठा। कानों में पहनी आदिवासी झुमकियाँ उनके लोक-नृत्य की तरह थिरकने लगीं।

पैकेट लेने से मिसेज़ मौर्य ने एक बार झूठे से भी मना नहीं किया।

"अगर बुरा न मानें तो आपका मोबाइल नंबरऽऽऽ"

"हाँ-हाँ लिखिए...नाइन..."

अपना काम कर सानिया जाने के लिए खड़ी हो गई लेकिन जाते-जाते धीरे-से पलटी। "वैसे ऑफिस से अच्छा आपसे घर पर मिलना ठीक रहा करेगा!" मिसेज़ मौर्य की आँखों में पूरा उतरते हुए कहा सानिया पटेल ने।

"हाँ-हाँ, आपका ही घर है। जब मन करे चले आया करिए।"

पूरी तरह आश्वस्त हो सानिया पटेल ने कदम आगे बढ़ाया कि फिर ठिठकी, "एक बात और, किसी को इस बारे में पता नहीं लगना चाहिए...वंदनाजी को भी नहीं।"

"आप चिंता न करें।" इतना कह मिसेज़ मौर्य ने दरवाजा बंद करते हुए पीछे से टोकते हुए पूछा," कल की मीटिंग में तो आ रहे हैं न आप लोग ?"

दरवाजा बंद होते ही मिसेज़ मौर्य तेजी से पैकेट पर झपटी, यह देखने के लिए कि कहीं यह एनजीओ वाली उसको थूक तो नहीं लगा गई। पैकेट को उठा मिसेज़ मौर्य मुस्कराते हुए अंदर चली गई। उसकी मुस्कराहट मन ही मन उससे सरगोशी कर रही थी कि समझदार सरदार कभी भी लूटे गए माल पर अकेले हाथ साफ करने की गलती नहीं करेगा। अकेले शिकार करने के अपने खतरे हैं। अक्लमंद सरदार छीछड़ों के मोह में नहीं पड़ता। उन्हें वह अपने मातहतों के लिए छोड़ देता है।

स्वर्ण जयंती आयोजन समिति की विधिवत् पहली बैठक समझो कभी भी शुरू हो सकती है। सिवाय हॉरमनी फॉर गोल्डन फाउंडेशन की सीईओ टीना डालमिया के सभी आ चुके हैं। टीना डालमिया यानी गुजरे जमाने की मशहूर अदाकारा।

जैसे-जैसे समय बीतने लगा, वैसे-वैसे अध्यक्ष बहन भाग्यवती और सानिया पटेल की बेचैनी और चेहरे का तनाव बढ़ने लगा। बहन भाग्यवती के अपनी ओर देखते ही हताश होते हुए सानिया ने एक बार फिर टीना डालमिया से संपर्क साधने की कोशिश की।

"उफ्फ! अभी भी स्विच्ड ऑफ है।" माथे की चिपचिपाहट को पोंछते हुए झल्लाई सानिया।

बहन भाग्यवती को जिसकी आशंका थी, वह सच होता प्रतीत हो रहा है।

लगता है उसके भाग्य में यश बदा ही नहीं है। वह बीच-बीच में अपनी बाईं ओर रखे प्लास्टिक के पारदर्शी फोल्डर से झाँकती निरीह इबारतों को देखती, तो लगता जैसे वे किरचें बन उसकी आँखों में रड़क रही हैं। भीतर ही भीतर एक गहरी निराशा और विषाद में डूबी बहन भाग्यवती ने लंबी साँस ले, उसे बाहर छोड़ा ही था कि निजी सचिव द्वारा दी गई खुशखबरी से सारा संताप धुल गया। लगा जैसे कानों में मिसरी की नन्ही-नन्ही डलियाँ घुल रही हैं। आँखों के आगे छोटे-छोटे जुगनू चमक रहे हैं, और पारदर्शी फोल्डर से झाँकती निरीह इबारतें स्वर लहरियाँ बन कविता के अनंत ब्रह्मांड में तिरमिरा रही हैं।

इससे पहले कि सानिया भी अपनी खुशी को अध्यक्ष की खुशी में शामिल करती, दरवाजा खुलते ही चैंबर में जैसे कोई दिव्य प्रकाश फैल गया। बहन भाग्यवती ने लपककर इस दिव्य प्रकाश को अंक में भरते हुए छोटी-सी बेमानी शिकायत की, "क्या टीना जी, इत्ता इंतजार करा दिया!"

"माफ करना। मेरी वजह से आप सबको परेशान होना पड़ा।"

"कैसी परेशानी टीनाजी, यह तो हमारा सौभाग्य है कि आज आपके दर्शन हो गए।" बहन भाग्यवती का मन अपने जमाने की मशहूर अदाकारा से आज जी भर कर बातें करने का हो रहा है।

इस बीच चपरासी पानी की ट्रे ले टीना डालमिया के सामने था। चपरासी भी इन रोमांचित कर देने वाले पलों को किसी न किसी बहाने अपने पास सहेज कर रखना चाहता है, ताकि भविष्य में वह इन्हें अपनी संततियों में बाँट सके।

"तो आइए बैठक की शुरुआत करें? वैसे ही काफी देर हो चुकी है।" वापस स्वर्ण जयंती आयोजन समिति की अध्यक्षता की कमान सँभालते हुए बहन भाग्यवती ने पूछा।

"जी, मुझे भी जरा जल्दी जाना है।"

"टीनाजी, सबसे पहले मैं आप सबका परिचय कराती हूँ—सबसे दाहिनी ओर हैं डॉ. अंबेडकर दलित महिला उद्धार सभा की सुमन भारतीजी...इनकी बगल में हैं इंस्टीट्यूट फॉर वीमेंस स्टडीज की डायरेक्टर डॉ. वंदना राव...वंदनाजी को तो आप रोजाना टीवी पर देखती होंगी। ये हैं जाने-माने गांधीवादी और सर्वोदयी कल्याण सभा के संरक्षक गंगाधर आचार्यजी। इनके बारे में एक मजेदार रहस्य यह है कि एक तस्वीर में बापू की लाठी पकड़े जो बच्चा, जुहू बीच पर उनके आगे-आगे चल रहा है, वह और कोई नहीं, यही आचार्यजी हैं।"

"ओ माई गॉड!" आश्चर्य से टीना डालमिया का मुँह खुला का खुला रह गया।

"ये सरला बजाज हैं अखिल भारतीय अबला मंच की अध्यक्ष...और इनके पास में..."

"इन्हें तो मैं अच्छी तरह जानती हूँ। अपने पति के साथ मुंबई में हमारे फाउंडेशन

के लिए बहुत काम किया है।''

पूरी आयोजन समिति के लिए यह एक नई सूचना थी।

''ये राहत फाउंडेशन की अमीना ख़ानजी है...अब रह गई मैं...मैं भी अपना परिचय दे देती हूँ...।'' हँसते हुए ठिठोली करते हुए कहा बहन भाग्यवती ने।

''मैम, आपको अपना परिचय देने की क्या जरूरत है। आप जैसी गांधीयन को देश में कौन नहीं जानता है। वैसे सानियाजी से आपके बारे में सब सुन चुकी हूँ।''

अपने जमाने की मशहूर अदाकारा और डालमिया ग्रुप ऑफ इंडस्ट्रीज की मौजूदा सीईओ ने जिस अंदाज में 'आपके बारे में सब सुन चुकी हूँ' कहा, उसे सुन कर उसकी मातहत मिसेज़ मौर्य सहित पूरे चैंबर की नजरें सामने मुस्कराते बापू के वारिस पर जा टिकीं।

इसके बाद उपसचिव ने आयोजन समिति के सामने, एक-एक कर माहवार आयोजित होनेवाले सम्भावित कार्यक्रमों की एक ही साँस में पूरी रूपरेखा प्रस्तुत कर दी।

''टीनाजी, आप भी दीजिए न अपने कुछ सुझाव!'' सन्नाटे को तोड़ते हुए बहन भाग्यवती ने दोलड़ होते हुए मनुहार किया।

''क्या सुझाव दूँ मैम। आपने इतने अच्छे प्रोग्राम्स बनाए हैं कि कहने को कुछ रहा ही नहीं। लगता है मुझे यहाँ आपके पास बार-बार आना पड़ेगा।'' मुस्कराते हुए टीना डालमिया ने कहा।

''क्यों नहीं, आप आइए तो सही। इससे बढ़कर हमारा सौभाग्य और क्या होगा।'' बहन भाग्यवती ने देखा कि अपने जमाने की अदाकारा इस उम्र में भी मुस्कराती हैं तो लगता है जैसे मोगरे के फूल मुस्करा रहे हैं। इसी बीच बहन भाग्यवती ने अपनी उपसचिव को कुछ इशारा किया। इशारा पाते ही उपसचिव तेजी से बाहर निकल गई।

''अच्छा मैम, अब इजाजत दीजिए!'' अपना हैंडबैग सँभालते हुए टीना डालमिया जाने का उपक्रम करने लगी।

सानिया पटेल ने तुरंत बहन भाग्यवती को याद दिलाना चाहा, ''मैम, वोऽऽऽ...''

''उस पर भी बात करते हैं। चाय आ रही है। टीनाजी को चाय तो पीने दो।'' समझ गई बहन भाग्यवती सानिया के 'वो' का तात्पर्य।

''मैम, चाय फिर कभी। मैं पहले ही लेट हो रही हूँ।''

''टीनाजी, चाय तो आपको पीकर ही जानी पड़ेगी।'' बजिद बोली अध्यक्ष बहन भाग्यवती। खीझते हुए अध्यक्ष ने दरवाजे की ओर देखा किंतु अपनी मातहत का उसे नजर आना तो दूर रहा, उसकी आहट भी नहीं है।

वह अपनी कुर्सी से उठी और खुद दरवाजे की ओर बढ़ गई। यह तो गनीमत थी कि अध्यक्ष बहन भाग्यवती दरवाजे की हद में नहीं थी वरना उपसचिव मिसेज़

मौर्य ने पूरी ताकत के साथ जिस तरह दरवाजा खोला था, आज ही थीम सांग का अच्छा-खासा पूर्वाभ्यास हो जाना था।

"टीनाजी, प्लीज! बस, आधा कप!" अध्यक्ष बहन भाग्यवती आज किसी भी अवसर को गँवाना नहीं चाहती है।

"आप इतना कह रही हैं तो चलिए पी लेती हूँ...मगर जरा जल्दी।"

मेज पर चाय का कप रखने से लेकर, उसके होंठों तक पहुँचने तक सानिया पटेल ने संक्षेप में थीम सांग के बारे में बताते हुए बहन भाग्यवती से आग्रह किया, "मैम, जरा टीनाजी को भी सुनाइए न!"

बहन भाग्यवती ने जल्दी से पूर्व की तरह पलके बंद कीं और सुर अभी साधा ही था कि चाय खत्म हो गई।

"मैम, अगली बार कभी फुरसत में आऊँगी, तब सुनूँगी आपका यह गीत।" खाली कप को मेज पर रख टीना डालमिया सचमुच जाने के लिए खड़ी हो गई।

हड़बड़ाकर आँखें खोलते हुए जब तक बहन भाग्यवती की कुछ समझ में आता गुजरे जमाने की अदाकारा और परिषद की अध्यक्ष के बीच इतना लंबा फासला पैदा हो चुका था कि अध्यक्ष चाहती भी, तो उसे पकड़कर वापस न बैठा पाती। खड़ी की खड़ी रह गई वह।

"मैडम, अपना मोबाइल नंबर दीजिए न प्लीज! बंबई आकर आपसे मिलना चाहूँगी।" दरवाजे पर पहुँचे हुजूम में से डॉ. अंबेडकर दलित महिला उद्धार सभा की सुमन भारती की आवाज सुनाई दी बहन भाग्यवती को।

"टीनाजी, मैंने आपकी वो फिल्म है न, जिसमें आपने सौतन का रोल किया है...क्या नाम है उसकाऽऽऽ..."

"सौतन की सहेली।" टीनाजी ने अखिल भारतीय अबला मंच की अध्यक्ष सरला का काम आसान करते हुए कहा।

"जी-जी वही। मैडम, आपने उसमें सौतन का क्या रोल किया है! सच में मैं तो आपकी फैन हो गई।" फिर बड़ी सफाई से सरला बजाज अपनी प्रिय अदाकारा के एकदम नजदीक आई और धीरे से बोली, "प्लीज, अपना एक ऑटोग्राफ दीजिए न!"

वर्षों बाद किसी मुरीद ने टीनाजी से ऑटोग्राफ माँगे हैं। ना नहीं कर पाई वह। अपने ही ऑटोग्राफ देखकर उसे यकीन नहीं हुआ कि यह उसी का ऑटोग्राफ है। समय के साथ अक्षरों का चेहरा भी कैसे बदल जाता है।

धम्म् से वापस कुर्सी पर बैठ गई बहन भाग्यवती। दरवाजे तक विदा करने गए स्वर्ण जयंती आयोजन समिति सहित उनके मातहतों की आवाजें ऐसे लग रही हैं, मानो किसी सँकरी घाटी से होकर आ रही हैं। बहन भाग्यवती का मन विरक्ति के चलते इस कदर उचट गया कि जी चाहने लगा वह शृंगार रस को तिलांजलि दे 'मैं

नीर भरी दुःख की बदली' जैसे बिरहा लिखना शुरू कर दे। बिरहा लिखेगी तो कम-से-कम मन का संताप और हृदय की व्यथा कम होगी।

परिषद की अध्यक्ष बहन भाग्यवती ने महसूस किया कि पूरे हुजूम के चेहरे पर एक फिल्म की अदाकारा से मिलने का सुख और स्वयं के गौरवान्वित होने का भाव साफ झलक रहा है। सब इस आह्लाद में ऐसे मग्न हैं कि उन्हें यही पता नहीं कि वे किस प्रयोजन हेतु यहाँ एकत्रित हुए हैं।

नहीं रहा गया परिषद की अध्यक्ष से।

''मिसेज़ मौर्य, अगर कुछ रह गया है तो उस पर भी चर्चा कर लें!''

''मैम, अभी तो थीम सांग पर चर्चा होनी है।''

''ऐसा न करें, इस पर बाद में चर्चा कर लें।'' कवि हृदय जैसे दरक गया।

''बाद में क्यों कर लें मैम! यही तो स्वर्ण जयंती मुक्ति उत्सव का मुख्य आकर्षण है।'' सानिया पटेल ने विषय पर आते हुए कहा।

खोई हुई साँसें लौट आईं। डूबती नब्ज फिर से चलने लगी। निराशा, विषाद, हताशा, ना-उम्मीदी के बादल हवा के तेज झोंके की तरह उड़ गए।

अब इसे बहन भाग्यवती का आज का दिन ही खराब कहिए, या नियति का खेल कि अभी उसने तथाकथित थीम सांग का पहला ही छंद पूरा किया था कि सुमन भारती से नहीं रुका गया, ''मैम, मेरे हिसाब से यह कविता थीम सांग लायक नहीं है।''

बहन भाग्यवती झाड़-झंखाड़ों से उलझती हुई सीधी जमीन पर आकर गिरी।

''मुझे भी यही लगता है मैम। थीम सांग से मतलब ऐसा गीत है जो सड़क पर चलने वाले आदमी तक की समझ में आ जाए।'' अमीना ख़ान भी सुमन भारती से सहमत होते हुए बोली।

हाथ-पाँव फैल गए। देह जैसे ठंडी पड़ने लगी। होंठ पपड़ा गए। गहरे विषाद में डूबी बहन भाग्यवती को पूरा यकीन हो गया कि वह उम्र-भर यूँ ही कविता के सघन जंगल में वैदेही या पांचाली बन भटकती रहेगी। उसने तुरंत अपने आपको सँभाला और दराज से एक डायरी निकाली। पूरे आत्मविश्वास के साथ पहले आयोजन समिति के सदस्यों पर नजर मारी। फिर फ्लैग लगा पृष्ठ खोला, तथा अभी पहली दो पंक्तियाँ पढ़ी ही थीं कि समाजविज्ञानी व स्त्री अध्येता डॉ. वंदना राव ने चहकते हुए कहा, ''मैम, इसे कहते हैं थीम सांग।''

''इस पर तो जी चाहता है कि मिल कर सब डांस करें।'' सानिया पटेल बाकी के सदस्यों को प्रोत्साहित करते हुए बोली।

बहन भाग्यवती धीरे-से अपनी कुर्सी से खड़ी हो गई। सदियों से होते आ रहे स्त्री शोषण के खिलाफ उनकी विद्रोह करतीं कनपटी की नसें खिंचने लगीं। आँखों

में उमड़े घने जलधर तथा तनी हुई लहराती मुट्ठियाँ आपस में सुर मिला, गरजते हुए एकाएक बरसने लगे—

अब हमको रंग जमाना है
बहनों को आगे आना है
देखेगी दुनिया ये सारी
अबलाओं ने यह ठाना है

पांचाली नहीं, सीता ही नहीं
हम माँ काली, दुर्गा माता
लाचार नहीं, मजलूम नहीं
दुनिया को बदलना आता है

यह घर ही नहीं, आँगन भी नहीं
पूरब भी नहीं, पश्चिम भी नहीं
क्या कर लेंगी ये बाधाएँ
जब अपना सारा जमाना है

अब हमको रंग जमाना है
बहनों को आगे आना है।

परिषद की अध्यक्ष के चैंबर में रह-रहकर गूँजती सामूहिक करतल ध्वनियों ने बाहर तक संदेश पहुँचा दिया कि स्वर्ण जयंती आयोजन समिति ने लगभग एकमत से अध्यक्ष बहन भाग्यवती द्वारा रचित मौलिक थीम सांग पर स्वीकृति की मुहर लगा दी है।

इधर समिति के एकमात्र पुरुष सदस्य और जाने-माने गांधीवादी गंगाधर आचार्य बौखलाए से कभी दीवार पर टँगी बापू की तस्वीर को देख रहे हैं, और कभी गांधीवाद के इस नए अवतरण को देख रहे हैं। कहाँ बापू के प्रिय भजनों को प्रभात फेरियों में नंगे पाँव गाने वाली वह बहन भाग्यवती और कहाँ 'अब हमको रंग जमाना है' की रचयिता के रूप में उनका यह नया संस्करण। कोई ध्यान नहीं दिया एक सरकारी संस्थान की अध्यक्ष ने। भला वह इस पर ध्यान दे भी क्यों ? वह अतीत की उस सीलन भरी दमघोंटू अंधी गली में पीछे मुड़ कर देखना नहीं चाहती है, जिसमें गंगाधर आचार्य आज भी सत्य के अवशेषों को खोजने की कोशिश कर रहे हैं।

"मैम, इस थीम सांग को अगर लता दीदी गा दें तो मजा आ जाए।" सानिया पटेल ने सीलन-भरी अंधी गली के मुहाने पर लगभग पहुँच चुकी बहन

भाग्यवती को खदेड़ते हुए सुझाव दिया।

"हाँ मैम, लताजी इसे गा दें तो देखना आपका यह गीत कैसी धूम मचाता है।" डॉ. वंदना राव ने सानिया के इस सुझाव भरे प्रस्ताव को अध्यक्ष के और समीप सरकाते हुए कहा।

एक बार फिर सब गड्ड-मड्ड हो गया। गंगाधर आचार्य ने दोनों हाथों से सिर थाम लिया। मस्तिष्क में जैसे भारी-भारी घन बजने लगे।

"सानिया, बड़ी जानकारी है तुम्हें तो फिल्मी दुनिया की?" बहन भाग्यवती ने मुस्कराते हुए पूछा।

"हाँ मैम, मेरी बड़ी इच्छा थी एक समय जिंदगी में कुछ करने की...पर पता नहीं इस दुनिया को बदलने के चक्कर में कैसे पड़ गई। अपने कैरियर के अच्छे दिनों को इस क्रांति में बरबाद हुआ देख आज रोना आता है।"

"लेकिन अब तो तुमने गलती सुधार ली है!"

बहन भाग्यवती के इस व्यंग्य पर डॉ. वंदना बमुश्किल अपनी हँसी रोक पाई। सुमन भारती और सरला बजाज का बस चलता, तो वे सानिया को अपनी छाती से चिपका लेतीं। उसकी इस हृदय-विदारक और लोमहर्षक गाथा को सुन सरला बजाज की तो आँखों के कोर ही भींग आए।

एकाएक भावुक और आर्द्र हो गए वातावरण में हस्तक्षेप करते हुए बहन भाग्यवती ने पूछा, "तुम्हारी लता दीदी इसके लिए तैयार हो भी जाएगी?"

"कौन-सा मुश्किल काम है मैम।"

"पर मैम, लताजी की तो बड़ी डिमांड होगी।"

"मिसेज़ मौर्य, सानियाजी को पहले उनसे बात तो करने दीजिए।" एक अध्यक्ष की तरह बहन भाग्यवती ने न नौ मन तेल होगा, न राधा नाचेगी पर अमल करते हुए कहा।

सानिया पटेल के सारे जोश, उत्साह, चाव, जज़्बे, उमंग पर जैसे घड़ों पानी पड़ गया। खिन्नता और अवसाद में डूबी उसकी आँखों में निराशा के डोरे तैर आए। इधर अध्यक्ष बहन भाग्यवती की गति भी घायल पखेरू जैसी है। दुःख भले ही दोनों का अलग-अलग है, परंतु निमित्त और नियंता दोनों के एक हैं।

"मैम, लंच तैयार है।"

चपरासी द्वारा दी गई इस सूचना को सुनते ही दोनों की अन्यमनस्कता और उचाटता कपूर की तरह उड़ गई। भूल गईं दोनों कि उनका भी अपना कोई दुःख और संताप था।

चार

बहन भाग्यवती का मन आज न जाने क्यों उचाट है। क्यों उसका जी ठिकाने पर नहीं है। वह बार-बार दराज खोल उसमें रखे कागज के पुर्जे को देख, उस पर लिखी पंक्तियों को होंठों ही होंठों में ऐसे उच्चारती है जैसे किसी श्लोक को पढ़ रही हो। एक अजीब-सी उद्विग्नता के चलते न चाहते हुए भी उसकी नजर सामने दीवार पर टँगी घड़ी पर पड़ जाती है। उसे लगता है कहीं यह घड़ी उससे जान-बूझ कर झूठ तो नहीं बोल रही है। एक बार तो अपने चैंबर में आई अपनी उपसचिव से पूछ भी बैठी, ''मिसेज़ मौर्य, समय क्या रखा है?''

''मैम, बारह बजे।''

''अच्छा बारह बजेऽऽऽ।''

''मैम, सब लोग समय पर पहुँच जाएँगे। बस सानियाजी का नंबर नहीं लग रहा है...बड़ी देर से कोशिश कर रही हूँ।''

इतना सुन बहन भाग्यवती एक बार फिर हताश हो गई। पूरी पेशानी पसीने से पसीज उठी, ''औ...और टीनाजी?'' इस बार शब्द टूटने लगे।

''टीनाजी ने तो पहले ही मना कर दिया था मैम।''

''फिर कौन आ रहा है समय पर!'' झल्ला उठी इस बार बहन भाग्यवती। माथे पर दुश्चिंताओं की रेखाएँ गहरी होती चली गईं। अचानक अनजाने ही दराज से झाँकती पंक्तियों से नजर लग गई उसकी। एक झटके से दराज बंद कर, माथे को पकड़ कुहनियों को मेज पर बिछे शीशे पर टिका दिया। एकाएक अध्यक्ष को लगा शीशे से झाँकता उसका अक्स उस पर जोर-जोर से हँस रहा है।

इसी बीच उपसचिव का मोबाइल बज उठा। स्क्रीन पर मुस्कराते अंकों को देख मिसेज़ मौर्य का चेहरा खिल उठा, ''जी...जी सानियाजी!''

अपनी मातहत के मुँह से सानिया पटेल का नाम सुनते ही बहन भाग्यवती की सारी उद्विग्नता, सारी बेचैनी दूर हो गई।''

''मैम, सानियाजी आ रही हैं। एयरपोर्ट पर हैं।''

जो दराज एक झटके से बंद हुआ था, वह उसी तुर्शी के साथ फिर से खुल गया। किलकते शब्दों पर इस बार नजर पड़ी, तो वे बेसाख्ता होंठों पर मचल उठे। देर तक

अपने आप में खोई बहन भाग्यवती यही सोच-सोच कर रोमांचित होती रही कि कैसा होगा वह पल जब लता दीदी के मुँह से, उसके द्वारा रचे गए गीत की स्वर लहरियाँ अनंत ब्रह्मांड में गूँजेंगी। कैसा होगा वह क्षण जब कैमरों की चौंधियाती रोशनी में उसका चेहरा भीग-भीग जाएगा। एकाएक अपनी देह उसे रूई के गोले-सी हल्की महसूस होने लगी। पोर-पोर एक अप्रत्याशित कल्पना से तरंगित हो उठा। एक बार फिर से बहन भाग्यवती ने खिलखिलाते शब्दों को देखा, और फिर बाईं ओर बने प्रसाधन कक्ष में प्रवेश कर गई।

''सॉरी मैम!'' लंबी-लंबी साँस भरते हुए सानिया ने ऐसे माफी माँगी मानो वह मीलों दौड़ कर आई हो।

''कोई बात नहीं।'' अध्यक्ष ने बिना एक पल गँवाए अपनी उपसचिव को कुछ इशारा किया।

''मैम, वैसे तो साल भर चलने वाले कार्यक्रम पहले ही तय हो चुके हैं लेकिन एक बार फिर से मैं उन्हें दोहरा देती हूँ। इस उत्सव की शुरुआत इंडिया गेट पर मानवी श्रृंखला से होगी। इसी दिन गांधी शिल्पग्राम में लगने वाले हस्तशिल्प मेले यानी मनस्वी मेले का उद्घाटन होगा। अगले दिन मानवी सम्मान समारोह का आयोजन होगा जिसमें महिला सशक्तीकरण में विशिष्ट योगदान के लिए सम्मान स्वरूप महिलाओं को चूनर-चूड़ी तथा प्रशस्ति पत्र प्रदान किया जाएगा। ठीक इसके बाद मिर्ची झोंक समारोह आयोजित किया जाएगा, तथा रात को विराट मनस्वी कवि सम्मेलन होगा। अंतिम दिन रिजर्वेशन एक्सप्रेस में शामिल पूरे देश से आमंत्रित सेलिब्रिटिज द्वारा पार्टी अध्यक्ष को एक लाख महिलाओं के हस्ताक्षर वाले पोस्टकार्ड सौंपे जाएँगे। इसी दिन शाम को इंडिया गेट से जंतर-मंतर तक महिला आरक्षण के पक्ष में टॉर्च रैली निकाली जाएगी।'' उपसचिव मिसेज़ मौर्य ने पुनः सारे कार्यक्रमों की सूची प्रस्तुत कर दी।

''मेरे ख्याल से टॉर्च रैली की जगह मशाल जुलूस होता तो ज्यादा ठीक रहता।''

''अमीनाजी, सोचा तो पहले यही गया था लेकिन मशाल जुलूस में कई दिक्कतें हैं।...जैसे इतनी मशालें कहाँ से आएँगी...इनके लिए मिट्टी के तेल का इंतजाम कहाँ से होगा। सबसे बड़ा खतरा मशाल जुलूस का यह है कि अगर गलती से किसी पर कोई चिंगारी गिर गई, तो मीडिया परिषद का कैसा जुलूस निकालेगा, आप सोच सकती हैं।'' एक सरकारी संस्थान की अध्यक्ष होने के नाते बहन भाग्यवती ने अपनी चिंता व्यक्त की।

''वैसे सबसे अच्छा कैंडिल मार्च रहेगा। जरा सोचिए, कैसा होगा वह दृश्य जब एक तरफ इंडिया गेट की ऊँची दीवारें बल्बों की रोशनी से नहा रही होंगी, तो दूसरी तरफ जलती असंख्य मोमबत्तियों के संग भारत माता की जय और वंदे मातरम् का

उद्घोष गूँज रहा होगा। ऐसा लगेगा मानो इंडिया गेट को चारों तरफ से जुगनुओं की बारात ने घेर लिया हो।'' समाजविज्ञानी डॉ. वंदना राव ने कल्पनाओं के डबरे में डुबकी लगाते हुए एकदम नया और आधुनिक सुझाव दिया।

''सच्ची में कित्ता मजा आएगा। मैं तो फोटू खिंचवाने पूरी फैमिली को लाऊँगी।'' अखिल भारतीय अबला मंच की अध्यक्ष सरला बजाज ने अभी से अपने मंसूबे जता दिए।

''पर मैम, हमने जो पाँच सौ टॉर्च खरीदने के टेंडर इन्वाइट कर दिए हैं, उनका क्या होगा?'' उपसचिव ने अपना दायित्व और कर्त्तव्य दोनों का निर्वाह करते हुए अपनी चिंता जताई।

''मिसेज़ मौर्य, हमें तो मार्च से मतलब है। चाहे वह टॉर्च का हो, या लालटेन का। मशाल का हो, या मोमबत्तियों का। है तो मार्च ही न, क्या फर्क पड़ता है। वैसे भी टॉर्च रैली का नाम सुनते ही मीडिया के कान खड़े हो जाएँगे कि किस कंपनी से टॉर्च खरीदी हैं...कितनी खरीदी हैं...कितनी सैल वाली खरीदी हैं...कितना कमीशन रखा गया है...किस-किस ने खाया है! मीडिया को तो आप सब जानती ही हैं। तमंचे को तोप बनाने में उसे समय नहीं लगता है क्योंकि हर तमंचे की नाल से उसे गोले के बारूद की गंध आती दिखाई देती है।'' अध्यक्ष बहन भाग्यवती के अंतिम वाक्य के समाप्त होते, सबकी निगाह उसकी मातहत अर्थात् उपसचिव पर टिक गई।

''वैसे एक आइडिया और है मैम कि क्यों न महिला आरक्षण बिल के समर्थन में जंतर-मंतर पर अनशन किया जाए!''

डॉ. वंदना राव के इस 'आइडिया' पर बहन भाग्यवती चुप्पी साध गई। वह भाँप गई कि इस अनशन रूपी वेदी पर यह घाघ समाजविज्ञानी किसकी बलि देने की योजना बना रही है। छोटी-सी खामोशी के बाद कहना ही पड़ा उसे, ''आइडिया तो अच्छा है लेकिन अनशन पर बैठेगा कौन?''

''क्यों, अपने आचार्यजी हैं तो सही।''

मुश्किल से जान में जान आई बहन भाग्यवती की। फेफड़ों में चुपके से ढेर सारी हवा भर उसे बाहर छोड़, राहत की साँस ली।

''वंदना जी, अब नहीं होते हैं ये अनशन-उपवास। तबियत भी आजकल ठीक नहीं रहती है। वरना एक समय था जब बापू के एक इशारे पर हम बात-बात पर अनशन पर बैठ जाया करते थे।'' कहते-कहते गंगाधर आचार्य की आँखें मुँदती चली गईं। वे यादों की मुलायम-भुरभुरी मिट्टी के बीहड़ों में उतरते चले गए।

''आचार्यजी, एक ही दिन की तो बात है। जब एक चौहत्तर साला बूढ़ा गांधीवादी हफ्ता-भर अनशन पर बैठ सकता है, तब आप क्यों नहीं बैठ सकते!''

''राजघाट पर सीस नवाने से हर आदमी गांधीवादी नहीं हो जाता है वंदना जी। गांधीवाद की पहली शर्त है शुद्ध आचरण। खैर...मुझे तो रहने ही दो बहनजी।''

गंगाधर आचार्य ने दो टूक मना कर दिया।

''भैनजी, मैं रख लूँगी। जब माँ शेरांवाली के पूरे नौ व्रत रख सकती हूँ, तो एक दिन कौन-सी बड़ी बात है।'' सरला बजाज ने मौका देख तपाक् से कहा।

''सरलाजी, यह अनशन है, नवरात्रे का कोई व्रत नहीं जिसमें पूरे दिन कुट्टू के आटे की पकौड़ियाँ और तले हुए आलू खाते रहो।'' बहन भाग्यवती ने सरला बजाज को झिड़क दिया।

''इस उम्र में बहनजी वैसे भी प्रहसनों से बचना चाहिए।'' इसके बाद गंगाधर आचार्य गहरी साँस ले, सबको सुनाते हुए जैसे खुद से बोले, ''...और फिर मैं कौन-सा वो चौहत्तर साल का बूढ़ा हूँ जिसे दिल्ली या बंबई का कोई नामी डॉक्टर अपने फाइव स्टार अस्पताल में स्वास्थ्य लाभ देगा...उसके बाद कौन गाँव वापस जाने के लिए मुझे अपनी एसी कार में हवाई अड्डे छोड़ कर आएगा...और कौन मेरा हवाई जहाज का किराया देगा?'' गंगाधर आचार्य की आँखें शून्य में जैसे कुछ बीनने लगीं।

''ले...लेकिन आपको पूरा देश तो देखेगा।'' समाजविज्ञानी इतनी आसानी से पीछा छोड़ने वाली नहीं है इस गांधीवादी का।

''यह कोई भ्रष्टाचार का मुद्दा नहीं है जिसमें आपके साथ निठल्ले देशभक्तों और क्रांतिकारियों की भीड़ जमा हो जाएगी।''

''क्यों नहीं जमा होगी? हम भी तो गए थे जंतर-मंतर और रामलीला मैदान में। क्यों, गए थे न हम सब?'' पुष्टि के लिए डॉ. वंदना राव ने सानिया पटेल से पूछा।

''मैं भी गई थी संडे के दिन अपनी पूरी फैमिली के साथ। कित्ता मजा आया था। खूब मोमबत्तियाँ जलाई थीं हम सबने। मेरा तो गला ही बैठ गया था भारत माता की जै और बंदे मातरम् चिल्लाते-चिल्लाते। भैनजी, इस मोमबत्ती वाले प्रोग्राम को ही रहने दो।'' सरला बजाज ने इतिहास में अपने आपको शामिल करते हुए कहा।

''हाँ मैम, जब हमारा कैंडिल मार्च इंडिया गेट से चलकर पार्लियामेंट के सामने से होता हुआ जंतर-मंतर पर पहुँचेगा, तब लगेगा जैसे टिमटिमाते दीयों का छोटा-सा दरिया पुराने खंडहरात के जजीरे पर आकर ठहर गया है।'' अमीना ख़ान बहन भाग्यवती को कल्पनाओं के टापू पर ले जाते हुए बोली।

''अमीनाजी, सही कह रही हैं आप। एक तरफ हाथों में छोटी-छोटी मशालें थामे हमारी सैकड़ों बहनें होंगी, और ठीक उसके सामने मंच के पीछे अपने अधिकार के लिए बेड़ियों में जकड़ी भारतमाता की तस्वीर होगी।''

''...और उसी मंच पर सफेद गांधी टोपी पहने, मसनद से पीठ लगा कर, मंद-मंद मुस्कान बिखेरता एक गांधीवादी बैठा होगा।'' समाजविज्ञानी डॉ. वंदना राव ने बच्चों की तरह किलकते हुए सुमन भारती की कल्पनाओं को विस्तार देते हुए कहा।

''अगर कहीं से आचार्यजी वाली वह तस्वीर हाथ लग जाए जिसमें ये बचपन में गांधीजी की लाठी पकड़े जुहू के किनारे, आगे-आगे चल रहे हैं, तो मजा ही आ

जाए। वैसे आपके पास तो वह तस्वीर होनी चाहिए आचार्यजी?'' सानिया पटेल ने गंगाधर आचार्य से ऐसे पूछा जैसे आचार्यजी जान-बूझ कर उस तस्वीर को देना नहीं चाह रहे हैं।

''असली मजा तो सानिया तब आएगा जब पूरा मीडिया इसे लाइव दिखाएगा!'' कहते-कहते समाजविज्ञानी डॉ. वंदना राव की आँखें चमक उठीं।

''मेरा एक छोटा-सा सुझाव है कि क्यों न अनशन के बजाय इसे सत्याग्रह का नाम दिया जाए।'' सानिया पटेल ने सुझाव देते हुए कहा।

अध्यक्ष बहन भाग्यवती की सहमति से स्वर्ण जयंती आयोजन समिति ने इस संशोधन को स्वीकार कर लिया।

''पर मैम, टेंडर का क्या होगा?'' अंतिम बार उपसचिव ने टेंडर बचाने की कोशिश की।

''आने दो, क्या हर्ज है। कह देंगे कि कुछ अपरिहार्य कारणों के चलते टेंडर रद्द करना पड़ गया।''

उपसचिव मिसेज़ मौर्य का चेहरा उतर गया।

डॉ. अंबेडकर दलित महिला उद्धार सभा की सुप्रीमो सुमन भारती के लिए इससे अच्छा मौका नहीं हो सकता। उसने आसपास का जायजा लिया और धीरे-से, बेहद सधे हुए अंदाज में शब्दों को चुभलाते हुए बोली, ''मैम, मोमबत्तियाँ तो मेरी एनजीओ भी बनाती है। अगर उचित समझो तोऽऽऽ...।''

''प्लीज मैम, लोकल मत मँगाना। ब्रांडेड ही मँगाना...ब्रांडेड की बात ही कुछ और होती है।'' समाजविज्ञानी और स्त्री अध्येता डॉ. वंदना राव ने सुमन भारती की मंशा भाँप, उसकी योजना पर पानी फेरने की कोशिश करते हुए सुझाव दिया।

''हाँ मैम, आजकल इंडिया गेट और जंतर-मंतर पर ब्रांडेड मोमबत्तियों की बड़ी धूम है।'' कनखियों से सुमन भारती की ओर देखकर डॉ. वंदना की आँखों में उतर सानिया पटेल ने लगे हाथ दो ब्रांडेड मोमबत्तियों के नाम भी बता दिए।

''ठीक है मैम, फिर ऐसा करते हैं कि जितने की टॉर्च खरीदी जानी थीं, उतने की मोमबत्तियाँ ही खरीद लेते हैं।''

अपनी मातहत मिसेज़ मौर्य के इस प्रस्ताव को सुन बहन भाग्यवती की हँसी छूटते-छूटते रह गई, ''मिसेज़ मौर्य, यह आप क्या कह रही हैं!''

''मैं तो इसलिए कह रही थी मैम कि बार-बार खरीदने से अच्छा है, एक ही बार खरीद लेते हैं।'' मातहत ने बड़ी सफाई से अपनी मूढ़ता को तर्क से ढँकते हुए आगे कहा, ''पता नहीं, इनकी कब जरूरत पड़ जाए।''

''मिसेज़ मौर्य ठीक कह रही हैं मैम। जब तक आरक्षण बिल पास नहीं हो जाता है, हमें अपनी लड़ाई जारी रखनी चाहिए।'' सुमन भारती ने अपने लिए अवसर बनाते हुए, और अपनी दलित अधिकारी को उपहास का पात्र बनने से बचाते हुए

उसके तर्क को वजनी बनाया।

हौसला बढ़ गया इस बार मिसेज़ मौर्य का, ''मैम, क्यों न हम यह घोषणा कर दें कि जब तक संसद में बिल पास नहीं हो जाता, तब तक कैंडल मार्च निकालने वाले एनजीओ को परिषद मुफ्त में मोमबत्तियाँ देगा।''

''फिर ऐसा करते हैं मिसेज़ मौर्य कि अपने कैंडल मार्च के लिए इंडिया गेट और जंतर-मंतर का ऑर्डर कर देते हैं...और फ्री में बाँटने के लिए डॉ. अंबेडकर दलित महिला उद्धार सभा को ऑर्डर कर देते हैं। क्यों, ठीक रहेगा न?'' बहन भाग्यवती ने अपनी मातहत से जान-बूझकर पूछा। शायद वह मिसेज़ मौर्य और सुमन भारती के मनोभावों को ताड़ गई थी।

सुमन भारती की मारे खुशी के चीख निकलते-निकलते रह गई, यह सोचते हुए कि एक दिन इस दलित उद्धार सभा के भी दिन बहुरेंगे। मगर सुमन भारती को कौन यकीन दिलाए कि घूरे के दिन ऐसे ही फिरते हैं।

''सुमनजी, आपकी मोमबत्तियों का नाम क्या है?''

''अंबेडकर मोमबत्ती।'' सुमन भारती ने जिस तत्परता से उत्तर दिया, उससे ऐसा लग रहा था जैसे बहन भाग्यवती जरूर यह प्रश्न करेगी।

''अरे वाह, क्या नाम रखा है। यह तो अपने आप में एक ब्रांड है...मेरा एक सुझाव है कि क्यों न हम अपनी सारी मार्च-रैलियों में इन्हीं मोमबत्तियों का इस्तेमाल करें...क्यों वंदनाजी?''

बहन भाग्यवती के इस सुझाव को सुनते ही समाजविज्ञानी और स्त्री अध्येता की बत्तीसी भिंचने लगी। पूरी देह ऐसे ऐंठने लगी जैसे जेठ के दौंगड़ों से भीगी रस्सी ऐंठ जाती है। फिर भी अपने आप को सँभालते हुए बोली, ''ले...लेकिन ब्रांडेड की बात ही कुछ और होती है।''

''वंदनाजी, ब्रांडेड बनाना तो हमारे हाथ में है। जब कुछ लोगों को रामलीला मैदान या जंतर-मंतर पर चिल्लाने भर से हमारा मीडिया ब्रांड बना सकता है, तो फिर अंबेडकर मोमबत्तियाँ क्यों नहीं बन सकतीं। वैसे भी डॉ. अंबेडकर सुमन भारती या मिसेज़ मौर्य जैसे दलितों के नहीं हैं, हम सबके भी हैं। उन्हें ब्रांड बनाना हम सबका दायित्व है।'' अध्यक्ष बहन भाग्यवती ने आखिरकार अपने सुझाव को अपने निर्णय में बदल दिया।

अपनी अध्यक्ष से अपनी पहचान खुलते ही मिसेज़ मौर्य का चेहरा सफेद पड़ता चला गया। आसपास की आँखें बर्छियों की मानिंद पूरे बदन में खुबने लगीं। रह-रहकर आपस में टकराती नजरें एक-दूसरे से ऐसे-ऐसे प्रश्न करने लगीं, जिनका उत्तर उपसचिव की नम-उदास आँखों में तैरते सदियों का संताप और अपमान झेलने वाले डोरे ही दे सकते थे।

इसी बीच बहन भाग्यवती की नजर गंगाधर आचार्य पर पड़ी। उसे लगा आचार्यजी

कुछ कहना चाहते हैं।

''आचार्यजी, आप कुछ कहना चाह रहे हैं शायद?''

''हाँ, मैं यह कहना चाह रहा हूँ कि मुझे इस अनशन-सत्याग्रह से दूर ही रखिए। मैंने कहा था न कि मेरी तबियत वैसे भी ठीक नहीं रहती है और सबसे बड़ी बात यह है बहनजी कि मैं कैसे इसका नेतृत्व कर सकता हूँ, क्योंकि यह महिला आरक्षण के लिए है। हाँ, कोई स्वदेशी जैसा सत्याग्रह होता, तो मैं थोड़ी देर के लिए सोचता भी। एक मर्द होने के नाते में कैसे...''

''इससे क्या फर्क पड़ता है...और फिर यह किस शास्त्र या संविधान में लिखा है कि औरतों के लिए मर्द और मर्दों के लिए औरतें नहीं लड़ सकतीं। आचार्यजी, औरत या मर्द से बड़ी बात यह है कि आप निखालिस गांधीवादी हैं। गांधीवादी नहीं होते तो शायद हम आपसे कहते भी नहीं।'' समाजविज्ञानी ने गंगाधर आचार्य के चारों तरफ तर्कों की मजबूत बाड़ लगाते हुए कहा।

गंगाधर आचार्य को जँच गया कि इस समाजविज्ञानी से ऐसे भोंथरे तर्कों के आधार पर पिंड छूटनेवाला नहीं है। इससे लोहा नुकीले-धारदार तर्कों के बल पर ही लेना होगा।

''वंदनाजी, गांधीवादी होने का यह अर्थ नहीं है कि उसका जब चाहो, जहाँ चाहो छौंक लगा दो। जहाँ चाहो, जब चाहो पोस्टर की तरह चिपका दो और जब जी चाहे फाड़कर कूड़ेदान में डाल दो!''

''वंदनाजी, छोड़ो इस सत्याग्रह-अनशन का चक्कर। वे ही कार्यक्रम ठीक हैं जो पहले तय किए थे।'' अध्यक्ष बहन भाग्यवती ने हस्तक्षेप करते हुए कहा।

''बहनजी, क्यों छोड़ें! मैं हमेशा अच्छे प्रयोजन और सार्थक पहल में आपके साथ रहूँगा, पर मेरी विवशता भी तो समझने की कोशिश करिए।''

''हुँ, विवशता! मैं सब समझती हूँ इन मर्दों की मानसिकता।'' भाल पर दिप-दिप करती चौड़ी बिंदी अपने गढ़े गए तर्कों व पूर्वाग्रहों के चलते सुर्ख हो उठी।

''बुरा मत मानना वंदनाजी, थोड़ी कड़वी बात कह रहा हूँ, पर यह सच है कि आज हमने सत्याग्रह, अनशन, उपवास जैसे शब्दों के अर्थ और उनकी तार्किकता को हास्यास्पद ही नहीं बल्कि खत्म ही कर दिया है। बात-बात पर सत्याग्रह-अनशन, मोमबत्ती लेकर इंडिया गेट या जंतर-मंतर की ओर दौड़ पड़ना जैसे एक फैशन बन गया है। एक ऐसा फैशन कि अगर आपने यहाँ मोमबत्ती नहीं जलाई, तो आप सभ्य और पढ़े-लिखे कहलाने लायक नहीं हैं...अकारथ है आपका जीवन।''

''आचार्यजी, इस मामले को यहीं खत्म करिए। ऐसा करते हैं इसे केवल सांकेतिक सत्याग्रह का नाम देते हैं। कोई नहीं बैठेगा भूखा-प्यासा। क्या राय है आप सबकी?''

इससे पहले कि किसी की कोई प्रतिक्रिया आ पाती, अमीना ख़ान बोली,

"कार्यक्रम तो ठीक हैं, पर मेरा इससे थोड़ा नाइत्तेफाक है।"

पूरी समिति ने देखा अमीना ख़ान की ओर।

"मैम, बाकी तो सब ठीक है मगर स्टेज पर भारतमाता की तस्वीर लगाने और वंदे मातरम् जैसे नारों से थोड़ा परहेज किया जाए तो शायद ठीक रहेगा। वरना ऐसा ना हो कि इनके चलते कल को हमारे ऊपर यह तोहमत लग जाए कि हमारे पीछे किसी का हाथ तो नहीं है।"

"लो जी, ये क्या बात हुई। हमें अपनी देशभक्ति दिखाने का भी हक नईं है!"

"सरलाजी, यह आपके लिए बहुत आसान है...पर मैं जानती हूँ मुझे क्या-क्या सुनना और सहना पड़ता है, जब मैं अपने ही लोगों के बीच जाती हूँ..." कहते-कहते अमीना बहन भाग्यवती की ओर पलटी, "मेरी तो बस यही इल्तिजा है मैम कि अपनी इसी बात को अगर हम दूसरे तरीके से कह सकें तो बेहतर होगा।"

सन्नाटा छा गया पूरे चैंबर में। यह बात अलग है कि अखिल भारतीय अबला मंच की अध्यक्ष सरला बजाज की शिराओं में बहता देशभक्ति का खून जैसे फूटने को हो रहा है।

"अमीनाजी, मैं आपकी भावना और तर्क से पूरी तरह सहमत हूँ। मंच पर हम केवल बापू का चित्र लगाएँगे। वंदे मातरम् जैसे नारों के बजाय ऐसे नारों का सृजन कराएँगे, जो हमारे उद्देश्य को पूरा करने वाले हों। एक बात और, अब हम सिर्फ आरक्षण के पक्ष में कैंडल मार्च निकालेंगे। कोई सत्याग्रह या अनशन नहीं होगा।"

"अगर आप सबकी सहमति हो तो इसे फाइनल समझा जाए?" उपसचिव ने इस देशराग से उकताते हुए सबसे पूछा।

"लेकिन थीम सांग वाला मुद्दा तो रह ही गया...मैम, मैंने लताजी से थीम सांग गाने के लिए बात की थी परऽऽऽ..."

"क्या हुआ, रुक क्यों गई?" बहन भाग्यवती ने घबराते हुए पूछा।

"मैम, उनकी डिमांड बहुत है।" हिचकिचाते हुए बोली सानिया।

"कितनी होगी...होगी यही लाख-सवा लाख!"

"नहीं मैम, पूरे बीस लाख माँगे हैं।"

"बीऽऽस लाख! वो भी दस पंक्तियाँ गाने के!" बहन भाग्यवती का मुँह खुला का खुला रह गया। पूस के महीने में उस पर मानो बर्फ़ के छोटे-छोटे टुकड़ों से भरा पात्र उँड़ेल दिया गया हो।

"वैसे मैम, मैंने अलकाजी से भी बात की थी।"

"अब ये अलकाजी कौन हैं?" अध्यक्ष बहन भाग्यवती ने ऐसे कहा जैसे उनका स्वाद कसैला हो गया।

"फिल्मी दुनिया का चमकता सितारा है मैम। सुरों की रानी कार्यक्रम की विजेता रही है। कहते हैं कि यह भविष्य की लता दीदी है। अभी हाल ही में इनका

'महफिल-ए-साईं' नाम से नया एलबम आया है और अच्छी बात है मैम कि अलकाजी गाने के लिए तैयार हो गई हैं।''

''तैयार तो हो गई होगी पर पहली बात यह है कि मुझे कोई साईं संध्या नहीं करानी है...दूसरी यह कि तुम्हारी इस अलकाजी की डिमांड क्या है?'' बहन भाग्यवती कभी दराज से झाँकते शब्दों को देखती, कभी सानिया पटेल को।

''सिर्फ पाँच लाख मैम। बल्कि इसने एक सुझाव और दिया है कि क्यों न इस थीम सांग की सीडी और डीवीडी दोनों बनवाई जाएँ। एक म्यूजिक कंपनी से उसने बात की थी। यह कंपनी दो लाख लेगी और बदले में हमें पाँच सौ डीवीडी और सीडी मुफ्त देगी।''

''क्या कहना है आपका मिसेज़ मौर्य?'' अध्यक्ष ने जान-बूझकर अपनी मातहत को टटोला।

''मेरे हिसाब से यह ठीक रहेगा मैम। मनस्वी हस्तशिल्प मेले में इसे रिलीज भी किया जा सकता है। सानिया जी, कोशिश करिए कि बात और सस्ते में बन जाए।''

''ठीक है मैम, कोशिश करके देखती हूँ।'' इतना कह सानिया पटेल ने अपने बगल में बैठी डॉ. वंदना राव की ओर देखा, जो उसे काफी देर से कनखियों से निरख रही थी।

अध्यक्ष बहन भाग्यवती दराज से मंद-मंद मुस्कराते अपने स्वरचित रचना रूपी थीम सांग को बेहद दुलार के साथ अपलक निहार रही है। सानिया पटेल की पता नहीं कैसे इस पर नजर पड़ गई। अध्यक्ष की इस महीन मुस्कराहट का मर्म भाँप गई वह। इतना ही काफी है उसके लिए। अपने ऊपर से डॉ. वंदना राव का ध्यान हटाने का इससे सुनहरा अवसर और क्या हो सकता है।

''मैम, एक बार फिर से सुनाइए ना अपना थीम सांग!''

बहन भाग्यवती को भी जैसे ऐसे ही आग्रह का इंतजार था। उसने बिना किसी देरी के दराज से थीम सांग रूपी अपनी स्वरचित मौलिक रचना बाहर निकाली, और देखते ही देखते परिषद की अध्यक्ष के वातानुकूलित चैंबर की दीवारें एक नए मुक्तिगीत के बोलों से झंकृत हो उठीं।

पाँच

प्रथम विश्वयुद्ध के दौरान, फ्रांस, मेसोपोटामिया या फारस, पूर्वी अफ़्रीका, गैली और अफगान युद्ध में शहीद हुए सैनिकों की स्मृति में बनाया गया स्मारक। सर एडविन ल्यूटियन व सर हरबर्ट बेकर की कल्पनाओं को साकार करता आधुनिक स्थापत्य कला का प्रतीक—इंडिया गेट।

इसी आधुनिक स्थापत्य कला के प्रतीक के पश्चिम में पौन दर्जन कारों का एक छोटा-सा काफिला आकर रुका। बेहद बारीकी से चारों दिशाओं का अवलोकन किया गया। अगर मानवी श्रृंखला की शुरुआत पूरब से की जाए, तो आरक्षण बिल पर ग्रहों का क्या प्रभाव पड़ेगा। यदि पश्चिम से की जाए तो नक्षत्रों की क्या भूमिका रहेगी। अंततः एकमत से यह तय किया गया कि श्रृंखला के दोनों छोर इंडिया गेट को घेर कर, राजपथ के पश्चिम में स्थित साऊथ ब्लॉक व नॉर्थ ब्लॉक के मध्य उभरे उभार की ओर होने चाहिए, ताकि साँची के स्तूप के पैटर्न पर बने ब्रिटिश वायसराय के पूर्व निवास, और आजाद भारत के प्रथम नागरिक के निवास का गुंबद साफ दिखाई दे सके।

''वंदना जी, जरा अंदाजा लगाइए कि सामने काम कर रही लेबर कितनी होगी?'' अध्यक्ष बहन भाग्यवती ने निगाह मारते हुए पूछा।

''मैम, होंगी कोई चालीस के करीब।''

''ऐसा करते हैं लगे हाथ इनके ठेकेदार से भी मिल लेते हैं। इतनी गर्मी में कौन आएगा बार-बार।''

किसी की समझ में कुछ नहीं आ रहा है कि बहन भाग्यवती आखिर यहाँ काम कर रहे मजदूरों के ठेकेदार से क्यों मिलना चाहती है।

''लगता है, सामने जो तंबू है उसी में होगा!'' उपसचिव मिसेज़ मौर्य ने अनुमान लगाते हुए कहा।

यह काफिला पैदल ही तंबू की ओर बढ़ता कि मिसेज़ मौर्य सुझाव देते हुए बोली, ''मैम, इतनी गर्मी में गाड़ी से चलना ठीक रहेगा। कम-से-कम उसमें एसी तो है।''

इससे पहले कि अध्यक्ष अपनी स्वीकृति देती, मिसेज़ मौर्य ने ड्राइवरों को गाड़ी

लाने का इशारा कर दिया।

एकाएक अपने सामने सरकारी वाहनों के काफिले को देख तंबू के बाहर बैठा व्यक्ति घबरा गया। इससे पहले कि वह कुछ समझ पाता, अपनी तरफ बढ़ते काफिले में से एक ने दूर से ही पूछा, ''अरे सुनो भइया! यहाँ जो यह लेबर काम कर रही है उसका ठेकेदार कौन है?''

''बा...बाबूजी तो पेमेंट के लिए गए हैं।'' घबराते हुए उत्तर दिया व्यक्ति ने।

''अच्छा यह बताओ, यहाँ कितनी औरतें काम करती हैं?'' मिसेज़ मौर्य ने सरकारी रुतबे का सहारा लेते हुए आगे पूछा, ''और तुम कौन हो?''

''जी, मैं तो मैठ हूँ।''

''ठीक है-ठीक है जरा देखकर बताओ!'' मिसेज़ मौर्य ने एक बार फिर सरकारी आदमी का भय और दबदबा दिखाते हुए आदेश दिया।

मैठ लपककर तंबू के अंदर गया और मस्टर रोल में गिनती कर, बाहर आकर बोला, ''मैडम, वैसे तो पचपन हैं, पर आज बयालीस ही काम पे आई हैं। सोना, सहनाज जापे की वजह से ना आई हैं...भुलिया, कांता, रोजी, बरफी की तबैयत ठीक ना है...और बाकी...''

''सुना है इनको मजदूरी मर्दों से कम मिलती है, क्यों ठीक है न?'' उपसचिव मिसेज़ मौर्य ने सरकारी रुतबे को और सख्त करते हुए पूछा।

''जी-जी...नईं-नईं बस्स थोड़ी-सी कम मिलती है।'' हाथ-पाँव फूल गए मैठ के।

''क्यों?''

''जी ये बात तो बाबूजी ही बता सकें। मैं तो मैठ हूँ।''

''फिर भी, तुम्हें क्या लगता है?'' इस बार सरकारी लहजा थोड़ा मुलायम हो गया।

''आपको तो पताई है मैडम। जो ताकत मरद में होती है, वो जनानी में थोड़ी होती है। फिर बार-बार बच्चे को चूची पिलाना, उसकी टट्टी-पेसाब की सार-सँभाल...येई बजह है दिहाड़ी कम मिलने की।''

''अच्छा यह बता, हमें यहाँ एक बहुत बड़ी शृंखला...मेरा मतलब है बड़ी तादाद में औरतों को इकट्ठा करना है, क्या तुम्हारी इस लेबर को हम उसमें शामिल कर सकते हैं?'' आगे बढ़ते हुए अध्यक्ष बहन भाग्यवती ने पैदल आने के बजाय वातानुकूलित कारों में आने का कारण बताते हुए पूछा।

''इस बारे में भी बाबूजी ही बता सके हैं, मैं तो मैठ हूँ...लो, बाबूजी भी आ गए!'' सामने से एक मोटरसाइकिल को तंबू के पास रुकता देख मैठ बोला।

''क्या हुआ रामू?'' मोटरसाइकिल को स्टैंड पर लगाते हुए पूछा ठेकेदार ने।

''बाबूजी, मैडम कह रही हैं कि याँ बहुत सारी जनानियाँ इकट्ठी होनी हैं, सो

हमारी लेबर माँग री हैं।'' रामू यानी मैठ ने एक ही वाक्य में सारा किस्सा बयान कर दिया।

''मैडम, यहाँ हर दूसरे दिन एक-दूसरे का हाथ पकड़े औरतें लाइन में खड़ी रहती हैं। अगर हम रोज ही अपनी लेबर देते रहे, तो टाइम पर हो लिया हमारा काम।'' इसके बाद ठेकेदार अपने मैठ की ओर मुखातिब होते हुए बोला, ''रामू! बरफी, सोना, शहनाज, रोजी की जगह दूसरी लेबर का इंतजाम हुआ या नहीं।''

''आज पक्का हो जाएगा बाबूजी।'' इतना कह मैठ तंबू में घुस गया।

सारे सरकारी रुतबे, भय, दबदबे को ठेकेदार शरीर पर जमी गर्द की तरह झाड़कर खुद भी तंबू में घुस गया। एक सरकारी संस्थान की अध्यक्ष, जानी-मानी समाजविज्ञानी सहित सानिया, अमीना खान, सुमन भारती, सरला बजाज सब एक-दूसरे का मुँह ताकती रह गईं।

''मैडम, छोड़ो इस मुए ठेकेदार को। जनानियों की कौन-सी कमी है? मुझे बताओ कित्ती जनानियाँ चाहिए। मैं कराती हूँ इंतजाम।'' सरला बजाज की मारे अपमान के भवें फड़फड़ाने लगीं।

''सरलाजी, बात जनानियों की नहीं है। वे तो इकट्ठा हो ही जाएँगी लेकिन इनकी बात ही कुछ और है।''

''मैम, मजा जा जाएगा अगर हमारी मानवी शृंखला में ऐसी दलित मजदूरिनें भी शामिल हो जाएँ।'' डॉ. अंबेडकर दलित महिला उद्धार सभा की सुप्रीमो सुमन भारती ने बहन भाग्यवती की मंशा और भावना को चहकते हुए विस्तार दिया।

''आपका कहना सही है सुमनजी। ऐसी शृंखलाओं और प्रदर्शनों में आजकल जैसी स्त्रियाँ शामिल होती हैं, हम सब जानती हैं।...वैसे एक काम हो सकता है मैम कि क्यों न ठेकेदार से पेड लेबर के लिए बात की जाए। ज्यादा-से-ज्यादा पचास रुपए फी लेबर ले लेगा।'' समाजविज्ञानी, स्त्री अध्येता और इंस्टीट्यूट फॉर वीमेंस स्टडीज की डायरेक्टर डॉ. वंदना राव ने व्यावहारिक उपाय सुझाते हुए कहा।

''तो फिर आप ठेकेदार से करिए न बात!'' अध्यक्ष ने अपनी सहमति देते हुए कहा।

''ठीक है मैम। चलिए! मैं और आप चलते हैं मिसेज़ मौर्य के साथ!'' सानिया पटेल को साथ लेकर ठेकेदार के पास चली गई।

बड़ा घाघ निकला ठेकेदार का बच्चा! साम, दाम, दंड, भेद सारी युक्तियाँ फेल हो गईं उसके सामने, पर मजाल है ठेकेदार किसी के काबू में आ जाए। इस बीच उपसचिव और ठेकेदार के बीच न जाने क्या मौन संवाद हुआ कि सबने उन दोनों को तंबू के पिछवाड़े की ओर जाते हुए देखा। सबको जँच गया कि अब तो सौदा पट कर ही रहेगा।

थोड़ी ही देर बाद उपसचिव को सबने मुस्कराते हुए आते देखा।

"उफ्फ्! बड़ा चालू निकला यह ठेकेदार तो।" पसीने से तर चेहरे को रूमाल से पोंछते हुए उपसचिव ऐसे बोली जैसे ल्युटियंस के टीले की चढ़ाई करके आ रही है।

"कित्ते में सौदा तय हुआ मिसेज़ मौर्य?" आते ही सरला बजाज ने वही सवाल किया जो बहन भाग्यवती समेत सबके अंदर कुलबुला रहा था।

"सौ रुपए पर लेबर माँग रहा था सरलाजी।"

"सौ रुपए!"

"जी। मुश्किल से पचहत्तर में मना कर आई हूँ। कह रहा था ये बयालीस हैं, कहो तो दो सौ ला दूँ।"

"दो सौ क्या वो मुआ अपनी जनानी से पैदा कर के लाता...उठा लाता किसी झुग्गी-झोंपड़ी से। ये कोई पिचहत्तर वाली हैं...ऐसी तो मैं पचास में लाकर दिखा देती।" सरला बजाज ने मिसेज़ मौर्य की आँखों में ऐसे देखा जैसे उससे कह रही है कि बना गई न पच्चीस रुपए प्रति लेबर दिहाड़ी।

नजरें नीची होती चली गईं उपसचिव मिसेज़ मौर्य की। समझ बहन भाग्यवती भी चुकी थी कि ठेकेदार घाघ हो न हो, कम उसकी मातहत भी नहीं है। वरना ठेकेदार को तंबू के पीछे ले जाने का मतलब क्या था।

"छोड़ो सरलाजी, हमारा काम हो गया न। मिसेज़ मौर्य, कल आकर इस ठेकेदार को कुछ एडवांस दे जाना। आजकल किसी का कुछ पता नहीं। बहुत मुश्किल है किसी पर यकीन करना।" इतना कह अध्यक्ष बहन भाग्यवती अपनी कार की ओर बढ़ गई।

मुश्किल से जान में जान आई। आँखों पर चढ़ा कीमती काला चश्मा केवल नेत्रों को राहत पहुँचा सकता है, शरीर को नहीं। ड्राइवर ने एसी पूरा खोल दिया। बाहर तेज धूप से पैदा हुई तीक्ष्ण गरमी के कारण ऐसा लग रहा है जैसे पूरे राजपथ पर पानी की मोटी परत चढ़ी हुई है। दूर तक फैली मरीचिका की पारदर्शी सतह पर स्मारक और उसके चारों तरफ प्यास से व्याकुल मृगों के थरथराते प्रतिबिम्ब नजर आ रहे हैं।

इंडिया गेट को पीछे छोड़ पूरी गति से दौड़ती एंबेसडर की खिड़कियों पर टँगे झीने परदों को आपस में मिला दिया गया। हल्की थकान व हिचकोले खाती ठंडक के चलते पता ही नहीं चला कि ल्यूटियन का टीला कब पीछे छूट गया। कब पीछे छूट गई अमर जवान ज्योति की वह प्रज्ज्वलित लौ, जिसे कभी ठंडी तो क्या धीमी भी नहीं पड़ने दिया गया। बहन भाग्यवती ने ल्यूटियन का टीला तो फतह कर लिया। अब बस चिंता है तो दूसरे आयोजनों की। अन्यमनस्क-सी बहन भाग्यवती इसी

उधेड़-बुन में अपने चैंबर में बैठी है। सामने बैठा उसका मातहत एक-एक कर आयोजनों की ताजा स्थिति से अवगत करा रहा है।

"मिर्ची झोंक समारोह की क्या स्थिति है मिसेज़ मौर्य?"

"मैम, सब कुछ ठीक-ठाक चल रहा है। आपने मिर्ची पाउडर के लिए जिन ढाई सौ पैकेट्स के लिए कहा था मैंने उसमें पचास और बढ़ा दिए हैं। कम पड़ गए तो मैम कौन भागा-भागा फिरेगा। लेकिन मैम..." कुछ कहते-कहते रुक गई उपसचिव।

"क्या हुआ?"

"पाउडर की क्वालिटी अच्छी नहीं लग रही है मैम।"

"मिसेज़ मौर्य, दान की बछिया के दाँत नहीं गिने जाते हैं, मुफ्त में आधा किलो पिसी हुई मिर्च मिल रही है, यही क्या कम है।"

कुछ नहीं कहा उपसचिव ने।

"अच्छा सरलाजी को फोन मिलाइए। उन्हें भी तो याद दिलाते रहना चाहिए।"

"मेरी उनसे बात हो गई है। चार बसों का आश्वासन दिया है उन्होंने।"

"चार बसों का मतलब हुआ लगभग ढाई सौ।" फिर कुछ सोचते हुए बहन भाग्यवती बोली, "शृंखला के लिए भीड़ कम तो नहीं रह जाएगी?"

"होनी तो नहीं चाहिए मैम। वैसे भी हमने आसपास की लगभग अस्सी एनजीओज को चिट्ठियाँ भेजी हैं। अगर एक एनजीओ पचास महिलाएँ भी ले आई तो हमारा काम आसानी से चल जाएगा।"

उपसचिव मिसेज़ मौर्य अभी सरला बजाज को फोन मिलाने ही वाली थी कि अध्यक्ष की पीए ने सूचना दी कि सरला बजाज आई हुई हैं।

"आइए सरलाजी। मैं अभी आपकी ही बात कर रही थी।" अध्यक्ष बहन भाग्यवती ने सरला बजाज का स्वागत करते हुए पूछा, "बताइए कैसी तैयारी चल रही है? वैसे मिसेज़ मौर्य ने अभी बताया था कि इनकी आपसे बात हो चुकी है।" एक ही साँस में बहुत कुछ कह गई अध्यक्ष।

"भैनजी, तैयारी तो सब ठीक चल रही है। बस, एक प्रेशानी आन खड़ी हुई है।" कुर्सी सरकाते हुए उस पर धम्म्-से बैठते हुए बोली सरला बजाज।

बहन भाग्यवती का चेहरा स्याह पड़ता चला गया इस अप्रत्याशित परेशानी को सुन, "हुआ क्या सरलाजी?"

"हुआ ये कि उसी दिन रामलीला मैदान में एक और अनशन है।"

"तो इसमें परेशानी की क्या बात है। हमारी बला से दस और हों।" माथे को टिश्यू पेपर से पोंछते हुए कहा अध्यक्ष ने।

"यह अनशन ही तो असली प्रेशानी की जड़ है...क्योंकि सारी जनानियाँ इसी में जा रही हैं।"

''लेकिन आपने इसके बारे में पहले तो बताया नहीं।''

''भैनजी, मुझे भी आज ही पता चला। इसीलिए तो आपको बताने दौड़ी आई हूँ।''

''अब क्या होगा सरलाजी?'' बहन भाग्यवती जैसे ठंडी पड़ने लगी।

''वैसे मैंने अपने कजन के दमाद को लगा दिया है इस काम के लिए कि मुझे तीन सौ जनानियाँ चाहिए ही। वैसे दमादजी का फोन आने ही वाला है...लो जी, नाम लिया और आ गया...एक मिंट...जै माता दी, हाँ बोलो दमादजी...जी...क्या... दमादजी, मुझे हर हालत में ये जनानियाँ चाहिए, इज्जत का स्वाल है...दे तो रहे हैं आधा किलो मिर्ची पाउडर...ठीक है, मैं अपनी मैडम से बात करके बताती हूँ...जै माता दी।'' फोन कटते ही सरला बजाज ने दोनों हाथों से सिर थाम लिया।

''क्या हुआ सरलाजी?'' किसी अनिष्ट के भय से अध्यक्ष बहन भाग्यवती की जैसे साँसें उखड़ने लगीं।

''हाय रब्बा! क्या बताऊँ! सब गड़बड़ कर दिया खसमा ना खाणा उस अरोड़े के बच्चे ने। सच्ची कहूँ भैनजी, आदमी का ईमान ही नहीं रहा...ये तो वो बात हो गई कि जहाँ मिला चावल भात, वईं बिताई सारी रात। बड़े स्याने हो गए हैं ये झुग्गी-झोंपड़ी वाले भी।'' लंबा साँस लेते हुए बोली सरला बजाज।

''पर सरलाजी हुआ क्या?'' चीखते-चीखते रह गई अध्यक्ष।

''होगा क्या, एकदम साफ मना कर दिया। कह रई हैं कि जब रामलीला मैदान में एक साड़ी मिल रही है तो क्यों जाएँ आधा किलो मिर्ची में।''

''लेकिन हम उन्हें रिफ्रेशमेंट भी तो दे रहे हैं।'' उपसचिव ने कहा।

''वो तो वो मुआ अरोड़ा भी दे रहा है।''

''अब क्या होगा?'' अध्यक्ष बहन भाग्यवती की आवाज बैठती चली गई।

''मैम, यह तो सचमुच परेशानी की बात है।'' मातहत ने अपनी अध्यक्ष के दु:ख में शामिल होते हुए अपनी संवेदना प्रकट की।

''सरलाजी, मुझे नहीं पता, आप कुछ भी करिए!'' हाँफते हुए अध्यक्ष बहन भाग्यवती ने अंतत: सरला बजाज के सामने आत्मसमर्पण कर दिया।

''ठीक भैनजी मैं एक बार और दमादजी से बात करके देखती हूँ। क्या पता माता रानी की किरपा से बात बन ही जाए।''

''सरलाजी, किसी भी हालत में बात बनानी है। चाहे आपकी माता रानी माने या नहीं।''

''हैलो...हाँ दमादजी...जै माता दी...दमादजी, मेरी इज्जत का स्वाल है...मुझे हर हलात में ये जनानियाँ चाहिए ही...ठीक है, चलो वो हम भी दे देंगे...दमादजी ना, मेरी मैडम जो दे सकती थी वो मैंने बता दिया...मुश्किल है। था पर किसी और को पहले ही दे चुकी हैं...ठीक है, बाकी आपकी मर्जी...जै माता...''

सरला बजाज के उतरे हुए चेहरे को देख बहन भाग्यवती के जैसे हाथ-पाँव काँपने लगे। स्वर्ण जयंती मुक्ति उत्सव के आयोजनों की सफलता की कल्पनाओं में आकंठ डूबी बहन भाग्यवती काठ हो गई।

''क...क्या हुआ सरलाजी...औ...और दामादजी से यह किसी और को क्या लेने-देने की बात हो रही थी?''

''भैनजी मैंने आपसे बिना पूछे अरोड़े की तरह साड़ी देने की हामी भर दी फिर भी मुश्किल लग रहा है।''

''कह क्या रहे हैं आपके दामादजी?''

''कह रहे हैं कि मम्मीजी आपके दफ्तर में इतने फंक्शन होते हैं, कभी रिफ्रेशमेंट या उनके खाने-पीने का हमें भी ऑर्डर मिलना चाहिए।''

साँसत में पड़ गई अध्यक्ष बहन भाग्यवती कि इस दामाद के बच्चे को अब कहाँ से और किसका ऑर्डर दिया जाए। बहुत रास्ते खोजे, ढेरों संभावनाएँ तलाशी किंतु सब जगह से अध्यक्ष को निराशा ही हाथ लगी।

''मैम, ऐसा न करें कि मिर्ची झोंक समारोह में आने वाले मिर्ची पाउडर के डिब्बे परिषद के माध्यम से न मँगवाकर, सरलाजी के दामाद के माध्यम से मँगा लिये जाएँ तो, हमें तो पेमेंट करनी है मैम। हम जय बजरंगबली को पेमेंट न कर, इनके दामादजी को कर देंगे।''

अपने मातहत के इस प्रस्ताव को सुन अध्यक्ष बहन भाग्यवती की आँखों की उजास लौट आई, ''मिसेज़ मौर्य, यह ठीक रहेगा।'' कुछ पल सोचने के बाद आगे बोली, ''ऐसा करते हैं कि उसके रिफ्रेशमेंट का इंतजाम भी क्यों न इनके दामादजी को ही सौंप दें?''

''मगर मैम वह तो हम सानियाजी को पहले ही दे चुके हैं।''

''उससे मैं बात कर लूँगी।'' इतना कह बहन भाग्यवती सरला बजाज की ओर पलटी, ''सरलाजी, कह दीजिए अपने दामादजी को।''

''ठीक है भैनजी, मैं अभी दमादजी को कह देती हूँ।'' कहते हुए सरला बजाज ने अपने कजन के दामाद को तुरंत फोन लगाया, ''हाँ दमादजी बधाइयाँ!...हमारी मैडम ने पूरा मिर्ची समारोह हमें दे दिया...मैं अभी आती हूँ...जै माता दी...मैडमजी, मैं अब चलती हूँ। बहुत सारी तैयारियाँ करनी हैं।''

अखिल भारतीय अबला मंच की अध्यक्ष सरला बजाज ने परिषद की अध्यक्ष के जवाब का इंतजार भी नहीं किया। उसने अब यहाँ न तो ज्यादा देर रुकना उचित समझा, और न ही इससे ज्यादा अब यहाँ रुकने का कोई औचित्य था।

छह

पछाड़ खाकर मूर्च्छित होते-होते बची सानिया पटेल!

भला यह क्या बात हुई कि इस मिर्ची झोंक समारोह की सारी परिकल्पना तैयार की उसने और मलाई लूट ले गई सरला बजाज। उसने चित्त को शांत किया और आँखों को मूँद होंठों ही होंठों में श्रीसाईं गीता सार का यह पद बुदबुदाने लगी, 'साईं कहे बच्चों मेरे, सुन लो ध्यान लगाए/प्राणी ऐसा बावरा, जग से प्रीत लगाए।'

जब से सानिया के हाथ में आई बटेर को सरला बजाज छीन कर ले गई है तभी से ऐतिहासिक किस्सों की पटरानी की तरह खटपाटी लिये उसकी गुमसुम उदास अँगुलियाँ बस मोबाइल से ही बतियाती रही हैं। घिए-सा ताँबई चेहरा ऐसा हो गया है जैसे मुँडेर पर चिपटी गदराई काई, भादों की घाम से सुलग कर स्याह पड़ जाती है। विरक्ति और वैराग्य ने सानिया में ऐसा भाव पैदा कर दिया कि जी चाहता है कि वह अपने साईं के चरणों में पड़ी श्रीसाईं गीता सार के बस इसी पद का जाप करती रहे—

कर्म है वह कौन-सा, क्या करे जो सुख होय।
लख चौरासी ना मिले, कैसे मुक्ति होय॥

हालाँकि इससे पूर्व उसके होंठों से रात-दिन यह पद एक पल के लिए भी जुदा नहीं होता था—

कैसे मिले अचानक धन, बिन मेहनत बिन काम।
उमर गुजारे रोग रहित, पुण्य बताओ नाथ॥

पर आह! आज न तो कोई श्रीसाईं कष्ट निवारण मंत्र अपना असर दिखा रहा है, न श्रीसाईं के किसी पद की कुछ चल रही है। न श्रीसाईं गीता सार के छंदों में शक्ति बची है, न श्रीसाईं मंत्र माला के किसी बंद में सत्त बचा है। लगता है श्रीसाईं वंदना, श्रीसाईं वचनमाला, श्रीसाईं व्रत कथा, श्रीसाईं महापुराण, श्रीसाईं लक्ष्मी प्राप्ति मंत्रों के सारे गुटकों के सभी वचन, वंदना, मंत्र उससे रूठ गए हैं। पति कबीर जब-जब पत्नी की यह हालत देखता, तो मुँह कलेजे को आने लगता। मगर कर कुछ नहीं पाता। कितना समझाया था उसने परंतु समझे तब न। सानिया ने मोबाइल एक ओर पटक दिया और एक गहरी साँस लेते हुए तय कर लिया कि आज वह कबीर से बात

करके रहेगी। यही मन बना वह श्रीसाईं लक्ष्मी प्राप्ति के उस मंत्र को बेमन से बुदबुदाते हुए बिस्तर पर ढेर हो गई, 'सुख का सूरज डूब गया है, रात गमों की काली है / मेरे घर में मातम छाया, जग में रोज दिवाली है।'

"कबीर, बहुत दिन हो गए हैं। सोच रही हूँ समय निकालकर एक साईं संध्या रख ली जाए!" शाम को आते ही अपने मन की बात कह दी सानिया ने।

"क्यों, आ गई याद साईं संध्या की! जब मैं कहता था कि कुछ नहीं धरा है इन सरकारी दफ्तरों में, तब तो सुना नहीं। आज साईं संध्या की बात कर रही हो। अगर मैं भी तुम्हारी तरह इन भाग्यवतियों के चक्कर में पड़ा होता, तो आज किसी आठ बाई दस के पलस्तर उखड़े कमरे के ऊपर सर्वहारा फाउंडेशन का टँगा बोर्ड अपनी दुर्दशा पर आँसू बहा रहा होता। रोडवेज बसों में धक्का खा रहे होते, और किसी बदबूदार कॉलोनी में किसी किराए के कमरे में छोटी-छोटी बेईमानियाँ कर रहे होते।" सानिया की बात सुन फट पड़ा कबीर।

"पर कबीर कहीं से तो शुरुआत करनी थी।"

"यह शुरुआत है! पता नहीं क्या सोच कर तुम इस बहनजी के पीछे लगी हुई हो। जबकि फोर्ड फाउंडेशन, ऑक्सफेम, ओसाका फाउंडेशन, मेक आर्थर फाउंडेशन, प्लान इंटरनेशनल, नोराड, यूएसएड जैसे इतने इंटरनेशनल आर्गेनाइजेशंस हैं कि नाम गिनाने लगूँ तो शाम हो जाए। डॉलर और पौंड की बारिश होती।"

"ऐसा मत कहो कबीर डेनिडा* का एक प्रोजेक्ट ग्रासरूट फाउंडेशन कर तो रही है।"

"यह तो मैं जानता हूँ न कि इस प्रोजेक्ट के लिए डेनिडा में सेंध लगाने के लिए कितने पापड़ बेलने पड़े थे। पार्टनर, अगर चक्कर ही काटने हैं तो विश्व बैंक में बैठे अपने देसी दलालों के काटो। खैर, बता देना जिस दिन साईं संध्या रखनी हो।"

कोई जवाब नहीं दिया सानिया ने।

"ठीक है, सोच कर बता देना।" सानिया से किसी तरह का जवाब न पाकर कबीर बड़बड़ाते हुए दूसरे कमरे की ओर बढ़ गया, "डॉ. वंदना राव की तरह टीवी पर शक्ल दिखा-दिखाकर पब्लिक इंटलेक्चुएल बनने के सपने देख रही है।"

"यह सानिया इतनी बेवकूफ नहीं है, जितना तुम समझ रहे हो!"

"नहीं है, तो फिर क्यों परेशान हो रही हो?" जाते हुए पलटकर कहा कबीर ने।

"परेशान मैं इसलिए हो रही हूँ कि जब भी मैं जमीन पर पाँव जमाने की कोशिश करती हूँ, कोई न कोई उसके नीचे से रेत हटा देता है।"

वापस लौट आया कबीर, "बस, इससे परेशान हो रही हो। पार्टनर, यह एनजीओ की दुनिया है। एक ऐसी दुनिया जहाँ हम, लोगों को उनकी अज्ञानता,

---

* डेनिडा : डेनिश इंटरनेशनल डेवलपमेंट एजेंसी।

गरीबी और अशिक्षा के नरक से मुक्ति दिलाने के लिए आए हैं। यहाँ फूँक-फूँककर पाँव रखने होते हैं। जरा-सी चूक हुई कि सामने वाला बिना शह दिए मात देने से नहीं चूकेगा। इसलिए अपना दाँव और राज़ किसी को मत बताओ। इस दुनिया में लंबे समय तक रहना है, तो अपनी छाया पर भी यकीन मत करो। एक बात और पार्टनर कि अनैतिकता, मक्कारी और संवेदनहीनता इस दुनिया में आने की पहली योग्यता है। जो इनमें जितना योग्य होगा, वह उतना ही सफल होगा।''

सानिया पटेल के दिमाग की नसें जैसे तड़कने लगीं।

''लेकिन कबीर, बिना संवेदना के...''

''कौन मना कर रहा है। बनो न संवेदनशील लेकिन दिखाने भर के लिए—ठीक अपने उन सबाल्टर्न इतिहासकारों की तरह जो अमेरिका में बैठकर यहाँ के दलितों और उपेक्षितों-उत्पीड़ितों की चिंता में मुटाए रहते हैं।'' कहते-कहते कबीर सानिया के एकदम नजदीक आया और लगभग फुसफुसाते हुए बोला, ''या फिर हमारी तरह बेरोजगार आदिवासियों और गरीबों को गांधी के स्वराज का झूठा सपना दिखाओ।''

''यह सब तो ठीक है परऽऽऽ''

''सानिया व्यावहारिक बनना सीखो। कोरी भावुकता से काम चलनेवाला नहीं।''

निरुत्तर सानिया टकटकी लगाए बस पति कबीर की ओर देखते हुए, यही सोचती रही कि क्या यह वही व्यक्ति है जो कभी बात-बात पर परिवर्तन और क्रांति की बात किया करता था! आखिर इतना ज्ञान इसे प्राप्त हुआ कहाँ से! इस बीच उसे पता ही नहीं चला कि कबीर कब वहाँ से चला गया। सामने बेसुध पड़े मोबाइल पर उसकी नजर जा अटकी। उसकी धड़कनें रह-रहकर इस इंतजार में बढ़ने लगीं कि कब यह हरकत में आए, और वह उसे लपक कर उठाए।

सानिया की व्यग्रता बढ़ने लगी। मगर मोबाइल नहीं बजा, तो नहीं बजा।

एकाएक हड़बड़ाकर कच्ची नींद से जागे मोबाइल को सानिया ने झपटते हुए उठाया। स्क्रीन पर अंकित परिचित अंकों को देखते ही उसकी आँखें चमक उठीं। लेकिन बात नहीं की उसने। यूँ ही रूठी रही उससे। हैलो ट्यून देर तक खुद से संवाद करती रही। हार कर सानिया ने मन को समझाया कि मोबाइल के धैर्य की परीक्षा लेना अब ज्यादा ठीक नहीं। बेहद धीमी किंतु सधी हुई आवाज में बोली, ''हैलो!...जी बोल रही हूँ...ओऽऽऽ मिसेज़ मौर्य, कैसी हो...हाँ, शिरडी गई हुई थी...जी, कराइए... नमस्कार मैम...जी, कल ही लौटी हूँ...आपसे कैसी नाराजगी मैम...यह सब तो चलता रहता है...ठीक है...नमस्कार।''

स्क्रीन से अंकों के गायब होते ही सानिया के होंठों पर वक्र मुस्कान तैरती चली आई।

ठीक ग्यारह बजे पहुँच गई सानिया पटेल।

हैरानी हुई कि अध्यक्ष आज कैसे अकेली बैठी है। उसे कुछ अजीब-सा लग रहा है।

तंद्रा भंग हुई सानिया की।

"सानिया, मैंने तुम्हें एक खास प्रयोजन से बुलाया है। मैं जानती हूँ कि तुम मुझे ठीक सलाह दे सकती हो।"

अध्यक्ष के इस एकांत का रहस्य कुछ-कुछ सानिया को अब समझ में आ रहा है।

"वो क्या है कि मुझे अमेरिका की एक संस्था यंग प्रेजीडेंट ऑर्गेनाइजेशन के एक प्रोजेक्ट का ऑफर मिला है। है तो यह दो साल के लिए, पर है बड़ा प्रोजेक्ट। इसने मुझसे कुछ ऐसी नोडल एनजीओ'ज के नाम पूछे हैं, जो इस प्रोजेक्ट पर काम कर सकें। सोचा, तुमसे बात करके देखूँ। कुछ ऐसी एनजीओ'ज हैं तुम्हारी नजर में?"

"मैम, ऐसा न करें कि इस बारे में कहीं बाहर चलकर बात करें। मेरे ख्याल से आईआईसी या इंडिया हैबिटेट सेंटर ठीक रहेगा। लंच भी वहीं कर लेंगे।"

"हाँ, यह ठीक रहेगा लेकिन थोड़ा रुककर चलते हैं। अमीना ख़ान को भी बुलाया है।"

अमीना ख़ान का नाम सुनते ही सानिया असहज हो उठी। मिर्ची झोंक समारोह से चोट खाई सानिया का ताँबई चेहरा मुरझाता चला गया। बहन भाग्यवती ने उसके चेहरे से उसका डर पढ़ लिया।

"सानिया इस बार नहीं होगा कुछ। चाहती तो मैं भी हूँ कि इस प्रोजेक्ट में तुम्हारे सिवाय किसी को पार्टनर न बनाऊँ, पर उस ऑर्गेनाइजेशन की शर्त ही ऐसी है कि उसे शामिल करना पड़ रहा है। वैसे मेरी इच्छा थी कि इस प्रोजेक्ट को मैं तुम्हारे ग्रासरूट फाउंडेशन और कबीर के सर्वहारा फाउंडेशन को दिलाती लेकिन शर्त तो हमें उसी की माननी होगी।"

मन ही मन सानिया ने अपने आपको कोसा कि काश, वह साईं संध्या का दिन तय करके कबीर को बता देती। क्या पता उसके इसी आधे-अधूरे निर्णय के कारण पूरा प्रोजेक्ट उनके हाथ आते-आते रह गया।

इसी बीच बहन भाग्यवती दाहिनी ओर बने अपने विशेष प्रसाधन कक्ष में प्रवेश कर गई। सानिया के लिए इससे अच्छा अवसर नहीं हो सकता था। जब तक अध्यक्ष वापस आए, क्यों न तब तक वह श्रीसाईं कष्ट निवारण मंत्र और श्रीसाईं लक्ष्मी प्राप्ति मंत्रों का ही जाप कर ले। सानिया ने अपना चित्त शांत किया और नेत्रों को बंद कर मंत्रों का जाप करने लगी—

कष्टों की काली छाया दुखदाई है, जीवन में घोर उदासी छाई है।
संकट को टालो साईं दुहाई है, तेरे सिवा न कोई सहाई है॥

साईं गरीबी मेरी मुझ पर आज बना अभिशाप।
मेरे घर में धन की धूनी रौशन कर साईंनाथ॥

इधर श्रीसाईं लक्ष्मी प्राप्ति मंत्र समाप्त हुआ और उधर अपने विशेष प्रसाधन कक्ष से बाहर आती, बहन भाग्यवती किसी से मोबाइल पर यह कहते निकल रही है, ''पहले यह काम जरूरी है। इस पर तो बाद में बात हो जाएगी।'' मोबाइल बंद कर बहन भाग्यवती ने सूचना दी, ''अमीनाजी नहीं आ रही हैं। कह रही थीं उनकी सोसायटी में अचानक जमात के कुछ लोग आ गए हैं। चलिए अब चलते हैं। बाकी की बातें वहीं होंगी।''

इंडिया इंटरनेशनल सेंटर अर्थात् कुलीनों का एक ठिया।

लंच के दौरान ही बातचीत होती रही दोनों के बीच। डाइनिंग हाल में देशी-विदेशी क्रॉकरी, छुरी-काँटों व चम्मचों के परस्पर टकराने से पैदा होनेवाले मोहक नाद के बीच दोनों की भृकुटियाँ रह-रहकर विस्मय से फैलती-सिकुड़ती रहीं।

''...लेकिन मैम, आपने बताया नहीं कि उस अमेरिकी संस्था की ऐसी कौन-सी शर्त है जिसके चलते हमें अमीना ख़ान को इसमें शामिल करना पड़ रहा है?''

''अरे हाँ, तुमने अच्छा याद दिलाया। मैं तो भूल ही गई थी। दरअसल, यह प्रोजेक्ट ग्रामीण मुस्लिम और दलित समुदायों के लिए है। यह संस्था कम-से-कम एक एनजीओ ऐसी चाहती है जो पहले से ऐसे समुदाय के बीच काम तो कर ही रही हो बल्कि उस समुदाय से उसका वास्ता भी हो ताकि वह उससे संवाद बना सके। अमीनाजी का राहत फाउंडेशन एक ऐसे इलाके में पहले से किसी प्रोजेक्ट पर काम कर रहा है। दिल्ली से ज्यादा दूर भी नहीं है।''

''मैम, फिर तो बड़ा मजा आएगा।'' फ्राइड फिश की मोटी बोटी को छुरी से कई हिस्सों में बाँट, उसमें से एक में काँटा खुबाते हुए उसे गप्प से मुँह में डाल गई सानिया।

''इसीलिए मैं अमीनाजी को इसमें शामिल करना चाहती हूँ।''

''लेकिन मैम अगर अमीनाजी भी सरला बजाज की तरहऽऽ...'' इससे पहले कि सानिया अपना वाक्य पूरा कर पाती हलक में फँस गए फ्राइड फिश के चलते आँखें कंचे-सी बाहर निकल आईं। पानी के घूँट से बमुश्किल हलक से उसे नीचे उतारा।

''तुम्हारे इसी डर के कारण मेरा अमीना की संस्था को सहयोगी एनजीओ के रूप में रखने का विचार है। नोडल एजेंसी तो आप दोनों पति-पत्नी की एनजीओ होंगी। वैसे मिर्ची झोंक समारोह में तुम्हारा जो नुकसान हुआ है उसकी भरपाई भी तो करानी है।''

''स्वीट डिश में क्या लेंगी मैम?'' नैपकिन से सने हुए होंठों को साफ करते हुए पूछा सानिया ने।

“आइसक्रीम।” कहते हुए बहन भाग्यवती ने पानी पिया। पानी पीते ही अध्यक्ष ने इतनी मोटी डकार ली कि बगल में खाना खा रहा एक विदेशी जोड़ा मुस्कराए बिना नहीं रह पाया।

बहन भाग्यवती ने सानिया से नजर बचाते हुए आसपास देखा। पूरी तसल्ली होने के बाद उसने मौका ताड़ते हुए कहा, “लगे हाथ यह भी तय कर लेते हैं कि...”

“मैम, यह भी कोई कहने की बात है। खुश कर दूँगी आपको।”

“वो तो ठीक है लेकिन बात साफ-साफ हो जाए तो ज्यादा ठीक रहेगा।”

“मैम, यह तो बजट पर निर्भर करता है। अभी तो यही नहीं पता कि इसका बजट कितना होगा। वैसे भी इसमें चार पार्टनर हैं। साथ में उस ऑर्गेनाइजेशन के कुछ अधिकारी भी होंगे। यह तो एक तरह से साझे की होली हो गई।”

“उनको तुम मेरे ऊपर छोड़ दो। उन्हें मैं सँभाल लूँगी। एक्सपोजर टूर बनेगा तो मुझसे ही पूछ कर न।”

“फिर भी अमीना ख़ान तो है ही मैम।”

“लेकिन उसके पास शायद एफसीआरए* नहीं है। सारा फंड तो तुम दोनों पति-पत्नी की एनजीओ के एकाउंट में आना है। सानिया, मैंने बहुत सोच-समझकर तुम्हारी एनजीओ को नोडल एजेंसी का प्रस्ताव दिया है। वैसे एक बात कहूँ, तुम्हें तिलों से तेल निकालना आता बहुत अच्छी तरह है।”

इससे पहले कि बहन भाग्यवती सानिया पटेल की आँखों में झाँकते हुए तेल निकालने के स्रोतों की फेहरिस्त बताती, सानिया ने साफ-साफ बात करने में ही अपनी भलाई समझी, “फिर आप ही बताइए!”

बहन भाग्यवती ने चौकन्ना होते हुए एक बार फिर अपने इर्द-गिर्द उचटती-सी नजर मारी, और सानिया की आँखों में धँसते हुए प्रतिप्रश्न किया, “मैं बताऊँ?”

“जी-जी मैम।” हलक से नीचे उतरती आइसक्रीम एकाएक बर्फ़ की छोटी-छोटी डलियों में तब्दील होने लगी।

“मैम, यह तो बहुत ज्यादा है।”

“बहुत सोच-समझकर बताया है मैंने। चाहती तो मैं सरला बजाज से भी बात कर सकती थी। और जितना मैंने प्रस्ताव रखा है, उस पर वह मान भी जाती।”

“सरलाजी और इस सानिया में क्या कोई फर्क ही नहीं है मैम!”

“फर्क है इसीलिए तो मैंने पहले तुमसे बात की है। सरला से अधिक मुझे तुम पर भरोसा है...और फिर पूरा शेयर मेरी जेब में थोड़े ही जाएगा। इसमें वर्ल्ड बैंक के उन लोगों का भी तो शेयर होगा, जो हमें यह प्रोजेक्ट दिला रहे हैं।” सानिया ने अध्यक्ष बहन भाग्यवती का डर पकड़ लिया। इसी सरला बजाज नाम के डर से इसे नाथा जा सकता है। यही वह नकेल है जो इसे सरला बजाज के खूँटे पर जाने से रोक

* एफसीआरए : फॉरेन कंट्रीब्यूशन रेग्यूलेशन एक्ट (FCRA)।

सकती है। सानिया ने बड़ी चालाकी से नकेल की रस्सी को थोड़ी ढील दी और बेहद मुलायमियत के साथ बोली, ''कोई ऐसा बीच का रास्ता निकालिए मैम कि मैं भी भूखा न रहूँ, साध न भूखा जाए।''

बहन भाग्यवती चिंतन की किसी गहरी खंदक में उतर, इस सौदे से होने वाले नफा-नुकसान का आकलन करने लगी। इधर सानिया भी किसी चालाक लोमड़ी-सी अध्यक्ष के चेहरे और आँखों में आते-जाते भावों को तौलने की कोशिश करने लगी। इस कोशिश में अचानक दिल की धड़कनें तेज हो गईं इस चतुर शृंगालिका की।

अध्यक्ष बहन भाग्यवती ने धीरे-से चेहरा उठाया। सानिया की आँखों में तैरते भरोसे को जैसे अंतिम बार तौला और एकदम निस्पृह होने का प्रपंच रचते हुए, बेहद दार्शनिक अंदाज में बोली, ''ठीक है जैसी तुम्हारी इच्छा। मैं यह सोचकर तसल्ली कर लूँगी कि मेरे भाग में इतना ही बदा था।''

''थैंक्यू मैम!'' किलकते हुए सानिया ने दोहरा होते हुए आभार व्यक्त किया। बिल चुकाने के लिए सानिया ने अपना पर्स खोला ही था कि उसकी नजर बहन भाग्यवती की आइसक्रीम पर पड़ी जो पूरी तरह पिघल चुकी है।

इसी बीच वेटर द्वारा लाए गए बिल पर हस्ताक्षर कर उसके नीचे अपनी सदस्यता संख्या लिख, उसे वेटर को वापस कर बहन भाग्यवती बोली, ''सानिया, आज का यह लंच मेरी तरफ से।''

सानिया के मुँह से एक शब्द तक नहीं फूटा।

''पर सानिया, एक बात का ध्यान रखना, हमारे बीच हुई इस डील के बारे में किसी को पता नहीं चलना चाहिए। आचार्यजी को तो बिलकुल भी नहीं...और हाँ, अमीनाजी को साधना अब तुम्हारा काम है। आइए, गाड़ी लग गई है।'' डाइनिंग हॉल से निकलते हुए सामने दरवाजा खोलकर ड्राइवर को इंतजार करता देख अध्यक्ष बोली।

पूरी गति से दौड़ती एंबेसडर की खिड़कियों पर टँगे परदों की झिर्रियों से झाँकते बाहर के दृश्य तेजी से पीछे छूटने लगे। एक निर्द्वंद्व झपकी ने अध्यक्ष बहन भाग्यवती को चुपके से अपनी आगोश में समेट लिया। बगल में बैठी सानिया पटेल की आँखों में रह-रहकर पिघली हुई आइसक्रीम तैर रही है।

सात

गंगाधर आचार्य की एक घोषणा ने पूरी आयोजन समिति की साँस फुला दी। सबकी पेशानी पर पसीना चू आया। आँखों में बेबसी के कतरे तैर आए। कल्पनाओं के ट्राई पोड पर जमे कैमरों की थूथन और रंग-बिरंगे चैनल आईडी देखते ही देखते बर्छियों की नोंक में तब्दील होते चले गए। सबको खबरों के बीच की बाइट्स और बहसों में नजर आनेवाले अपने ही चेहरे बदरंग दिखाई देने लगे।

बहन भाग्यवती से एक सुर में सबने गुहार की कि यह गांधीवादी अगर मान सकता है, तो इसे दूसरा गांधीवादी ही मना सकता है। इस बूढ़े गांधीवादी की ताकत सब अच्छी तरह जानती हैं। वे जानती हैं कि उन जैसे अघाए जंतर-मंतरी हरावल दस्तों के लिए ग्लोबल अर्थव्यवस्था में पड़ी दरारों से साम्राज्यवादी फंड हथियाने के लिए इस टोपी को भूखा-प्यासा रखना कितना जरूरी है। मगर यह कुचैली-सी टोपी है कि किसी के वश में नहीं आ रही है।

सबकी नींद उड़ा दी इस कुचैली टोपी ने। जिसकी थोड़ी-बहुत आँख लगती, उसको उसका कोई न कोई सपना धर दबोचता। सबके अपने-अपने मकसद और अपने-अपने सपने थे। इनमें से एक तो रात-भर जाग-जागकर उन मोखियों और दरारों को तलाशती रहती, जिनसे होकर संभावित कोर ग्रुप तक पहुँचा जा सके। किंतु हाय रे हतभाग! वह जिस भी मोखी या दरार के पास जाती, वही उसे बंद मिलती।

अब क्या करे सरला बजाज? मारे दर्द के दिमाग की नसें फटने लगीं। थक-हार कर जो रास्ता उसे दिखाई दिया, उसके मुहाने पर जा खड़ी हुई—एकदम निस्तेज, निराश और निस्पृह भाव के साथ।

अँधेरे में दीवार घड़ी से झाँकते रेडियमी अंकों के मध्य कदमताल करती सूइयों को खोजा, तो पाया रात का एक बज चुका है। सरला बजाज द्वंद्व की तंग और गहरी खाई में फँस गई। हिम्मत कर अँगूठे का पोर मोबाइल पर रेंगने लगा—नौ आठ छः आठ...। बात खत्म होते-होते मारे तनाव के जो देह अकड़ गई थी, वही बाँस की खपच्चियों-सी लरजने लगी।

इसका बहन भाग्यवती को पहले से ही डर था। सवेरे-सवेरे आज की बैठक में सरला बजाज के शामिल न होने की सूचना भर से अध्यक्ष बहन भाग्यवती सिहरती चली गई। माथा ठनका बहन भाग्यवती का। इस बार अध्यक्ष होने के बावजूद खुद ने फोन मिलाया, ''सरलाजी, आप आइए तो सही। कोई-न-कोई रास्ता जरूर निकालेंगे।''

फोन कटते ही सरला बजाज ने तुरंत फोन लगाया, ''मि...मिसेज़ मौर्य थैंक्यू... मैडम आपका बताया गया तीर एकदम सही ठिकाने पर लगा...बोली कि कोई-न-कोई रास्ता निकालेंगे...ठीक है अब आप सँभाल लीजिए।''

अखिल भारतीय अबला मंच की अध्यक्ष सरला बजाज ने लंबी साँस ली। वह जैसे हवा में उड़ने लगी। ड्राइंग रूम की दीवार पर टँगे टीवी स्क्रीन पर चैनल आईडी की मुंडिया लहराने लगीं। गौर से देखा सरला बजाज ने कि विभिन्न समाचार चैनलों के संवाददाताओं को संबोधित करनेवालों में से दो को तो वह पहचान रही है परंतु तीसरे चेहरे को नहीं पहचान पा रही है। देर तक सरला बजाज उसे पहचानने की कोशिश करती रही, और जब पहचाना तो दोनों हाथों से उसकी बलाएँ लेते हुए फिस्स से हँस पड़ी क्योंकि अपने आपको ही नहीं पहचान पाई सरला बजाज।

वह देर तक अपने आपसे बातें करती हुई अपने ड्राइंग रूम का बारीकी से मुआयना करती रही। एकाएक उसे याद आया कि क्यों न ऐसे अवसरों के लिए पत्थर की खंडित यक्षिणी और बुद्ध की एकाध प्रतिमा टेबल लैंप के नीचे लाकर सजा ली जाएँ। सरला बजाज ने ऐसे अवसरों पर विचार अथवा राय प्रकट करने के सभी प्रचलित तरीकों से लेकर जितने भी संभावित लटके, टोटके, युक्ति, विधियाँ, जिन्हें अभी तक वह टीवी पर देखती रही है, उनके सारे चित्र मन के कैमरे में क़ैद कर लिये।

मगर इसी बीच उसके सामने एक संकट खड़ा हो गया—महिला आरक्षण पर वह अपने विचार या राय देगी क्या? 'आरक्षण' की तो वह वैसे ही जन्मजात विरोधी रही है। बहुत चिंतन किया सरला बजाज ने इस नए संकट से पार पाने के लिए। अंततः लोक में प्रचलित इस सूक्ति का सहारा ले वह बैठक में जाने की तैयारी में जुट गई कि अगर अपने स्वार्थ के लिए कुछ समय के लिए गधों को भी बाप बना लिया जाए तो इसमें घाटा क्या है। गधे आखिर गधे ही रहेंगे—आदमी तो बनने से रहे।

बहुत मनाया सबने किंतु गंगाधर आचार्य ने किसी को हाथ नहीं धरने दिया। उलटा उन्होंने चौपड़ पर ऐसा पासा उछाला कि वह इस चक्रव्यूह में फँसने से साफ बच गए।

''मेरा तो मानना है बहनजी कि पूरी आयोजन समिति को ही महिला आरक्षण

कोर ग्रुप का नाम दे दिया जाए और सब बैठें इस प्रतीकात्मक सत्याग्रह पर।''

आचार्यजी के इस प्रस्ताव को सुनते ही सबके चेहरे खिल उठे।

''मैम, आचार्यजी सही कह रहे हैं।'' कहते हुए उपसचिव मिसेज़ मौर्य ने चुपके से सरला बजाज की ओर देखा।

''इससे समाज के सभी वर्गों को समान प्रतिनिधित्व भी मिलेगा।''

''मेरे विचार से आचार्यजी आपका यह सुझाव ज्यादा व्यावहारिक है।'' फिर कुछ क्षण रुककर बहन भाग्यवती बोली, ''तो फिर ऐसा करते हैं कि मीडिया को ब्रीफ करने का काम डॉ. वंदना, सानिया और बंबई से टीनाजी को सौंप देते हैं। अमीनाजी, सुमनजी और सरलाजी को दूसरे दायित्व सौंप देते हैं।''

अध्यक्ष बहन मायावती के इस अप्रत्याशित निर्णय को सुनते ही टेबल लैंप के नीचे, थोड़ी देर पहले सजाकर रखी गई खंडित यक्षिणी की मूर्ति फर्श पर गिरकर जैसे टुकड़े-टुकड़े हो गई।

''और हाँ, एक बात और जिसे मैं अपनी मीडिया टीम को विशेष रूप से बताना चाहती हूँ कि प्रेस कांफ्रेंस में कोई भी उत्तर सीधा न दिया जाए। डॉ. वंदना आपको तो इसका अच्छा-खासा अनुभव है। मैंने देखा है आपको चैनलों पर होनेवाली बहसों में।''

''मैम, चैनलों पर सिविल सोसाइटी वाले किसी को बोलने ही कहाँ देते हैं। कहाँ सुनते हैं किसी की बात।''

''सानिया जी, यह भी अपने आप में एक गुण है कि गला फाड़-फाड़कर अपने कुतर्कों से सामने वाले को धराशायी कर दो।''

''आचार्यजी, आप मेरा मजाक उड़ा रहे हैं।'' झेंपते हुए कहा सानिया पटेल ने।

''मजाक नहीं, अपने पांडित्यपूर्ण कौशल, एनजीओ की लोकप्रिय शब्दावली और अपनी वाक्पटुता से ऐसे उत्तर दो कि सामनेवाला अपनी विद्वत्ता के फंदे में उलझता चला जाए। खासकर चैनलों पर होनेवाली बहसों में तो अपने तर्कों पर किसी को हावी ही मत होने दो। अगर सरकार आपकी बात मान ले, तब भी अंत तक अपनी असहमति जताते हुए उसे आसानी से स्वीकार मत करो। आखिर यही तो एक हुनर है जिसके बल पर सरकार पर दबाव बनाते हुए अपनी एक समांतर सत्ता कायम की जा सकती है। सानियाजी, मुनाफे की इस दुकान को निरंतर चलाए रखने के लिए जो जरूरी शर्तें हैं उनमें असहमति और हठ प्रमुख हैं।''

यह क्या कह गए गंगाधर आचार्य। चैंबर में सन्नाटा व्याप गया। इससे पहले कि डॉ. वंदना राव आचार्यजी के इस कथन पर कुछ प्रतिक्रिया व्यक्त करती, बहन भाग्यवती ने उसकी भंगिमाओं को पढ़ लिया, और बैठक खत्म करने की घोषणा कर दी।

''मैम, अनशन तो अब पूरी तरह कैंसिल है न?'' उपसचिव मिसेज़ मौर्य ने

एक बार फिर पूछा।

"यह तो उसी दिन तय हो गया था कि अब कोई अनशन-वनशन नहीं होगा।" अध्यक्ष बहन भाग्यवती ने पुनः पुष्टि करते हुए कहा।

घर पहुँचना मुश्किल हो गया। पैरों से जैसे किसी ने जान निकाल ली। बल्कि लगा जिस्म से पैरों को अलग कर दिया हो। अचानक बढ़ गए ब्लड प्रेशर से दिमाग की नसें खिंचने लगीं। वही शरीर जो गई रात बाँस की खपच्चियों-सा लरज रहा था, फिर से ऐसे ऐंठ गया जैसे जेठ में अचानक बरसे दौंगड़ों में भींगकर बान की चारपाई ऐंठ जाती है। सरला बजाज की आँखों के आगे अँधेरा छा गया। अचानक उसकी नजर अपने ड्राइंगरूम के उसी खाली कोने पर पड़ी, जहाँ तिपाई पर टेबल लैंप के नीचे खंडित यक्षिणी और बुद्ध की प्रतिमा रखी जानी थी; और लैंप की मद्धिम रोशनी में समाधिस्थ बुद्ध मंद-मंद मुस्करा रहे हैं।

एकमेव शूद्रस्य प्रभुः कर्म सदादिशत्।
एतेषामेव वर्णानां शुश्रूषाभनसूयया॥

रात-भर डॉ. अंबेडकर दलित महिला उद्धार सभा की सुप्रीमो सुमन भारती के कानों में मनुस्मृति का यह श्लोक धधकते लावे-सा खदबदाता रहा। बेशक गठित मीडिया टीम पर श्लोक के अनुसार बाकी के तीन वर्गों का वर्चस्व नहीं है, और बकौल गंगाधर आचार्य इसमें समाज के सभी वर्गों का समान प्रतिनिधित्व होना चाहिए, पर इसमें कोई दलित भी तो नहीं है। एक आक्रोश के चलते सुमन भारती का रोम-रोम जैसे बगावत पर उतर आया।

तभी उसे अमीना ख़ान का खयाल आया। क्षण-भर के लिए सुमन भारती का संताप थोड़ा कम हुआ। हँसी छूट गई सुमन भारती की कि भला क्या अंतर है एक शूद्र और म्लेच्छ में? लेकिन चुप भी तो नहीं रहा जा सकता। तब, क्या इस बगावत को हवा दी जाए? देर तक सोचती रही सुमन भारती। एक बार उसके मन में आया भी कि अमीना ख़ान से फोन पर बात की जाए, परंतु यह सोचकर उसने यह विचार त्याग दिया कि कहीं बगावतों की बुर्जियाँ यूँ हवा में तैयार होती हैं, इसके लिए तो उसे खुद चलकर अमीना ख़ान के पास जाना चाहिए।

ताज एन्कलेव के एक फ्लैट का दरवाजा खुला तो देखा वहाँ पहले से सरला बजाज मौजूद है।

"ओऽऽऽ सुमनजी! बिलकुल सही मौके पर आई हो।" सरला बजाज ने सोफे से खड़े होकर कहा।

सामने मेज पर रखे चाय के दो खाली प्यालों को देख सुमन भारती समझ गई कि सरला बजाज को आए हुए काफी देर हो चुकी है।

"मैं तो यहाँ से गुजर रही थी सो सोचा आपसे मिलती चलूँ।"

"अच्छा किया। भला यह क्या बात हुई कि भीड़ इकट्ठी करें हम...भाग-दौड़ करें हम और टीवी पर आएँ वो सानिया और डाक्टरनी।"

"सरलाजी छोड़ो। इससे कोई फर्क नहीं पड़ता। यह बहनजी का प्रोग्राम है, वो किसे क्या जिम्मेदारी देती हैं, यह उनका फैसला है।"

"पर अमीनाजी, आरक्षण का मामला तो हम सब जनानियों का है।"

"भई, मैं इस पचड़े में नहीं पड़ना चाहती। बाकी आपकी मर्जी।"

अमीना ख़ान के इस ठंडेपन का अर्थ सुमन भारती समझ गई। उसने इस समय चुप रहना ही बेहतर समझा।

"देखोजी, मेरा तो काम था आपको समझाना। मेरा क्या! सुमनजी, आप भी समझाना अमीनाजी को। ऐसे चुप रहने से काम नईं चलने वाला...अच्छा मैं चलती हूँ।"

सरला बजाज के जाते ही दोनों ने जैसे राहत की साँस ली। देर तक दोनों में इस मुद्दे पर कोई बात नहीं हुई। सुमन भारती से जब नहीं रहा गया, तब वही बोली, "अमीनाजी, क्या इस पचड़े में आप सचमुच नहीं पड़ना चाहती हैं?"

"हमारे पास चुप रहने के अलावा सुमनजी कोई रास्ता भी तो नहीं है।"

सुमन भारती अमीना ख़ान के शब्दों में छिपे अर्थ को बीनने की कोशिश करने लगी।

"बेहतर तो यही होगा सुमनजी कि हम चुप ही रहें। यह इंकलाब की मशाल लेकर बगावत करने का वक्त नहीं है।"

"अमीनाजी, शायद आप सही कह रही हैं।"

सुमन भारती घर से चलते समय बगावत के जिन उबलते छींटों को साथ लेकर चली थी, वे ताज एन्कलेव की सीढ़ियाँ उतरते-उतरते भाप बनकर उड़ चुके थे। मनुस्मृति का धधकता श्लोक भी बर्फ़ की मानिंद ठंडा पड़ चुका था। सच तो यह है कि डॉ. अंबेडकर दलित महिला उद्धार सभा की सुप्रीमो सुमन भारती को यह पता ही नहीं चला कि उसकी बगावत के बुलबुले दबे पाँव कब चुपचाप अपनी खोह में दुबक कर बैठ गए।

आठ

सरला बजाज का मन एक अजीब-सी विरक्ति से भर गया।

सामने पड़े अखबारों में विभिन्न मुद्राओं में प्रकाशित तस्वीरों से, जब-जब अखिल भारतीय अबला मंच की अध्यक्ष सरला बजाज की आँखें मिलतीं, तब-तब उसका रोआँ-रोआँ सुलग उठता। कनपटी सुर्ख हो जाती। सबसे ज्यादा गुस्सा उसे अमीना ख़ान की तस्वीर को देखकर आ रहा है। वैसे तो खसमा ना खाणी कह रही थी कि मैं इस पचड़े में नहीं पड़ना चाहती, और कहाँ सज-धज कर उसकी पसंदीदा सुपरहिट फिल्म की हीरोइन, सानिया पटेल और उस डाक्टरनी के बीचोंबीच घरी हुई है। काश, अपनी हीरोइन के बगल में अमीना ख़ान की जगह वह होती।

एकाएक उसे याद आया कि कल इनमें से एक का जन्मदिन है। ऐसे बुरे समय में इसे भी आजमाने में क्या बुराई है। सरला बजाज का ठंडा पड़ा रक्त अचानक गरम हो, पूरी गति से दौड़ने लगा। अँधेरे में सिर पटकती सरला के लिए रोशनी का यही एक चकत्ता बचा है।

दूर तक फैला जमना खादर। खादर के महीन अभ्रक के कणों से फूटती सुबह की धूप की किरणें, और इन्हीं किरणों से अपने अतीत को बाँटती मंथर गति से बहती उदास यमुना। इसी यमुना के पूर्वी पाट से फर्लांग दूर बसा ह्वाइट हाउस अपार्टमेंट। अपार्टमेंट के गेट पर पहुँचकर उसने अंतिम बार पते को ध्यान से देखा और गेट पर बने केबिन की ओर बढ़ गई।

''भैया, यह फ्लैट किस तरफ होगा?'' पता लिखे कागज के पुर्जे को गार्ड की ओर बढ़ाते हुए पूछा।

''सानिया मेम साब के पास जाना है। लीजिए, पहले इसमें एंट्री कीजिएगा।'' केबिन की खिड़की में रखे रजिस्टर का मुँह उसकी तरफ करते हुए कहा गार्ड ने।

''कौन हो सकता है इतनी सुबह?'' इससे पहले कि वह कुछ समझ पाती, खुले हुए दरवाजे से गुलाब के ताजा फलों का गुच्छा यह कहते हुए उसकी ओर बढ़ चुका था, ''जन्मदिन मुबारक हो सानियाजी!''

''कौन सरलाजी...मुझे तो यकीन ही नहीं हो रहा है कि आप मेरे घर आई हैं।

आइए!'' सरला बजाज से फूलों का गुलदस्ता लेते हुए सानिया आगे-आगे हो ली।

सवेरे-सवेरे पूरा 'कबीर-सानिया कुटीर' गुलाब की महक से सराबोर हो गया।

कुटीर के विशाल ड्राइंग रूम की भव्यता देख, सरला बजाज की आँखें चौंधिया गईं। कीमती इटैलियन पत्थर से बने फर्श पर कदम रखते हुए सरला बजाज की जैसे हिम्मत नहीं पड़ रही है। थोड़ी देर के लिए लगा, मानो वह किसी स्वप्नलोक में है। जगह-जगह करीने से रखी दुर्लभ कांस्य प्रतिमाओं और दीवारों पर टँगी विशाल पेंटिंग्स से नजरें हटने का नाम न लें। क्षण-भर के लिए उसे शुबहा हुआ कि वह किसी घर में नहीं, किसी म्यूजियम में है।

इस बीच सरला बजाज ने भाँप लिया कि घर में ज्यादा लोग नहीं हैं। फिर भी पुष्टि कर लेना उचित समझा, ''आपके हस्बैंड नहीं हैं?''

''हाँ, राजगढ़ गए हुए हैं। हमारा दूसरा एनजीओ वहाँ के आदिवासी इलाके में काम कर रहा है। वहाँ दो दिन का आदिवासी मेला लग रहा है, उसी की तैयारी के सिलसिले में गए हैं। मेले के बाद राजगढ़ से दिल्ली तक की जनाधिकार सत्याग्रह यात्रा भी निकलनी है। सत्याग्रह यात्रा के बारे में वनवासी प्रतिनिधियों से चर्चा होनी है। जाना तो मुझे भी था पर परिषद के स्वर्ण जयंती मुक्ति उत्सव की वजह से नहीं जा पाई।''

'दूसरा एनजीओऽऽऽ...जनाधिकार सत्याग्रह...आदिवासी...वनवासी' कुछ पल्ले नहीं पड़ा सरला बजाज के। वह तो ह्वाइट हाउस अपार्टमेंट की छठी मंजिल के इस फ्लैट की भव्यता में ही खोई हुई है।

''सरलाजी, आपको कैसे पता चला कि आज मेरा बर्थडे है?''

शायद सरला बजाज सुन नहीं पाई।

''क्या सोच रही हैं सरलाजी?''

''कु...कुछ नहीं...घर तो आपने पूरा लाल किला बना रक्खा है।''

''ऐसा कुछ नहीं है। बस, अपना-अपना शौक है...वैसे आपको कैसे पता चला कि आज मेरा जन्मदिन है?'' सानिया ने एक बार फिर पूछा।

''वो क्या है कि कल की कांफ्रेंस की बधाई देने के वास्ते मैंने भैनजी को फोन किया था, तब उन्होंने बताया था कि असली बधाई तो सानिया को दो क्योंकि आज उसका बर्थडे है।'' सरला बजाज ने तुरंत कहानी गढ़ते हुए कहा, ''लो, असली बधाई तो मैं देना ही भूल गई!''

''अब कौन-सी बधाई रह गई सरलाजी?'' सानिया ने आश्चर्य से पूछा।

''अखबारों और टीवी पर आई आपकी फोटू की। सच कहूँ सानियाजी, आँखों पर चढ़े काले चश्मे को सिर पर टाँग और माथे से लटों को अँगुलियों से हटाते हुए जब आप टीवी वालों को जवाब दे रई थीं, तो सच्ची आप टीनाजी से भी ज्यादा क्यूट लग रई थीं।''

अपनी इस प्रशंसा पर सानिया का साँवला स्थूल बदन किसी पुरानी पकी बेल की तरह लरजा। बल खाई गरदन में जुम्बिश-सी होने लगी और घिए-सा ताँबई चेहरे का रंग मारे हया के और गाढ़ा होता चला गया।

सरला बजाज ने तब तक बहुत कुछ पढ़ लिया, ''बच्चे नहीं दिखाई दे रहे हैं?''

''बच्चे हों तो दिखाई दें।''

सुनते ही सरला बजाज औंधे मुँह गिरी, ''बच्चे नहीं हैं, मतलब अभी तक...'' पल-भर में सानिया के पूरे शरीर को आँखों ही आँखों में टटोल गई सरला बजाज।

''वो बात नहीं है जैसा आप सोच रही हैं। दरअसल, हमारे दोनों बच्चे ऑस्ट्रेलिया में पढ़ रहे हैं।'' मुस्कराते हुए जवाब दिया सानिया पटेल ने।

सरला बजाज की आँखों में रतौंधी उतर आई। धुँधला-सा छा गया आँखों के आगे।

''मेम साब, नाश्ता लग गया है।'' एक कमसिन लड़की जो संभवत: सानिया की घरेलू नौकर है, ने बेहद धीमी आवाज में कहा।

डाइनिंग हॉल में पहुँचते ही सरला बजाज गश खाकर गिरते-गिरते बची। उसे अभी भी विश्वास नहीं हो रहा है कि वह किसी एनजीओ वाले के घर में है। सरला बजाज की कल्पनाओं के बे-लगाम अश्व हरहराते हुए उन मोखियों और दरारों की खोज में दौड़ पड़े, जिनसे इस देश की गरीबी, भुखमरी, कुपोषण जैसी असाध्य व्याधियों को मिटाने के नाम पर पौंड, डॉलर और यूरो को हथियाया जाता है।

ह्वाइट हाउस अपार्टमेंट से विदा होते-होते अखिल भारतीय अबला मंच की अध्यक्ष सरला बजाज की आँखों में छाई धुंध और गहरी होती चली गई। उसे अपनी समझ पर गर्व हुआ कि सही समय पर वह जमना के खादर के किनारे मंथर गति से बहती यमुना के उदास पानी से मिलने आई है। वापस लौटते हुए वह जरूर इस उदास पानी को स्पर्श करते हुए जाएगी।

सरकारी कारों का वही छोटा-सा काफिला एक बार फिर शहीद हुए सैनिकों की स्मृति में बनाए गए इंडिया गेट की ओर तेजी-से बढ़ा जा रहा है। उसी स्मारक की ओर जहाँ अपनी ताकत का एहसास दिलाने के लिए मानवी श्रृंखला बनाई जानी है।

काफिले ने ठीक उसी तंबू के पास जाकर दम लिया। काफिले में से समाजविज्ञानी व स्त्री अध्येता डॉ. वंदना राव, सुमन भारती, उपसचिव मिसेज़ मौर्य के साथ तंबू की ओर बढ़ गईं। जबकि सानिया पटेल, अमीना ख़ान व सरला बजाज दूसरी तरफ भारत निर्माण में लगी मजदूरों की छोटी-सी टोली की ओर गईं।

''अरे सुनो भइया, यहाँ का मैठ कहाँ है?'' तंबू के बाहर कुर्सी पर बैठे एक

युवक को स्कूली अभ्यास पुस्तिका में उलझा देख मिसेज़ मौर्य ने पूछा।

"हमईं हैं!" युवक ने अभ्यास पुस्तिका से गरदन उठाते हुए पूरे आत्मविश्वास के साथ कहा।

"पहचाना हमें?"

"ना।"

"क्यों, तेरे ही सामने तो मैं तुम्हारे ठेकेदार से मिली थी।"

"मैडम, हमें का मालूम आप कौन से ठेकेदार से मिली थी।"

"अरे वही, जिसे यह मैडम तंबू के पीछे ले गई थी।" डॉ. वंदना राव ने युवक को याद दिलाने की कोशिश की।

"मैडम, याँ तो रोजई कोई न कोई ठेकेदार साब को तंबू के पीछे ले जाता है।" फिर कुछ सोचते हुए युवक बोला, "कहींऽऽऽ आप रघुबीर ठेकेदार की बात तो नईं कररी हो!"

"हाँ-हाँ वही होगा!" झल्लाते हुए मिसेज़ मौर्य ने हामी भरी।

"पर उनपे तो अब जे ठेका हैई ना।"

"नहीं है, मतलब?" उपसचिव का हलक सूखने लगा।

"जे तो ठेकाई छोड़ के चले गए। अब तो सिंह साब हैं।"

युवक के इस उत्तर पर मिसेज़ मौर्य चक्कर खाकर गिरते-गिरते बची।

"पर बात क्या है मैडम?" युवक ने जानना चाहा।

"अरे भइया, आज यहाँ औरतें इकट्ठी होनी हैं और तुम कह रहे हो कि वह तो चला गया।" सुमन भारती ने अपने आने का प्रयोजन बताया।

"वंदनाजी, अब क्या होगा? मिसेज़ मौर्य तो उस ठेकेदार को एडवांस भी दे चुकी हैं।"

"बात एडवांस की नहीं है सुमनजी, बात लेबर की है। इतनी जल्दी मैं इतनी लेबर कहाँ से लाऊँगी।" मिसेज़ मौर्य के हाथ-पाँव फूल गए।

"इस मैठ से ही बात करके देखते हैं। क्या पता इसी से बात बन जाए।"

"सुमनजी, छोड़ो इस मैठ-वैठ का चक्कर। चलकर सरलाजी से बात करते हैं। अब तो वही कुछ कर सकती हैं। इतना कह डॉ. वंदना राव, सुमन भारती और उपसचिव मिसेज़ मौर्य को साथ ले, सरला बजाज की ओर बढ़ गई।

"सरलाजी, सब गड़बड़ हो गया! बस, अब आप ही कोई रास्ता निकाल सकती हैं।"

"हाँ सरलाजी, प्लीज कुछ करिए वरना मैम मुझे छोड़ेंगी नहीं।" डॉ. वंदना की बात को आगे बढ़ाती हुई मिसेज़ मौर्य रिरियाते हुए बोली।

"पर हुआ क्या?" सरला बजाज ने हैरान होते हुए पूछा।

"सरलाजी, हुआ क्या कि जिस ठेकेदार से लेबर की बात की थी वह तो काम

छोड़कर चला गया है।'' सुमन भारती ने बताया।

''क्याऽऽऽ! मुआ वही ठेकेदार जिससे एक जनानी के लिए पिचहत्तर रुपए में बात हुई थी?''

''हाँ वही। सरलाजी, आप अपने उसी कजन के दामाद से बात करिए ना!'' मिसेज़ मौर्य निहोरा करने लगी।

इसे कहते हैं बिल्ली के भाग से छींका टूटना।

''मिसेज़ मौर्य, मेरी एक सलाह है कि इस बारे में एक बार मैम को बता दें तो ठीक रहेगा। साथ में यह भी बता देना कि हम सरलाजी से भी बात कर रहे हैं। हो सकता है वे ही कोई रास्ता निकाल दें।'' अमीना ख़ान ने सलाह देते हुए कहा।

उपसचिव मिसेज़ मौर्य ने तुरंत अपनी अध्यक्ष को फोन मिलाया और उन्हें अनायास आई इस आपदा से अवगत करा दिया।

''मैम आपसे बात करना चाहती हैं।'' मिसेज़ मौर्य ने मोबाइल सरला बजाज की ओर बढ़ा दिया।

''हैलो...हाँ जी...इस टाइम तो मुश्किल है...फिर भी कोशिश करके देखती हूँ। वैसे कित्ती और जनानियों में काम चल जाना है...ठीक है।''

फोन कटते ही उपसचिव मिसेज़ मौर्य ने चेहरे पर छलक आए पसीने को पोंछते हुए राहत की साँस ली।

इसी बीच सबने देखा कि सरला बजाज अपने कजन के दामाद से बात कर रही है, ''...जै माता दी! अच्छा सुन पुत्तर, पचासेक जनानियाँ और चाहिएँ...दो घंटे के भीतर...दमादजी, चिंता न करो...इंडिया गेट पर...बस, एक बात का खयाल रखना है दमादजी कि ये जनानियाँ ऐसी लगनी चाहिए जैसे अभी कहीं से काम करके आई हैं...बिल्कुल, लेबर जैसी...ठीक है पुत्तर, फिर मैं आती हूँ।''

मोबाइल कटते ही उपसचिव मिसेज़ मौर्य की कातर आँखें मारे खुशी के गीली हो आईं। प्रत्युत्तर में सरला बजाज ने कुछ नहीं कहा। बस, उसकी आँखों में हल्के से ऐसे झाँककर रह गई, जैसे उससे पचहत्तर रुपए का हिसाब माँग रही हो।

पिछले कुछ समय से अघाए लोकतंत्र का प्रतीक बन चुका यह स्मारक, इंडिया गेट, और स्थापत्य कला का एक अद्‌भुत उदाहरण यानी एक वेधशाला दोनों ऐसे वधस्थल बन चुके हैं, जहाँ से विषाद में डूबे व तिरंगों में लिपटे निहत्थे-निठल्ले देशभक्तों की धमनियों में बापू के झूठे वारिसों और चतुर-चालाक नरक मसीहाओं द्वारा सत्ता के खिलाफ अराजकता, असंतोष तथा विद्रोह का रक्त संचारित किया जाता है। किसी को गरियाना है तो चलो जंतर-मंतर। कोसना है तो दौड़ लो इंडिया गेट। अनशन-उपवास करना है, तो चलो जंतर-मंतर। मोमबत्ती जलानी है तो भागो इंडिया गेट। लगता है ये कोई पुरातात्विक-ऐतिहासिक स्थल न होकर, ऐसे सार्वजनिक

संडास बन गए हैं कि देश में मरोड़ कहीं भी उठे, बस गांधी टोपी पहनकर दौड़ लो इन संडासों की तरफ। और अपना मीडिया, वह तो लोटा लिये जैसे इनकी धोने के लिए चौबीस घंटे तत्पर रहता ही है। राष्ट्रीय एकता और देशभक्ति का भदेस रूप देखना है तो इस देश में इनसे अच्छी जगह और कोई नहीं हो सकती।

इन्हीं वधस्थलों में से एक पर आज मानवी शृंखला बनाई जानी है।

किसी को पता ही नहीं चला कि बारह कब बज गए। शृंखला में शामिल होनेवाली मानवियों की तादाद तेजी से बढ़ने लगी। नारों और इबारतों से पुते तख्ती-बैनर अपने विजयघोष के उन्माद में आकंठ डूबे हुए हैं। समाचार चैनलों की ओबी वैन अपना-अपना स्थान ग्रहण कर चुकी हैं। ट्राई पोड और कैमरापर्सन्स के कंधों की सवारी करते कैमरों ने इतराना शुरू कर दिया है। लेकिन वहीं अध्यक्ष बहन भाग्यवती किसी बेचैनी के चलते इधर से उधर चहलकदमी कर रही है। हालाँकि परेशान तो उसकी मातहत मिसेज़ मौर्य भी कम नहीं लग रही है। अँगूठे का पोर भी नंबर लगाते-लगाते थक गया है मानो।

तभी इंडिया गेट के पूर्व की ओर से एकसाथ आई दो बसों के अगले-पिछले दोनों दरवाजे खुले और मानवी शृंखला के रंग-बिरंगे मणके ऐसे उतरने लगे, मानो किसी भरी बोरी का मुँह खोल दिया हो। छोटे-से अंतराल पर एक कार ठीक बहन भाग्यवती के पास आकर रुकी।

''सरलाजीऽऽऽ! मेरी तो जान ही सूख गई थी। मुझे लगा, टीनाजी तो फ्लाइट लेट होने की वजह से नहीं पहुँच पाएँगी, कहीं आप भी ना पहुँच पाईं तो!'' दरवाजा खुलते ही आह्लादित बहन भाग्यवती ने कहा।

''सरलाजी, वो कौन सी बस में हैं जिन्होंने हमारी जान सुखा दी थी?'' सानिया पटेल ने दो बसों के खाली होते-होते पूछा।

''कौन, वो पचास रुपए वाली जनानियाँ!...अभी तो एक बस और आनी है...लो वो भी आ गई।'' सामने से तीसरी बस को एकदम पास आते देख सरला बजाज बोली।

तीसरी बस के दरवाजे खुलने पर जैसे-जैसे एक-एक कर महिलाएँ उतरने लगीं, समाजविज्ञानी व स्त्री अध्येता डॉ. वंदना राव और अध्यक्ष बहन भाग्यवती के होंठ वक्र होते चले गए।

''मैम, हमें ऐसी ही औरतों की जरूरत थी।'' सानिया ने बस से उतरती महिलाओं पर नजर मारते हुए कहा।

''मैम, मजा आ जाएगा। जब पूरा देश देखेगा कि महिला आरक्षण के पक्ष में हमारे साथ हर वर्ग और समुदाय की महिलाएँ हैं।'' डॉ. वंदना राव ने बस खाली होने के बाद कहा।

''ऐसा न करें मैम कि इनको डॉ. अंबेडकर दलित महिला उद्धार सभा के बैनर

के तहत ले लें!'' उपसचिव मिसेज़ मौर्य ने श्रृंखला को अंतिम रूप देते हुए सुझाव दिया।

अध्यक्ष बहन भाग्यवती कुछ नहीं बोली। उसने हल्के-से सरला बजाज की ओर देखते हुए इस पर उसकी त्वरित प्रतिक्रिया जाननी चाही।

''वा'जी ऐसे कैसे होगा। जब इन्हें मैं लाई हूँ तो इन पर पहला हक भी मेरा ही होगा...क्यों वंदनाजी?''

अध्यक्ष बहन भाग्यवती इसी सिर फुटौव्वल से बचना चाह रही थी।

''सरलाजी का कहना सही है। फिर इससे क्या फर्क पड़ता है कि कौन किसके बैनर तले हो। बल्कि मेरा तो मानना है कि इन्हें परिषद के बैनर तले रखा जाए...यह पूरी ह्यूमन चेन बन तो आखिर परिषद के तले ही रही है न।''

''वंदनाजी, आपका सुझाव एकदम ठीक है।'' अध्यक्ष बहन भाग्यवती ने अंतत: अपना निर्णय सुनाते हुए कहा।

इस तरह समाजविज्ञानी व स्त्री अध्येता डॉ. वंदना राव ने एक तीर से कई शिकार कर लिये। एक तरफ उसके न चाहने के बावजूद कैंडल मार्च में इस्तेमाल होनेवाली अंबेडकर मोमबत्तियों का हिसाब चुकता कर लिया, दूसरी तरफ अखिल भारतीय अबला मंच की अध्यक्ष सरला बजाज को भी उसकी जमीन दिखा दी।

तभी श्रद्धा चैनल की संवाददाता अपने कैमरापर्सन के साथ आई और अध्यक्ष बहन भाग्यवती के पास आकर बोली, ''मैम, इस मानवी श्रृंखला पर आपकी एक बाइट लेनी है। प्लीज इस इवेंट के बारे में कुछ बताइए न!''

''हाँ-हाँ क्यों नहीं।'' धूप से बचने के नाम पर आँखों पर चढ़ाए गए कीमती उपहारित काले चश्मे को दुरुस्त करते हुए उसने अपनी स्वीकृति दी।

मौका देख सरला बजाज धीरे-से चुपचाप बहन भाग्यवती की बगल में आकर खड़ी हो गई। अपना काम कर श्रद्धा चैनल का आईडी आगे बढ़ गया। सरला बजाज ने अपने इर्द-गिर्द देखा और तेजी से श्रद्धा चैनल की संवाददाता की ओर बढ़ गई।

''मैडमजी!'' पीछे से संवाददाता को टोकते हुए बोली सरला बजाज।

जाते-जाते रुक गई संवाददाता।

''मेरा नाम सरला बजाज है। इस महिला अरक्षण कोर ग्रुप की मेंबर... मेरा मतलब है टीम भैनजी की मेंबर हूँ।'' सरला बजाज ने अपना छोटा-सा परिचय दिया।

''आप वहाँ भी खड़ी थीं, जब मैंने मैडम चेयरमैन की बाइट ली थी?'' संवाददाता अर्थात् श्रद्धा चैनल के आईडी ने पूछा।

''जी-जी...सई पहचाना।''

''आपका कोई विजिटिंग कार्ड होगा?''

''हाँ है न। अभी देती हूँ।'' बिना एक पल गँवाए सरला बजाज ने तुरंत अपने

पर्स से विजिटिंग कार्ड निकालकर आगे बढ़ा दिया।

चैनल आईडी ने कार्ड गौर से देखा। उसी समय उसने किसी को नंबर मिलाया और बात करने लगी, ''सर, मेरे पास इस महिला आरक्षण कोर ग्रुप की एक मेंबर खड़ी हैं...एक संस्था भी चलाती हैं अखिल भारतीय अबला मंच के नाम से सर...सर, मैं कह रही थी कि कल शाम को अपने प्राइम शो में होनेवाली महाबहस के लिए इनसे बात कर लूँ...ठीक है सर।'' मोबाइल को जेब के हवाले कर चैनल आईडी सरला बजाज की ओर मुखातिब हुआ, ''मैडम, मैंने अपने एडीटर से बात की है। कल हमारे चैनल पर रात को नौ बजे महिला आरक्षण पर लाइव डिबेट है, क्या आप उसमें आ सकती हैं?''

सुनते ही सरला बजाज का दिल बल्लियों उछलने लगा। कलेजा मानो उछलकर बाहर आ जाएगा। मुश्किल से काबू रख पाई अपने आप पर। बेहद सावधानी के साथ, सधे हुए अंदाज में बोली, ''कल शाऽऽऽम को!'' एकाएक आवाज में भारीपन आ गया।

''आप चिंता न करें मैडम। हमारे ऑफिस की गाड़ी आपको लेने आ जाएगी। हमारे ड्राइवर का आपके पास दो घंटे पहले फोन आ जाएगा।''

सरला बजाज ने कुछ जवाब नहीं दिया। चेहरा गंभीरता से पुतता चला गया।

''भोला ऐसा न करें, मैडम की भी लगे हाथ एक बाइट ले लें?'' श्रद्धा चैनल आईडी के चारों तरफ लिपटे तार को सीधा करते हुए बोली संवाददाता।

कैमरापर्सन भोला के कंधे पर सवार कैमरा फौरन हरकत में आ गया।

बाइट लेने के बाद संवाददाता ने पुनः याद दिलाया, ''कल शाम के लिए अपने आपको फ्री रखना मैडम। अगर कोई बात हो तो मुझे फोन कर लेना, मेरा नंबर है नाइन ऐट सिक्स ऐट...''

अपने कैमरापर्सन के साथ संवाददाता के भीड़ में गायब होते ही अखिल भारतीय अबला मंच की अध्यक्ष सरला बजाज की मारे खुशी के चीख निकलते-निकलते रह गई। उसने तुरंत मोबाइल से नंबर मिलाया, ''हैलो, अप्सरा ब्यूटी पॉर्लर...मैं मिसेज़ बजाज...ना-ना चार नंबर गली वाली नईं, छह नंबरवाली...नईं-नईं अब नईं कराती हूँ जगराता, अब तो एनजीओ चलाती हूँ...जीऽऽऽ अब पहचाना आपने वोई संस्था वाली...अच्छा एक बात कहनी है...कल की मेरी बुकिंग कर लेना...वो क्या है कि कल मेरा टीवी पर इंटरव्यू आना है...रात को नौ बजे...जी, जरूर देखना...मेकअप बढ़िया होना चाहिए...ठीक है, जै माता दी।''

अनेक युद्धों में शहीद हुए सैनिकों की स्मृति में बनाए गए स्मारक, और आधुनिक भारतीय अस्मिता का प्रतीक बन चुके इंडिया गेट की विशाल प्राचीर की ओट में अखिल भारतीय अबला मंच की अध्यक्ष सरला बजाज, कल प्राइम शो में होने वाली महाबहस के काल्पनिक पूर्वाभ्यास में डूबी हुई थी कि पीछे से कंधे पर

हुए अनायास स्पर्श से चौंककर पलटी।

"मिसेज़ बजाज, आप यहाँ खड़ी हैं। मैम आपको इतनी देर से याद कर रही हैं। चलिए, जल्दी चलिए।" उपसचिव मिसेज़ मौर्य ने सरला बजाज के पूर्वाभ्यास में खलल डालते हुए टोका।

सरला बजाज पीछे-पीछे चल दी उपसचिव के।

हाथों में झूलते तख्ती बैनरों पर रची इबारतों और दूर तलक फैले बहुरंगी मणकों की तरह एकसूत्र में पिरोकर बनाई गई मुक्तिलता। दृश्य बहुत ही मनोरम और आकर्षक लग रहा है। जब तक मीडिया का जी भरा नहीं, मजाल है मानवी शृंखला कहीं से चटकी हो। तनी हुई मुट्ठियों के साथ रह-रहकर गूँजते नारों से ब्रिटिश वायसराय के पूर्व निवास की गुंबद दहलती रही। मगर जैसे-जैसे उकता चुके ट्राई पोड व कंधों पर झूलते कैमरे आराम की मुद्रा में आने लगे, वैसे-वैसे मणके बिखरने लगे। जिन मणकों को बसों में भरकर लाया गया था, फिर से उन्हें बसों में ठूँसा जाने लगा। भीड़ के छँटते ही भारत निर्माण में लगे हारे-थके बेसब्र हाथ, चारों तरफ बिखरे कचरे को बटोरने के लिए टूट पड़े। इस बटोरे गए कचरे से न जाने कितने चूल्हों की ठंडी पड़ी आग आज फिर से जलेगी।

अपनी इस कामयाबी पर इठलाता-इतराता और एक-दूसरे को बधाई देता हुआ विशाल काफिला, अब गांधी शिल्पग्राम की ओर रवाना हो गया। उसी शिल्पग्राम की ओर जहाँ 'मनस्वी हस्तशिल्प मेले' का उद्घाटन होना है।

नौ

गांधी शिल्पग्राम। अघाए भारत का ऐसा खुशहाल और बे-फिक्र ग्लोबल बाजार जिसे न तो किसी बाँध बनने के कारण डूब में आने का डर है, न किसी मास्टर प्लान के चलते उजड़ने का भय। न किसी के भूख से मरने की चिंता है, न प्यास से होनेवाली मौत का भय। गांधी शिल्पग्राम यानी जन्नत की एक ऐसी कल्पना, जिसके दूध से ज्यादा सफेद, बर्फ़ से ज्यादा ठंडे और शहद से ज्यादा मीठे पानी वाले हौज-ए-कौसर के किनारे अमन के परिंदे उड़ते दिखाई देते हैं। गांधी शिल्पग्राम-आधुनिक भारत का एक ऐसा अजायबघर जिसकी बहुत बड़ी आबादी आज भी मनुवादी व्याधियों से ग्रस्त है।

गंगाधर आचार्य हैरान-परेशान से इसी अजायबघर के बीचों-बीच चहलकदमी करते हुए घूम रहे हैं। अपने विशिष्ट अतिथियों के स्वागत के लिए परिषद की दर्जन भर मधुमेह और रक्तचाप जैसी स्थायी अभिजात व्याधियों की शिकार अधेड़ महिला कर्मचारी, बेमन से हाथों में नुची हुई फूलों की पंखुड़ियों के थाल थामे कतार में खड़ी हैं। प्रवेश द्वार पर दाएँ-बाएँ सजाकर खड़े किए गए किराए के दंपति को सख्त हिदायत दी हुई है कि वे दोनों करबद्ध मुद्रा में ऐसे खड़े रहेंगे, कि उन्हें देखनेवालों को पता ही न चले कि वे किसी जीते-जागते हाड़-मांस के पुतले को देख रहे हैं, या करीने से भरे गए रंगों वाले किसी बुत को देख रहे हैं। यह सब समाजविज्ञानी, स्त्री अध्येता और स्त्री अध्ययन संस्थान की डायरेक्टर डॉ. वंदना राव की परिकल्पना का नतीजा है।

एकाएक हुई एक उद्घोषणा को सुन थकी-माँदी कुम्हलाई, जर्द हथेलियों पर धरे फूलों की पंखुड़ियों से भरे थालों ने मोर्चा सँभाल लिया। जैसे-जैसे अतिथिगण, मंथरगति से राह में बिछाई गई पंखुड़ियों को कुचलते हुए आगे बढ़ रहे हैं, वैसे-वैसे पंखुड़ियों से भरे थाल तेजी से रीते हो रहे हैं।

दीप प्रज्ज्वलन के साथ ही मेले का विधिवत् उद्घाटन हो गया। आगे की कल्पना में मारे उत्सुकता के रोआँ-रोआँ मुस्तैद हो गया। कल्पनाओं का एक ऐसा घना जंगल बहन भाग्यवती की आँखों के सामने तैरने लगा, जिसका एक-एक परिंदा, बहते नदी-झरने, शाख का एक-एक पत्ता उसी की पंक्तियों को गुनगुना रहा है।

परिषद की एक महिला कर्मचारी थाल में चमकीले कागज में लिपटे पतले लाल रिबन में बँधे दो पुलिंदों को लिये मंच पर प्रकट हुई। विशिष्ट अतिथि और अपने समय की मशहूर अदाकारा टीना डालमिया ने जैसे ही पुलिंदों पर बँधे रिबन को खोला, पूरा गांधी शिल्पग्राम करतल ध्वनियों के साथ कैमरों की तेज रोशनियों में नहा-नहा गया। अध्यक्ष बहन भाग्यवती द्वारा रचित मुक्तिगीत अर्थात् थीम सांग की सीडी व डीवीडी के लोकार्पित होते ही शिल्पग्राम जगह-जगह लटके लाउडस्पीकरों से गूँजते गीत से सराबोर हो उठा।

इधर भारत का यह अजायबघर गांधी शिल्पग्राम अपने मुक्ति सागर में गोते लगाने लगा, उधर मुबारकबाद, शुभकामनाएँ और बधाइयाँ स्वीकार करते हुए कल्पनाओं के अनंत ब्रह्मांड में बिना पंख उड़ान भरने लगी बहन भाग्यवती का ध्यान अचानक प्रवेश द्वार पर हुई हलचल से बँटा। अभी वह कुछ समझ पाती कि ताजा-ताजा लोकार्पित सीडी व डीवीडी हाथ से छिटककर दूर जा गिरीं। अपने हाथ से छूटकर दूर गिरीं इन सीडी व डीवीडी को लपककर जब तक उन्हें भीड़ से बचाने की कोशिश करते हुए वह उन तक पहुँचती तब तक बदहवास पाँवों तले कुचलकर इनका दम निकल चुका था। रुँआसी बहन भाग्यवती अपलक, डरी-सहमी देर तलक जमीन पर पड़ी मुक्ति गीत की निष्प्राण-निर्जीव देह को निरखती रही।

भीग आए कोरों को पोंछते हुए बमुश्किल अध्यक्ष अपने आपको इस हादसे से उबार पाती कि इसी बीच उनकी मातहत मिसेज़ मौर्य ने आकर एक और दुःखद सूचना दी, ''मैम, बाहर गेट पर किराए के जिस दंपति को खड़ा किया था, उसमें से महिला बेहोश होकर गिर पड़ी है।''

''हे राम!'' सुनते ही बहन भाग्यवती गिरते-गिरते बची। कल्पनाओं के जिस घने जंगल का एक-एक पशु-पक्षी, बहते नदी-झरने, पत्ता-पत्ता और बूटा-बूटा उनके गीत की पंक्तियों को गुनगुना रहा था, सब किसी गहरे सदमे में डूब गए।

''मिसेज़ मौर्य, किसी तरह उसे मीडिया से बचाओ। डॉ. वंदना राव और सानिया से जाकर कहो कि मीडिया को उन तक पहुँचने न दे। चलिए, मैं भी साथ चलती हूँ...वैसे, वे दोनों हैं कहाँ?'' अध्यक्ष बहन भाग्यवती ने अपनी मातहत से गुहार लगाते हुए पूछा।

बहन भाग्यवती मुक्तिगीत की निष्प्राण-निर्जीव देह को वहीं लावारिस छोड़, अपनी मातहत के साथ प्रवेश-द्वार की ओर बढ़ गई। रास्ते में सानिया पटेल और समाजविज्ञानी डॉ. वंदना राव बेहोश महिला को सुरक्षाकर्मियों के साथ अंदर की ओर लाती हुई दिखीं। महिला को वातानुकूलित कमरे में लाकर लिटा दिया गया।

एयरकंडीशनर की शीतल हवा ने उस अचेत महिला में जैसे प्राण फूँक दिए। उसने धीरे-धीरे आँखें खोलते हुए जैसे ही अपने चारों ओर जमा भीड़ को देखा, वह तन कर ऐसे खड़ी हो गई, मानो कुछ हुआ ही न हो। वह तेजी से कमरे से बाहर

निकल गई। जाते-जाते उसकी आँखों में अनजाने खौफ के डोरे और माथे पर बेदखली की सिलवटें उभर आईं थीं।

होश में आई महिला के जाते ही वहाँ रह गए स्वर्ण जयंती आयोजन समिति के सदस्यों की आपस में नजरें टकराईं और सबने मन ही मन कुछ ज्यादा अप्रिय न घटने की खुशी में जैसे आँखों ही आँखों में एक-दूसरे को शुभकामनाएँ दीं।

मनस्वी हस्तशिल्प मेले में विभिन्न अंचलों की छब और विविधता देखते ही बन रही है। आयोजन समिति के सभी सदस्य अपने-अपने एनजीओ के नाम से लिये गए स्टाल्स पर अपने उत्पादों की बिक्री व प्रचार में पूरे तन और मन से जुटे हुए हैं। सुमन भारती जहाँ अपने डॉ. अंबेडकर दलित उद्धार सभा द्वारा निर्मित उत्पादों, विशेषकर अंबेडकर मोमबत्ती के साथ-साथ दलित साहित्य को बेचने में लगी हुई है, तो अमीना ख़ान अपने राहत फाउंडेशन के जरिए मुस्लिम समाज की महिलाओं की बेहतरी की चिंता में मग्न है। गंगाधर आचार्य भी अपनी सर्वोदयी कल्याण सभा के माध्यम से गांधी साहित्य बेचने में लगे हुए हैं। कायदे से देखा जाए तो सबसे अच्छी दुकान समाजविज्ञानी व स्त्री अध्येता डॉ. वंदना राव के एनजीओ इंस्टीट्यूट फॉर वीमेंस स्टडीज की, और सबसे मंदा धंधा सर्वोदयी कल्याण सभा का चल रहा है। सानिया पटेल का सुझाया गया कल का मिर्ची समारोह आड़े नहीं आ रहा होता, तो वह भी इस समय उसकी तैयारी की बजाय अपने ग्रासरूट फाउंडेशन और अपने पति कबीर के सर्वहारा फाउंडेशन के स्टाल पर होती। मगर फिर भी वह बीच-बीच में अपने स्टाल का जायजा ले आती है।

इधर सरला बजाज अपने अखिल भारतीय अबला मंच के तथाकथित उत्पादों में से एक को, एक विदेशी ग्राहक को चेपने जा ही रही थी कि तभी उसकी नजर एक चिर-परिचित चेहरे पर पड़ी। तुरंत पहचान गई उसे वह।

''दिव्याजी, आऽऽऽप!'' खुश होते हुए टोका सरला बजाज ने। विदेशी ग्राहक को स्टाल पर बैठी युवती के हवाले करते हुए बोली, ''डिंपल, इसे तू सँभाल!''

''मैं भी आपको ही ढूँढ़ रही थी सरलाजी। आपकी थोड़ी मदद मिल जाएगी?''

''मदद-वदद तो होती रहेगी। पहले आप अंदर आओ!''

''ड्रेस मेटीरियल तो अच्छी रखी हुई हैं आपने। क्या इन्हें आपकी एनजीओ ने बनाया है?''

''अच्छा पहले यह बताओ, क्या लोगी, ठंडा या गरम? बातें-शातें होती रहेंगी।'' फिर विदेशी ग्राहक से उलझी युवती की ओर मुड़ते हुए सरला बजाज बोली, ''डिंपल, पुत्तर भाग्के दो ठंडे ले आ!''

''लड़की तो बड़ी स्मार्ट बिठा रखी है सरलाजी।'' डिंपल के जाते ही दिव्या ने स्मार्ट शब्द को चुभलाते हुए कहा।

"मैं तो बस नाम की अध्यक्ष हूँ एनजीओ की। काम तो सारा यई सँभालती है।"

"ये तो शायद असम की मूँगा साड़ियाँ हैं न...और येऽऽऽ मध्यप्रदेश की चंदेरी और महेश्वरी हैं...सरलाजी, ये तो आंध्रा की पोचमपल्ली नहीं है क्या?"

"आपको तो बड़ी पहचान है दिव्याजी। फिर तो आप यह भी जानती होंगी कि यह छत्तीसगढ़ का कांथा है और यह बिहार का टस्सर है...ये यूपी की जामदानी और जामावार है, तो ये बंगाल की बालुचरी और तंगेल है...लो, पहले गला तर्र करो...लो भाई साब आप भी लो!" इस बीच डिंपल द्वारा लाई गई ठंडी बोतलों को आगे बढ़ाते हुए कहा सरला बजाज ने।

"भोला, ऐसा न करें हम यहीं से शुरू करें?" हलक में पहला घूँट उतरते ही श्रद्धा चैनल की संवाददाता दिव्या ने अपने कैमरापर्सन भोला को तैयार रहने का संकेत करते हुए पूछा।

तीर एकदम ठिकाने पर लगा।

इस बीच सरला बजाज ने दो जूट के थैलों में से एक में चंदेरी साड़ी और दूसरे में लगभग ढाई मीटर टस्सर का कपड़ा रख, उन्हें एक तरफ रख दिया।

संवाददाता दिव्या यानी श्रद्धा चैनल के आईडी का गला शायद पूरी तरह तर्र हुआ नहीं। इसीलिए चैनल आईडी घूम-फिर कर उसी सवाल पर आकर ठिठक गया, जिससे अखिल भारतीय अबला मंच की अध्यक्ष रह-रहकर बचने की कोशिश कर रही थी।

"सरलाजी, आपकी एनजीओ इन्हें खुद ही बनाती है न?"

कब तक बचाती सरला बजाज अपने आपको। कच्ची रेत के ढूह की तरह ढह गई वह, "दिव्याजी, आपसे क्या छिपाना। कौन बनाता है खुद। सब मार्केट से खरीद कर लाते हैं। असली बात तो यह है कि सारे एनजीओ यई धंधा करते हैं। कुछ इधर से लिया, कुछ उधर से। अब देखो, वोऽऽऽ जो सामने दिखाई दे रहा है!" सरला बजाज चैनल आईडी के एकदम पास आ गई, "दिव्याजी वही, जिस पर मारा-मारी मची हुई है, पता है किसकी एनजीओ का है?"

चैनल आईडी विस्मय से बताई गई दिशा की ओर देखने लगी।

"सानिया और उसके हस्बैंड का है। बड़े चालाक हैं दोनों। बिचारे गरीब आदिवासियों से उनके आइटम कौड़ियों के दाम खरीदकर लाते हैं और अमेरिका में बेचकर डॉलर पीटते हैं। बच्चे फोरन भेज रक्खे हैं पढ़ने के लिए। दिव्याजी, कभी इनके घर जाकर देखो, क्या राजा-महाराजा जैसी शान से रहते हैं...पर हमें क्या, हमसे नईं होते ऐसे गलत काम।" कहते-कहते सरला बजाज हताशा से घिर गई।

"दिव्याजी, शुरू करें?" इससे पहले कि इस 'धंधे' के कुछ और उजले पक्षों से परदा उठता, कैमरापर्सन भोला को जैसे अपने कर्त्तव्य का बोध हुआ।

श्रद्धा चैनल का आईडी अपने सहयोगी के इस अप्रत्याशित कर्त्तव्यबोध के हस्तक्षेप के चलते विषय से भटक गया। अचकचाते हुए वर्तमान में लौटते हुए बोली, ''हाँ-हाँ, शुरू करते हैं।'' ठंडी बोतल से अंतिम लेकिन लंबा घूँट भरकर बोतल एक तरफ रख दी।

चैनल आईडी की गरदन पर पतले नाग की भाँति लिपटे स्याह तार को सीधा करते हुए संवाददाता आगे बढ़ती कि सरला बजाज ने बड़ी विनम्रता के साथ आग्रह किया, ''दिव्याजी, अगर मेरे बजाय आप डिंपल से बात करें तोऽऽऽ''

पलटकर चैनल आईडी ने डिंपल की ओर देखा, ''आपकी इस सेल्स गर्ल्स से?''

'अरे नईं दिव्याजी...यह सेल्स गर्ल नईं मेरी बेटी है।''

''सॉरी सरलाजी। दरअसल, इसकी ड्रेस देखकर मुझे ऐसा लगा।''

''कोई बात नईं, कसूर आपका नहीं है। दरसल यह फैशन डिजाइनिंग का कोर्स कर रही है न इसलिए ऐसी लगती है।''

''कहाँ से कर रही है?'' चैनल आईडी ने जिज्ञासावश पूछा।

''कालाहांडी इंस्टीट्यूट ऑफ फैशन डिजाइनिंग से।'' माँ के बजाय उत्तर बेटी ने दिया।

''कालाहांडीऽऽऽ। इतनी दूर से?''

''कौन-सा वहाँ जाकर रहती है यह। यहीं से करती है...वो क्या कहते हैं... डिंपल, तू ही बता पुत्तर!''

अच्छा फँसाया माँ ने लेकिन जवाब तो देना था, ''मैम, पत्राचार से कर रही हूँ।''

''ओऽऽऽ तभी तो!'' चैनल आईडी ने एनजीओ जगत के इस नए भविष्य के लिए मन ही मन शुभकामनाएँ देते हुए कहा।

''डिंपल, जल्दी से तैयार होकर आ!'' इससे पहले कि चैनल आईडी एनजीओ दुनिया की इस नए कोंपल के बारे में कुछ और जानकारी हासिल करती, माँ ने बेटी को अंदर भेज दिया।

कालाहांडी इंस्टीट्यूट ऑफ फैशन डिजाइनिंग की पत्राचार-छात्रा कुछ देर बाद कैमरापर्सन भोला के कंधे पर विराजे कैमरे के सामने जैसे ही प्रकट हुई कि भोला का कैमरा अपने अंदर उसे कैद करने के लिए मचल उठा। श्रद्धा चैनल के चैनल आईडी की आँखें विस्मय से फैलती चली गईं।

इसके बाद चैनल आईडी ने इस नए भविष्य से ऐसे मेलों की सार्थकता और उपयोगिता से लेकर, एनजीओ की दुनिया में फैशन की क्या भूमिका हो सकती है, सभी ज्वलंत मुद्दों पर खूब बातें की। डिंपल ने भी अपनी समझ के अनुसार जो उत्तर दिए, उन्हें श्रद्धा चैनल के धार्मिक प्रवृत्ति के नियमित दर्शक देखेंगे, तो उनकी

क्या हालत होगी—यह बताना अभी जल्दबाजी होगी।

"सरलाजी, मजा आ गया आपकी डिंपल से बात करके।" चैनल आईडी की गरदन पर तार को पुन: लपेटते हुए बोली संवाददाता, "अच्छा चलती हूँ और भी मेला कवर करना है। शाम को प्राइम शो में तो आ रही हैं न?"

सरला बजाज को अंतिम बार याद दिलाते हुए चैनल आईडी अपने सहयोगी भोला के साथ जाने के लिए मुड़ी ही थी कि पीछे से टोका सरला बजाज ने, "दिव्याजी, एक मिनट।" इतना कह जूट का एक थैला चैनल आईडी की तरफ बढ़ा दिया।

"सरलाजी, यह क्या?" चैनल आईडी ने हाथ झटकते हुए पूछा।

"कुछ नईं दिव्याजी, बस्स ऐसेई।" सरला बजाज का हाथ हवा में ही झूलता रह गया।

"मैं उन लोगों में से नहीं हूँ सरलाजी।" युवा चैनल आईडी की आँखों में जैसे उसूलों की लाली उतर आई।

"मैंने कब कहा दिव्याजी कि आप उन लोगों में से हैं। ये तो मैं एक यादगारी के तौर पर दे रही हूँ...क्यों भाई साब, मैं गल्त कह री हूँ?" बेहद अपनत्व के साथ भोला से पूछने के बाद पुन: चैनल आईडी की ओर मुस्कान बिखेरते हुए सरला बजाज बोली, "दिव्याजी इसे आप वो मत समझिए। यह तो मैं अपनी मर्जी से दे रही हूँ...आप थोड़ेई माँग री हैं।"

"सरलाजी, प्लीज! यह पाप मत करवाइए मुझसे।" उसूलों से ठसाठस चैनल आईडी की आँखें, चीत्कार करते हुए जैसे बरसने को हुईं।

"ठीक है। आप मेरा दिल ही तोड़ना चाहती हैं तो मत लीजिए।"

अखिल भारतीय अबला मंच की अध्यक्ष सरला बजाज की आँखों में, चैनल आईडी से पहले उदासी का ऐसा अथाह समंदर उतर आया कि चैनल आईडी सहित कैमरे का दिल भी पसीजता चला गया। दोनों के चेहरों पर मौन पसर गया। सरला बजाज की आँखों और चेहरे पर छाई इस उदासी में श्रद्धा चैनल की संवाददाता को निष्कपटता और निश्छलता के ऐसे प्रतिबिंब दिखाई दिए कि वह गच्चा खा गई। यादगारी बनाए रखने वाले थैलों की तनियाँ, सरसराती हुई कब चैनल आईडी की अँगुलियों में उलझती चली गईं, सिवाय एनजीओ दुनिया के सामने खड़े नए भविष्य के किसी को पता ही नहीं चला। इससे पहले कि सरला बजाज एक ग्राहक निपटाने में सफल होती, चैनल आईडी और उनका कैमरा पर्सन न जाने कब, वहाँ से गधे के सिर से सींग की तरह गायब हो गए। सरला बजाज की आँखों ने इधर-उधर इन्हें बहुत ढूँढ़ा पर वे कहीं नजर नहीं आए। मुस्कराते हुए वह फिर से अपने हिल्ले लग गई और मन ही मन खुद से कहने लगी—ऐसी ना-नुकर से उसका रोजाना सामना होता है। उसे अच्छी तरह पता है कि ऐसी ना-नुकर को कैसे नाथा जाता है।

सबकुछ इतनी तेजी से घटा कि डिंपल की कुछ समझ में नहीं आया। सरला बजाज ने भी बेटी के इस भाव पर कोई प्रतिक्रिया व्यक्त नहीं की। वह जानती है कि उसकी विरासत सँभालने वाली डिंपल का मन ढेर सारे सवालों से बुरी तरह उद्वेलित हो रहा होगा।

तभी उसका मोबाइल घनघनाया।

वह समझ गई कि यह फोन आज आयोजित होनेवाले दो अन्य महत्त्वपूर्ण आयोजनों का बुलावा है। बिना किसी देरी के वह तेज-तेज कदमों से मंच की ओर बढ़ गई। अभी वह कुछ ही दूर गई थी कि एकाएक तेजी से बढ़ते उसके कदम जैसे जमीन से चिपक गए। देखा सामने वही चैनल आईडी ग्रासरूट फाउंडेशन और सर्वहारा फाउंडेशन के स्टाल के बाहर सानिया पटेल से बतिया रहा है। हाथ में झूलते सर्वहारा फाउंडेशन के भारी-भरकम थैले पर जा टिकी उसकी नजर। क्षण-भर के लिए सरला बजाज ने पहले दिए गए थैले को देखा और फिर बगल में झूलते सर्वहारा फाउंडेशन के थैले को।

दस

अपने लोकार्पण के बाद से निरंतर और निर्बाध बज रहे मुक्ति-गीत पर मध्यकालीन स्थापत्य कला का आधुनिक प्रतिरूप, जिसका अहाता हवा के हल्के झोंके से बुहरता चला जाए, रह-रहकर थिरक रहा है। एक बेफिक्र ग्लोबल बाजार और अघाए भारत का अजायबघर जिसकी गुबरैटे से लिपि सुघड़ महराबी दीवारों पर विभिन्न आदिवासी शैलियों के चित्र मढ़े हुए हैं, अपने एक विशेष आयोजन के लिए पूरी तरह तैयार है। दूर तलक जहाँ भी नजर जाती है बस, उसी सानिया पटेल के रचे मौलिक नारों के बैनर हवा में झूलते हुए दिखाई दे रहे हैं, जिसने कभी शोषित और पीड़ितों के लिए 'हम हमारा हक माँगते, नहीं किसी से भीख माँगते' सरीखे लहू तपा देनेवाले नारों का सृजन किया था। यह बात अलग है कि आज ऐसे नारों से उसे इस हद तक नफरत है कि अगर अनजाने में इनका एक भी शब्द उसके कानों में पड़ जाए तो उसे लगता है कानों में जैसे सुर्ख गोलियाँ रड़क रही हैं।

पूरी आयोजन समिति को बस इंतजार है तो लगभग उन दो सौ अस्मतों का, जिन्हें लाने का जिम्मा सरला बजाज के कजन के दामाद को सौंपा गया है। आज के इन समारोहों में से एक की सारी कामयाबी इन्हीं अस्मतों पर निर्भर करती है क्योंकि नारी जाति की अस्मत बचाने का पहले-पहल नायाब प्रयोग इन्हीं की मौजूदगी में होना है।

तभी सामने से सरला बजाज को आता देख, किसी को अपनी आँखों पर भरोसा नहीं हुआ कि जिसे वे अपने सामने देख रहे हैं, वह क्या अखिल भारतीय अबला मंच की अध्यक्ष ही है। पूरी आयोजन समिति उसकी तरफ टूट पड़ी। उसका यह नया अवतार देखकर सबके भीतर उचंग मार रहे सवाल आपस में उलझकर रह गए। आखिर अध्यक्ष बहन भाग्यवती ने ही पूछा, ''सरलाजी, कहाँ थीं आप इतनी देर से?''

''भैनजी, जरा पार्लर चली गई थी।'' मारे हया के नरम टहनी-सी दोलड़ होते हुए जवाब दिया सरला बजाज ने।

''वो तो आपको देखकर ही लग रहा है, पर किस खुशी में?''

''बस ऐसेई।''

'बस ऐसे ही'—स्तब्ध समाजविज्ञानी व स्त्री अध्येता डॉ. वंदना राव को सरला बजाज के इस उत्तर पर भरोसा नहीं हुआ। उसके स्त्री अध्ययन संस्थान में तो आज तक 'बस ऐसे ही' जैसा कोई केस आया नहीं है। सरला बजाज के इस रंग-रूप को देखकर डॉ. वंदना के माथे की सुर्ख चौड़ी बिंदी मारे ईर्ष्या के और सुर्ख हो गई। भरे गालों वाला सानिया पटेल का ताँबई चेहरा व पृथुल देह मारे तिलमिलाहट के तमतमा गए। जबकि सचमुच एक सुनहरी अवसर को गँवाने का पश्चाताप अमीना ख़ान की आँखों में साफ देखा जा सकता था, और, डॉ. अंबेडकर दलित महिला उद्धार सभा की सुप्रीमो सुमन भारती, वह तो मारे आत्मग्लानि के ऐसे बगलें झाँक रही है कि काश, यह धरती फट जाए और वह उसमें समा जाए। गंगाधर आचार्य चुपचाप पूरे दृश्य को बड़े मजे से देख रहे हैं।

सरला बजाज ने समाजविज्ञानी, स्त्री अध्येता, दलित चिंतक, सर्वहारा के हितैषी और अकल्लियतों की चिंता में सूखने वालों के सौंदर्यबोध को अभी शीशे में उतारा ही था कि उपसचिव मिसेज़ मौर्य ने आकर सूचना दी कि जिन अस्मतों का सबको बेसब्री से इंतजार है, वे आ चुकी हैं। इस खुशखबरी को सुनने के बाद सरला बजाज की सौंदर्य प्रदर्शनी पीछे छूट गई।

इस तरह आज का पहला महत्त्वपूर्ण मानवी सम्मान समारोह, जिसमें महिला सशक्तीकरण के क्षेत्र में विशिष्ट योगदान के लिए, सम्मानित महिलाओं को चूनर-चूड़ी और प्रशस्ति-पत्र के साथ सम्मान दिया गया था सफलतापूर्वक संपन्न हो गया। अब सबकी निगाह आज के उस विशेष आकर्षण को देखने के लिए मंच पर टिक गईं, जिसके लिए सामने बैठी ढेर सारी अस्मतों को यहाँ तक ढोकर लाया गया है।

धीरे-धीरे ढोल की थाप के साथ, मंच के नेपथ्य से गुलाबी कुर्तों का एक छोटा-सा डरा-सहमा झुंड प्रकट हुआ। इस झुंड का नेतृत्व करता एक गुलाबी कुर्ता सधे हुए कदमों से झुंड के बीचोंबीच आया, और हवा में तनी हुई मुट्ठियों के साथ उद्घोष करने लगा—न हंसिया, न हथौड़ा, न भाले की नोंक/अब जाग री अबला मिर्ची झोंक।

सूत्रधार यानी गुलाबी कुर्ते ने इस नारे के साथ, अपनी जेब से लाल रंग का पाउडर निकाला और बिजली की गति से दूसरे गुलाबी कुर्ते की आँखों में झोंक दिया। हवा में उड़ते लाल रंग के गुबार में अँटे गुलाबी कुर्तों के इस अभिनय की, सामने बिछी कुर्सियों ने करतल ध्वनियों से सराहना करते हुए उनका हौसला बढ़ाया।

"इस अबला की अस्मत न घर में महफूज है न बाहर...न बाजार में सुरक्षित है न हाट में...न दिन में महफूज है न रात में...बता मेरे मौला, यह कहाँ छिपे...बाप की गोद में या माँ के आँचल में...भाई की आड़ में या पति की खाट में...बता, कहाँ छिपे यह अबला नारी, क्यों हो गई है सब पर भारी!"

सूत्रधार के इस भाव-विह्वल, हृदयविदारक बल्कि कहिए लोमहर्षक संवाद पर ग्लोबल बाजार का अहाता सामने बैठी अस्मतों की तालियों की गड़गड़ाहट से गूँज उठा। एक अभिनेता के लिए तालियों की गड़गड़ाहट की बहुत अहमियत होती है। मंच पर छा गए छोटे-से सन्नाटे को बींधती ढोल की थाप धीरे-धीरे इस गर्जना के साथ तेज होती चली गई—

मत घबरा ऐ अबला नारी
बढ़ आगे अब तेरी बारी।

इसके बाद गुलाबी कुर्तों के एक-एक नारे पर गांधी शिल्पग्राम रह-रहकर करतल ध्वनियों से गूँजता रहा, और तब तक गूँजता रहा जब तक आत्मरक्षा में बताए गए इस नायाब तरीके का प्रदर्शन करते-करते गुलाबी कुर्तों का छोटा-सा झुंड थककर बुरी तरह पस्त नहीं हो गया, हवा में तनी हुई मुट्ठियों का हलक नहीं सूख गया, और सूत्रधार का अभिनय करते आधुनिक नारी के प्रतीक को उठाकर, बाकी के गुलाबी कुर्ते मंच के नेपथ्य में नहीं ले गए।

खाली मंच सहित सामने बिछी कुर्सियों के बीच देर तक सन्नाटा छाया रहा। रह-रहकर ऐसे लगता रहा जैसे मंच पर अभी भी अदृश्य गुलाबी कुर्ते अपने आपको बचाने की गुहार कर रहे हैं। मंच पर अकेली खड़ी अध्यक्ष बहन भाग्यवती की जुबान मानो तलुए से चिपक गई और गला भर आया। उसकी इस खामोशी ने गांधी शिल्पग्राम की पूरी फिजा को भिगो-सा दिया।

यह खामोशी बहन भाग्यवती के इस संबोधन के साथ टूटी, ''बहनो! यह थी आज की नारी की असली वेदना, उसकी तड़प और व्यथा। उसके हृदय में एक अनजाना-सा डर रूपी खरगोश हमेशा दुबका रहता है। अपने दिलों से इसी डर को बाहर निकालने के लिए हमने इस मिर्ची झोंक समारोह का आयोजन किया है। आज की इस नायाब प्रस्तुति की परिकल्पना को मूर्त रूप देने का श्रेय सानिया पटेल को जाता है। इस अवसर पर परिषद ने उन्हें 'चूनर-चूड़ी मनस्वी विशेष सम्मान' से सम्मानित करने का निर्णय लिया है...मैं उनसे अनुरोध करती हूँ कि वे मंच पर आएँ और यह सम्मान ग्रहण करें।''

इधर अध्यक्ष बहन भाग्यवती ने यह घोषणा की और उधर अभी-अभी अप्सरा ब्यूटी पार्लर से निकलकर आया नया-नया संस्करण तमतमा उठा, ''देखा सुमनजी, जनानियों की बसें भर-भर के लाए यह सरला बजाज और इनाम मिले इस सानिया को। हुँ, इस्त्री की तड़प, अनजाना खरगोश! जब देखो बस अपनी सरस्वती वंदनाओं से बोर करती रहती है।''

सरला बजाज बगल में बैठी उसी सुमन भारती को अपना दुःख बाँटते हुए बोली, जो उसे देखकर मारे आत्मग्लानि के धरती में समाने को हो रही थी। लेकिन वह कर भी क्या सकती है सिवाय मनुस्मृति के इस श्लोक को दोहराने के—एकमेव

शूद्रस्य प्रभुः कर्म सदादिशत्/एतेषामेव वर्णानां शुश्रूषाभनसूयया। तभी उसकी नजर सरला बजाज के चेहरे पर पड़ी तो देखते ही उसकी धमनियों में बहता रक्त मारे आह्लाद के ठहाके मारने लगा। उसने गौर से देखा तो पाया सरला बजाज के चेहरे पर पसीने की पतली लकीरें दिखाई दे रही हैं। ऐसा लग रहा है मानो किसी रेगिस्तानी पठार पर बरसाती नदियों के सूखे धारे खिंच आए हों।

इसी बीच सुमन भारती की तंद्रा भंग हुई। उसने देखा सरला बजाज अपने कजन के दामाद से कह रही है, ''दमादजी, जल्दी कर। फटाफट भर इन जनानियों को बस में। इनके खाने-पीने का हिसाब बाद में भी होता रहेगा!''

''पर मम्मीजी, ऐसी क्या जल्दी है...और अभी तो इन्होंने मिर्ची पाउडर भी नहीं लिया है। शाम को वो गाना-बजाना, मेरा मतलब है कवि-सम्मेलन भी है।'' सरला बजाज के कजन के दामाद ने हैरान होते हुए कहा।

''भाड़ में जाए मुआ ये सम्मेलन। मिर्ची पाउडर दिला और रवाना हो ले!''

''पर मम्मीजी, हुआ क्या?'' दामाद ने घबराते हुए पूछा।

''जनानियों को बसों में भर-भरकर लाएँ हम और दुपट्टा ओढ़े सानिया। अब देखती हूँ ये बुड्ढी किसे सुनाती है अपने टप्पे! पता चलेगा, जब कोई यहाँ सुन्नेवाली नईं होगी।''

दामादजी के कुछ पल्ले नहीं पड़ा। मम्मीजी ने सारा मजा किरकिरा कर दिया।

मिर्ची झोंक समारोह के समाप्त होने की घोषणा के साथ ही आधा किलो मिर्ची पाउडर और खाने के पैकेट्स ले वापस जाने के लिए सब अपनी-अपनी जगह से खड़ी हो गईं। श्रद्धा चैनल की संवाददाता अकबकायी-सी प्रवेश-द्वार की ओर बढ़ती अस्मतों को देखने लगी। बड़ी कोशिश की उसने इनमें से एकाध की बाइट लेने की किंतु वह नाकाम रही। हिम्मत कर उसने दो को रोकना भी चाहा पर उन्होंने बस छूटने के डर से, रुकने से साफ मना कर दिया। अब क्या करे संवाददाता!

अचानक उसकी निगाह सरला बजाज पर पड़ी। वह तेजी से लपकी उसकी ओर। कंधे पर कैमरा लादे कैमरापर्सन भी अस्मतों से बचते-बचाते पीछे-पीछे हो लिया।

''सरलाजी, आपकी थोड़ी मदद चाहिए। प्लीज, इनमें से किसी को कहिए न कि वो दो मिनट रुककर बात कर लें।'' अपने चैनल आईडी को कसकर पकड़ते हुए रिरियाई संवाददाता।

''एक मिन्ट। मैं अभी करती हूँ इंतजाम।'' इतना कह वह पास से गुजरती दो महिलाओं की तरफ पलटी, ''भैनजी, रुकना जरा! देख, ये चैनलवाली मैडम तुमसे कुछ बात करना चाहती है...कर ले बात!''

एक पल ठिठककर दोनों महिलाओं ने उचककर प्रवेश-द्वार की ओर देखा। सरला बजाज समझ गई उनकी दुविधा।

''चिंता मत करो। बस कहीं नहीं जाएगी। दमादजी को मैं कह देती हूँ।'' दिव्याजी, आप इनसे अराम से बात कर लो। तब तक मैं दमादजी से बस रोकने के लिए कह आती हूँ।'' इतना कह सरला बजाज प्रवेश-द्वार की ओर बढ़ गई।

''आइए, इधर आ जाइए एक तरफ! अच्छा यह बताइए, इस समारोह के बारे में आपका क्या कहना है?''

''काँई का बारा में?'' नहीं समझ पाई वह अस्मत चैनल आईडी का यह सीधा-सा सवाल।

''इस मिर्ची झोंक समारोह के बारे में। जहाँ से आप अपनी इज्जत बचाने का हुनर सीख कर जा रही हैं...और साथ में आधा किलो मिर्च भी लेकर जा रही हैं।''

''कहा हुआ हमारी इज्जत कू?'' एक महिला ने उलटा प्रतिप्रश्न करते हुए पूछा।

''यही कि अगर आपकी कोई इज्जत लूटने की कोशिश करे, तो अपने आपको कैसे बचाओगी?''

''कैसे बचाऊँगी! चिल्लाऊँगी...फिर भी न मानो तो हरामी के चोदे ए कच्चो चबा जाऊँगी।'' महिला की आँखों में खून उतर आया।

'इससे नहीं बनेगी बात' यही सोचकर निराश चैनल आईडी इस बार गोद में बच्चा लिये दूसरी महिला की ओर पलटी। इससे पहले कि वही सवाल दोहराया जाता, उस महिला ने चैनल आईडी का काम आसान कर दिया, ''मेम साब, कहीं मिरचन् ते इज्जत-आबरू बचती देखी है। आबरू तो अपने हौसले से बचे है।''

''कुंती, बहना ई तो आबरू ना हे गई...कोई साग-सब्जी हे गई के जाके मन में आए वोई उठा के ले जाए।''

''बैसे हमारे कनै खोने कू हैई का। डर तो उन्ने लगे है जिनके कनै कछु खोने कू होए है।'' फिर गोद में बच्चा लिये कुंती ने गहरा साँस लेते हुए कहा, ''बैसे भी मेम साब, गरीब आदमी ए लुटने-पिटने ते कोई फरक ना मारे है।''

''फिर इस मिर्ची पाउडर का क्या करोगी, जिसे यहाँ से ले जा रही हो?''

''अगर दो घंटे के सौ रुपए, आध सेर पिसी मिरच और बाल-बच्चेन् कू कछु खाबे-पीबे कू मिल रो है, तो जामे का टोटो है। कम ते कम दो महीना ते जादा को तो काम चलेगा। रही बात या इज्जत-आबरू ए बचाबे की, तो बहना जो हमारी आबरू ए बचाबे के हुनर बता री हैं न, पहले बे अपनी बचा लेएँ। चल री कुंती, अमेर हे रई है घर भी पहुँचनो है। कहीं या आबरू ए बचाबे के चक्कर में मोटर ना छूट जाए।'' पहली महिला ने तमकते हुए जवाब दिया।

खड़ी की खड़ी रह गई संवाददाता। हाथ में पकड़ा हुआ चैनल आईडी हवा में झूलता रह गया। जब तक वह कुछ समझ पाती, वे दोनों उसकी जद से दूर हो चुकी थीं। गांधी शिल्पग्राम के एक कोने में जाकर संवाददाता दिव्या ने पूरी रिकॉर्डिंग एक

बार नहीं, कई बार रिवाइंड करके देखी। उसने जितनी बार उसे देखा, उतनी ही बार उनके वक्तव्यों के अलग-अलग अर्थ खुलते गए। अंतिम बार देखने के बाद तो वह ठिठक-सी गई। उसे अपनी निराशा और नाकामयाबी एकाएक जैसे किसी उपलब्धि में तब्दील होती दिखाई देने लगी। पहली बार उसे अपनी किसी रिपोर्टिंग की सार्थकता का एहसास होने लगा। उसने ढेर सारी हवा फेफड़ों में भर, उसे पूरी ताकत के साथ बाहर छोड़ा और अपने कैमरापर्सन भोला के साथ भारत के इस आधुनिक अजायबघर गांधी शिल्पग्राम से बाहर चली आई।

आज के इस विराट 'मनस्वी कवि सम्मेलन' के लिए कुसुम 'नवेली', उमा 'वीरांगना', नुपूर 'हस्तिनी', शबनम 'नशीली', संजना 'रसभरी', द्रौपदी 'अक्षत', किरन 'चटपटी', अचला 'रसीली' जैसी नामचीन काव्य-प्रतिभाओं को आमंत्रित किया गया है।

दिन की तपिश के धीरे-धीरे ठंडे होने के साथ-साथ, रात का पहला पहर शुरू होते-होते हास्य रस की रसीली बूँदें टपकने लगीं। देखते ही देखते कवि सम्मेलन अपने पूरे उठान पर पहुँच गया। गाव-तकियों से टिकी पीठें और सामने दो-तीन पात्रों में रखी इलायची और मिसरी की डलियाँ कल्लों में इतराती हुई ठिठोली में मग्न थीं, कि अचानक आई एक सूचना ने कवि-सम्मेलन की अध्यक्षता कर रही बहन भाग्यवती को बेचैन कर दिया। उमा 'वीरांगना' की देशभक्ति की चाशनी में लिपटी चौपाइयों का आनंद ले रही समाजविज्ञानी डॉ. वंदना राव को उसने इशारे से बुलाया। देशभक्ति की चौपाइयों को वहीं छोड़ डॉ. वंदना लपककर मंच पर पहुँची। बहन भाग्यवती ने समाजविज्ञानी के कानों में न जाने क्या कहा कि उसने नेवले की तरह पंजों पर उचककर चारों तरफ नजर दौड़ाई। वह जिस तेजी से मंच पर गई थी उसी तेजी के साथ मंच से नीचे उतरी और सानिया पटेल को इशारे से बुला दोनों मंच के एक ओर धुँधलके में गायब हो गईं।

एकाएक हास्य की जगह हड़बड़ाहट और चिंता से पुत गए चेहरों को देखकर डॉ. अंबेडकर दलित महिला उद्धार सभा की सुप्रीमो धीरे-से उठी, और वह भी उनके पीछे-पीछे उसी दिशा में बढ़ गई। बहुत टोहा उसने परंतु वह उन दोनों को नहीं खोज पाई।

डॉ. वंदना और सानिया दोनों सीधे शिल्पग्राम के कार्यालय गईं लेकिन दरवाजे पर जड़े ताले को देख वापस लौटने लगीं कि तभी मंच के पिछवाड़े थोड़ी दूर बने कमरे की एक खिड़की से उन्हें रोशनी का एक चकत्ता दिखाई दिया। दोनों उसी चकत्ते की ओर बढ़ गईं और डॉ. वंदना ने पहले की तरह पंजों के बल उचकते हुए खिड़की के अंदर झाँका। अंदाजा एकदम सही निकला उसका।

दरवाजे को हल्के से थपथपाया डॉ. वंदना ने।

''भइया, जरा श्रद्धा चैनल लगाना!'' दरवाजा खुलते ही समाजविज्ञानी ने बिना किसी भूमिका के बेहद मुलायमियत के साथ आग्रह किया।

''मेम साब, थोड़ी-सी फिलिम बची है। कुछ गुंडे हिरोइन के पीछे पड़े हैं...बस, पाँच मिन्ट की बात है।'' दरवाजे पर खड़ी चिपचिपाती देह से आते पसीने के भभूके ने मुलायमियत का जवाब मुलायमियत के साथ देते हुए कहा।

''अरे भइया, इतनी देर में तो खबर ही निकल जाएगी।'' इससे पहले कि दरवाजे से हटते हुए 'भइया' कुछ कह पाता, सामने पड़े रिमोट को उठा सानिया पटेल खुद ही चैनल बदलने लगी।

''ये...ये...रही!'' लगभग चीखते हुए स्त्री अध्येता डॉ. वंदना राव श्रद्धा चैनल पर सानिया का अँगूठा रोकते हुए बोली, ''अब समझ में आया ब्यूटी पार्लर का राज!''

दोनों ने कमरे में फैली पसीने की चिपचिपाती दुर्गंध के बीच पूरी महाबहस देखी। उन्हें अपनी आँखों पर अभी भी विश्वास नहीं हो रहा है कि अभी-अभी उन दोनों ने जिसे टीवी स्क्रीन पर देखा था, वह सरला बजाज ही है।

''लो भइया, अब देख लो अपनी फिल्म!'' बिना चैनल बदले हताश सानिया ने निर्ममता के साथ रिमोट उसी दिशा में उछाल दिया, जहाँ से उसे उठाया था।

कमरे में फैली दुर्गंध को अंदर छोड़ दोनों बाहर निकल आईं।

''सारा मजा खराब कर दिया। अब कह रही है देख लो अपनी फिलिम...अब क्या घंटा बचा होगा जिसे देखूँ, इतनी देर में तो हो लिया होगा काम।'' पीछे से दोनों के कानों में पड़े झुंझलाहट भरे शब्दों के साथ दरवाजा जोर से बंद हो गया।

डॉ. अंबेडकर दलित महिला उद्धार सभा की सुप्रीमो सुमन भारती उन दोनों के लटके चेहरे, निस्तेज आँखों और मरी हुई चाल को देखकर भाँप गई कि कुछ तो गड़बड़ है। वह बस कवि-सम्मेलन खत्म होने का इंतजार करती रही।

कवि-सम्मेलन समाप्त होते ही वे दोनों सीधे अध्यक्ष बहन भाग्यवती के पास गईं, और वही सब बयान कर दिया जो उन्होंने मंच पर पिछवाड़े बने कमरे में देखा था। सुमन भारती ने चुपके से सारी बातें सुन लीं। सुनते हुए उसे लग रहा था जैसे कानों में शब्द नहीं मिसरी की डलियाँ घुल रही हैं। उसका सारा संताप सूखे पत्तों पर जमी गर्द की तरह घुलता चला गया। लगा, बाहर बह रही हवा के हल्के झोंकों में बर्फ़ का बुरादा मिला हुआ है, जिसकी ठंडक से वह भीगती जा रही है।

अध्यक्ष बहन भाग्यवती सबसे बिदा ले, अपने सरकारी वाहन से घर के लिए रवाना हो गई। अपने सरकारी आवास पर पहुँचने से पहले, उसने आवास पर तैनात चौकीदार को निर्देश देते हुए कह दिया कि उसके पहुँचने से पहले उसका शयनकक्ष एकदम ठंडा होना चाहिए।

ग्यारह

आज का दिन एक ऐसा ऐतिहासिक दिन है, जब एक शहर में बेतरतीब बिछी लाशों के बीच चहलकदमी करते हुए एक मिशनरी की भारतरत्न प्राप्त प्रमुख ने अपने प्रियजनों के इर्द-गिर्द विलाप करते आत्मीयों को सांत्वना देते हुए कहा था, ''यह एक दुर्घटना हो सकती है, जैसे कहीं भी आग लग सकती है। इसलिए उन्हें क्षमा कर देना जरूरी है। क्षमा कर देने से मन हल्का हो जाता है, और क्षमा कर देने के बाद आदमी अपने आपको हजार गुना बेहतर महसूस करता है।''

यह बात अलग है कि हमारी यादों के जालों से आज वे चित्र और कहे गए वे शब्द धुँधले पड़ चुके हैं। फिर भी एक बार स्मरण कराना जरूरी है कि यह वही दिन है जिस दिन एक अमेरिकी संयंत्र से रिसी जहरीली गैस से पंद्रह हजार से अधिक लोग मौत के आगोश में समा गए थे। इनमें आधी से ज्यादा आबादी उन बेकसूरों की थी कि आज वे अगर जिंदा होतीं, तो अपने शहर की एक स्थानीय अदालत द्वारा इस सामूहिक नरसंहार के हत्यारोपी वॉरेन एंडरसन सहित, अपने ही मुल्क के सात अफसरान को महज दो साल की सजा, तथा हरेक पर मात्र दो लाख रुपए मुकर्रर किए गए जुर्माने की खबर सुनकर फिर से मर गई होतीं। उसी नरसंहार की बरसी के दिन यानी आज महिला आरक्षण के पक्ष में चेतना जागृत करने के बाद बीस हजार किलोमीटर से अधिक की यात्रा करने वाली रिजर्वेशन एक्सप्रेस किसी भी समय यहाँ अर्थात् इंडिया गेट पर पहुँच सकती है।

अचानक इंडिया गेट के आसपास जमा भीड़ में मची खलबली ने बता दिया कि रिजर्वेशन एक्सप्रेस पहुँच चुकी है। मारे आह्लाद के पूरा इंडिया गेट किलक उठा। ऐसा मनोरम दृश्य इस स्मारक के इर्द-गिर्द कभी-कभार ही देखने को मिलता है।

जैसे ही रिजर्वेशन एक्सप्रेस एक काफिले का रूप लेते हुए पार्टी अध्यक्ष के निवास के बाहर पहुँची, सोनू भाँगड़ा पार्टी के शोहदे अपने उस्ताद का इशारा पाते ही बौरा गए। सोनू भँगड़ा पार्टी का बौराना लाजिमी है भी क्योंकि बिना बौराए इसका हुनर कैसे दिखाई दे। यह इसी बौराने का प्रतिफल है कि इस भाँगड़ा पार्टी के मुखिया प्रो. कल्लू उर्फ़ लक्ष्मीकांत-प्यारेलाल की विभिन्न पार्टी अध्यक्षों से

लेकर उनके सचिवों-महासचिवों के साथ खिंचवाई गई तस्वीरों ने उसके मजनूँ का टीला स्थित कार्यालय की दीवारें शोभायमान हैं।

बौराई सोनू भाँगड़ा पार्टी के बदन से उठती पसीने की कसैली दुर्गंध और मुँह से रह-रहकर फूटते देसी भभूकों के साथ प्रवेश-द्वार पर पहुँचते ही रिजर्वेशन एक्सप्रेस के पाँवों की जुंबिश एकाएक थिरकन में बदल गई।

बस फिर क्या था, वहाँ उपस्थित नरक मसीहाओं ने आपस में एक-दूसरे के हाथों को थामते हुए एक मजबूत घेरा बना लिया। इसी बीच सानिया पटेल और डॉ. वंदना राव की आँखें चुपचाप हौले से बिना कुछ कहे, आपस में टकराईं। दोनों की आँखों ने एक-दूसरे का संवाद बाँच तो लिया मगर पूरी तरह नहीं। इसलिए समाजविज्ञानी व स्त्री अध्येता सानिया के पास आ गई। कर्णभेदी ढोलों के कर्कश शोर में बोलकर बताना संभव नहीं है, इसलिए डॉ. वंदना ने सानिया के कान से मुँह सटाते हुए पता नहीं क्या कहा कि सुनते ही सानिया की बाँछें खिल गईं। सानिया तेजी से अपनी दाएँ ओर गई, और रिजर्वेशन एक्सप्रेस के मुख्य आकर्षणों में एक, चुपचाप खड़ी भँवरी को थाम, उसे बीच घेरे में खींच ले आई। उसी भँवरी को जिसका बड़ा बेटा कई साल पहले अपने परिवार के साथ गाँव छोड़कर इसलिए चला गया क्योंकि उसे लगता था कि उसकी माँ की वजह से उसकी बदनामी हो रही है। वही भँवरी, एक-दूसरे का हाथ थामे मजबूत घेरे के बीचों-बीच सकुचाई-सी खड़ी है, जिस पर बनी एक फिल्म को देखकर लंदन की औरतों ने दो लाख रुपए देकर उसकी मदद की थी, तो चीन में संयुक्त राष्ट्र संघ द्वारा आयोजित चौथे विश्व महिला सम्मेलन में उसे बुलाया गया था।

सोनू भँगड़ा पार्टी के उस्ताद प्रो. कल्लू उर्फ़ लक्ष्मीकांत-प्यारेलाल को जैसे इसी संजीवनी की जरूरत थी। उसने ऐसे अवसरों के लिए बचाकर रखी जाने वाली कुछ धुनों और थापों में से उस धुन को चुना, जिसे सुनकर साँप का डँसा हुआ भी थिरकने लगता है, फिर यह जीती-जागती भँवरी क्या चीज है। कल्लू उस्ताद ने जैसे ही अपने शोहदों को इशारा किया, सारे ढोल उस धुन विशेष पर मचल उठे।

चाह कर भी नहीं रोक पाई भँवरी अपने आपको। सिर पर ओढ़े हुए पीलिया ओन्ने की गाती को पहले ढूँगे व लहँगे के बीच ठूँसा। चप्पलों को पाँवों से निकाल एक ओर रखा। इसके बाद उस धुन विशेष पर भँवरी ने जो नृत्य किया, उसे देखकर पूरी रिजर्वेशन एक्सप्रेस ने दाँतों तले अँगुली दबा ली। किसी को अपनी आँखों पर यकीन ही नहीं हुआ कि जिस साल अयोध्या में एक धार्मिक स्थल को कुछ उन्मादियों ने शहीद कर दिया था, उसी साल इस भँवरी के साथ गैंगरेप भी हुआ होगा।

मीडिया के लिए इससे अच्छा अवसर और क्या हो सकता है! जब तक भँवरी की देह विभिन्न मुद्राओं और भाव-भंगिमाओं के साथ धुन विशेष पर बल खाती रही, कंधों पर लदे कैमरे और समाचार-पत्रों के छायाकारों के कैमरे तब तक उसकी

नृत्य मुद्राओं को अपने भीतर क़ैद करते रहे। कैमरों और भँवरी के बीच जैसे नृत्य-युद्ध छिड़ गया। भँवरी के तलुओं में आज मानो स्वयं नटराज आ बसे। तालबद्ध पाँवों और लहकते ढूँगे की संगत देख रिजर्वेशन एक्सप्रेस के स्वागत के लिए इकट्ठा हुई भीड़ रह-रहकर किलकने लगी। भँवरी ने अपने मस्तक पर हिचकोले खाते बोरले से ओन्ना थोड़ा ऊपर सरका लिया ताकि बोरले की तस्वीर क़ैद करने वाले कैमरों को किसी तरह की कठिनाई न हो।

इसी बीच समाजविज्ञानी और स्त्री अध्येता डॉ. वंदना राव व सानिया पटेल का आँखों ही आँखों में एक बार फिर संवाद हुआ। इस बार यह जिम्मेदारी समाजविज्ञानी ने अपने ऊपर ले ली, यह सोच कर कि कहीं यहाँ मौजूद मीडियाकर्मियों में से कोई उसकी मंशा भाँप न ले। डॉ. वंदना राव चुपके से अपनी बाईं ओर गई और मना करने के बावजूद डॉ. अंबेडकर दलित महिला उद्धार सभा की सुप्रीमो तथा गुलाबी गैंग की लीडर व बिग बॉस की स्टार संपतपाल, दोनों को लगभग धकियाते हुए बीच घेरे में भँवरी के पास लाकर छोड़ दिया। सोनू भाँगड़ा पार्टी के लिए यह तिहरी चुनौती थी जिसे उसके उस्ताद प्रो. कल्लू उर्फ़ लक्ष्मीकांत-प्यारेलाल ने सहर्ष स्वीकार कर लिया।

सामूहिक गैंगरेप की शिकार और पूरी दुनिया की औरतों के लिए मिसाल बन चुकी अनपढ़ भँवरी और गुलाबी गैंग की लीडर संपतपाल, एक समाजविज्ञानी की चाल नहीं भाँप पाई, यह तो समझ में आता है, लेकिन दलित अस्मिता की आधुनिक पैरोकार सुमन भारती भी नहीं पहचान पाई, यह आश्चर्य की बात है। कैसे ये तीनों भूल गईं कि अगले दिन जब इनकी तस्वीरें देश-भर के अखबारों में छपेंगी, पूरे-पूरे दिन समाचार चैनलों पर इनकी देह मुद्राएँ परोसी जाएँगी, तब इन्हें देख-देखकर कितनी भँवरी, संपतपाल और सुमन भारती मारे शर्म और अपमान के अपने आपको जमीन में गर्क होता हुआ महसूस करेंगी। कितनी आसानी से बेहद महीन धागों से बुने गए जाल में ये तीनों उलझ गईं—इनमें से कोई नहीं समझ पाई।

अचानक सोनू भाँगड़ा पार्टी के ढोलों के कर्णभेदी शोर को थमता देख भँवरी की समझ में कुछ नहीं आया। रिजर्वेशन एक्सप्रेस के काफिले में हलचल-सी मच गई। पसीने से तर, लुहार की धौंकनी-सी चल रही साँसों को मुश्किल से नियंत्रित कर, अपनी चप्पलों को हड़बड़ाते हुए ढूँढ़कर जब तक भँवरी पाँवों में डालती, पूरा काफिला पार्टी अध्यक्ष के निवास के अंदर प्रवेश कर गया। भँवरी ने अपने आसपास देखा तो पाया सिवाय उसके और कोई नहीं है। चप्पलों को पहन भँवरी तेजी-से लपकी अंदर की ओर लेकिन प्रवेश-द्वार पर तैनात सुरक्षा गार्ड ने उसे बाहर ही रोक लिया। नहीं जाने दिया अंदर। यह तो अच्छा हुआ जो सानिया पटेल की सुरक्षा गार्ड की जद्दोजहद करती भँवरी पर निगाह पड़ गई। झुँझलाते हुए उसने उसे अंदर आने का इशारा किया।

इससे पहले कि भँवरी पार्टी अध्यक्ष के बराबर में खड़े होने की लालसा लिये आगे बढ़ती, सानिया ने बीच में रोकते हुए उसे प्रो. कल्लू के ढोल के आगे कर दिया। भँवरी की देह एक बार फिर से हरकत में आ गई। पूरी एक्सप्रेस की तालियों ने भँवरी का आह्वान किया मगर थोड़ी देर पहले मारे उछाह और उत्साह के उसकी नसों में जो रक्त ठहाका मार रहा था, वह जैसे जम गया। चुपके से उसने पाँवों में पड़ी निरीह चप्पलों की ओर देखा। आँखें डबडबा आईं उसकी। भँवरी अगर कहीं एकांत में होती तो शायद डबडबाई आँखों को वह छलकने की इजाजत दे देती। पाँवों के अँगूठों व अँगुलियों ने चप्पलों को कसकर पकड़ लिया। एक बार उसके जी में आया भी कि वह इस भीड़ को चीरकर यहाँ से भाग जाए लेकिन नहीं भाग पाई। उसने अपने आसपास देखा। न चाहते हुए भी एक बार फिर उसके ओन्ने का कोना चुपचाप लहँगे और ढूँगे के बीच फँसता चला गया और चप्पलें स्वतः ही पैरों से निकलकर एक तरफ हो गईं।

सोनू भँगड़ा पार्टी के उस्ताद प्रो. कल्लू ने बहुत कोशिश की कि पहले की तरह उसके ढोल की थापों की, भँवरी के कदमों के साथ संगत बैठ जाए परंतु इसमें वह विफल हो रहा था या भँवरी—कहना मुश्किल है।

पार्टी अध्यक्ष के बाहर आते ही एकाएक ढोल खामोश हो गए।

अध्यक्ष बहन भाग्यवती ने बड़े ही अदब और सलीके के साथ एक-एक करके सबका परिचय कराया।

अध्यक्ष बहन भाग्यवती का इशारा पाते ही सानिया पटेल भरी हुई टाट की एक बोरी आगे ले आई।

"मैडम, हमारी परिषद ने महिला आरक्षण बिल के समर्थन में एक पोस्टकार्ड अभियान चलाया था। इस अभियान में हमारे पास एक लाख से ज्यादा बहनों ने पोस्टकार्ड भेजकर अपना समर्थन दिया है।" बहन भाग्यवती ने जैसे ही बोरी पार्टी अध्यक्ष की ओर बढ़ाई, लगभग दौड़ते हुए एक निजी सुरक्षाकर्मी ने उसे बीच में ही अपने कब्जे में ले लिया।

"मैम, यह रिजर्वेशन एक्सप्रेस भी इसी बिल के समर्थन में निकाली गई है।"

"मैम, इसमें हमने बड़ी-बड़ी सेलिब्रिटीज को इनवाइट किया है। मैं...मैं...इन्हें इंट्रोड्यूस कराती हूँ। मैम, ये भँवरीजी हैं...ये इशरत जहाँ...ये हैं सुल्ताना शेख, मुशरतजहाँ, संपतपाल, रुखसाना कौसर...।" समाजविज्ञानी डॉ. वंदना ने अध्यक्ष बहन भाग्यवती का काम आसान करते हुए एक ही साँस में परिचय-अनुष्ठान संपन्न कर दिया।

"भौंरीऽऽऽ!" पार्टी अध्यक्ष बुदबुदाते हुए कुछ याद करने की कोशिश करने लगी।

बहन भाग्यवती तुरंत पार्टी अध्यक्ष की दुविधा भाँप गई। उसने समाजविज्ञानी

की ओर देखा। स्त्री अध्ययन संस्थान की डायरेक्टर और स्त्री अध्येता तुरंत समझ गई बहन भाग्यवती का मंतव्य।

''यस मैम, शी इज भँवरी!'' समाजविज्ञानी ने भँवरी की बाजू पकड़ उसे आगे किया और उसके बारे में बताने लगी, ''शी इज फ्रॉम राजस्थान एंड शी हेज बीन फाइटिंग ए लांग बैटल फॉर जस्टिस आफ्टर शी वाज एलीजली गैंग रेपड् इन नाइनटीन नाइन्टी टू मैम।''

नहीं समझ पाई भँवरी कि उसकी प्रशंसा में पार्टी अध्यक्ष को बताया क्या जा रहा है।

''एंड मैम, शी इज सुल्ताना शेख फ्रॉम गुजरात एंड शी इज आलसो ए रेप विक्टिम ऑफ टू थाऊजेंड टू गुजरात रॉयट्स...शी इज मुशरतजहाँ फ्रॉम मुंबई। शी इज सिस्टर ऑफ इशरतजहाँ, हू वाज किल्ड इन ए फेक एनकाउंटर इन गुजरात...एंड शी इज...''

पार्टी अध्यक्ष ने स्त्री अध्येता और समाजविज्ञानी डॉ. वंदना राव को बीच में ही रोक दिया। नहीं सुन पाई वह इसके बाद किसी का परिचय। थोड़ी देर के लिए उसकी आँखों के आगे इन दुखियारी सेलिब्रिटीज के दुःखों के बदरंग, धुँधले चित्र तिरमिरा उठे। अपने-अपने स्याह अतीत से पीछा छुड़ाने के प्रयास में खत्म कर चुकी अपनी दुनिया को पीछे छोड़, आगे बढ़नेवाली इन सेलिब्रिटीज की आँखों में चुपके से झाँका और यह जानने की कोशिश की कि जब-जब ये निविड़ अँधेरे में अपने भयावह अतीत को याद करती होंगी, तब-तब ये कितना और कितनी बार टूटकर बिखरती होंगी। सुल्ताना शेख और भँवरी को पार्टी अध्यक्ष ने आगे बढ़कर बाजुओं के घेरे में ले, उन्हें अपने अंक में समेट लिया। मन तो उसका कर रहा था कि वह इन्हें किसी निर्जन टापू पर ले जाए, और देर तक इन्हें अपनी छाती से लगा, इनके दुःखों का आख्यान सुनती रहे।

पार्टी अध्यक्ष का कलेजा यह देख और सोचकर चाक हुआ जा रहा है कि महिला आरक्षण बिल के समर्थन के लिए इन निठल्ली, अघाई शुभचिंतकों को ये ही अभागिनें मिली हैं जिन्हें ये सेलिब्रिटीज बताकर मीडिया के सामने इनके मवाद भरे अतीत को रह-रहकर कुरेद रही हैं, उससे पैदा हुई असहनीय पीड़ा से ये किस कदर बिलबिला रही होंगी, इस अघाई तथाकथित सिविल सोसाइटी को क्या पता। यह बिल यदि ऐसी 'सेलिब्रिटीज' की कीमत पर पास कराना है, तो इससे अच्छा है यह कूड़ेदान में ही पड़ा रहे। पार्टी अध्यक्ष ने चुपके से अपनी बगल में खड़ी परिषद की अध्यक्ष बहन भाग्यवती को देखा। देखकर उसे बहन भाग्यवती का वह बायोडाटा याद आ गया जिसके आधार पर परिषद के अध्यक्ष पद की नियुक्ति के लिए उसने हामी भरी थी। बड़ी बारीकी से पार्टी अध्यक्ष ने बहन भाग्यवती के बायोडाटा का मिलान किया, तो पल-भर के लिए वह उलझन-भरी गहरी सुरंग में उतरती चली

गई कि बगल में खड़ी अध्यक्ष बहन भाग्यवती और उसके बायोडाटा दोनों में से कौन सच्चा है। रह-रहकर उसकी नजर भँवरी और सुल्ताना शेख की देह से जा चिपकती। उसे खुद ही नहीं पता कि उसकी आँखें इनकी देह में क्या ढूँढ़ रही हैं—उन पर पुरानी पड़ चुकी खरोंचों को? आँसुओं की मोटी धाराओं से बने स्याह धोरों को या फिर आँखों में हमेशा के लिए खुद गई डर की गहरी इबारतों को?

"वैसे मैडम, टीना डालमियाजी को भी आना था पर वे आ नहीं पाईं।" पार्टी अध्यक्ष ने बहन भाग्यवती की ओर ऐसे देखा, जैसे उससे पूछ रही हो कि यह टीना भी क्या सुल्ताना शेख, मुशरतजहाँ या भँवरी की तरह कोई 'सेलिब्रिटी' है?

"मैम, प्लीज! जलपान तैयार है!"

पार्टी अध्यक्ष के निवास पर तैनात कार्यकर्ता द्वारा जलपान के लिए किए गए इस आग्रह पर रिजर्वेशन एक्सप्रेस की बोगियों सहित, फोटो खिंचवाने आई भीड़ जलपान स्थल की ओर बढ़ गई।

इससे पहले कि पार्टी अध्यक्ष स्वयं जलपान के रूप में कुछ ले पाती महिला आरक्षण कोर ग्रुप में होड़ लग गई कि पार्टी अध्यक्ष को कौन चाय देता है। मगर बाजी अखिल भारतीय अबला मंच की अध्यक्ष सरला बजाज के हाथ लगी। समाजविज्ञानी व स्त्री अध्येता डॉ. वंदना राव के हाथ से एक मौका और निकल गया। मन ही मन कहा समाजविज्ञानी ने—सरलाजी, आपके सितारे बुलंद हैं आजकल।

चाय की चुस्कियाँ लेते हुए पार्टी अध्यक्ष ने अपने आसपास निगाह मारी तो पाया रिजर्वेशन एक्सप्रेस की सेलिब्रिटीज में से एक भी दिखाई नहीं दी। बेचैन हो उठी पार्टी अध्यक्ष और अधूरा चाय का कप रख निकल पड़ी उन्हें खोजने। खोजने पर पाया कि अनजाने द्वीप पर भटके राहगीरों की तरह इनमें से एक सुल्ताना शेख दूर एक कोने में सहमी हुई, पीठ फेरकर नाश्ता करती दिखाई दी, तो मुशरत जहाँ सिमटी-सी घास पर बैठी है। आतंकवादियों से लोहा लेनेवाली वीरांगना रुखसाना कौसर चुपचाप अपने आप में खोई हुई-सी नजर आई, जबकि गैंग रेप की शिकार भँवरी का ध्यान सबसे बेखबर पकौड़ों की प्लेट में लगा हुआ है।

नहीं रुका गया पार्टी अध्यक्ष से।

इससे पहले कि भँवरी कुछ समझ पाती, पार्टी अध्यक्ष ने जमीन से पकौड़ों की प्लेट उठाते हुए कहा, "भौंरीजी, आप जमीन पर क्यों बैठी हैं...आइए, उधर बैठकर आराम से खाइए!" बरामदे में बिछे सोफे तक खुद लाई पार्टी अध्यक्ष भँवरी को अपने साथ।

इसके बाद पार्टी अध्यक्ष सबको एक-एक बार अपने बरामदे में बिछे सोफों तक लाई। पूरा कोर ग्रुप जैसे पानी-पानी हो गया। बहन भाग्यवती लगभग भागते

हुए पार्टी अध्यक्ष का अधूरा कप उठाकर लाई लेकिन पार्टी अध्यक्ष ने लेने से मना कर दिया।

जब तक इन सेलिब्रिटीज ने इत्मीनान से जलपान नहीं कर लिया, तब तक पार्टी अध्यक्ष इनके पास ही बैठी रही। अपने सामने सबको तसल्ली से जलपान कराया।

सर एडविन ल्यूटियन व सर हरबर्ट की कल्पनाओं को साकार करते और शहीद हुए हजारों सैनिकों की स्मृति में बनाए गए स्मारक की बगल से अनेक ऐतिहासिक स्मृतियों को संजोए रिजर्वेशन एक्सप्रेस की बोगियाँ, एक-एक कर पार्टी अध्यक्ष के निवास से बाहर निकलीं। मंथर गति से बाहर की ओर बहती इस आधी नदी को पार्टी अध्यक्ष निर्निमेष, अपलक तब तक निहारती रही, जब यह पूरी तरह बाहर नहीं हो गई।

बारह

अखिल भारतीय अबला मंच की अध्यक्ष सरला बजाज का मन खिन्नता से भर गया।

यह कहना तो दूर रहा कि वह टीवी पर कैसी लग रही थी, किसी ने यह तक जानने की कोशिश नहीं की थी कि रात को कवि सम्मेलन के दौरान वह कहाँ थी। अमीना ख़ान से तो उसे कोई शिकायत नहीं है क्योंकि वह ऐसे पचड़ों से दूर रहती है, पर उसे सुमन भारती से इसकी बिलकुल उम्मीद नहीं थी। रही बात इस समाजविज्ञानी और सानिया पटेल की सो इनसे उम्मीद करना जल्लाद से रहम की आस पालने जैसा है। तभी उसे अपनी प्रिय फिल्म-नायिका का ख्याल आया—क्या पता उसने ही देखा हो। सरला बजाज ने तुरंत अपने मोबाइल में उसका नंबर खँगाला।

''हैलो, टीना जी बोल रईं हैं...मैडम मैं सरला बजाज...अखिल भारतीय अबला मंच की प्रेसीडेंट और अरक्षण कोर ग्रुप की मेंबर...जी-जी सही पिचाना...मैडम, आपसे मिलने का बड़ा मन कर्‌रा है...वो क्या है न कि आप पार्टी अध्यक्ष के यहाँ तो नहीं आई थीं, इसलिए सोचा...ठीक है मैडमजी, मैं अभी आई।'' इतना कह सरला बजाज ने अपने कजन के दामाद से यह कहते हुए गाड़ी तुगलक रोड की ओर मुड़वा दी, ''चल पुत्तर, आज तुझे एक चीज से मिलवाती हूँ!''

तुगलक रोड पर अंग्रेजों के जमाने की पुरानी कोठी 'डालमिया हाउस' के मुख्य द्वार पर तैनात सुरक्षाकर्मी ने नाम सुनते ही दरवाजा खोल दिया।

सचमुच इन दिनों सरला बजाज के सितारे बुलंद हैं।

डालमिया ग्रुप ऑफ इंडस्ट्रीज की सीईओ अपनी एकमात्र हिट फिल्म के मुख्य किरदार में पूरी तरह खोई हुई है। दीवार पर टँगे विशाल टीवी स्क्रीन पर, काश्मीर की एक खूबसूरत वादी में फिल्माया गया वही दृश्य चल रहा है, जिसने सरला बजाज की तरह न जाने कितनी अबलाओं को अपना मुरीद बना लिया था। नायिका हवा में उड़ती अपनी लटों को सँभालते हुए नायक से कह रही है, ''मैं इस आसमान और जमीन को साक्षी मानकर कसम खाती हूँ कि अगर मेरी कोख में पल रहा तुम्हारा बच्चा मर्द हुआ, तो माँ दुर्गा की सौगंध मैं उसे इस सृष्टि में आने से पहले ही मिटा दूँगी...इस धरती से पुरुष का नाम और उधार के रिश्ते के नाम पर माँग में भरे इस चुटकी-भर सिंदूर को मिटा दूँगी!''

इतना कह नायिका ने अपनी माँग में उँड़ेला हुआ डिबिया-भर सिंदूर इस तरह पोंछा कि सफेद बर्फ़ से ढकी वादियाँ और सूरज का घुला हुआ चेहरा, सिंदूर की उड़ती लालिमा से सुर्ख हो उठे। पूरा ड्राइंग रूम, टीवी स्क्रीन पर कड़कती बिजली की गर्जना से दहल उठा। इसके बाद टीवी स्क्रीन के साथ-साथ ड्राइंग रूम में ऐसी सुईपटक खामोशी छा गई कि अपनी साँसों के अलावा, किसी और की साँसें भी साफ सुनाई देने लगीं। डालमिया ग्रुप ऑफ इंडस्ट्रीज की सीईओ ने पीछे मुड़कर देखा।

''आइए सरलाजी!'' रिमोट पर उभरे म्यूट को दबाते हुए कहा सीईओ ने।

''मैडमजी, क्या कमाल की एक्टिंग की है आपने। सच्ची कहूँ मैडम, इन मर्दों के साथ ऐसाई होना चाहिए।'' अखिल भारतीय अबला मंच की अध्यक्ष के नथुने फड़फड़ा उठे।

''यह सब फिल्मों में होता है सरलाजी। असल जिंदगी में हम औरतों की हैसियत क्या है, आप अच्छी तरह जानती हैं। खैर छोड़िए...कैसी रही रिजर्वेशन एक्सप्रेस की पार्टी अध्यक्ष से मुलाकात? मैं तो चाहकर भी नहीं आ सकी। अचानक फिक्की की एक जरूरी मीटिंग में जाना पड़ गया।''

''सबने आपको बहुत याद किया। अच्छा शाम को तो कैंडल मार्च में आ रही हैं आप?''

''अरे हाँ, आज शाम को तो वहाँ भी जाना होगा। अच्छा याद दिलाया आपने। वैसेऽऽऽ वहाँ जाना जरूरी है?''

''मैडम, यही तो मौका है अपनी एनजीओ को मीडिया के सामने लाने का। देखना, पूरा देश देखेगा अपने एनजीओ के बैनर को।''

''आपकी बात तो ठीक है सरलाजी।'' इतना कह सीईओ ने तुरंत किसी को फोन किया, ''गुप्ताजी..दिल्ली में अपने फाउंडेशन के एकाध बैनर पड़े हुए हैं क्या...ठीक है, देखकर मुझे तुरंत बताओ।''

इसी बीच सरला बजाज और उसके कजन के दामाद का आँखों ही आँखों में कुछ संवाद हुआ। सरला बजाज ने इशारे से कुछ कहा। वह अभी सीईओ की ओर पलटकर कुछ कहने ही वाली थी कि सीईओ का मोबाइल बज उठा।

''हाँ गुप्ताजी, बताइए!...क्या? हारमनी फॉर गोल्डन फाउंडेशन का नहीं है...शिट्ट!'' एकाएक परेशान हो उठी डालमिया ग्रुप ऑफ इंडस्ट्रीज की सीईओ और गुजरे जमाने की अदाकारा टीना डालमिया, ''...अच्छा ऐसा करना, आपका जितना भी लेडीज स्टाफ है सबको लेकर शाम को इंडिया गेट पहुँचना है...हाँ बाबा, बैनर भी साथ लाना है...ठीक छह बजे!'' झल्लाते हुए कहा सीईओ ने।

''मैडमजी, चलती हूँ। अभी पेंटर के यहाँ से बैनर और तख्तियाँ भी उठानी हैं, चल पुत्तर!''

"कुछ लेंगी नहीं?" डालमिया ग्रुप ऑफ इंडस्ट्रीज की सीईओ ने औपचारिकता-वश पूछा।

"बस्स, आपके दरशन हो गए।"

सरला बजाज अपनी पसंदीदा फिल्म की नायिका से विदा ले डालमिया हाउस से बाहर आ गई। जिस काम के लिए वह यहाँ तक चलकर आई थी, उसे तो वह भूल ही गई। उसके कजन के दामाद की समझ में नहीं आ रहा है कि आखिर वे दोनों किस 'चीज' से मिलने आए थे?

सुमन भारती सवेरे से कई बार गोदाम को देख चुकी है। मोमबत्तियों के पैकेट्स के ढेर और उन पर मुस्कराती बाबा साहेब की तस्वीरों को देख-देखकर मन में हिलोरें-सी उठने लगती हैं। मन रह-रहकर हुलस रहा है। मगर जैसे ही उसकी नजर खाली डिब्बों के ढेर पर पड़ती है, एक अनजाने डर से वह सिहर सी जाती है, और यह डर उसे भीतर ही भीतर कुतरने लगता है कि मोमबत्तियाँ कम पड़ने के कारण कहीं बाबा साहेब के आह्वान की लौ मंद न पड़ जाए।

सुमन भारती ने इस डर से मुक्ति पाने के लिए अपनी कल्पनाओं के घोड़े चारों तरफ दौड़ाए परंतु उसे निराशा ही हाथ लगी। धड़कनें तेज हो उठीं। शरीर जैसे ठंडा पड़ने लगा। अपने इस डर को आखिर वह किससे बाँटे? हारकर उसे उम्मीद की एक ही किरण दिखाई दी। वही है जिससे वह अपने इस डर को साझा कर सकती है। काँपती अँगुलियों के पोर मोबाइल पर सरसराने लगे।

"हैलो, मिसेज़ मौर्य बोल रही हैं?...मैडम, मैं डॉ. अंबेडकर दलित महिला उद्धार सभा से सुमन भारती बोल रही हूँ...एक परेशानी आ खड़ी हुई है मैडम...मु...मुझे लगता है कि मार्च के लिए मोमबत्तियाँ कम पड़ जाएँगी और इतनी जल्दी इन्हें बनाना संभव नहीं है...हाँ मैडम, वो तो पड़े हुए हैं बहुत सारे..." इस बीच बे-ख्याली में सुमन भारती के मोबाइल का स्पीकर ऑन हो गया। मोबाइल कान से हटाकर मुँह के सामने ले आई। दोनों के संवाद अब पूरे गोदाम में गूँजने लगे।

"सुमनजी, फिर तो एक ही काम हो सकता है।" यह मिसेज़ मौर्य की आवाज है।

"बाबा साहेब की लौ मंद न पड़ जाए, इसके लिए मैं कुछ भी करने को तैयार हूँ।"

"अच्छा ऐसा करिए, आपको जितनी मोमबत्तियाँ कम पड़ती दिखाई दे रही हैं उतनी आप मार्केट से तुरंत खरीद लो..."

"लेकिन दूसरी कंपनी की मैं कैसे दे सकती हूँ। बात तो मेरी ही एनजीओ की बनाई मोमबत्तियों की हुई थी।"

"हम दलितों में यही एक कमी है सुमनजी कि हम इन सवर्णों की आलोचना

तो बहुत करते हैं पर इनसे कुछ सीखते नहीं हैं। मैडम, जरा ध्यान से सुनो! मैं इन्हें आपको आपकी एनजीओ की मोमबत्तियाँ बनाने का ही तरीका बता रही हूँ...तो आप, मार्केट से मोमबत्तियाँ खरीद लाईं। इसके बाद करेंगी यह कि इन मोमबत्तियों को निकालकर अपने पैकेट्स में पैक कर देंगी...किसमें कर देंगी?''

''अंबेडकर मोमबत्तियों के पैकेट्स में।'' सुमन भारती ने तत्परता से जवाब दिया। ''वैऽऽरी गुड, है न आसान तरीका?'' मिसेज़ मौर्य ने हँसते हुए कहा।

''मैडम, आपने तो मेरी बहुत बड़ी मुश्किल आसान कर दी, बहुत-बहुत धन्यवाद। मैं जल्दी ही किसी दिन आपसे आपके घर आकर मिलूँगी। जय भीम।''

डॉ. अंबेडकर दलित महिला उद्धार सभा की सुप्रीमो सुमन भारती के पाँव मारे रोमांच और उत्तेजना के जमीन पर नहीं पड़ रहे हैं। कैसा होगा वह दृश्य जब यह शहीदी स्मारक अंबेडकर मोमबत्तियों की रोशनी से नहा रहा होगा। कैसा होगा वह पल जब अनगिनत हाथों में जलती मोमबत्तियों की ठुमकती लौ, अपने उजाले से भीगे चेहरों से चुहल कर रही होंगी। और, कैसा होगा वह क्षण जब इन मोमबत्तियों की लौ उनकी पिघलती देह के साथ धीरे-धीरे यह कहते हुए दम तोड़ रही होगी— अप्पो दीपो भव: !

सूर्य के अस्त होते-होते इंडिया गेट अपने चारों तरफ स्थायी रूप से लगी फ्लड लाइट्स और अंबेडकर मोमबत्तियों की मिश्रित रोशनी से नहा गया। इस रोशनी में विभिन्न एनजीओ'ज की रंग-बिरंगी तख्तियों-बैनरों की हिलोर खाती दीवार के पीछे उमड़े जन सैलाब का ज्वार देखते ही बन रहा है। असंख्य टिमटिमाते जुगनुओं के ऊपर समाचार चैनलों के जिमि जिब की झूलती हुई लंबी गरदनें ऐसे मँडरा रही हैं, मानो किसी ऊष्ण कटिबंधीय जंगल में जिराफों की मुंडियाँ घूम रही हों। तेजी से उमड़ते सैलाब को देखते हुए एक बार बहन भाग्यवती ने अपने पहले से तय कार्यक्रम में कुछ बदलाव करने की सोची भी, मगर किसी फेर-बदल से पहले अपने कोर ग्रुप से मशविरा करना उचित समझा। तुरंत सभी सदस्यों को बुलाकर अध्यक्ष बहन भाग्यवती ने सबके सामने अपने मन की बात रखी।

''लेकिन मैम, हमने तो सबको यह सूचना दी हुई है कि मार्च इंडिया गेट से शुरू होकर जंतर-मंतर पर खत्म होगा।''

''सानिया जी ठीक कह रही हैं मैम।'' सुमन भारती ने सानिया पटेल का समर्थन करते हुए कहा।

''सुमनजी, आपका कहना एकदम सही है लेकिन मुझे थोड़ा-सा भी अंदाजा होता कि इतनी भीड़ इकट्ठी हो जाएगी, तो मैं मार्च की जगह अनशन का ही आयोजन कराती।''

''आपको क्या लगता है बहनजी कि यहाँ जो इतने लोग आए हैं वे इस मार्च

के लिए आए हैं? हम तो रोज सुनते हैं कि इनमें आधे लोग ऐसे होते हैं जो शाम को अपने-अपने परिवारों के साथ मौज-मस्ती करने आते हैं।''

''इसीलिए तो कह रही हूँ आचार्यजी कि जंतर-मंतर पर हमारे साथ भीड़ नहीं रहेगी।'' अध्यक्ष बहन भाग्यवती ने असली चिंता प्रकट करते हुए कहा।

''ऐसा नहीं है मैम, जंतर-मंतर पर भी तमाशबीनों की कमी नहीं रहती है। वहाँ भी आधी भीड़ ऐसे ही लोगों की रहती है।'' समाजविज्ञानी डॉ. वंदना राव बहन भाग्यवती को धैर्य बँधाते हुए बोली।

''वैसे भैनजी, आप सही कह रई हैं। कम से कम इत्ती दूर पैदल चलने से तो बच जाएँगे...देखो न, कित्ता मजा आ रहा है यहाँ। ऐसा मजा जंतर-मंतर पर थोड़ेई आएगा।'' अखिल भारतीय अबला मंच की अध्यक्ष सरला बजाज ने बहन भाग्यवती के तर्क में थोड़ा और वजन बढ़ाते हुए कहा।

''टीनाजी, आपका क्या कहना है?'' बहन भाग्यवती ने अंतिम रूप से कैंडल मार्च के मुख्य आकर्षण की भी राय लेनी चाही।

मुख्य आकर्षण ने निराश नहीं किया। बड़ी मुलायमियत के साथ लरजते हुए पहले रोशनी में तर्र, एक सुर में जोर-जोर से, गला फाड़ती वी वांट जस्टिस के नारे लगाती तालियों की ओर देखा, फिर थोड़ी खामोशी ओढ़ने के बाद अपने उद्गार प्रकट किए, ''आई थिंक, सरलाजी ठीक कह रही हैं।''

''लेकिन रैली-मार्चों में ऐसा होता ही रहता है। बल्कि यह तो और भी अच्छा रहेगा कि आधे मौज-मस्ती वाले इंडिया गेट पर मोमबत्ती जलाएँ, और आधे जंतर-मंतर पर जलाएँ।'' अमीना ख़ान ने अपना तर्क दिया।

''मैम, रही बात मीडिया की तो वह जंतर-मंतर पर भी रहेगा।''

''ठीक है सानिया, फिर पहले से तय कार्यक्रम के मुताबिक ही चलने दो। हाँ, एक काम हो सकता है कि जहाँ इंडिया गेट से मार्च को जंतर-मंतर के लिए सात बजे रवाना होना था, वहाँ अब वह आठ बजे होगा। क्यों यह ठीक रहेगा न?''

इस मामूली फेर-बदल से स्वर्ण जयंती आयोजन समिति के चेहरे खिल उठे। अपने-अपने परिवारों को साथ लाई माँओं की बाछें खिल गईं। डालमिया ग्रुप ऑफ इंडस्ट्रीज की सीईओ ने तुरंत फोन मिलाया, ''गुप्ताजी, अपने लेडीज स्टाफ को कह दो कि अभी टाइम लगेगा...कहना मुश्किल है...नौ भी बज सकते हैं और दस भी...अच्छा ऐसा करना...सबको जंतर-मंतर से वहीं क्नॉट प्लेस के किसी अच्छे से रेस्त्राँ में डिनर करा देना...किसी को कोई परेशानी नहीं होनी चाहिए।''

अखिल भारतीय अबला मंच की अध्यक्ष सरला बजाज बौराई-सी किसी को ढूँढ़ने के लिए, इंडिया गेट का पूरा चक्कर काट चुकी है। बड़ी दौड़-धूप के बाद मिली वह।

''डिंपल, कहाँ चली गई थी ? अच्छा सुन यहाँ से आठ बजे मार्च रवाना होगा। तब तक जित्ती मस्ती करनी है कर लो ! दमादजी, बच्चे जो माँगें, दिला देना।''

''तब तक हम यहाँ की कुछ अच्छी-अच्छी फोटो ले लेते हैं। फेसबुक पर अपनी वाल पर लगा दूँगी।'' चहकते हुए डिंपल ने अपने गले में लटका डिजिटल कैमरा उतारा और उसे सामने बढ़ाते हुए बोली, ''जीजू प्लीज, ममा के साथ मेरी एक फोटो लेना।''

जीजू यानी सरला बजाज के कजन के दामाद ने एक नहीं पौन दर्जन माँ-बेटी की तस्वीरें कैमरे में क़ैद कर लीं।

''अच्छा सुन, कल वाली चैनल की रिपोर्टर पर नजर रखना।''

''कल वालीऽऽऽ'' डिंपल कुछ याद करते हुए खुद से बोली।

''वही जिसने तेरा इंटरव्यू किया था।''

''अच्छा वोऽऽऽ जिसे आपने जाते-जाते गिफ्ट भी दिया था ! और जो कह रही थी कि सरलाजी मैं नहीं करती यह काम।'' फैशन डिजाइनिंग की छात्रा और एनजीओ दुनिया के भविष्य डिंपल ने श्रद्धा चैनल की संवाददाता की नकल करते हुए कहा।

''हाँ-हाँ, वही गिफ्ट वाली...लो, मरी नाम लेते ही आ गई...'' धीरे-से सबको सुनाकर दोनों हाथ फैलाते हुए बोली, ''दिव्याजी, बड़ी लंबी उमर है आपकी। आपको ही याद कर रहे थे।'' सामने से आती संवाददाता को देखते हुए बोली सरला बजाज।

''मुझे याद है सरलाजी।'' इसके बाद संवाददाता डिंपल की ओर देखते हुए बोली, ''आपकी सारी फ्रेंड्स आ गई हैं न ?''

''मैम, मैंने बता तो सबको दिया है। बस, आती ही होंगी सब।''

कुछ ही देर बाद सात-आठ युवतियों के झुंड से श्रद्धा चैनल का चैनल आईडी घिरता चला गया। चैनल आईडी ने इस छोटे-से समूह को गौर से देखते हुए पूछा, ''ये सब फैशन डिजाइनिंग की स्टूडेंट्स हैं ?''

''हाँ मैम, ये सब मेरे इंस्टीट्यूट की स्टूडेंट्स हैं।''

''अच्छा इनके हाथों में कैंडल्स और वो तख्तियाँ तो दो, जिन पर वी वांट जस्टिस और दूसरे स्लोगन्स लिखे हुए हैं...आपके पास अपनी एनजीओ का बैनर तो होगा ?''

डिंपल तुरंत अखिल भारतीय अबला मंच का ताजा-ताजा बना बैनर ले आई।

''और सुनो, बाइट से पहले आप सबको खूब जोर-जोर से चिल्लाते हुए यह स्लोगन, तालियों के साथ एक सुर में मिलकर बोलना है।'' इतना कह चैनल आईडी किसी सोच में डूब गया।

''क्या हुआ मैम ?'' डिंपल ने पूछा।

''किसी के पास वो ढोल नहीं है, जिसे नुक्कड़ नाटक वाले गले में डालकर

आजकल ऐसे प्रदर्शन करते हैं।''

''मैम वो तो नहीं है।'' एनजीओ की दुनिया का भविष्य निराश होते हुए बोला।

''चलो कोई बात नहीं। मैं कोशिश करती हूँ कि अच्छा लाइव बन जाए।''

श्रद्धा चैनल की संवाददाता के निर्देशानुसार देर तक भिन्न-भिन्न मुद्राओं में चहकते-मचलते, इठलाते-इतराते, चीखते-चिल्लाते, धकियाते-मुकियाते, एक-दूसरे के ऊपर गिरते-पड़ते महिला आरक्षण के पक्ष में, इंडिया गेट पर उमड़े जन सैलाब का ऐसा लाइव प्रसारण दिखाया गया, जिन्हें हम प्राय: ऐसे अस्मितावादी प्रतीकों के आसपास जमा अघाई भीड़ के रूप में हर दूसरे दिन देखते रहते हैं। और देखते रहते हैं इनके पैरोकारों के बिना सोचे-समझे दिए गए ऐसे बयान, जिन्हें सुनते हुए हमें अपने आप पर कई बार शर्मसार होना पड़ता है।

रात के आठ बजे तक शहीद सैनिकों की स्मृति में बने स्मारक के चारों तरफ कंक्रीट और दूर तक फैली मखमली घास के गोलाकार मैदान पर सचमुच उत्सव जैसा वातावरण बना रहा। गोल-गप्पे, दही-भल्ले, आइसक्रीम, पानी-पूरी, पॉपकॉर्न, भेल-पूरी, राम लड्डू, बुढ़िया के बाल, गुब्बारे, खिलौने-जो जितना लाया देखते-देखते सब बिक गया। मदारी, बाइस्कोप, बाँसुरी, पपइया जैसे पारंपरिक व देसी मनोरंजन के माध्यमों को भी एक बार अपने स्वर्णिम अतीत की याद ताजा हो आई। कई मेहंदी लगानेवालियों की तो ऐसी चाँदी हुई कि ऐसी करवा चौथ के दिनों में भी नहीं होती होगी। हालत यह हो गई कि इन शिशु क्रांतिवीरों के हाथों में मेहंदी लगाते-लगाते उनके हाथ दुखने लगे।

ध्रुवीय शिखर पर दूर तक फैले जलकुंड का ठहाका मारता पानी, तय समय यानी आठ बजे, किनारा तोड़ धीरे-धीरे रिसता हुआ एक ओर बहने लगा और कुछ ही देर में इसने जुगनुओं की एक छोटी-सी नदी का रूप ले लिया।

गंगाधर आचार्य बेमन से प्राचीन भारत की वैज्ञानिक उन्नति के प्रतीक जंतर-मंतर की ओर बढ़ती इस नदी में शामिल हो गए। जैसे-जैसे सत्रहवीं सदी में बनी यह वेधशाला नजदीक आने लगी, वैसे-वैसे जुगनुओं की इस नदी की लहरें बेकाबू होने लगीं। खबरिया चैनलों के चैनल आईडी की भीड़ को देखते ही तो स्त्री जाति की अस्मिता और अस्तित्व के लिए लहू-लुहान होती यह नदी जैसे सुर्ख लावे में बदल गई।

इससे पहले कि कोई चतुर-चालाक जुगनू यहाँ से सीधे दुनिया-भर में भेजे जा रहे दृश्यों में से किसी को ऐतिहासिक और अविस्मरणीय घटना में तब्दील करने की सोचता, कैंडल मार्च की दाहिनी ओर मचे हड़कंप ने उनके मंसूबों पर पानी फेर दिया।

''क्या हुआ?'' पास से गुजरती एक मोमबत्ती को रोकते हुए गंगाधर आचार्य ने पूछा।

''शायद कोई बेहोश हो गया है।'' इतना कह भभकती लौ आगे बढ़ गई।

गंगाधर आचार्य पीछे-पीछे हो लिये उस मोमबत्ती के।

''एक तरफ हटिए प्लीज! थोड़ी हवा आने दीजिए!'' जमीन पर बेहोश पड़ी एक मोमबत्ती को दुपट्टे से हवा झलते हुए दूसरी मोमबत्ती ने कहा।

जमीन पर पड़ी बेहोश मोमबत्ती को गंगाधर आचार्य ने पहचान लिया। जब तक इस मोमबत्ती को होश में लाया जाता, तब तक पूरा देश पितृसत्तात्मक व्यवस्था की क्रूरता से पैदा हुए इस दुर्लभ और हृदयविदारक दृश्य को देख चुका था। एक चैनल आईडी चूँकि इस तथाकथित अर्ध-मूर्च्छित मोमबत्ती को जानती थी, इसलिए ब्रेकिंग-न्यूज के द्वारा सरकार से लेकर सभी दर्शकों को पता चल गया कि स्त्री जाति के लिए अपने प्राणों की आहुति देने चली यह वीरांगना और कोई नहीं, अखिल भारतीय अबला मंच की अध्यक्ष सरला बजाज है।

''सरलाजी, अब आप कैसा महसूस कर रही हैं?'' चारों ओर चैनल आईडी और कैमरों के झुंड में से मौका पाते ही एक ने ऊँची आवाज में पूछा।

अर्ध-मूर्च्छित सरला बजाज चूँकि इस आवाज को पहचानती है, इसलिए उसने धीरे-से आँखों को खोलते हुए, बड़ी सावधानी के साथ अपने आसपास देखा। समझ गई सरला कि ऐसा अवसर आसानी से नहीं मिलता। मौक़े की नजाकत भाँपते हुए सरला बजाज ने लंबे-लंबे साँस लेते हुए पपड़ा गए खुश्क होंठों पर जीभ फेरी ही थी कि पलक झपकते बहुराष्ट्रीय और देसी कंपनियों की मिनरल पानी की बोतलें उसके होंठों के पास थीं। हाथ के इशारे से पानी पीने से सरला बजाज ने क्यों इनकार कर दिया, यह तो वही जानती है लेकिन कुछ खबरिया चैनलों ने इसका जो अर्थ निकाला, उसके अनुसार यह खबर फैल गई कि जब तक महिला आरक्षण बिल पास नहीं हो जाता, तब तक यह वीरांगना अन्न और जल ग्रहण नहीं करेगी। अर्थात् अच्छा-भला कैंडल मार्च देखते ही देखते लगभग आमरण अनशन में तब्दील कर दिया गया।

परिषद की अध्यक्ष बहन भाग्यवती सहित समाजविज्ञानी व स्त्री अध्येता डॉ. वंदना राव, सानिया पटेल, अमीना खान, सुमन भारती ही नहीं, अपने जमाने की मशहूर अदाकारा और डालमिया ग्रुप ऑफ इंडस्ट्रीज की वर्तमान सीईओ को काटो तो खून नहीं। भला हो भी कैसे क्योंकि आज की सारी महफिल सरला बजाज जो लूट ले गई।

इसी बीच गंगाधर आचार्य ने स्त्री-अध्येता के हाथ से एक बहुराष्ट्रीय कंपनी द्वारा निर्मित मिनरल पानी की बोतल ली। चुल्लू में ढेर सारा पानी लिया और मुँह पर इतनी जोर से छबका मारा कि अर्ध-मूर्च्छित सरला बजाज हड़बड़ा कर खड़ी हो गई। जब तक वह कुछ समझने का स्वांग करती, गंगाधर आचार्य उसे सुनाते हुए, बहन भाग्यवती से बोले, ''बहनजी, आप अपनी तरफ से मीडिया के सामने यह घोषणा कर दें कि बिल पास होने तक सरलाजी न कुछ खाएँगी, न पीएँगी। वे आज

से जंतर-मंतर पर आमरण अनशन पर बैठेंगी।''

तीर एकदम सही निशाने पर लगा। सुनते ही होश उड़ गए सरला बजाज के, ''आचार्यजी, आ...आऽऽऽप कैसी बात कर रहे हो!''

''सरलाजी, बहुत हो गया। लीजिए पानी पीजिए!'' फुसफुसाते हुए बहन भाग्यवती ने गंगाधर आचार्य से वही पानी की बोतल ली और झल्लाते हुए सरला बजाज के मुँह में जबरन ठूँस दी।

बमुश्किल साँस ले पाई सरला बजाज। हलक से उतरते पानी के मोटे-मोटे कंचे बन गए जैसे।

बहन भाग्यवती बड़ी तत्परता के साथ तुरंत घोषणा करते हुए बोली, ''सरलाजी ने हमारा निवेदन स्वीकार कर लिया है। ये अपना अनशन समाप्त करने के लिए तैयार हो गई हैं!''

इससे पहले कि कोई और जंतर-मंतर के इन पलों को किसी तरह ऐतिहासिक घटना बनाने की योजना बनाता, तालियों की गड़गड़ाहट ने बहन भाग्यवती की इस घोषणा का स्वागत करते हुए पहले की तरह अंबेडकर मोमबत्तियों की मंद पड़ती रोशनी को हथेली की दीवार बना, उसमें प्राण फूँक दिए।

मीडिया के लिए इससे बेहतर क्लाइमेक्स और क्या हो सकता था। वैसे इन धरनों-प्रदर्शनों, रैली-मार्चों, अनशन-उपवासों की सफलता के लिए ऐसे प्रहसनों का होना जरूरी है। यदि ये न हों तो ऐसे प्रतिरोधों की न कोई सार्थकता है, न उपयोगिता।

तेजी से खाली होते जंतर-मंतर को गंगाधर आचार्य चुपचाप देखते रहे। इधर-उधर पाँवों तले कुचली गई न्याय के लिए गुहार लगातीं घायल तख्तियों, बहुराष्ट्रीय व देसी कंपनियों की ठोकर खाती खाली बोतलों और एक प्राचीन वेधशाला की सुरक्षा के लिए बनाई गई दीवार की मुँडेर पर जगह-जगह अप्पो दीपो भव: की हल्की रोशनी बिखेरती अंबेडकर मोमबत्तियों के पिघले मोम से आचार्यजी की नजरें नहीं हट रही हैं। उनकी आँखों के सामने रह-रहकर बीते तीन दिनों के दृश्य बन-बिगड़ रहे हैं।

गांधी शांति प्रतिष्ठान पहुँचकर वे सीधे रसोइए के पास गए। रसोइए ने बताया कि थोड़े से दाल-चावल बचे हुए हैं। इससे ज्यादा उन्हें और क्या चाहिए! उन्होंने थोड़े से दाल-चावल खाए और अपने कमरे में आ गए सोने के लिए।

साल-भर मनाए जाने वाले स्वर्ण जयंती मुक्ति उत्सव का पहला चरण अपने भरपूर रोमांच और थ्रिल के साथ संपन्न हो गया। इसी थ्रिल को बचाए रखने और उसे सेलिब्रेट करने परिषद की अध्यक्ष बहन भाग्यवती ने रात्रिभोज का आयोजन

किया है। सप्ताह-भर की थकान हैंग आउट करने पूरी स्वर्ण जयंती आयोजन समिति को इंडिया इंटरनेशनल सेंटर में आमंत्रित किया गया है। हालाँकि कुछ सदस्यों का कैंडल मार्च खत्म होते ही जंतर-मंतर से कुछ कदम दूर एक रेस्टोरेंट में हैंग आऊट करने का मन था लेकिन बहन भाग्यवती ने यह कहते हुए जाने से रोक दिया कि अगर आचार्य जी को इसकी भनक लग गई तो मैं कहीं की नहीं रहूँगी। यह बात अलग है कि आचार्यजी इतने दिनों में इतना कुछ जान चुके हैं कि इतना वह शायद अपने बारे में भी नहीं जानते होंगे।

तय समय पर एक-एक कर सब पहुँच गए, सिवाय टीना डालमिया और गंगाधर आचार्य के।

''मैम, टीनाजी और आचार्यजी नजर नहीं आ रहे हैं?'' अमीना ख़ान ने अपने आसपास देखते हुए पूछा।

''टीनाजी तो मुंबई चली गई हैं और आचार्यजी ने आने से मना कर दिया है।''

बहन भाग्यवती की इस सूचना को सुन सबने राहत की साँस ली।

''मैम, अब जमेगा असली रंग!'' समाजविज्ञानी और स्त्री अध्येता डॉ. वंदना राव ने किलकते हुए कहा।

सरला बजाज के साथ आया उसके कजन का दामाद सरला के कान में फुसफुसाया।

''क्या हुआ सरलाजी?'' सास-जमाई को आपस में खुसर-पुसर करता देख बहन भाग्यवती पूछ बैठी।

सरला बजाज उठकर बहन भाग्यवती के पास गई, और उसके कजन के दामाद ने कान में फुसफुसाते हुए जो कहा था उसे उसी अंदाज में परिषद की अध्यक्ष के कान में फॉरवर्ड कर दिया।

जोर से हँसी बहन भाग्यवती, ''सरलाजी, चिंता मत करिए। उसका भी इंतजाम है।'' फिर वह अपने मातहत की ओर पलटी, ''मिसेज़ मौर्य, क्या देर है?''

उपसचिव मिसेज़ मौर्य कोई जवाब देती उससे पहले दो बैरे अलग-अलग पात्रों, रंगों और मात्राओं के संग 'इंतजाम' की ट्रे लिये उपस्थित हो गए। समाजविज्ञानी डॉ. वंदना राव ने सरला बजाज से आँखों-आँखों में कुछ इशारा किया।

समझ गई सरला बजाज। उसने अपने कजन के दामाद से न जाने क्या कहा कि वह तुरंत उठा और कोने में बची एक खाली मेज पर जा बैठा। उसने इशारे से बैरे को बुलाया और जो चाहिए, उसका ऑर्डर दे चुपचाप अपने काम में लग गया।

दामाद के जाते ही ग्रासरूट फाउंडेशन की एक्जीक्यूटिव डायरेक्टर सानिया पटेल का हाथ, वाइन के गिलास पर ऐसे झपटकर पड़ा जैसे आसमान में उड़ रहा बाज कला खाते हुए अपने शिकार पर झपट रहा हो। डॉ. वंदना राव अर्थात् समाजविज्ञानी, स्त्री अध्येता और स्त्री अध्ययन संस्थान की निदेशक ने जिन से भरे

गिलास का ट्रे से हरण कर लिया। अपने सामने बैठी सानिया की ओर अपना गिलास बढ़ाते ही दाएँ-बाएँ बल्कि पूरी मेज को घेरकर बैठे हुए गिलासों के टकराने से पैदा हुई जलतरंग और चियर्स के समवेत सुरों से कुलीनों की बैठक चहक उठी।

स्वर्ण जयंती मुक्ति उत्सव की पहली कामयाबी के उपलक्ष्य में मनाए जाने वाला जश्न देर रात तक चलता रहा, और इस वायदे के साथ खत्म हुआ कि अगर यह बिल पास हो गया, तो बहन भाग्यवती इसकी खुशी में ऐसा जश्न मनवाएगी कि कोई सोच भी नहीं पाएगा—बशर्ते बहन भाग्यवती परिषद की अध्यक्ष रहे।

तेरह

अखिल भारतीय अबला मंच की अध्यक्ष सरला बजाज की इस मौलिक योजना ने जैसे उसी की नींद हर ली।

उसे पता ही नहीं चला कि अपनी इस योजना को अंतिम रूप देते-देते कब रात के ढाई बज गए। एक बार तो उसके मन में आया भी कि वह अभी बहन भाग्यवती को अपनी इस योजना के बारे में बता दे। परंतु फिर यह सोचकर रह गई कि इस समय किसी की नींद में विघ्न डालना उचित नहीं है। वैसे भी रात का यह वो पहर होता है, जिसके बारे में कहा जाता है कि मनुष्य ही नहीं, समस्त देवी-देवता भी गहरी निद्रा में सो रहे होते हैं। यही वह समय होता है जब देवी-देवताओं को गहरी निद्रा में लीन हुआ देख, दुष्ट आत्माएँ घुप्प अँधेरे में पूरी स्वच्छंदता और उन्मुक्तता के साथ ब्रह्मांड में विचरण करती हैं। इसके बाद उसकी आँखें लगीं, तो ऐसी लगीं कि जब खुलीं तब सुबह के सात बज चुके थे।

हड़बड़ाते हुए खड़ी हुई सरला बजाज। उठते ही बगैर मुँह-हाथ धोए सोचा कि क्यों न सबसे पहले बहन भाग्यवती को अपनी योजना के बारे में बताया जाए। मगर फिर यह सोचकर निर्णय बदल दिया कि सुबह-सुबह किसी को परेशान करना ठीक नहीं है। पता नहीं आदमी कहाँ और किस मुद्रा में होगा। अच्छा होगा कि पहले वह अपने नित्यकर्म से निवृत्त हो ले। तब तक समय भी हो जाएगा।

निवृत्त होते-होते आठ बज गए। बस, पूजा रह गई है। मगर जब चित्त ही स्थिर नहीं होगा तो पूजा-पाठ में भी कहाँ मन लगेगा। इसलिए पूजा छोड़ सरला ने बहन भाग्यवती से बात करना उचित समझा। पूजा का क्या है, उसकी माँ शेराँवाली कहीं भागी थोड़े ही जा रही है, यहीं मंदिर में विराजी हुई हैं लेकिन पेट में बात न पचने के कारण जो बेचैनी हो रही है, वह थोड़े ही दूर होगी। सबसे बड़ी बात यह है कि कहीं बहन भाग्यवती निकल गई तब?

माँ शेराँवाली का मन ही मन सुमरन कर सरला बजाज ने अंततः बहन भाग्यवती को फोन कर ही दिया, "हैलो, भैनजी, मैं सरला बजाज बोल रई हूँ...आपका थोड़ा टाइम लेना था...एक योजना है मेरे पास...ठीक है जी। ठीक ग्यारह बजे आती हूँ।"

सरला बजाज ने मन ही मन माँ शेराँवाली को आँख मूँद कर धन्यवाद दिया कि

उनकी कृपा से अध्यक्ष बहन भाग्यवती ने उसे मिलने का समय दे दिया। अब वह इत्मीनान से मन रमाकर पूजा करेगी।

अखिल भारतीय अबला मंच की अध्यक्ष सरला बजाज की योजना को सुन अध्यक्ष बहन भाग्यवती देर तक चिंतन और मनन, दोनों करती रही। जैसा दृश्य सरला बजाज ने खींचा, उसके चलते बहन भाग्यवती को पूरा विश्वास हो गया कि अगर इस योजना को अमली जामा पहना दिया, तो परिषद की उपलब्धियों में यह मील का पत्थर साबित होगा और महिला सशक्तीकरण के प्रयासों में एक नया अध्याय।

अध्यक्ष ने उसी समय अपनी मातहत को याद किया।

मातहत के आने तक सरला बजाज ने बाकी की बच गई बातें भी बता दीं।

''मिसेज़ मौर्य, सरलाजी एक योजना लेकर आई हैं। जैसा इन्होंने मुझे बताया है, उसे सुनकर मुझे भी लग रहा है कि महिलाओं के विकास में कार्यरत हमारी परिषद के लिए यह एक बड़ी उपलब्धि होगी।'' अध्यक्ष होने के नाते बहन भाग्यवती को इतना तो इल्म हो ही चुका है कि यदि अपने मातहतों से अपनी इच्छानुसार काम कराना है तो परोक्ष रूप से उनके सामने अपनी मंशा जाहिर कर दो।

सरला बजाज ने फिर से अपनी पूरी योजना उपसचिव के सामने दोहरा दी। सुनते ही मिसेज़ मौर्य का सिर घूम गया लेकिन सरकारी मुलाजिम होने के नाते उसके पास अपनी अध्यक्ष की मंशा पर सहमति की मुहर लगाने के अलावा कोई रास्ता भी नहीं था।

''मैम, योजना तो अच्छी है।''

''मैडम, उस दिन सारे अखबारों में विज्ञापन भी दिया जाएगा कि अगर आप करवा चौथ का असली मजा लेना चाहते हैं तो आइए सावरकर नगर के हेगड़ेवार ग्राउंड में...''

''सरलाजी, हेगड़ेवार नहीं हेडगेवार।'' मिसेज़ मौर्य ने सरला बजाज का सामान्य ज्ञान सुधारते हुए कहा।

''हाँ वही हेगड़ेवार...यहाँ मची है करवा चौथ पेशल सेलिब्रेशन की धूम। यहाँ से आप फैंसी करवा चौथ थाली, करवा चौथ गिफ्ट पैक, चूनर-चूड़ी पैक खरीद सकते हैं। सुहागिनों के लिए पेशल डिस्काउंट ऑफर।'' अपनी फैशन डिजाइनिंग की छात्रा डिंपल से लिखवाकर लाई विज्ञापन का मजमून एक ही साँस में पढ़ गई सरला बजाज।

''फिर तो इस इवेंट की सूचना अखबारों में रोजाना छपने वाले सभा-सूचना, महानगर में आज, आज के कार्यक्रम जैसे कॉलम में भी छपवा सकते हैं।'' मिसेज़ मौर्य ने अपने मीडिया ज्ञान का सही समय पर इस्तेमाल करते हुए सुझाव दिया।

''बिल्कुल...और इसके साथ इसमें सामूहिक करवा चौथ, कथा श्रवण और थाली बँटावन की सूचना भी देंगे। साथ में यह भी बताएँगे कि बहनें करवा चौथ कैसे मनाएँ।''

अखिल भारतीय अबला मंच की अध्यक्ष और अपने मातहत की बातों से परिषद की अध्यक्ष को पूरा यकीन हो गया कि भविष्य में जब-जब परिषद समेत अध्यक्ष के रूप में बहन भाग्यवती की उपलब्धियों का जिक्र होगा, तब इस आयोजन को भी एक उपलब्धि के रूप में याद किया जाएगा। अध्यक्ष बहन भाग्यवती ने अभी से यह तय कर लिया कि इस उपलब्धि की बड़ी-सी तस्वीर वह परिषद के स्वागत कक्ष में लगवाएगी, ताकि उनसे भेंट के लिए आने वाले मुलाकाती, इस चित्र को देखे बिना न रह सकें।

''भैन जी, करवा चौथ के साथ-साथ एक आइटम और हो सकता है...परऽऽऽ वह थोड़ा-सा महँगा होगा...बजट भी तो देखना पड़ेगा...वैसे मेरी डिंपल और उसकी सहेलियाँ कर लेंगी इसे।''

उप सचिव के साथ-साथ अध्यक्ष बहन भाग्यवती को इस आइटम को सुन हैरानी हुई कि आखिर यह ऐसा कौन सा आइटम है, जिसे इसकी डिंपल और उसकी सहेलियाँ भी कर लेंगी मगर महँगा होगा।

''सरलाजी, डिंपल और उसकी सहेलियों से कोई डांस-वांस कराने का मन है क्या?'' अध्यक्ष बहन भाग्यवती ने हँसते हुए पूछा।

''नईं-नईं, डांस-वांस नईं...वो आइटम जिसमें जनानियाँ साड़ी-सूट पहन के इधर से उधर घूमती रहती हैं।''

''कहीं आप फैशन शो की तो बात नहीं कर रही हैं?''

''आपने बिल्कुल सही कहा मिसेज़ मौर्य...पर मैंने कहा न कि थोड़ा महँगा पड़ेगा यह।''

''मिसेज़ मौर्य, आइडिया तो अच्छा है कि एक तरफ सुहागिनें करवा चौथ मना रही होंगी, और दूसरी तरफ फैशन शो चल रहा होगा।'' एकाएक अध्यक्ष बहन भाग्यवती उचकते हुए हुमकी, ''मिसेज़ मौर्य, अगर यह फैशन शो करवा चौथ का व्रत रखने वाली सुहागिनों से कराएँ तो?''

अध्यक्ष ने जिस तरह अपने मातहत की ओर देखते हुए पूछा, उससे मातहत भीतर तक सहमता चला गया। खुदा बचाए ऐसे अध्यक्षों से इन बेचारे मरते हुए संस्थानों को।

''वैसे इसका बजट कितना हो जाएगा मिसेज़ मौर्य?'' धीरे-से चेहरा उठाते हुए अध्यक्ष बहन भाग्यवती ने पूरी गंभीरता के साथ अपने मातहत से पूछा।

''मैम, यह तो सरला मैडम ही बता सकती हैं।''

''इन्हें क्या अनुभव है ऐसे आयोजनों का। वैसे भी जब यह आयोजन परिषद

के स्वर्ण जयंती मुक्ति उत्सव के अंतर्गत होना है, तब बजट भी हमें बनाना होगा।''

''मगर मैम यह आयोजन हमारे सेलिब्रेशन का हिस्सा नहीं हो सकता।''

''नहीं हो सकता, मतलब?'' अपने मातहत की इस जुरअत और हिमाकत पर लगभग तमतमाते हुए पूछा अध्यक्ष ने।

''हाँ मैम, करवा चौथ एक छोटा-सा धार्मिक पर्व है, वह भी उत्तर भारत के कुछ राज्यों का। दक्षिण में उसे कोई नहीं मनाता है। मीडिया ने इसे बहुत चढ़ा दिया है वरना गाँव-देहातों की औरतें कहाँ करती हैं इतना दिखावा।''

''मैडम, कैसी बात कर्‌री हैं! कैसे हो गया छोटा-सा। आपको पता है हम भारतीय नारियों का जीवन हमारे पति से शुरू होकर, हमारे पति के साथ ही खत्म होता है। पत्नी के प्रति पति-परमेश्वर की भावना को जागृत करने वाला यह करवा चौथ नारी के लिए बहुत सिद्धिदायक होता है। आपको क्या पता मैडम कि करवा चौथ आज फोरन में भी एक मिसाल बन गया है...और आप कहती हैं एक छोटा-सा धार्मिक परव है।''

''सरलाजी, आप तो नाराज हो गईं। मेरे कहने का मतलब है कि यह कोई राष्ट्रीय पर्व नहीं है...और फिर सबसे बड़ी बात यह है कि परिषद का उद्‌देश्य महिलाओं का कल्याण करना है, उन्हें आर्थिक और सामाजिक रूप से सशक्त बनाना है।''

''फिर तो डिंपल का फैशन शो हो सकता है।''

''आप हमारी मजबूरी समझने की कोशिश करिए। डिंपल के लिए तो बड़े मौके हैं।'' सरला बजाज को लिपटता देख उससे पीछा छुड़ाने की कोशिश करते हुए कहा उपसचिव मिसेज़ मौर्य ने।

''मिसेज़ मौर्य, इसका मतलब हुआ कि कुछ नहीं हो सकता?'' अपने आप को एक उपलब्धि विशेष से वंचित होता देख हताश होते हुए पूछा बहन भाग्यवती ने।

''मैम, परिषद इसमें सीधे-सीधे शामिल नहीं हो सकता। सरलाजी चाहें तो इसका आयोजन कर सकती हैं।''

उपसचिव के इस सीधे-सादे पेंच ने अपनी अध्यक्ष सहित सरला बजाज की सारी योजना पर पानी फेर दिया। पूरी रात जागकर सरला बजाज ने जिसे इतने जतन से बनाया, और रात-भर जिसकी सफलता की चिंता में वह करवटें बदलती रही, वही योजना अब उसे कूड़ेदान में नजर आ रही है।

''फिर एक ही काम हो सकता है सरलाजी कि अपने इस महत्त्वाकांक्षी इवेंट का आयोजन आप अपनी एनजीओ के बैनर तले ही करिए...हमसे जो मदद होगी परोक्ष रूप से वह हम कर देंगे, क्यों मिसेज़ मौर्य?'' अध्यक्ष ने अपने मातहत से पूछा।

‘‘जी मैम। वैसे एक सुझाव है सरलाजी कि आप सावरकर नगर के बजाय यह करवा चौथ सेंट्रल जेल में क्यों न मनाएँ!’’

‘‘जे...जेल में?’’

‘‘सरलाजी, यह आइडिया अच्छा है। अरे, सालों से जो महिलाएँ जेल में बंद है, क्या उन्हें हक नहीं है कि वे अपने सुहाग की सलामती के लिए करवा चौथ का व्रत रखें।’’

‘‘लेकिन मैडम, जेल वाले इसकी इजाजत दे देंगे?’’

‘‘वो तो जेल प्रशासन से इसके बारे में बात करनी पड़ेगी। हाँ, अगर हम जेल प्रशासन से कहें कि सारा खर्चा सरलाजी का एनजीओ उठाएगा, तब शायद आसानी से वे तैयार हो जाएँ।’’

‘‘पर इसमें तो बहुत खर्चा आएगा। करवा चौथ की थालियाँ, छलनी, मेकअप का सारा मटिरियल, सुहागों की चमकीली, चुनरी, काजल, गजरे, मेहंदी, पूजा की सामग्री...बहुत खर्चा हो जाएगा...इतना खर्च मैं नहीं कर सकती।’’ सरला बजाज ने जिस आशा के साथ पूरी रात इस योजना को बनाने में काली कर दी थी, उस आशा की लौ उसे टिमटिमाते हुए दम तोड़ती नजर आने लगी।

‘‘वैसे इसमें खर्च कितना आ जाएगा?’’

‘‘भैनजी, यही पैंतीस-चालीस हजार।’’

‘‘क्याऽऽऽ पैंतीस-चालीस हजार! सरलाजी आप भी कमाल करती हैं। इसके लिए आप यहाँ तक दौड़ी आई हैं।’’

‘‘और कथा बाँचने के लिए पंडित का जो खर्चा होगा?’’

‘‘कथा बाँचने के लिए पंडित का खर्चा! इतनी बड़ी जेल में एक भी कैदी ऐसी नहीं होगी जिसे कथा बाँचना और उसकी पूजा करनी आती होगी!’’

‘‘भैनजी, क्या है कि हमारी संस्था अभी नई-नई है इसलिए थोड़ी-सी प्रेशानी है।’’

‘‘परेशानी...सरलाजी, एनजीओ के सारे असली गुण आपमें भरे हुए हैं। लाखों की ग्रांट तो आप अकेले हमारी परिषद से ले रही हैं, फिर भी थोड़ी सी परेशानी है!’’

इससे पहले कि अध्यक्ष और उपसचिव उनकी परिषद से पिछले सालों के दौरान ली गई ग्रांट्स के खर्चे के पक्ष में सरला बजाज द्वारा दिए गए झूठे और फर्जी उपयोगिता प्रमाण-पत्र के साथ ऑडिट एकाउंट्स का विवरण देतीं, सरला बजाज ने रंग बदलते हुए तुरंत स्थिति सँभाल ली, ‘‘मेरे कहने का वो मतलब नईं है...मैं तो समझ रई थी कि पता नईं इसमें कित्ता खरच आएगा। ठीक है फिर मैं एक ही शर्त पर तैयार हूँ कि इस समारोह की चीफ गेस्ट आप होंगी।’’

‘‘मैं ही क्यों, फिर सबको बुलाइए...वंदनाजी, सानिया, सुमन, अमीना।’’

‘‘और टीनाजी?’’ बहन भाग्यवती का वाक्य पूरा होते ही सरला बजाज ने पूछा।

''टीनाजी की आप जानें, सरलाजी।'' टका-सा उत्तर देते हुए कहा अध्यक्ष बहन भाग्यवती ने।

''अगर करवा चौथ के मौके पर टीनाजी आ जाएँ, तो सोने पे सुहागा हो जाए। वैसे वे आ सकती हैं, ज्यादा से ज्यादा उन्हें आने-जाने का टिकट ही तो देना पड़ेगा।'' मिसेज़ मौर्य ने सरला बजाज का हौसला बढ़ाया।

''यह आपने अच्छा सुझाव दिया मिसेज़ मौर्य। मैं आज ही सानिया जी से बात करती हूँ कि वे भी टीनाजी से आने के लिए कहें।''

सरला बजाज के जाते ही अध्यक्ष बहन भाग्यवती ने अपने मातहत से कहा। ''देखा मिसेज़ मौर्य, कहाँ सरलाजी कथा बाँचने वाले पंडित के खरचे तक के लिए परेशान हो रही थीं, और कहाँ टीनाजी के लिए हवाई जहाज का किराया देने के लिए तैयार हो गईं।''

''मैम, आपको लगता है कि सरलाजी टीनाजी का हवाई जहाज से आने-जाने का खर्चा दे देगी?''

''जरूर देगी। ये तो हमारे सामने इसलिए परेशानी की बात कर रही थी ताकि करवा चौथ का सारा खर्चा परिषद दे दे। मैंने इसीलिए आपके सामने बात की थी। दरअसल मैं सरलाजी को सीधे मना नहीं कर सकती थी इसलिए...''

''मैम, मैं समझ गई थी। इसीलिए मैंने यह राष्ट्रीय पर्व वाला पेंच डाला था। वैसे मैम, यह है भी सही कि अगर परिषद ऐसे ही करवा चौथ, रक्षाबंधन, भैया दूज का आयोजन करती रही, तो महिला सशक्तीकरण वाले कार्यक्रमों का क्या होगा।''

''लेकिन इनके लिए तो यही है महिला सशक्तीकरण।'' इतना कह जोर से हँसी अध्यक्ष बहन भाग्यवती, ''मिसेज़ मौर्य, मैं अच्छी तरह जानती हूँ इन एनजीओ वालों को। हम लोग भ्रष्टाचार-भ्रष्टाचार चिल्लाते तो हैं लेकिन कोई यह नहीं कहता कि इन्हें जो इतना फंड मिलता है, क्या ये उसे ईमानदारी से खर्च करते हैं।''

''मुझे कहना नहीं चाहिए मैम पर यह सच्चाई है कि जितनी भी एनजीओ विदेशों के फंड पर चल रही हैं कभी इनके तथाकथित डायरेक्टर, एक्जीक्यूटिव डायरेक्टर, सीईओ की सैलरीज सुनेंगी तो आप हैरान रह जाएँगी। सैलरी के नाम पर दिखाया जाता है कि मात्र पच्चीस-तीस हजार और निजी यात्राएँ तक करते हैं ये हवाई जहाज से। कभी इनका लाइफ स्टाइल देखिए।''

''वैसे मिसेज़ मौर्य, सेंट्रल जेल में बंदी महिलाओं द्वारा करवा चौथ मनाने का यह आइडिया है बहुत अच्छा। अगर इसमें धार्मिक पर्व वाला चक्कर नहीं होता न, तो परिषद के बैनर तले करवा चौथ का आयोजन मैं जरूर करवाती।''

''ऐसा न करें मैम कि इस सेंट्रल जेल वाले आइडिया पर हम सानिया जी और डॉ. वंदना राव से बात करके देखें!''

‘‘यह विचार ठीक है। इसके लिए सानिया तैयार हो न हो, डॉ. वंदना जरूर तैयार हो जाएँगी। वैसे भी यह विषय उनके स्त्री अध्ययन संस्थान के लायक है, और टीना डालमिया इनके कहने से आ भी जाएँगी। इससे पहले कि सरला बजाज टीनाजी से बात करे, तुम सानिया और वंदनाजी से बात कर लो। इनसे कहना कि ये मुझसे भी बात कर लें।’’

‘‘ठीक है मैम।’’ इतना कह उपसचिव मिसेज़ मौर्य जाने के लिए खड़ी हो गई।
‘‘मिसेज़ मौर्य, मेरा बेडरूम का एसी ठीक से काम नहीं कर रहा है। रात को कमरा अच्छी तरह ठंडा नहीं होता है।’’

‘‘वो मैं करवा देती हूँ मैम!’’

चैंबर से बाहर निकलते हुए उपसचिव की अँगुलियाँ मोबाइल से अठखेलियाँ करने लगीं। परंतु दूसरी तरफ से बार-बार यही संदेश आ रहा है...जिस नंबर पर आप संपर्क करना चाह रहे हैं वह अभी व्यस्त है...कृपया थोड़ी देर बार ट्राई करें!

चौदह

धोखा हुआ सरला बजाज के साथ।

उसे अपनी आँखों पर विश्वास नहीं हो रहा है। बाएँ हाथ की काँपती अँगुलियों में फँसे निमंत्रण-पत्र और उस पर गहरे चटख कत्थई रंग के खिलखिलाते शब्द रह-रहकर उसकी आँखों में किरचें बन चुभ रहे हैं। कैसे हो सकता है यह कि जिस टीना डालमिया ने उसके द्वारा किए जाने वाले करवा चौथ व्रत उत्सव में आने से मना कर दिया था, वही डॉ. वंदना राव और सानिया पटेल द्वारा सेंट्रल जेल में आयोजित किए जाने वाले करवा चौथ समारोह में मुख्य अतिथि के रूप में शामिल हो रही है। इसका अर्थ हुआ कि उसकी पसंदीदा अदाकारा ने उससे झूठ बोला है।

धीरे-धीरे अँगुलियों की कमजोर होती पकड़ के चलते, अपने आपको उनसे मुक्त कर निमंत्रण-पत्र सरसराता हुआ कब नीचे आ गिरा, उसे पता ही नहीं चला। उसकी निस्तेज आँखों के सामने नवें दशक की शुरुआत में बनी और बार-बार देखी फिल्म के दृश्य सिनेमा के परदे पर उभरने लगे। उसकी इस नायिका के अभिनय ने उसके हृदय-पटल पर नारी के त्याग, समर्पण, ममता और उसकी जिजीविषा की जो अमिट छाप छोड़ी थी, वह एक झटके के साथ चूर-चूर हो गई। मासूमियत, निष्कलुषता और त्याग के नाम पर जो लेप चढ़ा हुआ था, वह आज पुराने खंडहर की दीवारों पर चढ़ी परत की तरह भरभरा कर उतर गया।

सरला बजाज ने मन ही मन यह प्रतिज्ञा कर ली कि इस धोखे का जवाब वह धोखे से नहीं बल्कि समाजविज्ञानी व स्त्री अध्येता डॉ. वंदना राव तथा सानिया पटेल से बड़ी लकीर खींच कर देगी। सरला बजाज ने अपने अखिल भारतीय अबला मंच द्वारा सावरकर नगर के हेडगेवार मैदान में आयोजित होने वाले करवा चौथ उत्सव और स्त्री अध्ययन संस्थान व ग्रासरूट फाउंडेशन द्वारा आयोजित होने वाले निमंत्रण-पत्रों में आयोजन का समय देखा, तो देखते ही उसकी शिराओं में लहू ठहाके मारता दौड़ने लगा। सेंट्रल जेल में आयोजित होने वाले समारोह का समय है अपराह्न तीन बजे, जबकि उसके करवा चौथ सामूहिक कथा श्रवण व थाली बँटावन का समय है शाम पाँच बजे। यानी उसके पास आज का आधा दिन और कल का लगभग पूरा दिन शेष है। अपने इस यज्ञ को सफल बनाने के लिए उसके पास पर्याप्त समय है।

कार्तिक मास के कृष्ण पक्ष की चतुर्थी अर्थात् सुहागिनों द्वारा अपने पति की लंबी उम्र के लिए रखा जाने वाला उपवास का दिन करवा चौथ। सुबह उठने के साथ ही बाहर गलियारे में बेचैन-सी सरला बजाज चहलकदमी कर रही है। दूर तलक पड़ी खाली सड़क पर रह-रहकर उसकी निगाहें जैसे किसी का इंतजार कर रही हैं। तभी सामने से आती साइकिल को उसने इशारे से अपने पास बुलाया। साइकिल पर जितने भी अखबार मौजूद थे सबकी एक-एक प्रति ले अंदर आ गई। सरला बजाज ने आँखें मूँद मन में माँ शेराँवाली का सुमरन किया, और एक-एक कर सारे अखबारों के पन्ने पलटने लगी। जैसे-जैसे अखबारों का पुलिंदा खत्म होने लगा, मारे उछाह, हर्ष और आह्लाद के उसका रोआँ-रोआँ किलक उठा। ऐसा कोई अखबार नहीं था जिसने आज अखिल भारतीय अबला मंच द्वारा आयोजित किए जाने वाले करवा चौथ उत्सव की सूचना प्रकाशित न की हो। अब आएगा असली मजा।

कार्तिक माह की गुनगुनी ठंड की परवाह किए बिना देर तक स्नानगृह में फौव्वारे के नीचे स्नान किया। फौव्वारे की चंचल बूँदें, आपस में जब चुहलबाजी करते हुए देह पर पड़तीं, तो उनसे पैदा हुए नाद से ऐसा लगता जैसे गरम तवे पर पड़ती बूँदें कोई उत्सव गीत गा रही हैं।

स्नानादि से निवृत्त हो उसने इधर-उधर फैले अखबारों को समेटा और उन्हें एक तरफ रख दिया। अब करेगी वह फ़ुरसत से बहन भाग्यवती को फोन। मोबाइल उठा अभी उसकी अँगुलियों के पोर अध्यक्ष बहन भाग्यवती का नंबर मिलाते कि मोबाइल उससे पहले घनघना उठा। देर तक नहीं उठाया उसने मोबाइल। आज वह इसे तड़पता हुआ देखना चाहती है। 'अंबे है मेरी माँ, दुर्गा है मेरी माँ।' हैलोट्यून रह-रहकर कमरे में गूँजती रही। तीसरी बार वह फिर से बजा, तो सरला बजाज ने उस पर रहम खा उसे उठा लिया और कान से लगाते हुए बेहद मासूमियत भरे अंदाज में बोली, "हैल्लोऽऽऽ !...जी मैं सरला बजाज ही बोल रही हूँ...

"कौऽऽऽन ?...अच्छा-अच्छा भैनजी नमस्कार...किस में...जी अभी मँगा कर देखती हूँ।" बेहद उदासीन होते हुए कहा सरला बजाज ने।

सामने खामोश पड़े मोबाइल को वह ऐसे देखती रही मानो अभी-अभी किसी जिबह किए गए, दम तोड़ते जानवर को देख रही है। सामने पड़े अखबारों के उस पुलिंदे के एक अखबार से तो उसकी आँखें हटने का नाम नहीं ले रही हैं, जिसके तीसरे पृष्ठ पर अखिल भारतीय अबला मंच के सौजन्य से यह सूचना प्रमुखता के साथ बॉक्स में छपी हुई है—

कैसे मनाएँ करवा चौथ

क्या करें : व्रत के बाद शिव, पार्वती और कार्तिकेय की पूजा करनी चाहिए। पुराणों में शिव-पार्वती की जोड़ी को सबसे आदर्श जोड़ी माना गया है।

कब सुनें कथा : आचार्य नरेंद्र मोदी के अनुसार शाम पाँच से छह बजे के बीच का समय शुभ है। अच्छा होगा कथा अपनी सास, जेठानी अथवा किसी वृद्ध महिला से ही सुनें। यदि ऐसा संभव न हो, तो स्वयं कथा पढ़ें।

इसके बाद सरला बजाज ने एक-एक कर फोन मिलाना शुरू किया। "हैलो! वंदनाजी, मैं सरला बजाज...सोचा आपको एक बार फिर याद दिला दूँ...हाँ-हाँ, क्यों नहीं आऊँगी...हैलो सानियाजी कैसी हैं...याद है न आपको...पाँच बजे...हैलो सुमनजी...हैलो अमीनाजी!"

सरला बजाज ने सबसे अंत में फोन उसे लगाया जिसे कायदे से सबसे पहले लगाना चाहिए था।

"हैलो, दिव्याजी बोल रई हैं...नमस्तेजी, मैं सरला बजाज...अच्छा आपको याद है...हाँ, मैं भी आऊँगी सेंट्रल जेल...नहीं, टीनाजी सेंट्रल जेल में चीफ गेस्ट बनकर आ रई हैं...कोशिश तो करूँगी...ठीक है आप जरूर आइए।"

मोबाइल को थोड़ा आराम देते हुए, सारे अखबारों को अपने कजन के दामाद की बाहर खड़ी कार में रखवा दिया। जाने से पहले डिंपल को एक बार फिर याद दिलाते हुए बोली, "डिंपल, टाइम से आ जाना और हाँ करवा चौथ के बारे में और कुछ पता कर लेना। क्या पता टीवी वाले कुछ पूछ ही लें!"

दूर से ही हेडगेवार मैदान का दृश्य देख सरला बजाज की खुद की आँखें चौंधिया गईं। करवा चौथ सामूहिक कथा श्रवण स्थल की साज-सज्जा और भव्यता देख कुछ पलों के लिए वह भूल गई कि इस समय सावरकर नगर के एक मैदान में खड़ी है, या टीवी में आने वाले किसी धारावाहिक के भव्य और विशाल सेट के सामने। विभिन्न कोणों से जगह-जगह लगे अपने एनजीओ के खूबसूरत बैनरों को देखा। आखिर में उसने सुहागिनों के लिए तैयार करवाए गए फैंसी करवा थाली और छलनियों के ढेर का अवलोकन किया। सरला बजाज ने चारों तरफ नजर मारते हुए एक लंबी साँस ली और जिस्म को ढीला छोड़, वहीं पड़ी एक कुर्सी पर बैठ गई।

जेल अधीक्षक ने पहले ही यह स्पष्ट कर दिया था कि जेल में किसी तरह का अप्रिय दृश्य उत्पन्न नहीं होना चाहिए। अध्यक्ष बहन भाग्यवती सहित स्त्री अध्येता व स्त्री अध्ययन संस्थान की निदेशक और ग्रासरूट फाउंडेशन की कार्यकारी निदेशक दोनों समझ गईं कि जेल अधीक्षक का इशारा, ऐसे अवसरों पर पैदा होने वाले कैसे दृश्यों की ओर है। बहन भाग्यवती ने एकदम साफ-साफ कह दिया था डॉ. वंदना और सानिया को कि बेहद चौकस और सावधान रहना होगा क्योंकि जेल प्रशासन ने यह आयोजन उसकी जिम्मेदारी पर करने की इजाजत दी है।

इसीलिए जेल अधीक्षक की चेतावनी के मद्देनजर पहले यह सोचा गया था

कि सुहागिन क़ैदियों को बैरकों के अंदर से ही उनके सुहागों के दर्शन करा कर उन्हें लौटा दिया जाए। लेकिन इस योजना के चलते तो बहुत समय लग जाएगा। अंत में तय किया गया कि बाहर खुले अहाते में एकसाथ महिला क़ैदियों से दर्शन कराकर उनके पतियों को बाहर भेज दिया जाए। इसके बाद जेल की ही एक बुजुर्ग क़ैदी मिसराइन चाची द्वारा करवा चौथ की कथा व व्रत पूजा संपन्न करा दी जाए। मिसराइन चाची को अच्छी तरह से समझा दिया गया कि उसे क्या करना है।

सारी तैयारियों के बावजूद बहन भाग्यवती का मन स्थिर नहीं है। न जाने क्यों किसी अनहोनी के डर से उसका चित्त ठिकाने नहीं है। अगर जेल में कोई अनहोनी हो गई तो ? सोचते ही बहन भाग्यवती के ललाट पर पसीना उभर गया। समारोह शुरू होने से पहले बहन भाग्यवती समाजविज्ञानी डॉ. वंदना को एक तरफ ले गई और अपना डर व्यक्त करते हुए बोली, ''वंदनाजी, जेल में यह आयोजन करके हमने कोई मुसीबत तो मोल नहीं ले ली ?''

ऐन मौक़े पर अध्यक्ष यह क्या कुबोल बोल रही है! वह भी तब जब मीडिया के कुछ लोग मौजूद हैं। अगर इसकी भनक इनको लग गई तो अनर्थ हो जाएगा। फिर भी डॉ. वंदना ने पूछ ही लिया—

''मैम, मैं कुछ समझी नहीं ?''

''पता नहीं क्यों, जब से जेल अधीक्षक ने वह अप्रिय दृश्य वाली बात कही है, तभी से मुझे बड़ा डर लग रहा है।''

''इसमें डर की क्या बात है मैम। उनके कहने का अभिप्राय टीनाजी के आने से होगा। कहीं इतनी बड़ी फिल्म स्टार के आने से कोई अव्यवस्था न फैल जाए।'' समाजविज्ञानी भी अपने डर को अपने अनुमान से ढँकते हुए बोली।

''वंदनाजी नहीं, उनका डर किसी अव्यवस्था को लेकर नहीं लगता मुझे।

''फिर किससे है ?''

''तुम नहीं समझोगी।'' बहन भाग्यवती के माथे पर किसी अनिष्ट के बल गहरे होते चले गए।

''सच कहूँ मैम, डर मुझे भी बहुत लग रहा है लेकिन इस समय इसे रद्द भी तो नहीं किया जा सकता। बेचारी उन कैदियों पर क्या बीतेगी, जो अपने-अपने सुहागों से मिलने को बेचैन हैं।''

''इसी बेचैनी का तो डर है!'' बहन भाग्यवती ने यह इतनी धीमी आवाज में कहा कि समाजविज्ञानी व स्त्री अध्येता सुन नहीं पाई।

''मैम, सुपरिंटेंडेंट सर बुला रहे हैं!'' सामने से सानिया पटेल ने आते हुए बताया।

''मैम चलिए, ऐसा कुछ नहीं होगा। वे इसी के लिए बुला रहे होंगे।''

आश्वस्ति भरे भाव के साथ वे तीनों जेल अधीक्षक के कार्यालय की ओर बढ़ गईं।

गोधूलि के गेरुआ लिबास में लिपटा, दिन-भर का थका-माँदा सूर्य पश्चिम की ओर सरकता हुआ अपने अंतिम पड़ाव पर पहुँच चुका है। जेल की अभेद्य दीवारों सहित उसका पूरा परिसर, जगह-जगह पड़े हुए धूप के तेज सुनहरी चकत्तों से नहाया हुआ है।

''वंदनाजी, अधीक्षक से कहिए कि शुरू किया जाए!'' बहन भाग्यवती ने अपनी कलाई घड़ी पर नजर मारते हुए कार्यक्रम शुरू करने के लिए कहा।

जेल अधीक्षक के निर्देश पर एक-एक कर सारी महिला क़ैदियों की बैरकें खोल दी गईं। जेल संख्या पाँच की बैरकों से सजी-धजी सुहागिन क़ैदियों की बाहर आती छोटी-सी सरिता, देखते ही देखते एक विशाल नदी में तब्दील हो गई। सामने खुले अहाते में जमा हुई इन लहरों को स्त्री अध्ययन संस्थान और ग्रासरूट फाउंडेशन द्वारा प्रदान की गई गोटेदार चमकीली सुर्ख चुनरी और खनकती चूड़ियों पर जब-जब ढलते सूर्य की रोशनी पड़ती, लगता मानो दूर तक फैली नदी के पाट पर सितारों की बारिश हो रही है।

देखते-ही-देखते जेल का अहाता ठहरे हुए पानी की शांत झील बन गया। मिसराइन चाची इस शांत झील के भीतर उमड़ रहे आवेग और अपने आप में खोई उसकी लहरों को संबोधित करते हुए कहने लगी, ''करवा चौथ के दिन सुहागिनें अपने सुहाग की खुशी और लंबी उमर के लिए भगवान से अरज करती हैं। कथा और पूजा से पहले पति परमेसवर के दरसन जरूरी हैं। पंचांग के अनुसार, अबके करवा चौथ की सबसे सुभ घड़ी चार से चाढ़े चार के बजे के बीच में निकसी है। अभी चार बज के चौबीस हुए हैं। या मारे सारी सुहागिनें जल्दी से जल्दी अपने पति के दरसन कर करवा चौथ की कथा सुन लें।''

अध्यक्ष बहन भाग्यवती के एक बार मन में आया भी कि कुछ देर के लिए यहाँ से हट जाए लेकिन चाहते हुए भी वह ऐसा कर नहीं पाई।

सालों से जेल की दीवारों में क़ैद उदास, थकी आँखें सामने टिमटिमाते दीयों से जैसे ही टकराईं कि शांत पड़ी झील में पूर्णिमा की रात की तरह हिलोरें उठने लगीं। एकाएक जेल की अभेद्य दीवारें सिसकियों से नम होती चली गईं। दोनों तरफ से उठा ज्वार इससे पहले कि एक-दूसरे से आलिंगनबद्ध हो पाता, मिसराइन चाची का स्वर समवेत सिसकियों को भेदता हुआ उभरा, ''सुहागिनो, अगर दरसन हो गए हों तो कथा बाँचूँ?''

अचानक जिस तीव्रता के साथ ज्वार उठा था, उसी गति के साथ शांत होता चला गया। शांत होना भी था क्योंकि पति परमेश्वर के सुखमय जीवन व दीर्घायु की मियाद समाप्त होने जा रही थी।

मिसराइन चाची की इस उद्घोषणा के बाद जेल अधीक्षक को अपनी ओर आता देख व्रतियों का समूह शांत हो गया। आगे की कार्यवाही शुरू कर जेल

अधीक्षक ने सबको संबोधित करते हुए कहा, ''बहनो! सेंट्रल जेल में पहली बार मनाए जाने वाले इस करवा चौथ समारोह में आने वाली प्रसिद्ध गांधीवादी बहन भाग्यवती और जानी-मानी हस्ती और अपने जमाने की हीरोइन टीनाजी के हम बहुत-बहुत आभारी हैं। मेरा इन दोनों अतिथियों से अनुरोध है कि वे अपने कर-कमलों से व्रत रखने वाली बहनों को फलाहार प्रदान करें ताकि वे करवा चौथ की कथा सुन सकें। मैं उन दोनों एनजीओ का भी आभार व्यक्त करता हूँ जिन्होंने इस सारी व्रत-सामग्री की व्यवस्था की है।''

सभी महिला बंदियों को करवा चौथ सामग्री देने के बाद बहन भाग्यवती ने जैसे राहत की साँस ली कि सब कुछ सही-सलामत निपट गया। जेल अधीक्षक से विदा लेने के लिए और जेल प्रशासन के इस सहयोग के लिए बहन भाग्यवती उसका आभार व्यक्त करती कि तभी उसकी नजर दूर गुमसुम खड़ी एक क़ैदी पर पड़ी। जेल की दीवार फाँद कर आती धूप में भीगे माथे पर खिंची सुर्ख लकीर को देख हैरानी हुई उसे। नहीं रोक पाई अपने आपको और टीना डालमिया, डॉ. वंदना राव, सानिया पटेल, सरला बजाज, अमीना ख़ान व सुमन भारती को लेकर पहुँच गई उसके पास।

''आप इस तरह क्यों खड़ी हैं सबसे अलग?'' स्नेह से कंधे पर हाथ रखते हुए पूछा बहन भाग्यवती ने।

''मैं अलग ही ठीक हूँ!'' कंधे पर रखे हाथ को झटकते हुए जवाब दिया महिला क़ैदी ने।

''मैडम, यह ऐसे ही रहती है सबसे अलग।'' पीछे-पीछे आ गए अधीक्षक ने बताया।

''कोई बात नहीं। सुहाग की लंबी उम्र की कामना जैसी सबके साथ मिल कर होती, वैसे अकेले रहकर भी हो सकती है।'' इतना कह बहन भाग्यवती सानिया पटेल की ओर पलटी।

तत्परता से सानिया ने करवा चौथ सामग्री की एक पोटली बहन भाग्यवती की ओर बढ़ा दी। बहन भाग्यवती ने उसे टीना डालमिया को यह कहते हुए दे दिया, ''टीनाजी, आप दीजिए!''

''क्या हुआ, लो न!'' महिला क़ैदी को पीछे हटता देख हैरानी से पूछा टीना डालमिया ने।

''क्यों लूँ?''

''सारी सुहागिनों ने भी तो लिया है।''

''लिया होगा पर मैं नईं लेती।'' महिला क़ैदी के जबड़े सख्त होते चले गए।

''ऐसा नहीं कहते, कम-से-कम आज के दिन तो...जब सारी सुहागिनें...''

''ये सारी तो अपने खसम की गुलाम हैं।''

''नहीं, पति-पत्नी तो गाड़ी के दो पहिए होते हैं। वैसे भी पति परमेश्वर होता है।''

''परमेसवर होता तो अपने बाप से मेरी आबरू पे हाथ ना गिरवाता।'' गरम लावे-सी फट पड़ी महिला क़ैदी, ''यह तो मेरा सत था, जो मैंने अपने ससुर का गला रेत दिया, नईं तो वा राच्छस से मैं अपने आप ए कहाँ तक बचाती फिरती।''

''इसमें तो गलती तुम्हारे पति की है।'' बहन भाग्यवती ने उसके संताप को थोड़ा सहलाते हुए कहा।

''हुँ, गल्ती है जभी तो आज तलक ना आया देखने कि यह जमना मरी है, या जिंदी है। मेरे लिए तो खसम भी अब मरा हुआ समझो।'' महिला क़ैदी चौमासे की गीली दीवार-सी भरभरा कर ढह गई।

''हिम्मत से काम ले जमना।'' बालों में अँगुली फेरते हुए कहा बहन भाग्यवती ने।

''इसके हसबैंड को नहीं बुलवाया?'' टीना डालमिया ने जेल अधीक्षक से पूछा।

''मैडम, भिजवाई थी खबर।'' जेल अधीक्षक ने दबी जबान से बताया।

''वो क्यों आएगा! उसे तो अपने बाप के मरने का सोग है...उसकी फिकर ना है जाके संग भाँवरें ली हैं!''

चारों तरफ सन्नाटा छा गया। इस बीच समाजविज्ञानी और स्त्री अध्येता पानी का गिलास लाई और उसे महिला क़ैदी को देते हुए बोली, ''जमना, हिम्मत से काम लो!''

''और कितनी हिम्मत से काम लूँ मेम साब। कब तलक बाट देखूँ!''

इस बीच बहन भाग्यवती ने सामग्री की पोटली से फलाहार अलग किए और उन्हें महिला क़ैदी को देते हुए कहा, ''चल छोड़ मत ले करवा चौथ की सामग्री...पर ये तो ले ले! जिंदा रहने के लिए पेट का भरा रहना भी तो जरूरी है।''

''यह पेट ही तो है मेम साब, जाके लिए यह नरक भोग रई हूँ वरना अब तलक तो फंदा लगा के कब की मर-खप चुकी होती!'' हल्के-से अपने उभरे हुए पेट की ओर इशारा करते हुए भरभराई जमना।

''क्याऽऽऽ!'' सबके मुँह से एक साथ निकला। सबको लगा जैसे जमना के मुँह से निकले शब्द, शब्द नहीं पिघले हुए शीशे की मोटी-मोटी बूँदें हैं। एक-दूसरे का मुँह ताकती रह गईं आपस में। सचमुच अब यहाँ रुकना सबके लिए मुश्किल हो गया।

अच्छा हुआ जो सरला बजाज का इसी बीच फोन बज उठा।

''हाँ पुत्तर बस निकलने वाले हैं...सब आ गए हैं...ठीक है थोड़ी देर और इंतजार कर बस्स।'' फोन कटते ही सरला बजाज बहन भाग्यवती के पास आते हुए बोली, ''भैनजी, डिंपल का बार-बार फोन आ रहा है। कह रई है कि सारे चैनल

वाले आ चुके हैं।''

बहन भाग्यवती ने सबकी आँखों में देखा।

''मैम, हमें अब यहाँ से चलना चाहिए। कहीं ऐसा न हो दो-चार जमना और आ जाएँ।'' समाजविज्ञानी और स्त्री अध्येता डॉ. वंदना राव को इससे अच्छा अवसर नहीं लगा यहाँ से निकलने का।

''टीनाजी, चलिए चलते हैं।'' बहन भाग्यवती ने जान-बूझकर पूछा।

''हाँ मैम, सरलाजी के वहाँ भी चलना है।'' डालमिया ग्रुप ऑफ इंडस्ट्रीज की सीईओ और अपने जमाने की मशहूर अदाकारा ने सरला बजाज के मुँह से जैसे ही चैनलवालों के आने की खबर सुनी है, तभी से वह बेचैन है।

अंततः जेल की मोटी दीवारों को लाँघकर आती धीमी पड़ चुकी धूप में भीगी सूनी, उदास और निपट अकेली जमना को वहीं छोड़, दबे पाँवों से चुपचाप जेल अधीक्षक के साथ लौट आईं सब। जल्दी से अधीक्षक से विदा ले पूरा काफिला अपनी-अपनी गाड़ियों में आ बैठा। जेल से बाहर निकलते हुए काफिले में से किसी ने झूठे से भी पीछे मुड़कर नहीं देखा। कहीं ऐसा न हो कि जेल की बैरकों की सलाखों को तोड़ जमना जैसी दुखियारियों का सैलाब उनके पीछे ही पड़ जाए।

अध्यक्ष बहन भाग्यवती का अनुमान एकदम थोथा निकला।

जिस बंदर के हाथ से उस्तरा छीनकर उसने डॉ. वंदना राव जैसी स्त्री अध्येता और समाजविज्ञानी और एक घाघ सामाजिक कार्यकर्त्ता सानिया पटेल को थमा दिया था, उसे सामने के भव्य दृश्य ने भोंथरा कर दिया। करवा चौथ सामूहिक कथा श्रवण स्थल के ठीक सामने लगाए अखिल भारतीय अबला मंच के विशाल बैकड्राप पर बेहद सुरुचिपूर्ण और कलात्मक तस्वीर में प्रदर्शित पति के प्रति पत्नी के समर्पण और आस्था की सुगंध पूरे पंडाल में बिखरी हुई है। इस अनुष्ठान के इष्ट अर्थात् असली नायक-नायिका जैसे शिव-पार्वती सहित अन्य सह-अभिनेता और पात्र जैसे गणेश, कार्तिकेय, चंद्रमा, सावित्री आदि के चित्र और करवा चौथ की काल्पनिक रंगोली को देख किसी भी निष्ठुर का मन द्रवित हो, पतिमय हो जाएगा।

जब से इस करवा चौथ उत्सव के पंडाल में टीना डालमिया ने प्रवेश किया है, तभी से उनके मन में यह प्रश्न कुलबुला रहा है। जब यह कुलबुलाहट किसी भी तरह से शांत नहीं हो पाई, तब हारकर पूछ ही लिया सानिया पटेल से, ''सानियाजी, यह क्या कोई एनजीओ है?''

''हाँ मैम, सरलाजी का है।''

''अच्छा-अच्छा याद आया। सरलाजी का एनजीओ है।''

इसके बाद टीना डालमिया को किसी से कुछ भी पूछने की जरूरत नहीं पड़ी। स्वतः ही उसके कदम सरला बजाज को ढूँढ़ने निकल पड़े।

अपनी प्रिय फिल्म की अदाकारा को अपनी ओर आता देख, सरला बजाज जान-बूझकर अनदेखा कर गई, ऐसे जैसे वह एक संवाददाता को पतिव्रता धर्म की महत्ता समझाने में आकंठ डूबी हुई है।

इससे पहले कि संवाददाता अपने कैमरापर्सन को कुछ हिदायत देती, उसे समझाती, टीना डालमिया सरला बजाज से आकर ऐसे लिपट गई जैसे कोई लता अनजाने दरख्त से लिपट जाती है। सरला भी अकबकाने की मुद्रा बना उसी अंदाज में चिहुँकी।

तभी पंडाल में जगह-जगह टँगे लाउडस्पीकर्स से सुनाई दे रहे पति परमेश्वर की महिमा से ओत-प्रोत एक फिल्मी गीत के बीच हुई उद्घोषणा को सुन सरला बजाज ने आग्रह किया, ''चलिए, थाली बँटावन और कथा श्रवण का समय हो गया है!''

अपने जमाने की मशहूर अदाकारा और देश के एक बड़े औद्योगिक घराने की बहू सरला बजाज के पीछे खिंची चली गई। औद्योगिक घराने की इस बहू ने मन ही मन तय कर लिया कि आज वह इसका पीछा नहीं छोड़ेगी। उसे अपने फैसले पर अब पछतावा होने लगा। अगर वह इस सरला बजाज के अनुरोध को स्वीकार कर लेती, तो इस समय वह सरला बजाज के पीछे नहीं, सरला बजाज उसके पीछे-पीछे चल रही होती। मगर इस नुकसान को वह और ज्यादा नहीं बढ़ने देगी क्योंकि इस समारोह के सीधे प्रसारण के लिए खबरिया चैनलों के कैमरापर्सन अपने-अपने कैमरों को ट्राई पोड पर जमा चुके हैं और उनके चैनल आईडी अपनी-अपनी जगह ले चुके हैं।

पंद्रह

उम्र के बढ़ने के साथ बहुत सारी चीजों से पकड़ कम होती जा रही है। यह इसी का नतीजा है कि कॉमरेड सोहनलाल 'प्रचंड' के हाथों से रिसीवर छूटते-छूटते बचा लेकिन यह उनका कोई आंतरिक संकल्प था जिसके चलते रिसीवर अपनी चाल में कामयाब नहीं हो पाया।

''हैलो!...जी कहिए। कैसे इतने दिनों बाद याद आई।...हाँ है...क्या श्रद्धा चैनल! अरे भाई, इस उम्र में क्यों इस नास्तिक को आस्तिक बना रहे हो...नहीं पार्टनर, तुम तो जानते ही हो कि इन श्रद्धा, आस्था, विश्वास चैनलों पर जब देखो ये पाखंडी, संत, आचार्य, बाबा और स्वामी ही धरे रहते हैं...चलिए, आप के कहने से देख लेता हूँ। क्या पता इसे ही देखने से मुक्ति का कोई रास्ता दिखाई दे जाए... हाँ...हाँ...अच्छा क्या नाम बताया...श्रद्धा चैनल। ठीक है।''

रिसीवर को अपनी जगह रख, सामने मेज पर रखे पोर्टेबल टीवी को ऑन कर चैनल बदला, तो स्क्रीन पर श्रद्धा चैनल प्रकट हो गया। उम्मीद के अनुसार, चैनल पर करवा चौथ उत्सव का सीधा प्रसारण दिखाई दिया। मन ही मन बड़बड़ाए कॉमरेड 'प्रचंड' संस्कृति-परंपरा के नाम पर धार्मिक अंधविश्वास और कर्मकांडों का महिमामंडन ही इनका सबसे बड़ा उत्पाद है। बावजूद इसके करवा चौथ पर चल रहा यह कार्यक्रम उनमें जिज्ञासा ही नहीं जगा रहा था, उन्हें रोमांचित भी कर रहा है। खासकर कथा-श्रवण का वह दृश्य जिसमें सारे शृंगार कर हर उम्र की विवाहितों की बड़ी तादाद पूरी श्रद्धा से विधि-विधान में जुटी हुई है। चैनल का कैमरा रह-रहकर करवा चौथ की पूजा करते समूह के पीछे वाले दृश्य और पार्श्व में फिल्मी गीत के साथ इस व्रत की जो व्याख्या प्रस्तुत कर रहा था उसे कॉमरेड सोहनलाल 'प्रचंड' ध्यान से सुनने लगे—

'करवा चौथ यानी अपने पति के सुखमय जीवन व लंबी उम्र की कामना के लिए रखा जाने वाला उपवास। करवा चौथ अर्थात् पति परमेश्वर की भावना को जागृत करने वाला पावन पर्व। इस पर्व की पावनता को लेकर हमारे पुराणों में अनेक कथाएँ प्रचलित हैं, जिनमें करवा नाम की पतिव्रता धोबिन और वीरवती की कथाएँ प्रमुख हैं। कहा जाता है कि प्राचीनकाल में द्विज नामक ब्राह्मण के चार पुत्र और

वीरवती नाम की एक कन्या थी। शादी के पहले करवा चौथ पर वह अपने मायके आ गई, जहाँ उसने व्रत रखा। वीरवती भूख और प्यास को बर्दाश्त नहीं कर पा रही थी, इसलिए उसके एक भाई ने पेड़ पर चढ़कर वहाँ से छलनी में दीपक दिखाकर कह दिया कि चाँद निकल आया है। वीरवती ने सच समझकर अपना व्रत तोड़ दिया। इधर वीरवती ने अपना व्रत तोड़ा और उधर उसे यह खबर आई कि उसका पति बीमार है। सुनते ही वह ससुराल की ओर दौड़ी, रास्ते में मिले शंकर-पार्वती ने उसे सूचना दी कि व्रत तोड़ने से उसके पति की मृत्यु हो चुकी है। वीरवती ने उन दोनों से तुरंत क्षमा माँगी। इस पर पार्वती ने कहा कि उसका पति जिंदा तो हो जाएगा लेकिन इसके लिए उसे करवा चौथ का व्रत पूरी कठोरता से करना होगा। उसी दिन से करवा चौथ आज भारत ही नहीं पूरे विश्व में एक मिसाल बन गया है।'

संवाददाता ने जिस रोचकता के साथ यह कथा सुनाई थी, कॉमरेड 'प्रचंड' इसे अभिभूत हो सुनते रहे।

"आइए, अब आपको लिये चलते हैं, सीधे उन सुहागिनों के पास जिन्होंने अपने सुहाग की लंबी उम्र के लिए, और उनके सुखमय जीवन के लिए यह पावन व्रत रखा है...तो आइए देखते हैं श्रद्धा चैनल की खास पेशकश—सुहागिनों की जुबानी, करवा चौथ की कहानी!"

कॉमरेड सोहनलाल 'प्रचंड' की नसें तड़कने लगीं यह सोचते हुए कि इस वर्णवादी व्यवस्था ने किस तरह सारी पौराणिक कथाओं को द्विजों को केंद्र में रख कर रचा है। इस कथा में द्विज की जगह एक दलित, आदिवासी या पिछड़ा भी होता तो क्या फर्क पड़ता। इस कथा की जगह करवा नाम की धोबिन की कथा को भी तो प्रचारित और प्रचलित किया जा सकता था। कॉमरेड 'प्रचंड' की थोड़ी देर पहले पैदा हुई जिज्ञासा और कौतूहल एकाएक जुगुप्सा में बदलते चले गए। श्रद्धा जैसे चैनल उनकी नजर में वंचितों और अनपढ़-उपेक्षितों को गुलाम बनाए रखने के रसायन तैयार करनेवाली प्रयोगशालाएँ हैं। ऐसी प्रयोगशालाएँ जिनका तैयार किया गया रसायन इन्हीं दो वर्गों पर सबसे ज्यादा असर करता है। नहीं देखनी है उन्हें यह सुहागिनों की जुबानी, करवा चौथ की कहानी—यही निर्णय कर कॉमरेड 'प्रचंड' अपना टेलीविजन सेट बंद करने के लिए उसकी तरफ बढ़ते, तब तक संवाददाता अपने चैनल आईडी के साथ कथा सुनने आई महिलाओं के झुंड में घुस चुकी थी।

"मैं इस समय अखिल भारतीय अबला मंच द्वारा आयोजित करवा चौथ उत्सव के ठीक बीचोबीच हूँ। इस उत्सव में कुछ जानी-मानी हस्तियाँ भी मौजूद हैं। इनमें प्रसिद्ध गांधीवादी और राष्ट्रीय महिला कल्याण परिषद की अध्यक्ष बहन भाग्यवती, अपने जमाने की मशहूर हीरोइन और वर्तमान में डालमिया ग्रुप ऑफ इंडस्ट्रीज की सीईओ टीना डालमिया, मशहूर समाजविज्ञानी और स्त्री अध्ययन संस्थान की डायरेक्टर डॉ. वंदना राव, डॉ. अंबेडकर दलित महिला उद्धार सभा की सुप्रीमो और दलित

चिंतक सुमन भारती और युवा सामाजिक कार्यकर्ता व ग्रासरूट फाउंडेशन की सानिया पटेल शामिल हैं।''

सानिया पटेल! टीवी सेट की ओर बढ़ते कदम जहाँ थे वहीं ठिठक गए। नहीं, यहाँ सानिया नहीं हो सकती। वापस अपनी जगह आ बैठे कॉमरेड 'प्रचंड'। आँखों पर चढ़े मोटे चश्मे को नाक पर जमाया। रह-रहकर स्क्रीन पर उभरे चेहरों की शिनाख्त करने की कोशिश करने लगे। एक बार सोचा भी कि हो सकता है कमजोर पड़ती दृष्टि और अरसे से भेंट न होने के कारण वे उसे नहीं पहचान पा रहे हों।

''...तो आइए, सबसे पहले जानते हैं बहन भाग्यवती से कि आज के संदर्भ में करवा चौथ की प्रासंगिकता क्या है?'' इतना कह श्रद्धा चैनल की संवाददाता ने चैनल आईडी बहन भाग्यवती की ओर बढ़ा दी।

कॉमरेड सोहनलाल 'प्रचंड' अपलक निरखते रहे टीवी स्क्रीन को। उनके लिए यह अंदाजा लगाना मुश्किल हो गया कि सुहाग के जोड़ों में लिपटी, चूड़ियों से भरी कलाइयों और काजल, गजरों, सुर्ख मेहंदी रची हथेलियों के संग माँग में भरी गई सिंदूर की इन लकीरों की उम्र क्या होगी?

''मेरी दृष्टि में करवा चौथ की प्रासंगिकता आज के संदर्भ में बहुत व्यापक है। व्यापक इस मायने में कि पति-पत्नी रूपी इन दो पहियों की असली बुनियाद उनका आपसी प्रेम और मधुर संबंध है। इसीलिए सुहागिनें इस बुनियाद को और मजबूत बनाने के लिए व्रत रखती हैं।''

''यह बुनियाद इस व्रत के बिना भी तो मजबूत हो सकती है, इस तरह भूखा-प्यासा रह कर क्यों? कहीं इसके पीछे गांधीवादी चिंतन तो नहीं है?''

चैनल आईडी ने बहन भाग्यवती का काम आसान कर दिया, ''आपने बिलकुल सही कहा है। मेरा पक्के तौर पर मानना है कि जरूर इस करवा चौथ व्रत के मूल में गांधीवादी चिंतन रहा होगा। सच तो यह है कि उपवास या व्रत हमारे संयम और सत्य की परीक्षा भी लेता है। दूसरे शब्दों में कहूँ तो अनशन या सत्याग्रह के पीछे भी इसी उपवास का चिंतन रहा होगा।''

''मगर गांधीजी ने कहा है कि पत्नी पति की दासी नहीं, उसकी सहचारिणी है, सहधर्मिणी है। दोनों एक-दूसरे के सुख-दुःख के समान साझीदार हैं, और भला-बुरा करने की जितनी आजादी पति को है उतनी ही पत्नी को है...फिर इस बुनियाद की सारी जिम्मेदारी पत्नी की ही क्यों?'' तेज-तर्रार चैनल आईडी ने सलीके से घेरते हुए पूछा।

फँस गई बहन भाग्यवती। उसने चुपके से नजर उठाकर कैमरे की ओर देखा। अचानक पसीज गए माथे को देख कॉमरेड 'प्रचंड' के मुँह से अनायास निकल गया 'सही लिपटा है इस बार गांधी चिंतन।'

''पत्नी की सारी जिम्मेदारी इसलिए है कि एक स्त्री का जीवन उसके पति से

शुरू होकर, पति के साथ ही खत्म होता है। मगर इसके बावजूद जितनी आजादी पति को है उतनी ही आजादी पत्नी को भी है। अकेली सारी जिम्मेदारी पत्नी की कदापि नहीं है।''

नहीं समझ पाया चैनल आईडी इस गांधीवादी उलटबाँसी का अर्थ। स्वयं को इसमें उलझता देख यह कहते हुए चैनल आईडी दूसरी तरफ मुड़ गया, ''जैसाकि आपने सुना व्रत या उपवास यानी अनशन या उपवास एक गांधीवादी की नजर में संयम और सत्य का नाम है...अब मैं अपने जमाने की मशहूर अभिनेत्री और डालमिया ग्रुप ऑफ इंडस्ट्रीज की सीईओ टीना डालमिया से पूछना चाहूँगी कि एक अभिनेत्री और एक बड़े औद्योगिक घराने की बहू होने के नाते वे इस करवा चौथ के व्रत को किस रूप में लेती हैं...लेकिन, इससे पहले देखते हैं इनकी सुपर हिट फिल्म सौतन की सहेली की एक छोटी-सी झलक।''

टीवी स्क्रीन पर फिल्म की झलक शुरू होते ही लघुशंका के लिए कमरे से बाहर निकल गए कॉमरेड 'प्रचंड'। सुनंदा पटेल को देखने की चाह में काफी देर से वे लघुशंका के लिए कसमसा रहे थे। जब तक वे निवृत्त होकर आएँगे, झलक समाप्त हो चुकी होगी। कॉमरेड 'प्रचंड' के लौटते ही झलक सचमुच समाप्त हो गई।

श्रद्धा चैनल की संवाददाता फिर से अपने चैनल आईडी के साथ स्क्रीन पर अवतरित हुई, ''जी टीनाजी, करवा चौथ के इस व्रत को आप किस नजर से देखती हैं?''

किसी गहरे चिंतन की खंदक से बाहर आते हुए उसने पहले अपने बॉब कट बालों को हल्के से झटका, फिर शून्य से कुछ बीनने की मुद्रा अपनाते हुए बेहद सधे हुए अंदाज में बोली, ''यह सही है कि एक भारतीय नारी की असली जगह उसके पति के ही चरणों में है। राष्ट्रभक्ति, ईश्वर भक्ति, गुरु भक्ति के साथ-साथ नारी की सबसे बड़ी शक्ति, आई मीन पॉवर पति भक्ति यानी उसे क्या कहेंगेऽऽऽ उसका स्त्री धर्म है। यही वो धर्म है जिसके रास्ते पर चलकर हम नारियों ने बड़ी से बड़ी बाधा को पार किया है...ओके!''

''शायद आपकी यह फिल्म सौतन की सहेली भी यही संदेश देती है?''

''आपने सही कहा। इसलिए हर भारतीय नारी को अपने सुहाग के लिए यह करवा चौथ का फास्ट रखना चाहिए।'' भावातिरेक में कह गई टीना डालमिया।

''फिर तो आपने भी रखा होगा करवा चौथ का व्रत?'' युवा चैनल आईडी ने आखिरकार गुजरे हुए जमाने की अदाकारा को बड़ी चालाकी से अपने काँटे में फँसा लिया।

'उफ्फ्! यह क्या पूछ लिया इस कमबख्त ने।' अचकचा गई टीना डालमिया। मगर तुरंत अपने आपको सँभाल भी लिया और चिहुँकने का स्वांग करते हुए ठीक वैसा ही बेहूदा उत्तर दिया, जैसा वह अपने फिल्मी कैरियर के दौरान ऐसे बेहूदे

सवालों का देती थी, ''यस, आई लाइक करवा चौथ!''

''टीनाजी, आपके चाहनेवालों की बहुत बड़ी संख्या है। इसलिए वे जरूर जानना चाहेंगे कि क्या आपने सचमुच करवा चौथ का व्रत रखा है?'' इस बार चैनल आईडी ने जोंक की तरह चिपटते हुए पूछा।

''यस, ऑफकोर्स।'' इतना कह डालमिया ग्रुप ऑफ इंडस्ट्रीज की सीईओ और अपनी एकमात्र सुपरहिट फिल्म सौतन की सहेली की नायिका टीना डालमिया खिलखिलाते हुए जोर से हँसी।

कॉमरेड सोहनलाल 'प्रचंड' को श्रद्धा चैनल की इस खास पेशकश में रस आ रहा है, या सचमुच उन्हें कम सुनाई पड़ रहा है—कहना मुश्किल है परंतु आवाज उन्होंने जरूर बढ़ा दी।

''तो ये थीं अपने समय की मशहूर अभिनेत्री और एक प्रसिद्ध औद्योगिक घराने की बहू के विचार। आइए, अब हम चलते हैं डॉ. अंबेडकर दलित महिला उद्धार सभा की सुप्रीमो और दलित चिंतक सुमन भारती के पास...और इनसे जानते हैं कि एक दलित स्त्री होने के नाते वे क्या सोचती हैं इस व्रत के बारे में? एक दलित स्त्री के जीवन में इस व्रत का क्या महत्त्व है?''

डॉ. अंबेडकर दलित महिला उद्धार सभा की सुप्रीमो और नई-नई बनी बल्कि बना दी गई दलित चिंतक इस चालाक चैनल आईडी की गिरह में ऐसी उलझी कि तड़ाक् से जमीन पर आकर गिरी। उसे इसका कतई गुमान नहीं था कि यह संवाददाता उसे दलित चिंतक संबोधित करते ही ऐसा टेढ़ा प्रश्न पूछ लेगी। उसे तुरंत कोई जवाब नहीं सूझा लेकिन जवाब तो देना है क्योंकि दलित समुदाय की उन असंख्य सुहागिनों को उसके जवाब का इंतजार होगा, जिन्हें सुमन भारती से बड़ी उम्मीदें हैं।

''जहाँ तक दलित स्त्री होने के नाते इस करवा चौथ के महत्त्व का सवाल है, तो इस बारे में मेरा यही कहना है कि यह व्यक्ति की आस्था-अनास्था से जुड़ा सवाल है। अगर मैं इस व्रत को रखती हूँ तो यह मेरी आस्था है क्योंकि अपने पति परमेश्वर की लंबी उम्र और उसके सुखमय जीवन की कामना करना मेरा मौलिक अधिकार व धर्म है।'' बमुश्किल अपनी समझ से ठीक ही उत्तर दिया नए-नए दलित चिंतक ने।

''सुमनजी, यह तो आपने एक आम स्त्री की बात कही है। हमारे दर्शक एक दलित स्त्री के विचार जानना चाहते हैं?'' चैनल आईडी ने गिरहों को कसते हुए पूछा।

''देखिए! स्त्री, स्त्री होती है। वह न दलित होती है, न सवर्ण।'' जैसे-तैसे पीछा छुड़ाते हुए बोली सुमन भारती।

''अगर ऐसा है तो आपको ऐसा नहीं लगता है कि ऐसा करके आप ब्राह्मणवादी मानसिकता का पोषण कर रही हैं?''

''मैंने यह कहा है कि यह व्यक्तिगत आस्था का प्रश्न है। अगर हमारी दलित

बहनें दूसरी ब्राह्मण या सवर्ण बहनों के साथ कंधे से कंधा मिलाकर, अपने सुहाग की लंबी उम्र और पति-पत्नी के आपसी संबंधों को मजबूत बनाने के लिए करवा चौथ का व्रत रखती हैं तो किसी को क्यों एतराज हो...इसमें ब्राह्मणवादी मानसिकता के पोषण की बात कहाँ से आ गई!'' डॉ. अंबेडकर दलित महिला उद्धार सभा की सुप्रीमो और नई-नई दलित चिंतक एकाएक हत्थे से उखड़ गई।

टीवी स्क्रीन पर नए-नए दलित चिंतक के विचार और इस तरह हत्थे से उखड़ने पर कॉमरेड सोहनलाल 'प्रचंड' हँसते-हँसते लोटपोट हो गए।

''ये थीं दलित चिंतक सुमन भारतीजी। अब हम अपने दर्शकों को एक ऐसी हस्ती के पास लिये चलते हैं जो वर्षों तक वामपंथी जनांदोलनों से जुड़ी रही हैं, और आजकल स्त्री अधिकारों के लिए अपने पति के साथ मिलकर पिछड़े-आदिवासी इलाकों में काम कर रही हैं। ये हैं यूथ सोशल एक्टिविस्ट और ग्रासरूट फाउंडेशन की प्रमुख सानिया पटेल।''

कॉमरेड सोहनलाल 'प्रचंड' के कान खड़े हो गए। इसी घड़ी का तो उन्हें इतनी देर से इंतजार था। लपककर टीवी की आवाज और बढ़ा दी—यह सोचकर कि उनसे कुछ छूट न जाए।

सुर्ख जोड़ों से होता हुआ कैमरा एक चेहरे पर आकर रुक गया। धीरे-धीरे कैमरे ने जूम लेते हुए जो चेहरा स्क्रीन पर दिखाया, उसे पहचानने में कॉमरेड सोहनलाल 'प्रचंड' की आँखों को बहुत मशक्कत करनी पड़ी। यह तो सच में सानिया पटेल है। स्क्रीन पर उभरे चेहरे को पहचानने के बावजूद कॉमरेड 'प्रचंड' ने टीवी सेट पर आँखें गड़ा दीं। कॉमरेड 'प्रचंड' की स्मृति और आँखें अभी निर्णय-अनिर्णय की खोह से बाहर निकलतीं, संवाददाता अपना सवाल दाग चुकी थी।

''सानिया जी, चूँकि आप सालों से स्त्री अधिकारों और दलित-आदिवासी जनांदोलनों से जुड़ी रही हैं, इसलिए हमारे लाखों दर्शक, खासकर इस देश की सुहागिनें यह जानने को उत्सुक हैं कि वर्तमान में स्त्री-मुक्ति में करवा चौथ व्रत की क्या भूमिका हो सकती है?''

''संवाददाता के इस प्रश्न का सानिया पटेल तो न जाने क्या उत्तर देती, परंतु इस कार्यक्रम को बड़े ध्यान से देख रहे कॉमरेड 'प्रचंड' उचकते हुए ऐसे बोले मानो सानिया साक्षात् उनके सामने खड़ी है, 'जवाब दो पार्टनर!'

सुर्ख जोड़े में लिपटी सानिया पटेल ने लजाते हुए धीरे-से चेहरा उठाया और फिर बेहद दार्शनिकता के साथ कहा, ''दरअसल, यह विषय एक विशद विमर्श की माँग करता है। करवा चौथ को जब मैं स्त्री-मुक्ति के आलोक में देखती हूँ तब मुझे लगता है कि यह पावन पर्व हमारे अंदर के मुक्ति भाव को जाग्रत करता है। हमारे पौराणिक आख्यानों में ऐसे अनेक उदाहरण मौजूद हैं। सती सावित्री और माता अनुसूइया इसके ज्वलंत उदाहरण हैं। एक यमराज से अपने पति के प्राणों को

छुड़ाकर लाती है, तो दूसरी उसकी परीक्षा लेने आए ब्रह्मा, विष्णु और महेश को ही अबोध शिशु बनाकर अपने पालने में झुलाती है। इससे अच्छा स्त्री-मुक्ति का उदाहरण हमें अपने पुराणों में देखने को नहीं मिलता है।''

''लेकिन डॉ. वंदना राव आप तो एक जानी-मानी स्त्री अध्येता हैं और एक स्त्री अध्ययन संस्थान को चलाती हैं, मैं आपसे जानना चाहूँगी कि आज के इस आधुनिक समय में ऐसे व्रत-उपवासों की क्या प्रासंगिकता है?'' सानिया पटेल के बगल में खड़ी चौड़ी सुर्ख बिंदी की ओर घूमा चैनल आईडी।

''सच तो यह है कि स्त्री जाति की मुक्ति में सबसे बड़ी बाधा ही ये व्रत-उपवास हैं। संस्कृति और परंपराओं के नाम पर ऐसे पाखंडों को आपके जैसे चैनल और बढ़ावा देते हैं।'' समाजविज्ञानी और स्त्री अध्येता आपे से बाहर होते हुए बोली।

''वंदनाजी, आप लोकतंत्र के इस चौथे स्तंभ मीडिया पर सीधा आरोप लगा रही हैं। हमारी भारतीय संस्कृति पर सीधा प्रहार कर रही हैं। जन भावनाओं का अपमान कर रही हैं।''

''मैं न किसी पर आरोप लगा रही हूँ, न प्रहार कर रही हूँ। मेरा कहना यह है कि यह सब पितृसत्तात्मक व्यवस्था को मजबूत करने की साजिश है। मैं अपनी बहनों से आज के दिन यही कहना चाहूँगी कि वे अपने आपको अंदर से मजबूत करें।''

''इस तरह आपने देखा कि इस करवा चौथ पर एक नया विमर्श निकलकर आया है। इस व्रत को लेकर अलग-अलग मत हो सकते हैं लेकिन इसके महत्त्व को भी नहीं नकारा जा सकता। एक भारतीय नारी के जीवन में इस व्रत का क्या महत्त्व है, इसका अंदाजा हम यहाँ जमा सुहागिनों की भीड़ को देखकर लगा सकते हैं। कैमरापर्सन भोला के साथ मैं दिव्या आपको वापस स्टूडियो लिये चलती हूँ।''

कॉमरेड सोहनलाल 'प्रचंड' ने उठकर टीवी बंद कर दिया। वापस पुराने तख्त पर आकर लेटने को हुए तो उन्हें पुनः लघुशंका की तलब महसूस हुई। लघुशंका से निवृत्त हो इत्मिनान से तख्त पर आकर लेट गए। टीवी बंद होने के बावजूद अभी भी उनके कानों में करवा चौथ पर दिए गए बयानों और प्रतिक्रियाओं के शब्द खदबदा रहे हैं। लेटे-लेटे अचानक उन्हें लगा जैसे अपरिचित स्त्रियों की एक अनियंत्रित भीड़ हाथ में जलती हुई मोमबत्तियाँ लिये उनके कमरे में घुस आई है। बहुत कोशिश की उन्होंने इस भीड़ को बाहर धकेलने की मगर भीड़ बजिद वहीं बैठ जाती है। कॉमरेड सोहनलाल 'प्रचंड' ने एक-एक चेहरे को गौर से देखकर यह जानने का प्रयास किया कि इनमें सानिया पटेल कौन-सी है? लेकिन अगले ही पल उन्होंने देखा कि इस पूरी अनियंत्रित भीड़ पर जहाँ तक उनकी नजर गई एक ही चेहरा दिखाई दे रहा है और वह है सानिया पटेल। हाथ में जलती मोमबत्ती थामे चारों तरफ सानिया पटेल ही नजर आ रही है।

सोलह

कॉमरेड सोहनलाल 'प्रचंड' को अभी भी विश्वास नहीं हो रहा है कि करवा चौथ समारोह में शामिल सुहागिनों के समूह में जिस सुर्ख जोड़े को उन्होंने देखा था, वह सानिया पटेल ही थी। कॉमरेड 'प्रचंड' ने अपने अनुभवों और आशंकाओं के अश्वों की रास ढीली छोड़ी और उन्हें इनके अनंत बीहड़ों में हाँक दिया। देर तक भटकने के बाद वे एक जगह जाकर रुके, तो अचानक हिनहिनाते हुए उन्होंने अपने अगले पाँवों को हवा में लहराते हुए, जमीन पर ऐसा जमाया कि उन्हें आगे हाँकने की जितनी कोशिश की जाती, वे उतना ही पीछे हटते।

थोड़ी-सी गिरह समझ में आई कॉमरेड 'प्रचंड' के। एक बार फिर करवा चौथ का एक-एक दृश्य उनकी आँखों के सामने सजीव हो उठा। स्मृति-पटल के बंद पोर्टेबल रंगीन टेलीविजन की स्क्रीन पर वही पुराने दृश्य उभरने लगे। देर तक कॉमरेड 'प्रचंड' खँगालते रहे इन दृश्यों में से कोई पुख्ता सूत्र। रह-रहकर वे एक ही दोराहे पर आकर ठिठक जाते, अर्थात् सानिया पटेल और एक औद्योगिक घराने की बहू टीना डालमिया की एक साथ उपस्थिति के क्या निहितार्थ हो सकते हैं। क्या यह महज संयोग है, या इसके गर्भ में किसी अनिष्ट की ऐसी आहट छिपी हुई है जिसकी प्रतिध्वनियाँ उनके कानों में अभी से सुनाई देने लगी हैं।

उन्होंने आँखों को हल्का-सा मूँदा और अपनी आशंकाओं के बीहड़ की गहराई में थोड़ा उतरे ही थे कि तभी दरवाजे पर थाप सुनाई दी। इससे पहले कि वे अपने पुराने तख्त पर लेटे-लेटे दस्तक देने वाले को अंदर आने के लिए कहते, अधखुला दरवाजा अपने आप खुलता चला गया।

"जय भीम बाबूजी!" एक साथ दो आगंतुकों ने कहा।

"लाल सलाम।" तख्त पर बैठने की कोशिश करते हुए उत्तर दिया कॉमरेड 'प्रचंड' ने।

"बाबूजी, आप तो बिलकुल भी नहीं बदले।" लपककर महिला आगंतुक ने सहारा देकर बैठने में सहयोग देते हुए अपनी बात जारी रखी, "और नहीं तो इस पुराने तख्त को ही बदल दीजिए। किसी दिन चरमरा कर ढह गया तो..."

"बहू, जब बदलने का वक्त था तब नहीं बदला, अब क्या बदलूँगा। रही बात

इसके ढहने की तो इतना कुछ ढह गया, अब बचा क्या है...कहिए, कैसे आना हुआ सवेरे-सवेरे?'' कॉमरेड 'प्रचंड' ने बिना किसी भूमिका के पूछा।

''बाबूजी, बात दरअसल यह है कि हमने एक नागरिक संगठन रजिस्टर्ड कराया है। उसके लैटर हैट्स छपवाने हैं इसलिए सोचा कि क्यों न संरक्षक के रूप में आपका नाम छपवा दें।''

माथा ठनका कॉमरेड सोहनलाल 'प्रचंड' का बेटे की बात सुनकर।

''नागरिक संगठन। सीधा-सीधा क्यों नहीं कहते कि कोई एनजीओ रजिस्टर्ड कराकर नरक मसीहा बनने चले हो।''

''एनजीओ नहीं बाबूजी ट्रस्ट है।'' उलझाना चाहा बेटे तथागत ने पिता को।

''चलिए ट्रस्ट सही। यह तो और भी अच्छी बात है। ट्रस्टी भी तुम दोनों पति-पत्नी रहोगे, क्यों?''

''कॉमरेड सोहनलाल 'प्रचंड' ने एक रहस्य-भरी मुस्कान बिखेरते हुए कहा।

झेंपता चला गया तथागत, ''ऐसी बात नहीं है बाबूजी, आप भी होंगे।''

''जब आपने ट्रस्ट रजिस्टर्ड करा ही लिया तो मैं कहाँ से ट्रस्टी रहूँगा?''

''मे...मेरा मतलब है आप इसके संरक्षक होंगे। उसी की इजाजत तो लेने आए हैं हम।''

''हूँऽऽऽ!'' कॉमरेड 'प्रचंड' ने एक लंबा हुँकारा भरा और फिर दीवार से पीठ लगा उसे सीधी करते हुए बोले, ''तो क्या तुमने भी अचानक आई क्रांतिकारी भगोड़ों, कैरियरवादियों और मुक्त चिंतकों की इस फौज में शामिल होने की तैयारी कर ली है?''

''इसमें बुराई क्या है बाबूजी। वैसे भी इनके अलावा कोई विकल्प नहीं है हमारे पास। आपको तो पता है कि लोग अच्छी-खासी नौकरियाँ छोड़कर एनजीओज में होल टाइमर हो रहे हैं। मैं ऐसे कई लोगों को जानता हूँ जो अपनी एनजीओ के बल पर बड़ी-बड़ी हाऊसिंग सोसाइटियों में तीन-तीन बैडरूम के साधन-संपन्न घरों के मालिक हैं। कई-कई महँगी कारें हैं उनके पास।''

बेटे तथागत का इशारा समझ गए कॉमरेड 'प्रचंड' लेकिन इसे कौन समझाए कि उनके पतन की एक झलक वे करवा चौथ के दिन देख चुके हैं। कोई जवाब देते नहीं बना उनसे। कमरे में एकाएक खामोशी छा गई। यह खामोशी टूटी भी तो इस विषाद के साथ, ''माना इस आर्थिक विषमता और जातिवादी समाज में ऐसा करना कोई बुराई नहीं है। मगर संघर्ष और कुर्बानी के जरिए हक दिलाने के लिए लोगों को इकट्ठा करने के बजाय, उनमें मुफ्त में मिली खैरात से जीने की आदत डालना बुराई है। बुराई है इन साम्राज्यवादी शोषण और मुनाफे की दुकानों का सेल्समैन बनने में।''

''आप ऐसा न सोचें बाबूजी। हमारा नागरिक संगठन ग्रासरूट लेवल पर दलित

और स्त्री-प्रश्न संबंधी मुद्दों का अध्ययन करेगा।''

''ग्रासरूट! क्या शब्द है। लगता है जैसे घास ही घास रह गई है, जड़ों का कुछ पता नहीं है। वैसे इस शब्द का मतलब उन्हें मालूम भी है जिनके लिए इसे ईजाद किया है? यही क्यों, पॉपुलर पावर, जैंडर इक्वालिटी, एम्पावरमेंट, सर्वाइवल स्ट्रेटेजी, सस्टेनेबल डेवलपमेंट, रिसोर्स पीपुल्स, सेल्फ हेल्प, बाटम-अप-लीडरशिप, ये ऐसे डेढ़ दर्जन शब्द हैं जो इस मुनाफे और शोषण की दुकानों के सेल्समैनों का मूलमंत्र हैं। इस गरीब मुल्क की ये ऐसी नई-नई दुकानें हैं जो खुद को उपनिवेश बनाने पर आमादा हैं। जिनके ये तथाकथित सोशल वर्कर और एक्टिविस्ट यानी ये नरक मसीहा ब्लैकमेलिंग से लेकर चार सौ बीसी के सारे हथकंडों को अपनाने में इतने माहिर हैं कि उनकी बेईमानी भी कुछ वक्त के बाद ईमानदारी नजर आने लगती है।''

''बाबूजी, आप तो हमेशा की तरह फिर से भाषण देने लगे।'' तथागत अपने पिता की इस आदत से आजिज आते हुए झल्लाया।

''यह भाषण नहीं हकीकत है। अचानक इधर ऐसे सोशल एक्टिविस्टों की बाढ़-सी आई हुई है, जो वर्ग आंदोलनों को खारिज कर खाली दलित और स्त्री-प्रश्नों पर अधिक जोर दे रहे हैं। ऐसा अचानक नहीं हुआ है। इसकी शुरुआत तभी हो चुकी थी जब सोवियत संघ और चीन के मार्क्सवादी-कम्युनिस्ट आंदोलन पर हमले तेज हुए थे। तभी से इस देश में ऐसे दलित और नारीवादी पैदा होने शुरू हो गए, जो इन वर्गों को संगठित करने की बेमानी कोशिश कर रहे हैं और इनकी आड़ लेकर वामपंथ पर हमला बोल रहे हैं।''

''लेकिन बाबूजी, आप यह क्यों भूल रहे हैं कि जबसे आपके मार्क्सवाद और कम्युनिज़्म की धार कुंद हुई है तभी से इन दोनों वर्गों को नई रोशनी मिली है। इसीलिए गांधीवादी और वामपंथी जैसे खूँटों को तुड़ा लोग यूरोप और अमेरिका की ओर देख रहे हैं...और अब आप ग्रासरूट पर ही सवाल खड़े कर रहे हैं!''

''आखिर तुम किस ग्रासरूट की बात कर रहे हो—उसकी जो अपने नाम पर मिलने वाले उस पैसे को देख ही नहीं पाता जो उसका एनजीओ बटोरकर लाता है...या फिर उसकी जो कभी इन ग्रासरूटी लीडरों, या कहिए बुद्धिजीवी थानेदारों को मिलने वाली मोटी पगार, उनकी विदेशी यात्राओं, उनके शाही रहन-सहन और एसी कारों में बहुराष्ट्रीय कंपनियों की बोतलों से घिरे लेपटॉपी सेमिनार-सम्मेलनों के बारे में सोच भी नहीं सकता।

''तुम्हारे इन ग्रासरूटी वर्करों को तो पता ही नहीं चलता कि ऊपर क्या खेल हो रहा है। इन्हें तो इकट्ठा ही तभी किया जाता है जब इनके एनजीओ के डायरेक्टर या तथाकथित सीईओ और विदेशी दाताओं के बीच डील पक्की हो चुकी होती है। सच्चाई तो यह है कि सारे फैसले ये डायरेक्टर और सीईओ खुद लेते हैं...बरखुरदार,

जिस दिन इस एनजीओ की दुनिया में सामूहिक फैसले लिए जाएँगे, उस दिन दुनिया-भर के गरीबों और मेहनतकशों की तकदीर ही बदल जाएगी।'' कहते-कहते कॉमरेड सोहनलाल 'प्रचंड' के मोटे चश्मे के पीछे पनीली रेखाएँ चमक उठीं।

''कविता चलो! मैंने पहले ही कहा था कोई फायदा नहीं है यहाँ आने का।'' तथागत गुस्से से बोला।

''बाबूजी, ये समानता, बराबरी, वर्ग आंदोलन सुनने में ही भले लगते हैं। यह सब थ्योरी है और थ्योरी को प्रोफेशन तक सीमित रखना चाहिए।'' बहू कविता ने बिना विचलित हुए कहा।

''यही थ्योरी तो इनसे जिंदगी-भर पार्टी के लिए चंदा मँगवाती रही, जबकि दूसरे घूमते रहे रूस और चीन। अगर ये थोड़ी-सी व्यावहारिकता दिखाते तो आज ये इस सीली कोठरी में अकेले पड़े, इन बेजान तस्वीरों से नहीं बतियाते होते। ये तो अपनी प्रचंडता की रौ में भीड़ की अगुवाई करते रहे, और मलाई काटते रहे इनके कॉमरेड ठाकुर मोहन सिंह, कॉमरेड लक्ष्मीकांत तिवारी, कॉमरेड रामप्रसाद दुबे, लाला दीनानाथ गुप्ता। ये तो देखते रहे गरीबों और मेहनतकशों की तकदीर बदलने के सपने और उनके बच्चे चले गए अमेरिका और यूरोप पढ़ने। यानी एक तरफ साम्राज्यवाद को गाली दो, दूसरी तरफ अपने वारिसों को वीजा दिलवाने के लिए इन्हीं की एजंसियों की परिक्रमा लगाते फिरो। वैसे एक बात पूछूँ बाबूजी, याद करके बताइए कि आपके इन कॉमरेडों ने कितनी बार अपनी बैठकों में, आपको अपनी प्यालियों में साथ बैठाकर चाय पिलाई है...कुछ याद है?''

तथागत के इस प्रश्न से कॉमरेड सोहनलाल 'प्रचंड' असहज हो उठे। अंदर ही अंदर कुछ चटखने लगा।

''कुछ याद आया बाबूजी?'' तथागत जैसे पीछे पड़ गया।

''क...क्या याद आया! क्या मतलब है तुम्हारा इस सबसे?'' कॉमरेड 'प्रचंड' के शब्द टूटने लगे।

''बाबूजी, असलियत से क्यों मुँह मोड़ रहे हो। आपके चाहने से नहीं बदलने वाली है यह दुनिया। यह अपनी ही गति से बदलेगी। गीदड़ों के पकाए से कभी बेर नहीं पकते हैं। विचारधारा का लबादा ओढ़ने से आदमी की पहचान और चरित्र नहीं बदलता है। क्यों नहीं आपके इन कॉमरेडों ने कभी जातिवाद के विरोध में मानव शृंखला बनाई...क्यों नहीं इसके विरोध में इंडिया गेट और जंतर-मंतर पर मोमबत्तियाँ जलाईं, या फिर क्यों नहीं इन गांधीवादियों ने इसके खिलाफ कभी सत्याग्रह या अनशन किया। किसी दलित या अल्पसंख्यक बच्ची के हाथों जूस या पानी पीने से व्यक्ति जातिगत कुंठा से मुक्त नहीं हो जाता।''

एक साथ कई दृश्य जीवित हो उठे कॉमरेड 'प्रचंड' की आँखों के आगे।

''हर दुर्घटना बाबूजी एक नया दरवाजा खोलती है। अगर मार्क्सवादी-कम्युनिस्ट

आंदोलनों पर हमले तेज हुए हैं, तो उसने दलितों और स्त्रियों को संगठित होने के रास्ते भी दिखाए हैं। रही बात इस एनजीओ की दुनिया की, तो इस साम्राज्यवादी कुचक्र का सबसे ज्यादा शिकार वही गांधीवादी और वामपंथी हुए हैं जिनके लिए विचारधारा महज एक हथियार था। आपके कबीर और सानिया पटेल दोनों पति-पत्नी इसके बड़े उदाहरण हैं।''

बेटे तथागत के तर्कों से कॉमरेड सोहनलाल 'प्रचंड' का शरीर जैसे ठंडा पड़ने लगा। शरीर में पैदा होने वाली हरकत मानो ठहर-सी गई।

''एक बात और बाबूजी, पता नहीं क्यों हम इस सच्चाई को अभी भी स्वीकार नहीं कर पा रहे हैं कि हमारी पहली पहचान हमारा धर्म और जाति है। वामपंथी या गांधीवादी होना उस डिग्री की तरह है जो बस हमारी तरक्की में काम आता है।''

तथागत ने अपने तर्कों से अपने पिता कॉमरेड सोहनलाल 'प्रचंड' के चारों ओर एक ऐसी अभेद्य दीवार खड़ी कर दी, जिसे भेदना कॉमरेड 'प्रचंड' के लिए कठिन हो गया।

''बाबूजी, आप तो बेवजह परेशान हो रहे हैं। इस कोठरी की दीवारों पर टँगी इन पुरानी पड़ चुकी लेनिन और मार्क्स की तस्वीरों से बतियाना छोड़िए और बाहर आकर देखिए कि दुनिया कितनी बदल चुकी है। जिन गांधीवादियों की रूखी बिवाइयों से आजादी का खून रिसता था, आज वही पाँव जमीन पर नहीं टिकते हैं। जिन वामपंथियों का गला साम्राज्यवादियों के खिलाफ नारे लगाते हुए सूख-सूख जाता था, आज वही इनके सबसे बड़े बौद्धिक दलाल बने हुए हैं।''

कॉमरेड सोहनलाल 'प्रचंड' का जिस्म जैसे ऐंठ-सा गया है। आँखें सामने दीवार पर टँगी पुरानी तस्वीरों पर जाकर टिक गईं। उन्हें पता ही नहीं चला कि बहू-बेटे पुरानी तस्वीरों से बतियाता छोड़, कब वहाँ से चले गए। कमर सीधी करने की गरज से लेटते हुए वे सोचने लगे कि इस तख्त के बारे में बहू कविता ने जो कुछ थोड़ी देर पहले कहा था, गलत नहीं कहा था। सचमुच उन्हें यह तख्त अब बदल देना चाहिए, वरना ऐसा ना हो कि किसी दिन यह अचानक चरमरा कर ध्वस्त हो जाए। लेटने के बाद कॉमरेड 'प्रचंड' ने सबसे पहले यही निर्णय लिया कि वे इसे जल्दी ही बदल देंगे। हटवा देंगे अपने इस सीलन भरे कमरे से इस पुराने तख्त को जो उनके संघर्षशील अतीत और दुनिया बदलने के सपनों का साक्षी रहा है।

सत्रह

दूर तक फैला चकत्तेदार विशाल पठार और उसके दामन में बिछी हरी ओढ़नी।

इस पठार की ओट में जैसे ही रेत का कोई छोटा-सा गुबार उठता है, देखते ही दरख्तों पर कुलाँचें भरती गिलहरियाँ अपनी झबरीली पूँछ को पटक-पटक बौराई-सी सबको सावधान करने लगती हैं। आसपास झाड़-झंखाड़ और अपने-अपने बिलों व गार में दुबके खरगोश, नेवला, लोमड़ी, गीदड़ बदहवासी में कई बार इस काले रंग के यमराजी वाहन की चपेट में आते-आते रह जाते हैं और कई बार इसके टायरों के नीचे आकर अपनी आहुति तक दे देते हैं। पीछे-पीछे मादर-जाद नंग-धड़ंग दौड़ते बच्चों की टोली देखते ही देखते एक छोटे-से काफिले में बदल जाती है।

अपने पीछे धूल उड़ाता वाहन एक बड़े से लोहे के गेट के सामने आकर रुक गया। वाहन के हॉर्न पर गेट अपने आप खुलता चला गया। गेट में प्रवेश करते वाहन से एकाएक पानी की कई खाली बोतलें हवा में उछलीं। हवा में उछलती बोतलों पर एक साथ अनेक नंग-धड़ंग हाथ टूट पड़े। जिनके हाथ लग गईं, वे विजेता बन मारे खुशी के उन्हें लहराने लगे, जो इन्हें लेने में विफल रहे वे बंद हो चुके लोहे के गेट को टकटकी लगाए देखते रहे।

कुछ साल पहले दो एकड़ परती जमीन को कुर्की के बाद नीलामी में खरीदने वाले ये पति-पत्नी यहाँ क्या करने आते हैं—यह रहस्य आज तक यहाँ के रहस्यवादियों के लिए भी कौतूहल का विषय बना हुआ है। इस दंपती का सादगी भरा पहनावा यहाँ के इन रहवासियों को इतना आकर्षित नहीं करता, जितना आतंकित करता है।

जगह-जगह बल खाई गरदन से फँसी पसीने की पतली धार को तौलिए से पोंछते हुए सानिया पटेल ने ऐसे गहरी साँस छोड़ी, मानो वह मीलों पैदल चल कर आई हो। जिस्म को ढीला छोड़ वह वहीं पड़ी बेंत की कुर्सी पर ढेर हो गई।

इसी बीच बुजुर्ग चौकीदार गाड़ी से सारा सामान उतार लाया। सामान रखकर चौकीदार वापस लौटने लगा कि सानिया ने नाक को अँगुली व अँगूठे के पोर से भींचते हुए मुँह बिचकाया, ''उफ्! कपड़ों से कितनी बदबू आ रही है। हिम्मत, इन्हें

धोते नहीं हो क्या?''

''मेम साब, बटिया खतम हो गई।''

''खत्म हो गई, इतनी जल्दी!''

इससे पहले कि चौकीदार हिम्मत सिंह कोई उत्तर देता, कबीर ने सानिया को आँखों ही आँखों में कुछ इशारा किया। समझ गई सानिया कि शायद वह कुछ गलत कह गई है।

''अच्छा ऐसा कर, उस हरे वाले बैग में से ले ले दो बट्‌टी...और हाँ, इस बार देखभाल कर खर्च करना!'' सानिया ने चेतावनी भरी हिदायत देते हुए कहा।

चौकीदार बैग से दो बट्‌टी निकालकर, उन्हें रखने के लिए जाने लगा कि कबीर ने उसे पीछे से टोका, ''हिम्मत, एक बात करनी है तुमसे।''

जाते-जाते रुक गया चौकीदार।

''हमारी राजगढ़ में माइक्रो फाइनेंस की योजना है। क्या इसके लिए यहाँ के लोग तैयार हो जाएँगे?''

अनपढ़ चौकीदार ही नहीं सानिया के भी कुछ समझ में नहीं आया कि कबीर के मन में यह माइक्रो फाइनेंस की बात कहाँ से आ गई।

कबीर समझ गया कि चौकीदार के कुछ पल्ले नहीं पड़ा।

''माइक्रो फाइनेंस से मेरा मतलब है गरीबों को अपना काम शुरू करने के लिए छोटे-छोटे कर्ज दिए जाएँ।''

कर्ज का नाम सुनते ही बुजुर्ग चौकीदार एक नई आशंका से सिहर गया।

''साब ना, हम तो बिना कर्जई ठीक हैं।'' हाथ जोड़ते हुए जवाब दिया हिम्मत सिंह ने।

''अरे भई, आपका अपना काम शुरू होगा तो इससे आपका और आपके बच्चों का जीवन स्तर सुधरेगा।'' कबीर ने अपने चौकीदार को समझाना चाहा।

''साब या करज ने ही तो हम बरबाद करे हैं।''

''अरे भई, हम सब कर्ज लेते हैं। हम तो नहीं हुए बरबाद। बल्कि इससे आप लोगों में बचत करने की आदत पड़ेगी।''

''कह तो आप सही रहे हो साब। आप जैसे बड़े आदमी नहीं होते होंगे बरबाद, पर हम तो हो गए।''

''टाइम पर नहीं दोगे तो ऐसा ही होगा।''

''टैम ही क्या करे साब, खेती भी तो पैदा देय कुछ। खाली करज ते कब तलक काम चलतो।''

''एक बात बता हिम्मत कि जब यह पता था कि इस जमीन पर कुछ होना हवाना नहीं था, तब जरूरी था कर्ज लेना। आफत तो तुम लोग खुद लेते हो। जिसके लिए लेना चाहिए, उसके लिए लेते नहीं हो।''

''ना साब, हमें तो या करज ते दूर ही रक्खो। या ने हम मालिक ते नौकर बना दिए। बिना करज के सुखी थे। ना हम या करज के चक्कर में पड़ते, ना हमारी या जमीन की कुड़की होती।''

कबीर ने दोनों हाथों से सिर थाम लिया कि उसने किस बर्र के छत्ते में हाथ डाल दिया।

''साब, या गरीब आदमी के कनै थोड़ी-सी जमीन-जादाद के अलावा दूसरी पूँजी वाकी आबरू होवे, अगर वो भी नीलाम हो गई तो सिबाय मरने के और कछु ना बचे है।'' चौकीदार हिम्मत सिंह की बूढ़ी काया काँप कर रह गई।

''यह अच्छी पूँजी हुई कि किसी का लेकर मत दो!'' सानिया पटेल ने पहली बार दोनों के बीच हस्तक्षेप करते हुए कहा।

''यह तो उसेई पता है मेम साब कि आबरू क्या चीज होवे है, जाकी छाती पे चार-चार जुआन बेटियाँ धरी हों।''

''यह बात तो उन्हें पैदा करते वक्त सोचनी चाहिए थी।'' तमकते हुए बोली सानिया।

''मेम साब, ऐसे सवाल कभी धींग ते भी करे जावे हैं!''

सानिया और अपने चौकीदार के बीच छिड़ी बहस को यहीं विराम देना पड़ा कबीर को। वह समझ गया कि सानिया इस भावातिरेक की धार में कूद, उसकी योजना में पलीता लगाने पर आमादा है। उसने तुरंत मोर्चा सँभाल लिया।

''तो क्या कर्ज तुमने खेती के लिए नहीं लिया था?''

''साब, किसानी के लिए कितने जोतदार करज लैवे हैं!''

''हूँऽऽऽ तो अब समझ में आया। कर्ज लिया खेती के नाम पर जाता है और लगा दिया जाता है बेटियों के ब्याहने में। हिम्मत, एक बात बताओ जब कर्ज उतरेगा ही नहीं, तो आत्महत्याएँ होंगी ही।''

''पर ये लोग इतने बच्चे पैदा ही क्यों करते हैं?''

कबीर ने सानिया की तरफ कनखियों से देखा, वह तुरंत समझ गई कि इस बार भी वह कुछ ऐसा कह गई है, जो उसे नहीं कहना चाहिए था।

''कबीर, क्यों न राजगढ़ के इन गरीब लोगों में कम बच्चे पैदा करने का अभियान चलाया जाए।''

इससे पहले कि पत्नी समाजसेवा के इस अनंत ब्रह्मांड में आँखें मूँदकर छलाँग मार खुदकुशी करने पर उतारू होती, कबीर ने उसे जमीन पर उतारते हुए रोका, ''वो बाद की बात है...हिम्मत सिंह, माइक्रो फाइनेंस में किसी तरह की नीलामी-कुर्की का चक्कर नहीं है। सारी जिम्मेदारी फाइनेंस कंपनी की होगी। आपको तो बस एक बचत खाता खोलना होगा...वह भी हमारा एनजीओ खुलवा देगा। अच्छा, इस पर बाद में बात करेंगे। इस बीच तुम यहाँ के लोगों से इस बारे में बात करके देखो।''

"ठीक है साब।" इतना कह हिम्मत सिंह वहाँ से चला गया।

"सानिया, तुम भी कमाल करती हो। तुम्हें यही नहीं पता कि करना क्या है। कभी तुम औरतों के बीच एड्स के खिलाफ जागरूकता फैलाने की बात करती हो, कभी घरेलू हिंसा के खिलाफ। कभी जैंडर इक्वालिटी के लिए आंदोलन चलाने के बारे में सोचती हो, तो कभी ग्रासरूट लीडरशिप के बारे में। कभी बाल मजदूरों की बात करती हो तो कभी कम बच्चे पैदा करने की। कभी स्त्री-मुक्ति की बात करती हो, तो कभी कन्या-भ्रूण हत्या के खिलाफ जनांदोलन छेड़ने की। अगर सारे मुद्दों पर तुम ही सब कुछ करोगी तो बाकी के एनजीओ क्या करेंगे?"

"कबीर, इस एनजीओ की दुनिया में इनके अलावा दूसरे मुद्दे हैं भी क्या। वैसे भी यह एनजीओ ऐसी परचून की दुकान है बल्कि एक ऐसी मल्टी ब्रांड दुकान, जिसमें जरूरत और मौके के मुताबिक सामान रखना पड़ता है।"

"यह तो ठीक है लेकिन हिम्मत सिंह के साथ इतना इमोशनल होने की क्या जरूरत थी?"

सानिया धीरे-से अपने पति के पास आई और पीछे से उसे बाँहों में भर, अपना गाल उसके गाल पर टिकाते हुए बोली, "माई डियर पार्टनर, कौन कमबख्त हो रहा था इमोशनल।"

"मैं तो डर गया था।" गले को घेरती सानिया की घिए-सी मुलायम बाँहों को छूते हुए एक ठंडी आह भरी कबीर ने।

कबीर को लगा जैसे उसकी पीठ पर तपती अँगीठी और गाल पर अंगारा दहक रहा है। सानिया की आँखों में अकेलेपन की शोखियाँ मचलने लगीं। सानिया ने हल्के-से अपनी कलाई को कबीर की गिरफ्त से आजाद किया और यह कहते हुए दरवाजे की ओर बढ़ गई, "दरवाजा बंद कर देती हूँ। कहीं ऐसा न हो कि छाती पर धरी चार-चार जवान बेटियों के बोझ से दबा और मालिक से नौकर बना यह बाप बीच में आ टपके।" खिलखिलाकर हँसी सानिया पटेल।

दरवाजा बंद कर सानिया कबीर के सामने आकर बैठ गई। कबीर ने फिर से सानिया की कलाई थाम उसे अपनी ओर खींचना चाहा परंतु वह छिटककर उससे दूर हो गई। हैरानी हुई कबीर को कि कुछ देर पहले अँगीठी सी दहकती सानिया एकाएक कैसे बर्फ़ की शिला-सी ठंडी पड़ गई। सारा उत्ताप कैसे एक झटके में वाष्प बनकर हवा में उड़ गया।

"कबीर, मैं तुमसे बहुत नाराज हूँ। मुझे बताया तक नहीं और चुपचाप किसी माइक्रो फाइनेंस प्रोजेक्ट पर काम भी शुरू कर दिया।" बर्फ़ की ठंडी शिला ने तुनकते हुए शिकायत की।

"मैंने सोचा कि अभी से तुम्हें क्या बताऊँ।"

"ठीक है मत बताओ, पर यह तो बता दो कि यह माइक्रो फाइनेंस है क्या बीमारी?"

कबीर ने एक रहस्यमयी मुस्कान फेंकी फिर सानिया के निकट आते हुए बोला, ''पार्टनर, भारत जैसे गरीब मुल्कों की गरीबी मिटाने की यह एक नई टकसाल है। एक ऐसी टकसाल जिससे दुनिया-भर के एनजीओ दोनों हाथों से नोट उलीच रहे हैं। अगर इसमें कामयाबी मिल गई, तो समझो सारे पाप धुल जाएँगे। इसलिए सोच रहा हूँ कि सर्वहारा माइक्रो फाइनेंस और ग्रासरूट माइक्रो फाइनेंस के नाम से दो कंपनियाँ रजिस्टर्ड करा लूँ।''

''रजिस्टर्ड तो करा लो मगर इनके लिए फाइनेंस का जुगाड़ कहाँ से करोगे?''

''एक बैंक से बात चल रही है। मुझे पूरी उम्मीद है कि उस बैंक से टाईअप हो जाएगा। तुम्हें पता नहीं कि सहयोग, समर्पण, सहायता, सूर्योदय, सर्वोदय, शिखर जैसे नामों से बहुत से एनजीओ अपनी-अपनी माइक्रो फाइनेंस कंपनी चला रहे हैं।''

पति की योजना सुन सानिया का ताँबई चेहरा खिल उठा। जो सानिया छिटककर दूर हो गई थी, धीरे-धीरे वह फिर से तपने लगी। अकेलेपन की शोखियाँ फिर से आँखों में मचलने लगीं। सानिया के बेडौल अनियंत्रित नितंब कबीर को आमंत्रित करने लगे। वही बेडौल अनियंत्रित नितंब, जिन्हें देखकर कभी-कभी वह ऐसी कल्पनाएँ करने लगता है कि यदि उन्हें वह कभी गलती से सानिया को बता दे, तो एक खुशहाल एकल परिवार में महाभारत होने से कोई माई का लाल नहीं रोक सकता।

दरवाजा खुला तो देखा, साँझ का सुरमई रंग चारों तरफ फैल चुका है। चौकीदार ने बाहर खुले में दो कुर्सियाँ डाल दीं। सानिया को लगा कबीर किसी उधेड़बुन में खोया हुआ है। गौर से देखा उसने उसकी ओर।

''सानिया, हमें प्रचंडजी को सबकुछ साफ-साफ बता देना चाहिए।'' कबीर ने बाहर फैले झुटपुटे सन्नाटे को बींधते हुए कहा।

''क्या बता दें! अब तक तो उन्हें सब पता चल गया होगा। वैसे भी जो रास्ता एक बार त्याग दिया, उसकी दूरी नापने से क्या फायदा। अब तो उसके बारे में सोचो जिसके लिए यहाँ आए हो।''

''तुम्हारा कहना सही है सानिया। पीछे मुड़कर देखने से अब कोई फायदा नहीं है।'' इतना कह कबीर ने जिस्म ढीला छोड़ा और उसे पूरी तरह बेंत की कुर्सी के हवाले कर दिया।

''कबीर इतने बड़े जनाधिकार सत्याग्रह, जिसमें हजारों की तादाद में लोग शामिल होंगे, उनको मैनेज कैसे करोगे? महीने भर लंबी चलने वाली इस सत्याग्रह यात्रा में शामिल होने वाले बच्चों, बुजुर्गों, औरतों, विदेशी प्रतिनिधियों के खाने-पीने, दवा, शौचालयों का कैसे इंतजाम होगा? कहाँ से आएगा इतना पैसा?''

सर्वहारा फाउंडेशन के अध्यक्ष कबीर ने कुर्सी में धँसी देह को सीधा किया।

फिर उसने पत्नी की आँखों में झाँका और अक्कल दाढ़ में फँसे हुए किणके से ठिठोली करती जीभ को विश्राम देते हुए बोला, ''पार्टनर, इसी का चिंतन करने के लिए तो इतनी दूर इस पठार पर आया हूँ।''

''प्लीज मजाक नहीं। ऐसे आंदोलनों के लिए लाखों रुपए की जरूरत होती है उसका प्रबंध कहाँ से करोगे?''

सानिया को गंभीर होता देख, कबीर भी गंभीर हो गया।

''सानिया ऐसे सत्याग्रहों-जनांदोलनों की कामयाबी के सबसे बड़े औजार हमारे ये उजड़े हुए आदिवासी-दलित होते हैं—यानी वे उजड़े हुए और वंचित समुदाय जिनकी जमीन और गुजारा करने के साधन जैसे जंगल और जमीन अधिग्रहण में चली जाती है। जो हिम्मत सिंह जैसे थोड़े से लोग बच गए, वे कर्ज में डूबने के चलते भूमिहीन हो गए। इन भोले वंचितों के पास सिवाय सपनों के होता भी क्या है, जिन्हें पूरा करने के लिए ये कुछ भी करने को तैयार रहते हैं।''

''बात को लंबा मत खींचो क्योंकि जो सवाल मेरे मन में उठ रहा है, हो सकता है वैसा ही दूसरों के मन में भी उठे।'' झल्लाते हुए बोली सानिया। सानिया ने कबीर के चारों ओर ऐसी बाड़ लगा दी, जिसे फाँदना उसके लिए आसान नहीं था।

''तो सुनो! इस जनाधिकार सत्याग्रह में शामिल होने वाले सत्याग्रहियों को केवल एक ही समय, यानी रात को खाना खिलाया जाएगा। दिन-भर ये खाली पेट पदयात्रा करेंगे। एक समय भी जो खाना दिया जाएगा उसके लिए भी हम रास्ते में पड़ने वाले गाँवों, कस्बों और शहरों के लोगों से निवेदन करेंगे कि अपनी मर्जी से जो भी संभव हो सके दान में दें। एक आदमी तो हमें ऐसा मिल भी गया है जिसने दस हजार सत्याग्रहियों को खाना खिलाने की जिम्मेदारी ले ली है। वैसे हमें बाहर से भी हर तरह का समर्थन मिल रहा है। फोर्ड फाउंडेशन भी मदद के लिए तैयार हो गया है।''

''लेकिन कबीर, यह तो खाली दिल्ली कूच करने की बात हुई। इनके वापस आने पर भी तो खर्चा होगा?''

सानिया के इस मासूम से सवाल पर कबीर के होंठ गोल होते चले गए।

''कभी-कभी तुम भी बच्चों जैसी बातें करने लगती हो सानिया। ऐसे आंदोलनों, रैलियों या सत्याग्रहों के नाम पर जो व्यक्ति दिल्ली जाने के लिए घर से परिवार के साथ सामान बाँधकर निकलता है, वह क्या वापस लौटने के लिए निकलता है?''

''तो क्या तुम उन्हें दिल्ली ही छोड़ दोगे?''

''हम किसी को वापसी के लिए कैसे मजबूर कर सकते हैं?''

''और अगर यह बात मीडिया के हाथ लग गई कि जनाधिकार सत्याग्रह के नाम पर लाए लोगों को दिल्ली में ही छोड़ दिया गया है?''

''तुम किस मीडिया की बात कर रही हो। इससे पहले कितने जनादेश सत्याग्रह,

जन सत्याग्रह या मार्च-रैलियों में आने वाले लोगों के बारे में तुम्हारे मीडिया ने पूछा है? मीडिया की दिलचस्पी जनादेश या सत्याग्रहों में नहीं उनमें नाचती-गाती, कूदती-फाँदती, नाटक-तमाशा करती भीड़ में होती है। किसी ने आज तक पूछा है कि इन जनादेशों, सत्याग्रहों या पदयात्राओं में आने वाली उस भूखी-प्यासी भीड़ का बाद में क्या होता है? इनमें से कितने अपने घरों को वापस लौटते हैं, कितने बीच रास्ते में इधर-उधर भटक जाते हैं, और कितने इन महानगरों की भीड़ में गुम हो जाते हैं?''

''सानिया, यह भीड़ होती ही उन्हीं की है जो अपने आमदनी के जरियों को खोने के बाद, मजबूरन अपनी मर्जी से पलायन कर शहरों और महानगरों में आना चाहते हैं। ऐसी भीड़ और आंदोलन वास्तव में एक-दूसरे की जरूरतों को पूरा करते हैं।''

सानिया अपने पति के इस दर्शन से सम्मोहित हो उसे एकटक देखती रही।

''पार्टनर, मीडिया की दिलचस्पी सत्याग्रह में शामिल होने वाले रंग-बिरंगे विदेशी सैलानियों में रहती है...अधनंगे लोकनृत्यों में रहती है...शाम को अस्थायी भट्टियों पर चढ़ी कढ़ाइयों से उठती भाप की खुशबूओं में रहती है...सड़कों पर रेंगते विहंगम दृश्यों में रहती है—यानी जब तक रेला, तब तक मेला/जाए भाड़ में कोई अकेला।'' जनाधिकार सत्याग्रह का भावी संयोजक और सर्वहारा फाउंडेशन का अध्यक्ष कबीर ठहाका मारकर इतनी जोर से हँसा कि उसकी धलक से तेजी से गहराते झुटपुटे का सन्नाटा भी एक पल के लिए सहम गया।

तेजी से ठंडे होते पठारों में एक अजीब-सा अलसायापन घुलने लगा। बीच-बीच में रह-रहकर पठारों की खोहों से आते हल्के गरम झोंके जैसे कोंचकर आगे बढ़ जाते। शुक्ल पक्ष के चंद्रमा ने अपनी रजत किरणों से धरती की काया को पूरी तरह भिगो दिया।

अचानक चाँदनी रात की निस्तब्धता को चीरकर आए आर्तनाद से दोनों सहम गए। अभी सानिया अपने आपको सहज कर पाती कि यह आर्तनाद समवेत हुआँ-हुआँ में बदल गया। बुरी तरह डर गई वह। डर तो कबीर भी गया पर अपने डर को उसने प्रकट नहीं होने दिया। सानिया ने चित्त को स्थिर किया और होंठों ही होंठों में श्री साईं कष्ट निवारण मंत्र बुदबुदाने लगी।

बाहर पसरे सन्नाटे में चाँदनी से भीगे मादर-जाद नंग-धड़ंग पठारों और आपस में बतियाते पेड़ों की पत्तियों के बीच से, अभी भी रह-रहकर गीदड़ों की हुआँ-हुआँ गूँज रही है।

अट्ठारह

आभास तो कबीर और सानिया पटेल को पिछले कुछ दिनों से रह-रहकर हो रहा था कि कुछ अप्रत्याशित-सा घटने वाला है, पर क्या घटने वाला है, उसकी आँट उनकी पकड़ में नहीं आ रही है। राजगढ़ में जिस तरह अनिष्टताओं के छींटों ने उनका स्वागत किया था, उससे उनका यह आभास और पुष्ट हो गया। जो ठंडे पठार यहाँ के अलसाएपन में मादकता भर दिया करते थे, उसी मादकता से उन्हें उस दिन पहली बार डर-सा लगने लगा था। सियारों के सामूहिक आर्तनाद और हवा की साँय-साँय ने उनके इस डर को और बढ़ा दिया। रात-भर करवट बदलते हुए साईं मंत्रों के जाप और अल्लसुबह श्री साईं चालीसा व श्री साईं रक्षा मंत्रों का पाठ भी उनके इस डर को कम नहीं कर पाए।

एकाएक मोबाइल की स्क्रीन पर अंकित अंकों को देख कबीर थोड़ा असहज हो उठा। नंबर परिचित-सा लग रहा है। मगर किसका है, यह पता नहीं चल रहा है। देर तक श्री साईं गीता सार की ये पंक्तियाँ हैलो ट्यून के रूप में अपने आपको दोहराती रहीं—श्री साईं गीता सार को, पढ़े जो बारंबार/आवागमन से छूट जाए, भव से होवे पार।

''सानिया यह नंबर कुछ जाना-पहचाना सा लग रहा है?'' मोबाइल के चुप होते ही कबीर ने पूछा।

सानिया भी स्क्रीन पर उभरे मिस्ड कॉल के रूप में अंकित नंबर को पहचानने की कोशिश करते हुए, उसे बार-बार दोहराने लगी।

''कबीर, कहीं यह नंबर, प्रचंड सर का तो नहीं है!'' अनुमान लगाते हुए कहा सानिया ने।

सानिया से नंबर की पुष्टि होता देख कबीर बेचैन हो उठा, ''मगर मैंने तो अपना यह नंबर किसी को दिया ही नहीं है। फिर कहाँ से लिया उन्होंने।''

''इस बार आए तो बात कर लेना।'' बेपरवाह होते हुए कहा सानिया ने।

''बात तो करनी ही पड़ेगी। मैं तो पहले ही कह रहा था कि इससे पहले वे कुछ पूछें, हमें साफ-साफ बता देना चाहिए।'' पत्नी की सलाह को अमल में लाते हुए कबीर ने मोबाइल एक तरफ पटक दिया।

बिस्तर पर लेटे-लेटे कबीर आगत की धमक की तीव्रता को महसूस करने लगा। ऐसा कैसे हुआ। उसने अपने जिस नंबर की किसी को भनक तक नहीं लगने दी, वह कैसे उनके हाथ लग गया? कबीर संभावनाओं की मोखियों में झाँक स्रोत जानने का प्रयास कर रहा था कि बगल में बेसुध पड़े मोबाइल को फिर से जैसे होश आ गया। कबीर ने देखा, तो पाया वही नंबर है। मोबाइल उठाकर उसे कान से लगाया ही था कि सानिया ने फुसफुसाते हुए स्पीकर ऑन करने के लिए कह दिया। कबीर के बोलने से पहले उधर से आवाज आई।

''हैलोऽऽऽ! अरे भाई क्या यह कॉमरेड कबीर का नंबर है?''

''आप कौन बोल रहे हैं?''

''पहले यह बताइए कि आप कॉमरेड कबीर ही बोल रहे हैं न?''

''जी, मैं तो कबीर ही बोल रहा हूँ पर आऽऽऽप...''

दूसरी तरफ से एक जोरदार ठहाका गूँजा।

''नहीं साथी, यह कॉमरेड कबीर की आवाज नहीं हो सकती।'' इस बार ठहाके ने सख्त शब्दों का रूप ले लिया।

''लेकिन आप अपना नाम तो बताइए सर!'' माथे पर चू आए पसीने को आस्तीन से पोंछते हुए मिमियाया कबीर।

''क्या करोगे साथी नाम जानकर। जब आवाज को ही भूल गए तब नाम में क्या रक्खा है।''

''आ...आप तो सर पहेलियाँ बुझा रहे हो!'' कबीर के शब्द टूटने लगे। अगर उसने अनजान बनने का और ज्यादा ढकोसला किया तो मोबाइल हाथ से छूटकर गिर जाएगा। फिर सोचा जब इतनी देर से वह ढकोसला कर रहा है, तो कुछ पल और चलने दो वरना...।

दूसरी तरफ से एक बार फिर वही ठहाका गूँजा। मगर बर्छी की पैनी नोंक की मानिंद, ''कॉमरेड कबीर, अनजान बनने का यह ढोंग बंद करो और छोड़ दो अपने आप से डरना!''

''स...सर, कहीं आऽऽऽप प्रचंड सर तो नहीं हैं?'' अंतत: कबीर को अपने इस प्रपंच का पटाक्षेप करने पर मजबूर होना पड़ा।

''चलो शुक्र है, तुम्हारी याददाश्त तो लौटी।''

''सॉरी सर, वो बात नहीं है। पहचान नहीं पाया। इतने दिनों बाद आपकी आवाज जो सुन रहा हूँ।''

''चलो, माफ किया साथी।''

''थैंक्यू सर! पर सर आपको यह नंबर दिया किसने?''

''तुम्हें क्या लगता है कि माँ-बाप अपने बच्चों को और उस्ताद अपने शार्गिदों को भूल सकते हैं। खैर छोड़ो, यह बताओ राजगढ़ से कब लौट रहे हो?''

'राजगढ़! इन्हें कैसे पता लगा कि मैं राजगढ़ में हूँ।' मन ही मन अपने आप से पूछा कबीर ने।

"हाँ, हैलो! क्या हुआ साथी?"

"सर, एक सप्ताह लग जाएगा।" तुरंत सँभाला कबीर ने अपने आपको।

"ठीक है, वापस आओ तो बैठकर बातें करेंगे...और हाँ, सानिया को भी साथ लेकर आना...अगर है तो जरा उससे भी बात कराओ!"

अपना नाम सुनते ही सानिया ने इशारे से कह दिया कि वह नहीं है।

"सर वो तो मुंबई में है।"

"ठीक है। उसे जरूर साथ लेकर आना। अच्छा साथी-लाल सलाम!"

"ला...ला...ल..."

इससे पहले कि कबीर जवाब में अपना वाक्य पूरा करता, मोबाइल खामोश हो गया। इसके बाद देर तक कमरे में सन्नाटा छाया रहा। बस, रह-रहकर रात वाली सियारों की हुआँ-हुआँ गूँजती रही कानों में। विमूढ़ कबीर मोबाइल स्क्रीन को ही निहारता रहा।

"कबीर मुझे नहीं जाना। तुम ही चले जाना। वैसे भी यह तो कह ही दिया है कि मैं मुंबई में हूँ।"

प्रत्युत्तर में कोई उत्तर नहीं दिया कबीर ने।

जैसे-जैसे सप्ताह में से एक-एक दिन कम होने लगा, वैसे-वैसे कबीर की उद्विग्नता बढ़ने लगी। एक बार सोचा भी कि वह कॉमरेड सोहनलाल 'प्रचंड' को सूचित कर दे कि अभी उसे राजगढ़ में कुछ और दिन रुकना पड़ सकता है लेकिन अगले ही पल सोचा कि वह अपने आपसे और कॉमरेड 'प्रचंड' से कब तक बचता फिरेगा। कॉमरेड 'प्रचंड' ने ही तो उससे कहा है कि छोड़ दो अपने आप से डरना। हो सकता है जैसा वह सोच रहा है, वैसा कुछ हो ही नहीं। यही सोच कबीर ने एक तनावरहित लंबी साँस ली और काफी देर से परेशान हो रही पलकों को नींद के हवाले कर दिया।

अचानक इतने दिनों के बाद अपने सामने अपने प्रिय शिष्य कबीर को खड़ा देखकर कॉमरेड सोहनलाल 'प्रचंड' को अपनी आँखों पर यकीन ही नहीं हुआ। वे बार-बार अपनी आँखों को यकीन दिलाने के लिए जैसे खुद से पूछ रहे हैं कि जो शख्स उनके सामने खड़ा है वह कबीर ही है न? वही कबीर जिसकी आँखों से कभी शोषितों और वंचितों के साथ होने वाले अन्याय के खिलाफ खून टपकने लगता था। वही कबीर जो बात-बात में परिवर्तन और क्रांति की बात करता था। वही जिसे कभी दूर से गुजरते हुजूम में तनी मुट्ठियों में से, कॉमरेड 'प्रचंड' की

आँखें पहचान लेती थीं कि वो रहा भविष्य का प्रचंड। मगर लगता है या तो उनकी आँखें धोखा खा गई हैं, या फिर इन बूढ़ी आँखों की क्षीण होती रोशनी उसे पहचान नहीं पा रही है। भला कैसे पहचानें? फेब इंडिया के बारीक सूती चूड़ीदार पायजामे और हलके स्लेटी रंग के कुर्ते से, फटने को हो रहे अनियंत्रित नितंबों वाला कोई शख्स कैसे कबीर सिंह हो सकता है? नहीं, यह कार्ल मार्क्स और फ्रेडरिक एंगेल्स का 'कम्युनिस्ट पार्टी का घोषणापत्र' बाँटनेवाला कॉमरेड कबीर नहीं हो सकता।

हारकर कॉमरेड सोहनलाल 'प्रचंड' को खुद को यह कहकर समझाना पड़ा कि वक्त की सान अच्छे-अच्छों का हुलिया बदल देती है।

''अरे आओ साथी!'' फिर कबीर सिंह के आसपास किसी को खोजते हुए पूछा, ''सानिया कहाँ है?''

''बताया तो था सर कि वह मुंबई गई है।''

''हाँ-हाँ याद आया। किसी ने बताया कि आजकल एक पुरानी अदाकारा, जो आज किसी बड़े औद्योगिक घराने की बहू है उससे खूब जम रही है उसकी। सुना है इस कला-मर्मज्ञ और समाजसेविका अरबपति बहू की कई एनजीओ भी हैं। आओ बैठो!'' वर्षों पुराने उसी दीमक लगे तख्ते पर, जिसे अपनी पुत्रवधू की सलाह पर उन्होंने बदलने का निर्णय ले लिया है, एक ओर सरकते हुए कॉमरेड 'प्रचंड' ने आग्रह किया।

''सर मैं कुर्सी पर बैठ जाता हूँ।'' इतना कह कबीर ने एक प्लास्टिक की कुर्सी खींची और बैठते हुए बोला, ''सर, आदेश करिए, कैसे याद किया?''

''साथी लगता है कुछ जल्दी में हो?''

''नहीं सर, ऐसा तो कुछ भी नहीं है।''

''बस, ऐसे ही याद कर लिया। तुम्हें तो फ़ुरसत नहीं है... फ़ुरसत ही क्या समय भी नहीं होगा तुम्हारे पास। दो-दो एनजीओ को सँभालना, आए दिन बैठकों-सम्मेलनों में हिस्सा लेने देश-विदेश में घूमना, कहाँ से होगी फ़ुरसत!''

''ऐसा क्यों कह रहे हैं सर। आपने याद किया और मैं आ गया!''

''तुम कहाँ आए हो साथी, वो तो मैंने तुम्हें खोजकर निकाला है। काफी बदल गए हो।'' कॉमरेड सोहनलाल 'प्रचंड' का इशारा भरे हुए गालों और अनियंत्रित नितंबों की ओर था।

समझ कबीर भी गया कि कॉमरेड 'प्रचंड' का निशाना कहाँ है।

''खैर छोड़ो। मैंने तो तुम्हें इसलिए याद किया है कि न जाने क्यों पिछले कुछ दिनों से मेरा मन तुम्हारी उस कविता को सुनने को कर रहा है जिसमें तुमने एक सपना देखा था...क्या शीर्षक है उस कविता काऽऽऽ...'' कॉमरेड 'प्रचंड' जान-बूझकर अपनी स्मृति पर जोर देने की मुद्रा अपनाते हुए बोले।

''अच्छा सर वोऽऽऽ साथी, लाल सलाम!''

"हाँ-हाँ वही।"

"सर, यह तो आप फोन पर कहते तभी सुना देता। यहाँ आने की क्या जरूरत थी।"

"नहीं साथी, ऐसी कविता का जो मजा सामने सुनने में होता है, वह फोन पर कहाँ। वैसे भी शब्दों के अर्थ और कविता का असली मर्म कवि के होंठों से अधिक उसकी देहभाषा से खुलता है।"

इसके बाद कबीर कुर्सी से खड़ा होकर कॉमरेड 'प्रचंड' की प्रिय कविता, जिसे इससे पूर्व न जाने कितनी बार वे सार्वजनिक सभाओं और मंचों से सुन चुके हैं, सुनाने लगा, "साथी लाल सलाम/मैंने सपना देखा/लाल किले पर लहराता..."

"साथी, ऐसे घास मत काटो! उसी जज़्बे के साथ सुनाओ जैसा कभी नुक्कड़ नाटकों से लेकर दूर तक फैले जन-समूहों के बीच सुनाया करते थे।"

"ठीक है सर वैसे ही सुनाता हूँ—

साथी, लाल सलाम
मैंने सपना देखा
लाल किले पर लहराता
लाल झंडा देखा
परकोटे से लाल किले के
खुद को भाषण देते देखा
सामने चाँदनी चौक में
फैले जन-समूह को
लाल सलाम लेते देखा
मैंने सपना देखा साथी...मैंने सपना देखा।"

कबीर ने बहुत कोशिश की कि वह अपनी कविता को उसी जज़्बे के साथ सुना पाए लेकिन वो जुनून, जोश, उत्तेजना, आवेश कॉमरेड 'प्रचंड' को कहीं दिखाई नहीं दिया, जिसे देखने व सुनने के लिए अपने शिष्य को यहाँ बुलाया था। अपने उत्तराधिकारी के जज़्बे की धार उन्हें एकदम भोंथरी और कुंद नजर आई। शब्दों से पैदा होनेवाली टंकार और खनक जैसे गायब हो गई। देहभाषा का उद्दीपन मानो किसी ने रेहन पर रख लिया हो।

"साथी, कविता तो वही है पर लगता है इसके शब्दों के सपनों का मिजाज बदल चुका है।"

पहली बार कबीर का रोआँ-रोआँ सिहरता चला गया। समझते देर नहीं लगी उसे कॉमरेड 'प्रचंड' के शब्दों के अर्थों को।

"सर, ऐसे कैसे हो सकता है। कहीं सपनों का मिजाज भी बदलता है।"

"क्यों नहीं बदलता है। शब्दों और सपनों का भी तो इंसान की तरह अपना

चरित्र और मिजाज होता है। जब इनसान के सपने बदल सकते हैं तो शब्दों के बदलने में कितनी देर लगती है साथी।'' अंतिम शब्द तक आते-आते कॉमरेड 'प्रचंड' की आँखों पर आच्छादित सफेद पलकें और भौंहों के गुच्छे धीरे-से उठते हुए, कबीर के चेहरे पर टिक गए, ''मैं मानता हूँ साथी कि बेरोजगारी के इस बीहड़ और मुश्किल समय में कितना मुश्किल है टिक पाना।''

''हाँ सर, यह तो है।''

''पर यह कोई विकल्प भी नहीं हुआ!''

''सर, अचानक कठिन समय के बीच में विकल्प कहाँ से आ गया?''

''तुम सब समझ रहे हो साथी कि यह विकल्प कहाँ से आ गया।''

समझ गया कबीर कि अनजाने शब्दों के जाल में कॉमरेड 'प्रचंड' को उलझाना आज भी आसान नहीं है। हारकर आत्मसमर्पण कर दिया उसने।

''पर सर इसमें बुराई क्या है?''

''यह हुई न बात कि इसमें बुराई क्या है...तो फिर बुराई किसमें है?''

''सर, मैं किसी की नौकरी या गुलामी तो नहीं कर रहा हूँ।''

''यकीनन, नहीं कर रहे हो, पर यह है तो साम्राज्यवाद की हिफाजत करना और जन-संघर्ष के संगठित होने की प्रक्रिया को रोकने जैसा ही। दूसरे शब्दों में कहूँ तो एक तरह से पूँजीवाद की सेवा करने जैसा।''

''पर सर मैं तो अपने एनजीओ के जरिए काम कर रहा हूँ।''

''एनजीओ, यानी ग्रासरूट एक्टिविस्टों को नौकरी देने की एजेंसी...आमजन की लामबंदी और उनके आंदोलनों को छिन्न-भिन्न कर देने वाला संगठन...सत्ता की हर दरार में अपनी घुसपैठ बनाने वाला गिरोह...एनजीओ यानी लुटेरे साम्राज्यवादियों के हित साधने और पूँजीवाद के दामन पर लगे खून के धब्बों को धोनेवाले रिटायर्ड क्रांतिकारियों का भर्ती केंद्र, बल्कि साफ-साफ कहूँ तो अपने स्वार्थ के लिए अपने मुल्क की गरीबी को बेचनेवाले सौदागर। इससे तो अच्छा होता साथी, तुम कहीं सरकारी नौकरी कर लेते।'' 'तुम' का तात्पर्य कॉमरेड 'प्रचंड' का यहाँ पति-पत्नी दोनों से था।

''लेकिन सर, सरकारी नौकरी भी तो पूँजीवाद की सेवा के बराबर है। फिर आप यह क्यों भूल रहे हैं कि हर काम समझौते की माँग करता है।''

गहरी साँस ले कॉमरेड सोहनलाल 'प्रचंड' कुछ देर के लिए खामोश हो गए। हल्के पीठ दर्द के कारण ज्यादा देर बैठ पाना मुश्किल है उनके लिए। इसलिए वापस अपने पुराने तख्त पर लेटते हुए बोले, ''लगता है तुम्हारा धैर्य चुकने लगा है। विकल्प तो साथी बहुत हैं पर उनमें कोई फौरी कामयाबी नजर नहीं आती है। वैसे, अच्छा होता अगर तुम अपने जैसे बेरोजगारों को समझाते, उन्हें ललकारते, उन्हें हिम्मत बँधाते। किसी फैक्ट्री गेट पर लाइन लगाकर दिहाड़ी मजदूरी करते। चौराहे पर अंडे बेच

लेते...चाय का ठेला लगा लेते और नहीं तो गरीब बच्चों के लिए ट्यूशन सेंटर खोल लेते। इसमें तुम्हारा दोष भी क्या है। सच तो यह है कि यह क्रांतिकारी आंदोलनों की टूट-फूट का ऐसा दौर है, जिसने न जाने तुम जैसे कितने जिंदगी से हारे, पतितों और भगोड़े कॉमरेडों को व्यवस्था का गुलाम बना कर रख दिया है।''

चुपचाप सुनता रहा कबीर।

''मुझे अभी भी यकीन नहीं हो रहा है साथी कि जो कबीर और सानिया पटेल क्रांति और परिवर्तन की बड़ी-बड़ी बातें करते थे, आज अमेरिका जैसे साम्राज्यवादी की चौखट पर नतमस्तक नजर आएँगे। जो कार्ल मार्क्स और फ्रेडरिक एंगेल्स का 'कम्युनिस्ट पार्टी का घोषणा-पत्र' बाँटा करते थे, वे ही इस मुल्क की गरीबी को बेच डॉलर पीटते दिखाई देंगे। संघर्ष और कुर्बानी के जरिए अपना हक लेने के लिए शोषितों और वंचितों का 'हम हमारा हक माँगते/नहीं किसी से भीख माँगते' जैसे नारों से आह्वान करते थे, आज वे ही उनके दुश्मन बन जाएँगे।''

''दुश्मन कैसे सर, हम गरीबी, विषमता और व्यक्ति की आजादी के लिए लड़ रहे हैं। बल्कि मार्क्स के सर्वहारा की अवधारणा अब इतिहास की चीज बनकर रह गई है। हमारा जोर तो राष्ट्रीय स्वायत्तता के बजाय छोटे-छोटे समुदायों की स्वायत्तता पर है और आप कह रहे हैं कि...''

''यह तुम्हारा स्वार्थ और छद्म से भरा तर्क है। अगर तुम्हारा जोर छोटे-छोटे समुदायों की स्वायत्तता पर होता, तो कर्ज में डूबे राजगढ़ के छोटे किसानों की जमीन कुर्क नहीं हुई होती। अपनी जमीन उन्हें कौड़ियों के भाव बेचने के लिए मजबूर नहीं होना पड़ता।''

''सर, हमने किसी को बेचने पर मजबूर नहीं किया।'' कुर्सी से उठते हुए कहा कबीर ने।

''बैठ जाओ पार्टनर! अच्छा यह बताओ कि दो एकड़ परती जमीन पर टँगा तुम्हारा सर्वहारा फाउंडेशन आज कैसे करोड़ों का मालिक बन गया?''

''मुझे इससे कोई मतलब नहीं है कि यह पैसा कहाँ से आया और न ही इसमें मेरी कोई दिलचस्पी है कि अपने मकसद में लगने वाले धन का स्रोत क्या है!''

''पूँजी में बड़ी ताकत होती है साथी।''

''लेकिन केवल क्रांति करने से इस देश में पेट भर जाएगा, यह भी संभव नहीं है सर।''

''क्यों, अब कैसे हो रहा है संभव? अब कहाँ से निकल रही है जनाधिकार सत्याग्रह यात्रा? आखिर यह कैसी क्रांति है? सही रास्ता चुना है तुमने, एकदम सुरक्षित। मगर ध्यान रहे, यह एनजीओ हमारी उन क्रांतिकारी संभावनाओं को भोंथरा कर रहे हैं जिनके लिए हमने सालों संघर्ष किया और वर्षों लड़ाइयाँ लड़ी हैं। याद रखो, यह एक ऐसा खतरनाक साम्राज्यवादी कुचक्र है जो पूँजीवाद की बर्बरता

से पैदा हुए असंतोष का गला घोंट रहा है। इन साम्राज्यवादियों को ऐसे ही नरक मसीहाओं की जरूरत है जो व्यवस्थाविरोधी गुस्से की लहर के रूप में अपने पीछे लगी नकली क्रांतिकारियों की भीड़ को, लालच के छोटे-छोटे टुकड़े दिखाकर बंधक बनाकर रख सकें।''

कबीर को जँच गया कि कॉमरेड सोहनलाल 'प्रचंड' के पास उसकी हर छोटी-बड़ी गतिविधि की जानकारी है, या कहिए कॉमरेड 'प्रचंड' के तर्कों को काटने की उसकी क्षमता चुक गई है, इसलिए उसने विदा लेना ही उचित समझा।

''सर, मुझे अब चलना चाहिए।'' कबीर सचमुच जाने के लिए खड़ा हो गया।

''अच्छा सुनो!'' कमरे से बाहर जाते हुए कबीर को पीछे से टोका कॉमरेड 'प्रचंड' ने।

जाते-जाते रुक गया वह।

''लगता है तुम कुछ भूल रहे हो?''

''ऐसा तो कुछ नहीं है सर।''

''अच्छी तरह याद करो!'' कॉमरेड 'प्रचंड' ने याद दिलाने की भरसक कोशिश की।

मारे झुँझलाहट के कबीर का चेहरा खिंचता चला गया। जबड़े सख्त होते चले गए यह सोचते हुए कि इस सीलन भरी, जगह-जगह से फूल गई बल्कि कुछ जगह से उखड़ चुकी पपड़ियों वाली छत के नीचे कुछ देर और ठहर गया तो यहाँ से विक्षिप्त होकर ही लौटेगा।

''ठीक है, कुछ याद नहीं आ रहा है तो कोई बात नहीं।''

नहीं याद दिलाया कॉमरेड सोहनलाल 'प्रचंड' ने अपने शिष्य कबीर को कि वह क्या भूल रहा है। कैसे दिलाएँ वे याद कि जो कबीर आते-जाते अभिवादन स्वरूप 'लाल सलाम' कहना नहीं भूलता था, अब उसकी जगह नमस्कार ने ले ली है। जो कबीर साथी या पार्टनर के संबोधन के बिना आगे नहीं बढ़ता था, आज 'सर' से नीचे नहीं उतर रहा है। कबीर जैसा जीवट कैसे एकाएक ऐसा याचक बन गया है, जो अपने पैबंद लगे कुर्ते का गीत भूल चुका है और एनजीओ की दुनिया के अनुभव से अपने पक्ष में नई-नई परिभाषाएँ और तर्क गढ़ना सीख गया है।

कबीर के जाते ही कमरे में एक भयावह सन्नाटा छा गया। एक ऐसा सन्नाटा जिसे या तो बीच-बीच में एकमात्र जर्जर अधखुली खिड़की से भटककर आता हवा का कोई झोंका तोड़ता, या फिर पुराने तख्त के ढीले पड़ चुके जोड़ों के घर्षण से पैदा कोई आवाज। कॉमरेड 'प्रचंड' एक विषाद से घिरते चले गए। उन्हें लगा जैसे दीवार पर टँगी लेनिन व मार्क्स की तस्वीरें उन पर मंद-मंद मुस्करा रही हैं, ठीक वैसे ही जैसे पहली बार सोवियत संघ के बिखरने पर मुस्कराई थीं।

उन्नीस

अभिजात वर्ग का एक ऐसा ठिया, जिसकी भव्य गेरुआ दीवारें दूर से किसी आधुनिक पिरामिड का आभास देती हैं।

इसी पिरामिड के अंदर बताई जगह पर बेचैनी के साथ सानिया पटेल चहलकदमी कर रही है। वह बार-बार घड़ी को देखती है। श्री साईं गीता सार का यह पद उसके होंठों पर रह-रहकर आ रहा है—

कैसे मिले अचानक धन, बिन मेहनत बिन काम।
उम्र गुजारे रोग रहित, पुण्य बताओ नाथ॥

सामने बैठा कबीर उसकी इस बेचैनी पर मंद-मंद मुस्करा रहा है। एक बार उसने उसे टोक भी दिया, ''ऐसे बार-बार घड़ी देखने से इसकी सूइयाँ दौड़ तो नहीं पड़ेंगी।''

लेकिन वह अपने पति को कैसे बताए कि उसकी इस व्यग्रता का मूल कारण क्या है? काश, उस दिन की तरह आज भी ऐन वक्त पर जमात के लोग आ जाएँ! इसी कामना में सानिया के होंठों के बुदबुदाने की गति बढ़ती चली गई।

तभी सामने से बहन भाग्यवती को आते देख लपककर पहुँची सानिया। पीछे-पीछे कबीर भी चला आया। तीनों इसके बाद पहले से निश्चित की गई जगह की ओर बढ़ गए।

''कबीर, आपके जनाधिकार सत्याग्रह की तो अभी से बड़ी चर्चा है। मुझे तो इससे गांधीजी की दांडी यात्रा की नहीं, उनके अफ्रीका सत्याग्रह की याद आ रही है।'' आँखों पर चढ़े उपहार में मिले कीमती काले चश्मे को उतार हैंडबैग के हवाले करते हुए बहन भाग्यवती एकाएक भावुक हो गई।

कबीर ने इस पर कोई प्रतिक्रिया व्यक्त नहीं की।

''सुना है इसमें जर्मनी, फ्रांस, इंग्लैंड, अमेरिका, कनाडा जैसे देशों के प्रतिनिधि भी शामिल होने आ रहे हैं। वैसे तारीफ करनी होगी आपकी इस प्रतिबद्धता की। इतना बड़ा सत्याग्रह वास्तव में कोई गांधीवादी ही कर सकता है।''

''मैम, हम गांधीवादी नहीं कम्युनिस्ट हैं।'' सानिया पटेल ने एक ना-समझ गांधीवादी की गलती सुधारते हुए फटाक से कहा।

''ए हैं, मतलब अभी हैं?''

''हैं नहीं मैम, प...पहले थे।''

बहन भाग्यवती ने भी दूसरी ना-समझ कम्युनिस्ट की गलती दुरुस्त करते हुए, हिसाब बराबर कर दिया।

इससे पहले कि सानिया अतिरेक में दूसरे रहस्यों को बेपर्दा करने की मूर्खता कर पाती, कबीर ने दाँत भींचकर, आँखें निकालते हुए उसे वहीं रोक, बात सँभाल ली, ''हम तो सरकार से बराबर कहते आ रहे हैं कि वह पूरी ईमानदारी के साथ लोगों की दिक्कतों के समाधान के लिए आगे आए। समाज को हिंसा की ओर न धकेले। मुक्ति का रास्ता हमें गांधी ने ही दिखाया है। गांधी ने चेताया भी था कि अगर गैर-बराबरी बढ़ती जाएगी, तो अहिंसा को बचाए रखना मुश्किल हो जाएगा।''

''इसी गैर-बराबरी को ही तो हमें मिटाना है। यही तो हमारा संकल्प है।''

बहन भाग्यवती के इस उद्‌गार का सानिया पटेल पर इतनी तीव्रता के साथ इतना गहरा असर पड़ा कि वह यह भूल ही गई कि कुछ देर पहले उसने मन ही मन किस कामना हेतु श्री साईं गीता सार के पद का जाप किया था।

''सानिया, आपने अमीनाजी से बात की थी?'' बहन भाग्यवती ने कुछ देर पहले तक रह-रहकर मचल रहे बुलबुले को एकाएक शांत हुआ देख, उसकी ओर कंकर उछालते हुए पूछा।

अचकचा गई सानिया, ''मै...मैम, आप बेफ्रिक रहें, मैं सब मैनेज कर लूँगी।''

''सानियाऽऽऽ, ऐसे काम पीछे के लिए नहीं छोड़े जाते हैं।'' तभी सामने से नमूदार हुई अमीना ख़ान को देख बात पलट दी, ''लो, बड़ी लंबी उम्र है! अभी हम तुम्हारी ही बात कर रहे थे।''

इस बीच जिसको जो खाना-पीना था, बैरा उसका ऑर्डर लेकर चला गया।

''अमीनाजी, मैंने आप सबको एक खास काम के लिए बुलाया है।'' इतना कह बहन भाग्यवती चुप्पी साध गई। वह इनके चेहरे और आँखों से इनकी जिज्ञासा को तौलना चाहती है। खासकर अमीना ख़ान की जिज्ञासा को।

''मैम, क्या हुआ?'' अमीना ख़ान ने घबराते हुए पूछा।

बहन भाग्यवती का टोटका सही वक्त पर काम कर गया, ''ऐसी कोई बात नहीं है, किसी अच्छे काम के लिए ही बुलाया है। बात दरअसल यह है कि एक अमेरिकी एजेंसी, मेरा मतलब है एनजीओ है यंग प्रेजीडेंट ऑर्गेनाइजेशन। भारत में वह मुसलमान और दलित लड़कियों के स्वरोजगार प्रशिक्षण के लिए कुछ एनजीओ को फंडिंग करना चाहती है। इसलिए उसे कुछ नोडल एजेंसियों की जरूरत है।''

खूबसूरत आयताकार मेज को घेरकर, करीने से रखे गए सोफों में धँसे जिस्म एकदम चौकन्ने हो गए।

''मैम, यह नोडल एजेंसी शब्द कुछ घिसा-पिटा और दकियानूसी-सा नहीं हो

गया है? मेरे ख्याल से इसकी जगह एनजीओ यानी मदर एनजीओ होना चाहिए। आजकल यह नाम खूब चल रहा है। इससे मातृत्व की सौंधी गंध का भी एहसास होता है।'' पुलकते हुए सुझाव दिया सानिया ने।

''यह तो उस ऑर्गेनाइजेशन का काम है कि वह नोडल एजेंसी रखना चाहेगी, या फिर मदर एनजीओ रखना चाहेगी। खैर, छोड़िए इसे। हम काम की बात करते हैं। इनकी एक मुख्य शर्त है कि ये नोडल एजेंसियाँ एफसीआरए[1] के तहत रजिस्टर्ड होनी चाहिए।''

''हमारे सर्वहारा और ग्रासरूट फाउंडेशन के पास तो है मैम एफसीआर। अमीनाजी का पता नहीं है।'' तपाक से बहन भाग्यवती को उत्तर दे सानिया ने अमीना ख़ान की तरफ मुस्कराते हुए देखा।

''अप्लाई कर रखा है मैम।'' इससे पहले कि बहन भाग्यवती अमीना ख़ान से पूछती, उसने पहले ही उत्तर दे दिया।

''तुम्हारे और कबीर के एनजीओ को तो शायद पहले भी विदेशी अनुदान मिल चुका है?''

''हाँ मैम, मेरे ग्रासरूट फाउंडेशन को तो पिछले साल ही डेनिडा[2] का एक प्रोजेक्ट मिला है...और सर्वहारा फाउंडेशन पिछले दो साल से सीडा[3] के एक प्रोजेक्ट पर काम कर रहा है।''

''तुम्हारा तो मुझे कुछ अंदाजा है लेकिन कबीर का नहीं पता कि इनका एनजीओ किस फील्ड में काम कर रहा है।''

''मैम, सर्वहारा फाउंडेशन आदिवासी इलाकों में रहनेवाले समुदायों के बीच उनकी टिकाऊ आजीविका के सृजन के लिए काम कर रहा है।''

''आपका टारगेट ग्रुप क्या है, कबीर भाई?'' अमीना ख़ान ने बीच में टोकते हुए पूछा।

''आदिवासी बेरोजगार युवा और महिलाएँ।''

''आपका काम सचमुच सराहनीय है। गांधीजी का भी यही सपना था।'' गांधी के नाम पर गहरा साँस लेते हुए इस बार बहन भाग्यवती अमीना ख़ान की ओर पलटी, ''...और आपका एनजीओ अमीनाजी?''

''हरियाणा और राजस्थान सरकार के सहयोग से मेवात में मुस्लिम गर्ल्स चाइल्ड एजूकेशन और ट्रेफिकिंग पर एक सर्वे बेस्ड प्रोजेक्ट पूरा किया है।''

''अच्छा एक बात बताओ, मेवात के बारे में एनजीओ के हवाले से कुछ दिन पहले एक अखबार में मैंने एक रिपोर्ट पढ़ी थी जिसमें लिखा था कि मेवात में एक

1. एफसीआरए (FCRA) : फॉरेन कंट्रीब्यूशन रेग्यूलेशन एक्ट।
2. डेनिडा : डेनिश इंटरनेशनल डेवलपमेंट एजेंसी।
3. सीडा : कैनेडियन इंटरनेशनल डेवलपमेंट एजेंसी।

भैंस की कीमत में बिकती हैं चार औरतें। यह क्या मामला है?'' बहन भाग्यवती ने पूछा।

''यह रिपोर्ट हमारे राहत फाउंडेशन के हवाले से ही छपी थी मैम। क्या है कि मेवात में पिछले कुछ सालों से पश्चिम बंगाल, झारखंड, असम और बिहार से औरतों की धड़ल्ले से तस्करी हो रही है। ऐसी औरतों को यहाँ पारो कहा जाता है। यह रिपोर्ट इन्हीं पारों को लेकर थी, जिन्हें यहाँ के कुछ मेवाती दलाल महज आठ से दस हजार रुपए में बेच देते हैं।''

''लेकिन एक भैंस की कीमत में चार औरतेंऽऽऽ!'' सानिया पटेल की जिज्ञासा बेकाबू हो गई जैसे।

''मेवात में क्या है कि छह-सात किलो दूध देनेवाली भैंस की कीमत कम से कम साठ-सत्तर हजार है, जबकि दलाल एक पारो को दस से पंद्रह हजार में बेचता है। इससे मतलब साफ है कि यहाँ भैंस की कीमत एक औरत से ज्यादा है।''

कबीर और सानिया की आँखें आश्चर्य से मिचमिचाने लगीं।

''एक पारो की जेठानी ने मुझे बताया कि एक रोज भरी दोपहरी में एक आदमी इसकी बाँह पकड़कर गाँव की गलियों में चिल्ला रहा था कि बच्ची ले लोऽऽऽ बच्ची! और मैम, एक पारो ने बड़ी मजेदार बात बताई कि मेवात के मर्द हमें चलवाकर देखते हैं कि कहीं कोई टाँग तो खराब नहीं है, ठीक से चल-फिर भी लेती है, या नहीं। दुपट्टा हटाकर हमारा जिस्म देखते हैं। जाँघ पर हाथ मारकर गोश्त देखते हैं हमारा।

''एक बार तो मैम क्या हुआ कि एक चौक पर एक दलाल चिल्लाते हुए एक लड़की की बोली लगा रहा था—एक हजार...एक हजार...! एक हजार एकऽऽऽक...एक हजार दोऽऽऽ...! तभी भीड़ में से एक बूढ़े की आवाज आई—दो हजार! मैम, ऐसी लड़कियों को यहाँ लाकर या तो खूँटे से बाँध दिया जाता है, या उनकी नीलामी कर दी जाती है। घरवाले उनसे धंधा करवाते हैं या फिर उन्हें दर-दर की भीख माँगने पर मजबूर कर देते हैं।''

''तो क्या यहाँ लॉ एंड ऑर्डर नाम की कोई चीज नहीं है?'' मारे आवेश के सर्वहारा फाउंडेशन के अध्यक्ष कबीर की एक पुरुष होने के नाते बाजू की मछलियाँ फड़फड़ाने लगीं, ''ये इस जुल्म के खिलाफ पुलिस में रिपोर्ट क्यों नहीं लिखवातीं?''

''आप किस लॉ एंड ऑर्डर की बात कर रहे हैं! दिल्ली से महज साठ किलोमीटर दूर बसा मेवात एक ऐसा टापू है, जहाँ कानून की पहुँच लगभग खत्म हो जाती है। एक बार कोई लड़की यहाँ पहुँच जाए, फिर तो उसकी बरामदगी नामुमकिन है। वैसे मेवात में शादी के लिए औरतों की खरीद कोई नई बात नहीं, लेकिन अब बात यहाँ तक आ पहुँची है कि दलाल इन्हें गलियों में बेचने लगे हैं।''

''और ये मानवाधिकार आयोग, राष्ट्रीय महिला आयोग कुछ नहीं करते हैं?''

सानिया पटेल की कनपटी की नसें स्त्री-शोषण के विरोध में तानपूरे की ताँत-सी खिंच आईं।

''मानवाधिकार और महिला आयोग! हुँ, ये तो इस इलाके के लिए किसी अनजान चिड़िया का नाम हैं।''

''लेकिन अमीनाजी, आप तो राज्य महिला आयोग की मेंबर रही हैं, फिर आप कैसे कह रही हैं कि ऐसे आयोग यहाँ के लिए अनजान हैं?''

''मेंबर तो मैं बाद में बनी थी मैम। मैंने ही सबसे पहले इस मुद्दे को राज्य महिला आयोग को भेजा था।''

''वैसे इस तस्करी के पीछे वजह क्या हो सकती है?''

''कबीर भाई, क्या है कि हरियाणा में कन्या-भ्रूण हत्याओं की बढ़ती तादाद की वजह से औरतों की आबादी कम होती जा रही है, इसलिए। अब बताइए कि जब इस तरह कन्या-भ्रूण हत्याएँ होंगी तो जाहिर है पारो का बाजार सजेगा और बोलियाँ लगेंगी। यहाँ ऐसी कई घटनाएँ और किस्से हैं जिन्हें सुनकर आपकी रूह काँप जाएगी।''

देखते-ही-देखते अमीना ख़ान ने ऐसा दृश्य पैदा कर दिया, मानो थोड़ी देर के लिए वे गेरुआ रंग के इस वातानुकूलित पिरामिड में नहीं, सचमुच किसी टापू पर लगी ऐसी मंडी में खड़े हैं, जहाँ चीखती-चिल्लाती, रोती-बिलखती असहाय-मासूम नाबालिग लड़कियों की जगह-जगह बोलियाँ लग रही हैं। लग रहा है जैसे वे जिंदा लाशों की किसी हाट में खड़े हैं।

''वैसे आपको अमीना की बातों पर विश्वास हो रहा है?'' बहन भाग्यवती ने सबको संबोधित करते हुए पूछा।

''मैम, यह तो सच है कि देश के बहुत से राज्यों में ऐसी ट्रैफिकिंग खूब हो रही है लेकिन अमीनाजी जैसा बता रही हैं, ऐसा मैं पहली बार सुन रही हूँ।''

''मान लिया तस्करी होती भी होगी लेकिन उनकी ऐसी खुलेआम बोलियाँ लगती होंगी, मुझे इसमें शक है। जहाँ तक कन्या-भ्रूण हत्या का सवाल है, मैंने सुना है मेवात में कन्या-भ्रूण हत्याएँ होती ही नहीं हैं। मुझे तब भी यह खबर गढ़ी हुई लगी थी और आज भी लग रही है।''

''हो सकता है मैम।'' सानिया बहन भाग्यवती से पूरी तरह नहीं एक हद तक सहमत होते हुए बोली।

''चलिए छोड़िए, काम की बात करते हैं। वैसे इस अमेरिकी संस्था को ऐसी ही एनजीओ की जरूरत है जिन पर वहाँ के स्थानीय लोगों को पूरा भरोसा हो बल्कि उसे अपने समुदाय में काम करने का भी अनुभव हो।''

''वैसे मैम यह काम क्या कराना चाहती है?'' सानिया ने सीधे मुद्दे पर आते हुए मतलब की बात पूछी।

"इस प्रोजेक्ट के तहत पहले चरण में बीस हजार लड़कियों को उनके स्वरोजगार के लिए सिलाई-कटाई और ब्यूटीशियन की ट्रेनिंग दी जाएगी। ट्रेनिंग के बाद दूसरे चरण में इन्हें मशीन और दूसरे टूल्स खरीदने के लिए ढाई से तीन हजार तक की नकद राशि दी जाएगी ताकि ये अपना खुद का काम शुरू कर, अपने आपको आर्थिक रूप से सशक्त बना सकें।"

"तो अमीनाजी बताइए फंड का बँटवारा कैसे होना चाहिए?" बहन भाग्यवती ने गेंद हल्के से अमीना ख़ान के पाले में सरका दी।

"मैम, यह तो आप ही बेहतर जानती हैं।" अमीना ख़ान ने बिना रोके बॉल वापस बहन भाग्यवती के पास पहुँचा दी।

"हाँ मैम, यही ठीक रहेगा।" कबीर ने बहन भाग्यवती का काम थोड़ा हल्का कर दिया।

"मेरे हिसाब से हमें सब मैम पर ही छोड़ देना चाहिए, क्यों कबीर?" सानिया ने बड़ी बारीकी से बहन भाग्यवती का सारा काम आसान कर दिया।

"ठीक है, अगर आपको मेरे ऊपर इतना ही भरोसा है तो मैं ही करती हूँ फैसला।"

इतना कह बहन भाग्यवती चिंतन की कुटिया में घुस गई।

जब तक न्याय की देवी चिंतन की अपनी कुटिया से बाहर नहीं आई, सब साँस रोककर उसका दरवाजा खुलने का इंतजार करते रहे। तीनों मन ही मन अपने आराध्यों के सामने यही प्रार्थनाएँ और दुआएँ करते रहे कि काश, न्याय की इस देवी को मतिभ्रम हो जाए और अधिक हिस्से की घोषणा वह उसके पक्ष में कर बैठे।

और जैसे ही न्याय की देवी तराजू की मुठिया थामे अपनी कुटिया से बाहर आई, सबकी साँसें मानो गले में अटक गईं। न्याय की देवी ने निस्पृह भाव से अपनी पलकें उठा, धीरे-से अपने सामने बैठे याचकों पर जिस भंगिमा के साथ दृष्टिपात किया, उससे एक पल के लिए तीनों की घिग्घी-सी बँध गई। सानिया ने पानी का गिलास उठाया और एक ही झटके में उसे रीता कर दिया।

"मैंने बहुत सोच-विचार किया है कि किसी के साथ किसी तरह की ना-इंसाफी ना होने पाए। मैंने पूरी निष्पक्षता के साथ जो बँटवारा किया है, उसके अनुसार ग्रासरूट और राहत फाउंडेशन के हिस्से में तीस-तीस और सर्वहारा फाउंडेशन के हिस्से में चालीस प्रतिशत आएगा। बोलो मंजूर है?"

बहन भाग्यवती के इस 'निस्पृह' और 'निष्पक्ष' बँटवारे पर तत्काल किसी ने कोई प्रतिक्रिया व्यक्त नहीं की। एक खामोशी बिछ गई उनके बीच। कबीर ने आँखों ही आँखों में सानिया को ताकीद कर दी कि वह एकदम मौन धारण कर ले।

"अमीनाजी, आपने कुछ कहा नहीं?" बहन भाग्यवती ने बगल में बैठी उसी अमीना ख़ान से पूछा, स्वाभाविक रूप से जिससे सबसे पहले पूछा जाना चाहिए।

''मैम, आप किसी के साथ ना-इंसाफी थोड़े ही करेंगी।''

अमीना ख़ान के मुँह से शायद सब यही सुनना चाहते थे।

''ठीक है। इसका मतलब यह हुआ कि डील पक्की।...और हाँ, एक बात और, बेशक यह ऑर्गेनाइजेशन अमेरिकी है लेकिन इसमें काम तो हमारी ही तरह इनसान करते हैं। कबीर, आपको तो विदेशी संस्थाओं के साथ काम करने का अच्छा-खासा अनुभव है...आप समझ रहे हैं न, मैं क्या कहना चाहती हूँ?''

''जैसा आप कहेंगी, हो जाएगा।'' कहते हुए कबीर ने अमीना ख़ान की ओर देखा। सहमति में अमीना ने भी अपना सिर हिला दिया।

''सानिया अब 'उस' बारे में बात करना!''

''आप 'उसकी' चिंता न करें मैम।'' सानिया जैसी समझदार के लिए इतना इशारा काफी था।

इसके बाद इटोपिया में जमकर डिनर हुआ। वैसा ही जैसा डिनर के नाम पर ऐसे ठियों पर होता है। डिनर खत्म होते ही सबसे पहले बहन भाग्यवती ने विदा ली।

कबीर भी पार्किंग से गाड़ी लेने चला गया।

इससे अच्छा मौका और क्या हो सकता है सानिया के लिए, ''अमीना, मेवात में क्या ऐसा सचमुच होता है या यह एक प्लांटेड खबर थी?''

''यार, यह भी कोई पूछने की बात है। खबर को सेंसेशनल बनाने के लिए थोड़ा-सा मसाला लगाना ही पड़ता है। वरना हम और आपको कौन पूछेगा। दरअसल, उस अखबार की वह रिपोर्टर मेरी पुरानी दोस्त है, उसी ने प्लान की थी यह रिपोर्ट।''

''लेकिन ऐसी सनसनी फैलाकर तुझे मिला क्या?''

''मिला क्या! माई डियर, उसी रिपोर्ट ने ही तो मुझे महिला आयोग का मेंबर बनाया है। मेवात में गर्ल्स चाइल्ड एजूकेशन और ट्रैफिकिंग पर जो प्रोजेक्ट मिला था, उसकी वजह भी यही रिपोर्ट थी। आज हालत यह है कि यहाँ जो भी प्रोजेक्ट आता है, सबसे पहले राहत फाउंडेशन को ऑफर किया जाता है।''

''हाँ, यह तो मैं देख ही चुकी हूँ कि मेवात पर राहत फाउंडेशन का पूरा कब्जा है।''

''सानिया, व्यवस्था में ऐसे ही सेंध लगाकर स्पेस बनाया जाता है। यार, चार औरतों की कीमत एक भैंस के बराबर बताने-भर से अगर पूरा मुल्क आपको जानने लगे, तो इन भावों में बुराई क्या है। हाँ, बहनजी का यह कहना एकदम सही है कि मेवात में कन्या-भ्रूण हत्याएँ नहीं होती हैं।''

''अच्छा सुन, इस भैंस पुराण के चक्कर में कहीं भूल ना जाऊँ। इन अमेरिकी इनसानों का क्या करना है?''

''करना क्या है...जैसा यह गांधी की शागिर्द कहेगी, कर लेंगे।''

''औरऽऽऽर इस शागिर्द का?''

''जितना तूने किया है मैं भी कर दूँगी।''

''तुझे कैसे पता कि मैंने कर दिया है?''

''सानिया इस एनजीओ की दुनिया में पिछले दस सालों से मैं चप्पलें चटका रही हूँ। लफ्जों के मतलब मैं इनके लबों के बाहर आने से पहले समझ लेती हूँ। बहनजी का तुझसे यह कहना कि 'अब उस बारे में भी बात करना', और फिर डिनर के तुरंत बाद निकल जाने का मतलब यह अमीना अच्छी तरह जानती है...लो, कबीर भाई आ गए।'' पीछे से हॉर्न बजाती कार की हैड लाइट्स से भीगे फर्श को देखते हुए कहा अमीना ख़ान ने। कबीर-सानिया के जाते ही गेरुआ रंग की विशाल दीवारों वाले इस आधुनिक पिरामिड यानी इंडिया हैबिटेट सेंटर के खुले अहाते में, दूधिया रोशनी में नहाई अमीना ख़ान ने जोर की लंबी साँस ली। फिर एक बार हल्के-से पीछे पलटकर देखा और मुस्कराते हुए किसी पुरानी गजल के मिसरे को गुनगुनाती हुई पार्किंग की ओर बढ़ गई।

बीस

अच्छा हुआ जो गंगाधर आचार्य अनशन के लिए राजी नहीं हुए।

उनका मन एक गहरी निराशा के साथ-साथ वितृष्णा और आत्मग्लानि से भर गया कि अभाव और गरीबी को भी अपनी सफलता के लिए खाद-पानी की तरह इस्तेमाल किया जा सकता है। आज उन्हें रह-रहकर उस चौहत्तर साल के बूढ़े गांधीवादी की सूझ पर तरस और हँसी, दोनों आ रही हैं कि वह कैसे गांधी के कुछ झूठे वारिसों के झाँसे में आ गया? कैसे भादों की देह चाटती धूप और शिराओं में बहते रक्त को सोखने वाली उमस में अपने आपको एक विशाल मृत्युशैय्या के हवाले कर दिया? कैसे उसने कुछ बौद्धिक दलालों पर यकीन कर लिया, जिनके हाथ किसी को सहारा देने के लिए नहीं बल्कि उसकी मौत की कामना में उठे हुए थे? गंगाधर आचार्य को अब इस बूढ़े पर संदेह-सा होने लगा है कि सचमुच यह गांधीवादी है भी? भला एक गांधीवादी इतना भोला और इस हद तक मूढ़ हो सकता है? अगर कहीं गांधी के इन अवसरवादी और नकली वारिसों की सदिच्छानुसार इस बूढ़े की साँसें थम गई होतीं तो? आगे की कल्पना कर गंगाधर आचार्य का हलक सूखने लगा। दिवंगत आत्मा और पंचतत्व में लीन हो चुके शरीर का तो पता नहीं क्या होता, पर ये अवसरवादी वारिस आज सुलगते नरमुंडों के ढेर के किनारे बैठ, झाँझ-मजीरों के साथ मजे से पंडित श्रद्धाराम फिल्लौरी द्वारा रचित आरती गा रहे होते।

स्वर्ण जयंती मुक्ति उत्सव से लौटे हुए उन्हें छह महीने से ऊपर हो गए हैं लेकिन उन्होंने एक बार भी बहन भाग्यवती से यह जानने की कोशिश नहीं की कि अपने जिस प्रस्ताव को वे उनके हाथों में देकर आए थे, उसका क्या हुआ। भविष्य में वे इसके बारे में पूछेंगे भी नहीं। वे बार-बार वापस सर्वोदयी कल्याण सभा लौटकर अपने आपसे पूछते रहे कि बहन भाग्यवती के पास जाने का उनका फैसला कितना सही था?

इसी द्वंद्व और आत्मग्लानि से गंगाधर आचार्य रास्ता ढूँढ़ने लगे। अंतत: उन्हें जो रास्ता सूझा, उसके अलावा उनके पास कोई दूसरा विकल्प नहीं है। अगले महीने वे दिल्ली जाएँगे, तभी बहन भाग्यवती से इस बारे में खुलकर बात करेंगे।

परेशान हो उठे गंगाधर आचार्य। कई फोन कर चुके हैं पर मजाल है बहन भाग्यवती से बात तो हो जाए। हारकर खीजते हुए उन्हें निजी सचिव से कहना ही पड़ा कि यह उनका अंतिम फोन है। इसके बाद वे फोन नहीं करेंगे।

''सर, मैं देखती हूँ...प्लीज होल्ड ऑन।''

झल्ला उठी अध्यक्ष बहन भाग्यवती। अपने निजी सचिव को डाँटते हुए बोली, ''कह दो कि मैं एक जरूरी मीटिंग में हूँ...और हाँ, अगर वे अपने प्रोपोजल के बारे में पूछें तो बता देना कि अभी समय लगेगा।''

''मैम, मैंने पूछा था, कह रहे थे कि उन्हें आपसे कुछ व्यक्तिगत बातें करनी हैं। सवेरे से मैम कई फोन आ चुके हैं उनके। इस बार तो उन्होंने कह भी दिया है कि यह उनका आखिरी फोन है।''

सुनते ही बहन भाग्यवती बेचैन हो उठी कि ऐसी कौन-सी व्यक्तिगत बात है, जिसे करने के लिए वे इतने व्यग्र हैं। कुछ पल सोचकर अध्यक्ष ने लाइन ले ली।

बात खत्म होते-होते चैंबर में पहले से बैठी डॉ. वंदना राव, सानिया पटेल और अमीना ख़ान विस्मय से बहन भाग्यवती को देखने लगीं। ऐसी कौन-सी बात है जिसे कहने के लिए वे इनसे मिलने को बेचैन हैं। सानिया पटेल और अमीना ख़ान ने आपस में पहले एक-दूसरे की ओर देखा, फिर चुपके से बहन भाग्यवती की तरफ ऐसे देखा जैसे वे उससे पूछ रही हों कि कहीं इस गंगाधर आचार्य को उनके बीच हुई डील की भनक तो नहीं लग गई है?

''ऐसी कोई बात नहीं हैं, बस ऐसे ही मिलना चाह रहे हैं।'' सानिया पटेल और अमीना ख़ान की चिंता और डर को दूर करते हुए कहा बहन भाग्यवती ने।

गंगाधर आचार्य ने निर्णय ले तो लिया, लेकिन वे अंतर्द्वंद्व के भँवर में हिचकोले खाने लगे कि जो वे करने जा रहे हैं, वह उचित है? कैसा लगेगा बहन भाग्यवती को उनका फैसला सुनकर? जैसे-जैसे परिषद नजदीक आने लगी, उनकी धड़कनें बढ़ने लगीं। निर्णय-अनिर्णय के बीच झूलते हुए उन्हें पता ही नहीं चला कि वे कब स्वागत-कक्ष में पहुँच गए। आगंतुक रजिस्टर में अपना नाम दर्ज कर वे अध्यक्ष के चैंबर की ओर बढ़ गए।

वही हुआ जिसका उन्हें पहले से अंदेशा था। अंदर से छन-छनकर आते ठहाकों से वे जान गए कि अंदर कौन हो सकता है।

''आइए आचार्यजी! माफ करना, एक जरूरी मीटिंग चल रही थी, इसलिए बात नहीं कर पाई।''

''कोई बात नहीं।'' कहते हुए आचार्यजी ने अध्यक्ष को घेरकर बैठी कुर्सियों पर उड़ती-सी नजर डाली और एक खाली कुर्सी पर बैठ गए।

हैरानी हुई गंगाधर आचार्य को यह देखकर कि उनके आते ही पूरे चैंबर में

एकाएक खामोशी छा गई। अंदर आने से पहले जो ठहाके सुनाई दे रहे थे, पता नहीं कहाँ छिप गए!

"कहिए, ऐसी कौन-सी बात है जिसे कहने के लिए इतने उतावले हुए जा रहे थे?" मुस्कराते हुए बहन भाग्यवती ने पूछा।

गंगाधर आचार्य ने अपनी चारों तरफ देखा, फिर थोड़ा सहज होते हुए बोले, "बहनजी, माफी चाहता हूँ। मुझसे नहीं होगा यह सब।"

"क्या नहीं होगा, आचार्यजी!"

"यही रोज-रोज दिल्ली के चक्कर काटना।"

"इसमें परेशानी की ऐसी कौन-सी बात है। जरूरत पड़ने पर आदमी को जाना ही पड़ता है।"

"नहीं बहनजी! मैं अपनी सर्वोदयी कल्याण सभा में ही खुश हूँ। इस उम्र में इतनी भाग-दौड़ बहुत मुश्किल है। जितना मुझसे बन पड़ेगा, कर लूँगा। वैसे भी मैं यह सब केवल आत्मसंतोष के लिए करता हूँ। धन कमाना कभी मेरी कामना नहीं रही।"

"लेकिन अगर धन आ रहा है तो उसे ग्रहण करने में क्या बुराई है?"

"बात बुराई की नहीं, बात मन की है बहनजी। समाज सेवा के रूप में गांधीजी ने जो मिशन शुरू किया था, कोशिश करूँगा उसे पूरा करता रहूँ।"

"आप जिस मिशन की बात कर रहे हैं आचार्यजी वह तो गांधीजी की हत्या के साथ ही समाप्त हो गया।"

"आप सही कह रही हैं वंदनाजी। कुछ उनकी हत्या के साथ समाप्त हो गया और जो थोड़ा-सा बच गया था, उसे हम जैसे लोगों ने समाप्त कर दिया।"

"दुनिया ऐसे ही चलती है।"

"आपके लिए चलती होगी।" गंगाधर आचार्य ने दबोचते हुए उत्तर दिया समाजविज्ञानी डॉ. वंदना राव को।

"आचार्यजी, सचमुच आप किसी भाग-दौड़ के कारण ऐसा कर रहे हैं, या इसके पीछे कोई और कारण है?" संदेह-सा हुआ कुछ बहन भाग्यवती को एकाएक इस तरह गंगाधर आचार्य को गंभीर होते देख।

"बहनजी, बापू ने हमें ऐसे सुराज का सपना तो नहीं दिखाया था!"

"आप किस सुराज की बात कर रहे हैं? यह केवल मन की तसल्ली देने वाली बात है।" इसके बाद बहन भाग्यवती जैसे कुछ कहते-कहते रुक गई।

उसने गंगाधर आचार्य से नजर बचाते हुए सानिया को धीरे-से इशारा किया। सानिया समझ गई बहन भाग्यवती का इशारा। वह तुरंत कुर्सी से उठी और डॉ. वंदना व अमीना ख़ान को यह कहते हुए साथ लेकर बाहर निकल गई, "मैम, आप आचार्यजी से बात करिए। हम अभी आए।"

चैंबर में अध्यक्ष की कुर्सी के ठीक ऊपर महीन मुस्कान बिखेरती बापू, वर्तमान

राष्ट्रपति और प्रधानमंत्री की तस्वीरों के अलावा बहन भाग्यवती और गंगाधर आचार्य ही रह गए। बहन भाग्यवती मेज पर कुहनी टेकते हुए आगे झुकी और वक्र मुस्कान उछालते हुए गंगाधर आचार्य के आत्मबल को भेदते हुए बोली, ''सुराज तो आचार्यजी हम अपने ही घरों में नहीं ला पाए।''

''मैं कुछ समझा नहीं?'' अचकचा गए गंगाधर आचार्य।

''यही कि एक तरफ तो हम साम्राज्यवादियों को कोसते हुए नहीं थकते हैं और दूसरी तरफ अपने ही बच्चों को हम उनकी बहुराष्ट्रीय कंपनियों का सेवादार बनने की इजाजत देते हैं...यह कौन-सा सुराज हुआ? चलिए, थोड़ी देर के लिए मान लेते हैं कि यह बच्चों का फैसला है और उनके निजी मामलों में हम कुछ नहीं कर सकते, लेकिन, अपना अच्छा-बुरा तो हम सोच ही सकते हैं। इसलिए मेरी सलाह है कि थोड़ा ठंडे मन से सोचो। समझदारी से काम लो थोड़ा। आचार्यजी, मैं चाहती हूँ कि लोग आपके इस सेवाभाव का आदर करें। सरकार आपके कार्य को उचित सम्मान प्रदान करे। सबसे बड़ी बात यह है कि आपकी जेब से नहीं जा रहा है बल्कि कुछ मिल ही रहा है।''

गंगाधर आचार्य एकदम खामोश। जबड़े की नसें खिंच आईं। लगा जैसे बहन भाग्यवती एक के बाद उनके गालों पर तड़ातड़ तमाचे जड़ रही है।

''इस सुराज की चाह ने आचार्यजी हम जैसों को ही सबसे ज्यादा ठगा है। इसकी आस में सबसे ज्यादा तबाह भी हम जैसे लोग ही हुए हैं। हम इसके सपने में खोए रहे और चतुर-सुजान इसके मालिक बन बैठे। हमें क्या मिला? हम तो वहीं के वहीं रह गए। आपको पता है कॉमरेड सोहनलाल 'प्रचंड' के ये दोनों परम शिष्य कबीर और सानिया पटेल, जो कल तक वंचितों के हक की बात करते थे...कार्यकर्त्ताओं के बीच कम्युनिस्ट पार्टी का घोषणा-पत्र बाँटते फिरते थे, एनजीओ की दुनिया में आज इनका एक साम्राज्य है। आपके पास क्या है? सभा के नाम पर वही एक छोटी-सी दुकान। कभी जाकर देखो इनका रहन-सहन। इन्होंने इतनी छोटी उम्र में जितना कमा लिया, आप अगर दूसरा जन्म भी ले लें, तब भी नहीं कमा सकते। इतनी कमाई कर ली है इन दोनों ने। मैं आज भविष्यवाणी करती हूँ कि भविष्य में ये दोनों बहुत आगे जाएँगे। एक बात और आचार्यजी, कि आजादी के बाद के अगर कोई सबसे बड़े दो झूठ हैं, तो वे हैं सुराज और सामाजिक न्याय।''

'कमाई' शब्द को सुनकर गंगाधर आचार्य की आँखों में एक साथ अनेक चित्र बनने-बिगड़ने लगे।

तभी दरवाजा खुलता देख बहन भाग्यवती चुप हो गई। दरवाजा खुला तो देखा चपरासी जूस लेकर आया है। जूस का गिलास आचार्यजी की ओर बढ़ाते हुए बोली, ''आचार्यजी, बापू ने तो और भी बहुत सारे सपने दिखाए थे, क्या आज वे सब पूरे हो गए हैं?''

"आज मेरा उपवास है।" जूस का गिलास लेने से मना करते हुए कहा आचार्यजी ने।

"मगर उपवास में तो फलों का निषेध नहीं होता!"

"बेशक नहीं होता, पर इतना संयम तो बापू सिखा ही गए हैं।"

"आज के जमाने में इतना आसान नहीं है बापू बनना।"

"कोई किसी की जगह नहीं ले सकता बहनजी...न मैं, न आप।"

"एक बार और सोच लो!"

"बहनजी, मेरा यह अंतिम निर्णय है।"

"जैसा आप उचित समझें, पर मेरा एक अनुरोध है अभी कुछ दिन और ठहर जाइए। अभी मैं कुछ परेशान हूँ। तब तक क्या पता आपका भी मन बदल जाए!" इतना कह बहन भाग्यवती ने चपरासी से डॉ. वंदना राव, सानिया पटेल और अमीना ख़ान को अंदर भेजने के लिए कह दिया।

"आज्ञा दीजिए, अब मैं चलता हूँ!"

बहन भाग्यवती की इजाजत का इंतजार किए बगैर आचार्यजी जाने के लिए खड़े हो गए।

परिषद से बाहर आ गंगाधर आचार्य ने खुले में जोर की साँस ली। किसी गहरे दलदल में धड़ तक जा फँसी देह को उन्होंने जैसे खींचकर बाहर निकाल लिया। उन्होंने पलटकर एक बार परिषद की ओर देखा और तेज-तेज कदमों से बस स्टॉप की ओर बढ़ गए। थोड़ा आगे जाकर अचानक उन्हें लगा जैसे एक चिर-परिचित सरकारी कार तेजी से उनके बगल से गुजरी है। परदे लगी अधखुली खिड़कियों से बाहर ठहाकों को पहचानने में उन्हें जरा भी देर नहीं लगी। पिछले कुछ दिनों में गंगाधर आचार्य इन ठहाकों की खनक से इतना तो जान ही गए हैं कि इनमें कौन-सा ठहाका समाजविज्ञानी व स्त्री अध्येता डॉ. वंदना राव का है, और कौन-सा ग्रासरूट फाउंडेशन की एक्जीक्यूटिव डायरेक्टर सानिया पटेल का, कौन-सा अल्पसंख्यक समुदाय में पैठ बना चुके राहत फाउंडेशन की अमीना ख़ान का है, तो कौन-सा ठहाका उनकी समकालीन गांधीवादी और परिषद की मौजूदा अध्यक्ष बहन भाग्यवती का।

इक्कीस

सरला बजाज के पाँव जमीन पर नहीं पड़ रहे हैं।

पूरे घर की दीवारें झंकृत हो उठीं। मारे किलकारियों के घर की एक-एक चीज किलक रही है। सरला बजाज ने इसकी कल्पना भी नहीं की थी कि उसकी पसंदीदा नायिका और एक बड़े औद्योगिक घराने की बहू का एक दिन यूँ अचानक फोन आ जाएगा। फैशन डिजाइनिंग की छात्रा, अखिल भारतीय अबला मंच की भावी वारिस और एनजीओ दुनिया का भविष्य यानी सरला बजाज की इकलौती पुत्री डिंपल, माँ की इस खुशी में शामिल होते हुए मचल गई कि वह भी साथ चलेगी। बहुत समझाया माँ ने परंतु इकलौती पुत्री, वह भी लाड़ली बेटी, के सामने अन्य माँओं की तरह सरला बजाज ने भी अंतत: आत्मसमर्पण कर दिया।

सरला बजाज ने अपने कजन के दामाद को यह खुशखबरी सुनाते हुए साथ में यह न्यौता भी दे दिया कि शाम को वह गाड़ी लेकर आ जाए।

ठीक चार बजे पहुँच गया कजन का दामाद। जीजा ने अपनी साली और फैशन डिजाइनिंग की छात्रा डिंपल को देखा, तो उसकी आँखों में शोखियों के डोरे तैर आए।

तीन तिगाड़ा, काम बिगाड़ा।

चलने से पहले सरला बजाज ने अपने अलावा दामादजी और बेटी डिंपल की ओर देखा तो अनायास यह कहावत ताजा हो गई। मगर मजबूर थी बेटी की जिद्द के आगे।

डालमिया हाउस के पास पहुँचकर सरला बजाज ने घड़ी देखी। दस मिनट हैं अभी पाँच बजने में। जब कोई आपको अपने मतलब से बुलाए, तब पाँच-सात मिनट पहले पहुँचने में कोई हर्ज नहीं है—यही सोचकर उसने दामादजी को सीधा चलने के लिए कहा।

अपने जमाने की मशहूर अदाकारा, हॉरमनी फॉर गोल्डन फाउंडेशन व एंपावर एलायंस की प्रमुख, अमेरिकी बिजनेस पत्रिका 'फोर्ब्स' के मुताबिक दुनिया के दस अरबपतियों की पत्नियों में से एक, डालमिया ग्रुप ऑफ इंडस्ट्रीज की सीईओ और पारम्परिक, आधुनिक तथा समकालीन भारतीय कलाओं की पारखी टीना डालमिया

सरला बजाज का ही इंतजार कर रही है। मगर साथ में आई एक युवती और दामादजी को देख वह असहज हो उठी। वही हुआ जिसका डर था यानी तीन तिगाड़ा, काम बिगाड़ा। सरला बजाज भाँप गई अपनी पसंदीदा नायिका की दुविधा।

''मैडम, दमादजी को तो आप जानती ही हैं। यह मेरी बेटी डिंपल है। जिद्द करने लगी कि आपको आज एकदम पास से देखकर मानेगी!'' खिसियाते हुए अपनी इकलौती बेटी का परिचय दिया सरला बजाज ने।

टीना डालमिया की अनुभवी आँखों ने डिंपल को ऊपर से नीचे देखते हुए जैसे उसका पूरा नाप ले लिया।

''सरलाजी, मैंने आपको एक खास काम के लिए बुलाया है। सानियाजी का तो कुछ पता नहीं चल रहा है, इसलिए आपको फोन कर दिया।''

''वो क्या है मैडम कि उसके हस्बैंड का भी एक एनजीओ है न किसी आदिवासी इलाके में...कई बार वईं चली जाती है।''

''यह तो मुझे पता है...खैर छोड़िए, काम की बात करते हैं। सरलाजी, हमारी एनजीओ हारमनी फॉर गोल्डन फाउंडेशन बुजुर्गों के लिए इंडिया गेट पर एक हाफ मैराथन दौड़ कराने जा रही है। इस दौड़ में हमने बुजुर्गों की हौसलाअफजाई के लिए बड़े-बड़े स्टार्स जैसे प्राण, लता दीदी, जावेद साहब, खय्याम साहब, देव साहब...''

''पर मैम देव साहब और प्राण की तो...''

''सॉरी!'' इससे पहले कि डिंपल अपनी मम्मी की पसंदीदा नायिका की गलती सुधारती, नायिका ने पहले ही उसे स्वीकार करते हुए कहा, ''हमने ऐसे लोगों को मुख्यधारा में लाने के लिए इस दौड़ में शामिल किया है, जिन्हें हम अपने आप से अलग करते जा रहे हैं। मेरा मानना है कि बुजुर्गों के लिए खाली ओल्ड ऐज होम बना देने से उनकी परेशानियाँ खत्म नहीं होंगी बल्कि इनका जीवन में एक्टिव बने रहना बहुत जरूरी है। इसी को बनाए रखने के लिए हमारी एनजीओ ने बुजुर्गों से दौड़ लगवाने का फैसला लिया है।''

''मैडम, आइडिया तो बहुत अच्छा है, यह तो बड़ा ही पुन्न का काम है।'' इसके बाद सरला बजाज एकाएक गंभीर होती चली गई, ''मैडम, जैसा हम अपने बुजरगों के साथ करेंगे, वैसा ही हमारे बच्चे हमारे साथ करेंगे। अपने बुजरगों की हमें बैसीई इज्जत करनी चहिए जैसी उन्होंने हमें बचपन में दी है।''

''आप सही कह रही हैं सरलाजी। वही इज्जत और सम्मान देने के लिए तो हम यह सीनियर सिटीजन हाफ मैराथन कराने जा रहे हैं।''

''ममा, फिर तो हम दादी को भी लाएँगे।'' एनजीओ दुनिया के भविष्य डिंपल ने चहकते हुए कहा।

''हाँ-हाँ सरलाजी, उन्हें भी जरूर लाइएगा।''

''पर मैडम, वे तो ह्वीलचेयर पर हैं। वे कैसे दौड़ पाएँगी?''

''यह तो और भी अच्छा रहेगा। हम पब्लिक और मीडिया को यही तो दिखाना चाहते हैं कि देखो हम अपने बुजुर्गों की कितनी इज़्ज़त करते हैं।''

अखिल भारतीय अबला मंच की अध्यक्ष सरला बजाज ने सिर थाम लिया।

''ऐसा करते हैं सरलाजी कि ह्वीलचेयर वाले सीनियर सिटिजंस का एक अलग ग्रुप बना देते हैं। मैं अपनी फिल्म इंडस्ट्रीज के कुछ ऐसे सेलिब्रिटीज को लाने की भी कोशिश करूँगी।''

घर से चलते समय जिस कहावत के भय से सरला बजाज सहम गई थी, वह उसे अब सच होती नजर आ रही है। ऐसे ही अनिष्ट के डर से वह डिंपल को साथ नहीं लाना चाह रही थी।

''सरलाजी, आप एक काम और कर सकती हैं कि अपने आसपास और गली-मोहल्ले में जितने भी सीनियर सिटिजंस हों, उन्हें भी साथ लाइएगा। इनके लिए हम एक लक्की ड्रा निकालेंगे।''

''जी-जी मैडम!'' थूक निगलते हुए हामी भरी सरला बजाज ने।

इधर अखिल भारतीय अबला मंच की अध्यक्ष सरला बजाज का आगे की कल्पना में दम सूखा जा रहा था, उधर इस संभावित सीनियर सिटिजन हाफ मैराथन दौड़ में गिरते-पड़ते बुजुर्गों की कल्पना में, उसके कजन के दामाद की हँसी रोके नहीं रुक रही थी। पेट में हँसी की ऊँची-ऊँची हिलोरें उठने लगीं। वह धीरे-से उठा और बाहर लॉन में आ गया। मुँह पर रुमाल रख हँसते-हँसते लोटपोट हो गया, यह सोच-सोचकर कि कैसा होगा वह दृश्य जब शहीदी स्मारक के इर्द-गिर्द लड़खड़ाती, गिरती-पड़ती बुजर्गों की फौज, दोनों तरफ बिछी लाल बजरी पर जमा तमाशबीनों की करतल ध्वनियों से इज़्ज़त पा रही होगी। कैसा होगा वह पल जब उसकी सत्तर साला ददिया सास हाँफते हुए अव्वल आने की चाह में, बिना किसी सहारे के कुम्हलाई हथेलियों से अपनी ह्वीलचेयर को धकियाते हुए किलकती भीड़ में आगे सरक रही होगी। आगे की कल्पना करते-करते अचानक दामाद की आँखों के आगे धुँधलका-सा छाने लगा। लगा जैसे पतली जिल्द में लिपटा एक निर्जीव पुतला ह्वीलचेयर पर पड़ा है। थोड़ी देर पहले मारे हँसी के पेट में जो हिलोरें उठ रही थीं, वे एकाएक भाटे में बदलती चली गईं।

वापस अंदर आ गया सरला बजाज के कजन का दामाद।

''जस्ट इमेजिन सरलाजी कि जब बड़ी-बड़ी फिल्मी सेलिब्रिटीज के साथ हमारे बुजुर्ग, अपने आपको मेनस्ट्रीम में जुड़ने और इज़्ज़त पाने के लिए इंडिया गेट पर दौड़ रहे होंगे, तब उन्हें कितनी खुशी हो रही होगी। आपकी मदर-इन-ला को ह्वीलचेयर पर रेस लगाते हुए कितनी खुशी हो रही होगी।'' मारे रोमांच के एक अमेरिकी बिजनेस पत्रिका के अनुसार दस अरबपतियों में से एक; आधुनिक, पारम्पारिक तथा समकालीन भारतीय कलाओं की पारखी और एक बड़े औद्योगिक

घराने की कलावंत-समाजसेवी बहू का भरा हुआ पृथुल शरीर लरजने लगा।

''सरलाजी, मैंने मुंबई में भूखे और अनाथ बच्चों के लिए एक डांस शो किया था—डांस फॉर हंगर। मैं ऐसा ही एक शो जैसे म्यूजिक फॉर हंगर, दिल्ली के कलस्टर एरिया के गरीबों के लिए करना चाहती हूँ ताकि कोई भूखा न रहे।''

''यह तो बड़ा पुन्न का काम होगा मैडम। किसी ने सच ही कहा है कि म्यूजिक में वो दम है, जो मुश्किल से मुश्किल काम को आसान बना देता है। मैडम, एक काम हो सकता है कि यह शो उनकी झुग्गी-झोपड़ियों में ही किया जाए। इसमें उस पंडिज्जी की तानपुरे वाली उस लड़की को भी बुलवाया जाए, जो अमेर्का में रहती है...दमादजी, क्या नाम है उस कुड़ी का?''

दामादजी बगलें झाँकने लगा कि उसकी मम्मीजी ने यह कैसा वस्तुनिष्ठ प्रश्न पूछ लिया।

''कहीं आप पंडित रविशंकर की बेटी अनुष्का की बात तो नहीं कर रही हैं?''

''जी-जी, उसी की बात कर रही हूँ।''

''मेरा भी उसी को बुलाने का इरादा है। जरा सोचिए कि जिन गरीबों को दो वक्त की रोटी नसीब नहीं होती हो सरलाजी, उनके बीच सितार बजाते हुए जब अनुष्का शंकर जैसी सेलिब्रिटी होगी, तब इन गरीबों को कितनी राहत मिलेगी। सरलाजी, यह हम जैसे लोगों की सामाजिक जिम्मेदारी है कि हम गरीब और भूखे लोगों के लिए कुछ करें। मेरी तो आत्मा इन लोगों के लिए बहुत तड़पती है।''

''मैम, एक बात पूछूँ आपसे?''

डिंपल के इतना कहते ही सरला बजाज का चेहरा स्याह पड़ गया कि अभी तक तो वह कहावत सच नहीं हुई है लेकिन यह डिंपल की बच्ची उसे अब सच करके ही मानेगी। आँखें निकालते हुए सरला बजाज जब तक बेटी को रोक पाती, तब तक टीना डालमिया के होंठों से यह निकल चुका था, ''हाँ पूछो!''

''आपको ऐसे नोबेल काम और गरीबों की सेवा करने की प्रेरणा कहाँ से मिलती है?''

सरला बजाज ने राहत की लंबी साँस ली। उसे आज पता चला कि उसकी इकलौती बेटी में सचमुच अखिल भारतीय अबला मंच की वारिस बनने की संभावनाएँ कूट-कूट कर भरी हुई हैं।

अपने जमाने की मशहूर अदाकारा और एक बड़े औद्योगिक घराने की समाज सेवी, कलावंत बहू इस प्रश्न पर किसी गहरे चिंतन में उतर गई। वापस लौटी तो एक दार्शनिक भरे अंदाज के साथ, ''वैसे तो मुझे बचपन से ही गरीबों की सेवा करने का शौक है लेकिन असली प्रेरणा मुझे मदर टेरेसा और गांधीजी से मिली है।''

'माई आवा गांधी नहीं आँवले का मुरब्बा हो गया कि जिसके जी में आया, उसी ने मर्तबान में अँगुली डाली और चाट गया।' दामादजी ने झुंझलाते हुए मन ही मन कहा।

''वैसे मैडम, यह प्रोग्राम सुल्तानपुरी, मंगोलपुरी, कल्याणपुरी की झुग्गी-झोपड़ियों में हो तो बहुत अच्छा रहेगा।'' इससे पहले कि डिंपल आगे कोई जिज्ञासा व्यक्त करती, सरला बजाज ने उस पर विराम लगाते हुए कहा।

''आप ठीक कह रही हैं सरलाजी। अंडर प्रिविलेज्ड बच्चों के लिए मेरा मन बहुत कुछ करने को कहता है...।'' अचानक इस बीच टीना डालमिया को जैसे कुछ याद आया, ''सरलाजी, सॉरी। आपकी बेटी के बारे में पूछना तो मैं भूल ही गई।'' फिर वह डिंपल की ओर पलटी, ''क्या करती हो बेटा?''

''मैम, फैशन डिजाइनिंग का कोर्स कर रही हूँ।''

''अरे वाह!'' इतना कह पारम्परिक, आधुनिक तथा समकालीन कलाओं की पारखी टीना डालमिया किसी सोच में उतर गई। वापस बाहर आई मगर एक अनूठी संकल्पना के साथ, ''ऐसा न करें सरलाजी कि म्यूजिक फॉर हंगर के साथ-साथ एक फैशन शो भी किया जाए?'' इसके बाद कलापारखी टीना डालमिया ने अपने सामने बैठी फैशन डिजाइनिंग की छात्रा और एनजीओ दुनिया के नए भविष्य का पुनः नख-शिख नाप लिया और उसकी प्रतिभा को पहचानते हुए बोली, ''डिंपल इस बारे में सोचकर मुझे जल्दी बताना!''

अखिल भारतीय अबला मंच की वर्तमान अध्यक्ष और भावी वारिस अर्थात् माँ-बेटी मारे खुशी के चीखते-चीखते रह गईं। सरला बजाज का बस नहीं चला वरना वह दौड़कर अपनी प्रतिभाशाली इकलौती सुपुत्री को अंक में भर लेती। फिर भी उसने टीना डालमिया से नजर बचाकर बेटी की बलाएँ ले ही लीं।

''सरलाजी, हमारा डालमिया ग्रुप ऑफ इंडस्ट्रीज जल्द ही अलग-अलग क्षेत्रों में काम करने वाले लोगों को सालाना अवार्ड देने की योजना भी बना रहा है। इसमें हमने सोशल सेक्टर को भी शामिल किया है। यह अवार्ड हम हर साल किसी बड़े फाइव स्टार होटल में देंगे। हमने इसके लिए अपना मीडिया पार्टनर भी तय कर लिया है। अगर आपकी नजर में ऐसी कोई एनजीओ हो जिसे अवार्ड के लिए नॉमिनेट किया जा सकता हो, जरूर बताइएगा।...तो ठीक है, फिलहाल आप इस सीनियर सिटीजन हाफ मैराथन दौड़ की तैयारी में लग जाइए। मैं आपके संपर्क में रहूँगी...और हाँ, अपनी मदर-इन-ला को लाना मत भूलना!''

''आप चिंता न करें मैडम।'' इतना कह सरला बजाज ने अपने कजन के दामाद को गुपचुप इशारा किया कि अब यहाँ से सरकने में ही भलाई है।

बिना किसी विलंब के दामाद जी तुरंत यह सोचकर खड़ा हो गया कि कहीं मानवी शृंखला की तरह यह अदाकारा उससे इस मैराथन के लिए बुजुर्गों की भीड़ इकट्ठा करने के लिए न कह दे। एक बड़े औद्योगिक घराने की कलापारखी और समाजसेवी बहू सरला बजाज को बाहर बरामदे तक विदा करने आई। वही समाज सेवी और अपने जमाने की मशहूर अदाकारा जिसके उभरे हुए पेट, भरे हुए गालों,

अंदर धँसी आँखों और अनियंत्रित नितंबों को देख अंदाजा लगाना मुश्किल है कि यह सेठानी कभी अपने समय की प्रसिद्ध अभिनेत्री भी रही होगी। ऐसी अभिनेत्री जिसके न जाने कितने चाहने वाले और अनगिनत प्रशंसक रहे होंगे। मगर इससे पहले कि सरला बजाज खुशी-खुशी विदा होती, टीना डालमिया ने उसके उत्साह पर यह कहते हुए पानी फेर दिया, ''सरलाजी, सानियाजी का भी तो कुछ पता लगाओ कि आखिर वह है कहाँ? पता लगते ही मुझे तुरंत बताना। वैसे मैं भी कोशिश करती हूँ।''

उन तीनों को विदा कर टीना डालमिया वापस जाने के लिए मुड़ी ही थी कि सहसा उसे लगा जैसे डिंपल उससे कुछ कहना चाहती है। जाते-जाते रुक गई वह। पलटकर मुस्कराते हुए देखा डिंपल की ओर।

अब क्या हुआ! टीना डालमिया द्वारा इस तरह पलटकर देखने पर सरला बजाज घबरा गई।

''मैम, माइंड न करें तो एक बात कहूँ?'' डिंपल ने पूरे आत्मविश्वास के साथ कहा।

''हाँ-हाँ, क्यों नहीं!''

''वो क्या है मैम कि इधर लेडीज में ब्रेस्ट कैंसर के बड़े मामले सामने आने लगे हैं। इसलिए लेडीज में ब्रेस्ट कैंसर को लेकर जागरूकता फैलाने के लिए भी ऐसी मैराथन दौड़ करानी चाहिए जिसमें खाली लेडीज ही हों।''

अपने जमाने की मशहूर अदाकारा और एक औद्योगिक घराने की समाजसेवी बहू डिंपल को देखती रह गई।

''सरलाजी, यह फर्क होता है हमारी और इन बच्चों की सोच में।''

लेकिन डिंपल ने जैसे कुछ सुना ही नहीं। अपनी बात जारी रखी, ''मैम, यह दौड़ इंडिया गेट के साथ-साथ चंडीगढ़, बंगलौर, कलकत्ता, भोपाल, लखनऊ जैसे शहरों में भी की जानी चाहिए।''

''डिंपल, अगर बुजुर्गों वाली दौड़ का एनाउंसमेंट नहीं हुआ होता न, तो मैं पहले इसी को करती। इसमें तो अपनी करीना, करिश्मा, माधुरी भी आसानी से आ जाएँगी। गुड, बहुत बढ़िया आइडिया है...एकदम नया। ऐसा करते हैं पहले इस बुजुर्गों वाली मैराथन को निपटाते हैं, फिर सोचते हैं इसके बारे में। तब तक इसका नाम भी सोच लेना!''

''सोचना क्या मैम, लेडीज मैराथन...पिंक मैराथन या फिरऽऽऽ...'' कहते-कहते पहले डिंपल कुछ सोचने लगी फिर अगले ही पल बोली, ''पिंकाथन! वैसे मैम, जंतर-मंतर पर पिंक फ्लैश मॉब भी कराया जा सकता है।''

''मैराथन...पिंकाथन! वाह, क्या नाम है—पिंक फ्लैश मॉब! सरलाजी, मुझे लगता है कि हमारा फाउंडेशन एक दिन ऐसे ही कामों के लिए जाना जाएगा।

शाबाश! ठीक है, मिलते हैं फिर।'' इतना कह टीना डालमिया अपनी ही किसी पिटी हुई फिल्म के गीत की पंक्तियों को गुनगुनाते हुए वापस मुड़ गई।

अखिल भारतीय अबला मंच की अध्यक्ष सरला बजाज के जिन पाँवों में लौटने से पहले जैसे वजनी पत्थर बँधे हुए थे, उसी सरला बजाज के जिस्म को बेटी के उत्साह और आत्मविश्वास ने मानो फूल-सा हल्का कर दिया। उधर एनजीओ दुनिया के भविष्य और अखिल भारतीय अबला मंच की भावी वारिस की आँखों में भी नई रोशनी के छोटे-छोटे जुगनू टिमटिमा रहे हैं। सुल्तानपुरी, कल्याणपुरी, मंगोलपुरी, सीमापुरी की तरह सूखे और बेरोजगारी के चलते पलायन करके आई, तथा पिछले कुछ सालों में नई-नई आबाद हुई झुग्गी-झोपड़ियों की, रैंप पर अदाएँ बिखेरती और कैटवॉक करती, अल्हड़ किशोरियों की भीड़ में वह अपने सपनों का कोरस रचने में खोई हुई थी।

बाईस

शाहराह-ए-आजम यानी बादशाही सड़क अर्थात् ग्रांड ट्रंक रोड और आज का राष्ट्रीय राजमार्ग-दो।

सोलहवीं सदी में शेरशाह सूरी द्वारा भारतीय उपमहाद्वीप के इसी सबसे पुराने और सबसे लंबे राष्ट्रीय राजमार्ग पर दूर तक फैला विशाल नदी-सा सैलाब। यमुना नदी के किनारे हरहराता एक ऐसा जन-सैलाब, जिसका न कोई ओर है, न छोर। सर्वहारा फाउंडेशन के अध्यक्ष कबीर की अगुवाई में, रंग-बिरंगे परिधानों में लिपटे उदास आँखों में उम्मीद की लौ लिये सत्याग्रहियों के जत्थे। गंगा, जमुना, कृष्णा, गोदावरी, महानदी, नर्मदा जैसी सदानीरा नदियों के नाम पर बने जत्थे बेहद अनुशासन के साथ मंथर गति से अपनी मंजिल की ओर बढ़ रहे हैं। फोर्ड फाउंडेशन द्वारा कथित दान के नाम पर भेंट की गई वातानुकूलित फोर्ड कार में आगे-आगे बापू के प्रिय भजन 'वैष्णव जन ते तेने कहिए, जे पीड़ पराई जाणे रे' गाते उसी कबीर की अगुवाई में, जो विवाहपूर्व सानिया पटेल के साथ इस एनजीओ की दुनिया में आए तो थे कुछ समय के लिए लेकिन यहीं के होकर रह गए। कॉमरेड सोहनलाल 'प्रचंड' जैसे खाँटी कम्युनिस्ट के प्रिय शिष्य की अगुवाई में, जिसके पास एनजीओ के सिवाय कोई बेहतर विकल्प नहीं था। लेकिन इसी विकल्प के बूते आज वह देश की राजधानी में ह्वाइट हाउस अपार्टमेंट जैसी महँगी सोसाइटी के एक ऐसे सुखी-संपन्न घर का मालिक है, जहाँ नरसिंह मेहता द्वारा रचित एक अमन का कोरस चौबीसों घंटे सुनाई देता है।

जहाँ भी शाम होती है वहीं यह सैलाब रात्रि-विश्राम के लिए रुक जाता है। गहराते धुँधलके के साथ ही जगह-जगह थकी-माँदी, अलसाई लहरों के बीच अस्थायी भट्टियों पर चढ़े बड़े-बड़े भगोनों से कहीं दाल-भात के भीने भपारे उठ रहे होते हैं, तो कहीं तली जा रही पूरियों की कड़ाही से तेल की झल उफन रही होती है। देर रात तक चारों ओर रेत पर छिटकी चाँदनी में कहीं किसी ठहरी हुई नदी के पाट से ढोला-मारू का स्वर सुनाई देता है, तो कहीं उदास किनारे से आल्हा की जांबाजी के किस्से रात के सन्नाटे को तोड़ रहे होते हैं। कहीं चाँदनी में भीगे भोंसला शासनकाल की लोकप्रिय गम्मत में मदहोश पाँव थिरकते नजर आते हैं, तो किसी

नदी के सिरहाने दफड़ा, डमरू, मोहरी, मंजीरा व चिकारा की धुन पर कोई नाचता दिखाई दे रहा होता है। कहीं रंगीन धोतियाँ, चिड़ियों के पंख से सुसज्जित पगड़ियाँ, कौड़ियों के पट्टों से ढकी चौड़ी छातियाँ झावों (घुँघरुओं) से पटे पाँव डंडारी नृत्य में मस्त नजर आते हैं, तो कहीं दंडामी-मड़िया नृत्य के नर्तक तिरडुडी की धुन पर नाच रहे होते हैं। लोक कलाओं के ऐसे विहंगम और मनोरम दृश्य खेत-खलिहानों या मेले-उत्सवों से अधिक अब हमें या तो साल में कभी-कभार राजपथ पर दिखाई देते हैं, या फिर ऐसी पदयात्राओं के नाम पर जुटाई गई भीड़ में।

छोटे-छोटे समूहों में बँटे सत्याग्रहियों के शरीर से उठती दुर्गंध और जगह-जगह औंधे मुँह पड़े बर्तनों में बसी गंध का पीछा करती खबरिया चैनल की एक संवाददाता एक ऐसे बीहड़ में उतर गई, जिसकी ऊबड़-खाबड़ दीवारों से टकराते हुए, रह-रहकर किसी कारुणिक गीत के अस्फुट शब्द कानों में पड़ रहे थे। चाँदनी को भेदती संवाददाता उसी जगह जा पहुँची। तेज-तर्रार संवाददाता ने बिना कोई बाधा डाले अपने कैमरापर्सन को चुपचाप कुछ निर्देश दिया। समझ गया उसका सहयोगी और तुरंत अपना कैमरा चालू कर दिया। कैमरा अभी चालू ही हुआ था कि पंडाल के कोने से आता करुणा में भीगा स्वर किसी अपरिचित आहट से थम गया।

"क्या हुआ? गाइए न!"

कोने में सिमटी सत्याग्रही ने कोई जवाब नहीं दिया। देती भी कैसे, वह तो ऐसे ही मन हल्का करने की गरज से गुनगुनाते हुए खुद से अपना दुःख बाँटने की कोशिश कर रही थी।

"घबराइए नहीं, गाइए! मैं भी सुनना चाहूँगी इसे।" चुपचाप संवाददाता सत्याग्रही के पास आकर बैठ गई।

कुछ पल की खामोशी के बाद करुणा में भीगा वही स्वर धीरे-धीरे आसपास छाई निस्तब्धता में घुलने लगा—

कोन चिरइया मोर सुख सोवय दिदिया,
कोन चिरइया जागत रात।
मोर सुवना कोन चिरइया जागय रात॥
भरहीं चिरइया सुख सोवे निंदिया ओ सुवना,
बकुला जागय सारी रात, मोर सुवना... ॥
चिट्ठी लिखि लिख बहिनी भेजत हैं दे सुवना,
कि मोरे बंधु आवे लेनहार॥
कैसे जांव बहिनी तोरे लेवन बर दे सुवना
के नदिया छेके हे मझधार।
डोंकहा ला दे दे भइया दस रुपिया दे सुवना,
कि वो जल्दी नहकाही नदी पार

कोन चिरइया मोर सुख सोवय दिदिया,
कोन चिरइया जागय रात... ।

ससुराल की व्यथा के बेड़े पर सवार होकर नदी किनारे आए अपने भाई को अपना दर्द सुनाती बहन की सिसकियों से गहराती चाँदनी ओस से भीगी दूब की तरह गीली होती चली गई।

संवाददाता ने किसी भी तरह के कृत्रिम प्रकाश का सहारा नहीं लिया बल्कि चारों ओर फैली चाँदनी और थोड़ी दूर अधबुझी भट्टी से रह-रहकर उठती लौ की उजास में भीगे चेहरे से उपजी व्यथा को दिखाते हुए वह कह रही है, ''यह थी छत्तीसगढ़ी आदिवासी लोकगीत सुआ की छोटी-सी झलक। एक ऐसा गीत जिसमें नारी मन की वेदना और दु:ख समाया हुआ है। इस गीत में एक भाई अपनी बहन को घर ले जाता है और अपनी लाड़ली बहन से उसका दु:ख पूछता है। इस गीत के माध्यम से एक बहन ने अपने मन की उसी व्यथा को व्यक्त किया है, जो हर बहन की व्यथा होती है। आज यही लाड़ली बहन अपने अधिकारों के लिए अपने भाई के साथ दिल्ली कूच कर रही है।''

इसके बाद संवाददाता एक पैंसठ-सत्तर वर्षीय सत्याग्रही के पास आकर बैठ गई।

''माँजी, मैं आपका नाम जान सकती हूँ?''

''कांताबाई।'' बुजुर्ग सत्याग्रही ने काँपती आवाज में उत्तर दिया।

''आपके परिवार से इस सत्याग्रह में आपके साथ और कौन-कौन आया है?''

''मेरो मरद और बेटा-बहू।''

''आपको पता है आप इस सत्याग्रह में क्यों आई हैं?''

''अपनो हक लेबे।''

''और अगर हक ना मिला तो?''

''हमारी धरती तो छिन गई, अब जा देह को का करें। नेक-नेक करिके मरिबे ते तो अच्छो है कि एक बार मरि जाबें।''

''अपने इस हक के लिए आपके बेटे-बहू भी तो आ सकते थे। आप क्यों आई हैं इतनी उम्र में?''

''बेटी, हमहिं का करते गाँव में पड़े-पड़े। सहर में थोड़ी-बहोत मजूरी तो मिल जाबेगी।''

''तो यह है बुजुर्ग कांताबाई जो अपने हक के लिए इस जनाधिकार सत्याग्रह में पैदल चलकर आई है। यही कांताबाई कभी अपने जंगल, जल और जमीन की मालिक थी लेकिन आज इसका सबकुछ छिन गया है। आज यह दाने-दाने को मोहताज है। इस सत्याग्रह में ऐसे कितने हैं जिनके तन पर कपड़े तो दूर, पाँवों में चप्पल तक नहीं हैं...यह देखिए, पाँवों में फफोले पड़ जाने के बावजूद दिल्ली के

लिए कूच करने वाले इस सत्याग्रही ने हार नहीं मानी है।'' कांताबाई की बगल में बैठी एक अधेड़ सत्याग्रही द्वारा अपने पैरों की सिंकाई करते देख संवाददाता ने उत्साहित होते हुए बताया।

''और वोऽऽऽ देखिए! वो हैं बाँस वाले सत्याग्रही रामवचन प्रजापति। ये इन बाँसों पर चल कर आ रहे हैं। इन्होंने प्रतिज्ञा ली है कि जब तक सरकार इनकी माँगें नहीं मानेगी, ये इन बाँसों पर ही अपना सत्याग्रह जारी रखेंगे।''

इसके बाद संवाददाता थके-माँदे, लस्त-पस्त बेसुध पड़े सत्याग्रहियों को लाँघकर यह कहते हुए आगे बढ़ जाती है, ''अब हम आपको इस जनाधिकार सत्याग्रह के प्रेरक कबीर के पास लिये चलते हैं...और देखते हैं सत्याग्रह की कहानी, कबीर की जुबानी।''

इसके बाद चैनल आईडी अपने संवाददाता के साथ एक विशिष्ट तंबू के बाहर का दृश्य दिखाते हुए धीरे-धीरे उसमें दाखिल हो जाता है। लगभग सारी जन-सुविधाओं से लैस इस विशिष्ट तंबू में हल्के कत्थई रंग के एक फैब इंडिया कुर्ते की अँगुलियाँ लेपटॉप के की-बोर्ड से खेल रही हैं। आँखों पर चढ़ा चश्मा उसके स्क्रीन पर चिपका हुआ है।

''आइए-आइए, मैं आपका ही इंतजार कर रहा था। सानिया ने बड़ी तारीफ सुनी थी आपकी।'' लेपटॉप से नजरें हटाते हुए फैब इंडियाई चश्मे ने बेहद महीन मुस्कान बिखेरते हुए चैनल आईडी का स्वागत करते हुए कहा।

''सानियाजी, दिखाई नहीं दे रही हैं?'' तंबू को बारीकी से खँगालते हुए पूछा चैनल आईडी ने।

''बगल के पंडाल में आराम कर रही हैं। थकावट के चलते थोड़ी तबियत खराब हो गई थी। एक मिनट, मैं उसे भी बुला लाता हूँ।'' इतना कह कबीर उठकर बाहर चला गया।

इस बीच ट्राईपोड पर कैमरे ने अपना स्थान ग्रहण कर लिया। थोड़ी देर बाद कबीर वापस आया, तो साथ में सानिया भी थी—सचमुच एकदम थकी-माँदी, जैसा उसे बताया गया था।

उन दोनों के आते ही बातचीत का सिलसिला शुरू हो गया।

''कबीरजी, सर्वहारा फाउंडेशन की इस जनाधिकार सत्याग्रह यात्रा का मकसद क्या है?''

कबीर ने पहले एक गंभीर मुद्रा अपनाई, फिर बेहद सधे शब्दों के साथ जवाब दिया, ''इस सत्याग्रह का असली मकसद उन दलितों और आदिवासियों को हक दिलाना है जो अपनी जमीन से हाथ धो चुके हैं।''

''तो क्या सरकार इसके लिए राजी हो जाएगी?''

''सरकार से मेरी बात चल रही है और मुझे पूरी उम्मीद है कि सरकार मेरी बात

मान जाएगी। अगर सरकार इन वंचितों और भूमिहीनों के इस अहिंसक संघर्ष को नजरअंदाज करती है, तो मैं आपके चैनल के माध्यम से सरकार को चेतावनी देना चाहता हूँ कि यही लोग कल को आत्महत्याएँ करेंगे, या किसी की हत्या करने को मजबूर होंगे। हम गांधी के बताए रास्ते पर चलकर इसीलिए यह अहिंसक संघर्ष कर रहे हैं ताकि पूरी दुनिया को बताया जा सके कि गांधी का तरीका ही एक कारगर तरीका है।''

''आपके इस सत्याग्रह को लेकर तरह-तरह की बातें की जा रही हैं। पहली यह कि आपकी एनजीओ को विदेशों से जो धन मिल रहा है, उसका इस्तेमाल आप जन-कल्याण के लिए नहीं बल्कि सरकारविरोधी गतिविधियों के लिए कर रहे हैं?''

तंबू में एक जोरदार ठहाका गूँजा। थोड़ी-सी खामोशी के बाद एक दार्शनिक वक्तव्य उछला, ''हजारों की तादाद में आए ये सत्याग्रही आपके इस प्रश्न का उत्तर दे सकते हैं। बावजूद इसके मेरा मानना है कि ग्लोबल विलेज की अवधारणा वाले इस वर्तमान समय में वैश्विक स्तर पर काम करना जरूरी है। वैसे भी गांधी विचार केवल भारतीय विचार नहीं है बल्कि उसका एक वैश्विक संदर्भ है। आज के दौर में हर चीज के लिए हम केवल सरकार पर निर्भर नहीं रह सकते, कहीं न कहीं से तो मदद लेनी ही है। इसलिए अगर गरीबी मिटाने के लिए समान विचारों वाले संगठनों से धन लिया जाता है, तो इसमें बुराई क्या है। हमें तो केवल धन से मतलब है। वह कहाँ से आता है यह हमारी चिंता का विषय नहीं है। रही बात सरकारविरोधी गतिविधियों में इसके इस्तेमाल की, इन दलित-आदिवासियों के हित में कार्य करना यदि सरकारविरोधी गतिविधियाँ हैं, तो ऐसा मैं बार-बार करूँगा।''

''जानकारों का मानना है कि आपकी जितनी निकटता वामपंथियों से है, उतनी ही दक्षिणपंथियों से भी है। इस अद्‌भुत संतुलन को आप कैसे बनाए और बचाए रखते हैं?''

तंबू में फैली उदास रोशनी में एक स्निग्ध मुस्कान उभरती है, ''देखिए, गरीबी और सेवाभाव की कोई विचारधारा नहीं होती है। मैं लोकतांत्रिक व्यवस्था में भरोसा करने वाला एक अहिंसक जीव हूँ इसीलिए सबसे संवाद बनाए रखने में यकीन करता हूँ। मैं तो उस फक्कड़ कबीर की तरह हूँ जिसके बारे में कबीर ने खुद कहा है कि कबीरा खड़ा बजार में, माँगे सबकी खैर/ना काहू से दोस्ती, ना काहू से बैर।''

''ऐसा देखा गया है कि ऐसे जनांदोलनों की कामयाबी के बाद अक्सर इनका नेतृत्व अपना असली रास्ता भटक जाता है, और अंततः वे भी सत्ता की लालसा में उन्हीं राजनेताओं के रास्ते पर निकल पड़ते हैं, जिनकी वे आलोचना करते थे?''

''यह तो मनुष्य का स्वभाव है। मैं इसमें बिलकुल भी विश्वास नहीं करता कि आदमी को केवल कर्म करते रहना चाहिए, उसे फल की इच्छा नहीं रखनी चाहिए।

क्यों नहीं रखनी चाहिए? अवश्य रखनी चाहिए। मेरी निजी राय है कि सत्ता में बिना भागीदारी के आप अपने लक्ष्यों और उद्देश्यों को प्राप्त नहीं कर सकते। वैसे भी फल प्राप्ति की अभिलाषा रखना अपने आपमें कोई बुराई नहीं है। इसलिए सामाजिक बदलाव के लिए बहुत जरूरी है कि व्यवस्था में आपकी भागीदारी हो।''

''एनजीओ के बारे में एक आम धारणा यह बन गई है कि ये पूँजीपतियों के दलाल के रूप में काम करते हैं। ये किसी उपयोगी वस्तु का उत्पादन नहीं करते हैं बल्कि दाता देशों के लिए केवल सेवाएँ मुहैया कराते हैं। यहाँ तक कि अपने निजी लाभ के लिए अपने देश की गरीबी का सौदा करने में भी नहीं हिचकिचाते हैं। इस बारे में आपका क्या कहना है?''

कबीर ने चौंककर देखा चैनल आईडी की ओर। कैसे यह उत्साही चैनल आईडी कॉमरेड सोहनलाल 'प्रचंड' की भाषा बोल रहा है। उसने नजरें चुराते हुए धीरे-से कैमरे की तरफ देखा। एक क्षण रुककर उसने अपने डगमगाते आत्मबल को नियंत्रित किया, और जैसे-तैसे उत्तर दे अपना पिंड छुड़ा लिया।

''एक अंतिम सवाऽऽऽ ल...''

तभी बीच में बज उठे मोबाइल के स्क्रीन पर उभरे नाम और नंबर को देख कबीर ने यह कहते हुए चैनल आईडी को बीच में रोक दिया, ''एक मिनट सर...'' फिर वह कैमरे की ओर देखते हुए उसकी पहुँच से अलग होते हुए बोला, ''जी सर...नमस्कार सर...सर, आगरा के पास...सर, मौखिक आश्वासन से काम थोड़े ही चलना है। कोई लिखित ठोस आश्वासन होना चाहिए...नहीं सर, हमें आपके अधिकारियों के आश्वासन से बेहद निराशा हुई है...फिर तो सर यह पदयात्रा दिल्ली जाकर ही खत्म होगी...सर, मैं आपसे थोड़ी देर बाद बात करूँ...ठीक है सर।'' फोन कटते ही कबीर पूर्व मुद्रा में आते हुए बोला, ''जी, पूछिए?''

''लगता है सरकार बातचीत करने के लिए तैयार हो गई है?'' चैनल आईडी ने कुरेदते हुए इशारे से कैमरा चालू करने के लिए कहते हुए पूछा।

''सरकार के तैयार होने से क्या होगा। मैंने यात्रा शुरू करने से पहले खुद प्रधानमंत्री को अपनी माँगों के बारे में ज्ञापन दिया था लेकिन कोई जवाब नहीं मिला। साथ में यह चेतावनी भी दी थी कि अगर इन माँगों पर ध्यान नहीं दिया गया तो हजारों की संख्या में अपने सत्याग्रहियों के साथ सर्वहारा फाउंडेशन जनाधिकार सत्याग्रह पदयात्रा पर निकल पड़ेगा। मगर सरकार पर हमारी इस चेतावनी का कोई असर नहीं हुआ।''

''अगर सरकार आपकी माँगों को नहीं मानती है, तब आपके पास और क्या विकल्प होंगे?''

''सर्वहारा फाउंडेशन संघर्ष करता रहेगा। अपने इन वंचित और उपेक्षित भाई-बहनों के लिए मेरा संघर्ष निरंतर जारी रहेगा। संघर्ष और संवाद दोनों साथ-साथ

चलते रहेंगे—यानी जब तक संघर्ष है, तब तक संवाद है। इसलिए संवाद बनाए रखने के लिए संघर्ष जरूरी है। दूसरे शब्दों में कहूँ तो संघर्ष और संवाद तथा संवाद और संघर्ष दोनों एक-दूसरे के विकल्प हैं। सरकार पर दबाव बनाए रखने के लिए हमें इसी विकल्प पर अपना ध्यान केंद्रित करना है। इसलिए हमें संघर्ष और संवाद के गांधीवादी रास्ते पर चलकर अपने लक्ष्य की प्राप्ति करनी है।''

इससे पहले कि उत्साही चैनल आईडी सर्वहारा फाउंडेशन और इस सत्याग्रह के प्रणेता को घेर-घार कर बाड़े में हाँक लाती, वही मसीहाई वाक्पटुता और वाग्मिता कौशल का शिकार हो गई। सिर भन्ना गया उसका। वह संघर्ष और संवादरूपी विकल्प के महीन फंदों में इस तरह उलझ गई कि वह भूल गई, उसे आगे कौन-सा सवाल करना था। माथा पसीने से पसीज गया। कनखियों से देखा उसकी ओर जनाधिकार सत्याग्रह के प्रणेता ने। बमुश्किल चैनल आईडी इस बातचीत का समाहार कर पाई।

''दिवाकर, चलो हो गया...वाइंड अप!'' अपने कैमरापर्सन को निर्देश देते हुए बोला चैनल आईडी।

तंबू से बाहर आते ही चैनल आईडी ने राहत की साँस ली। जगह-जगह से रात के सन्नाटे को चीरकर आते दफड़ा, डमरू, मंजीरा, मोहरी, चिकारा की धुन पर चल रहे नाचा के शोर, और बीच-बीच में तिरडुडी की गूँजती धुन और दूसरे वाद्ययंत्रों के बीच, तंबू से थोड़ी दूर आकर चैनल आईडी रुक गया।

धीरे-धीरे कैमरापर्सन के छोटे होते साए को अँधेरे में गायब हुआ देख चैनल आईडी चुपचाप तंबू के पास आ गया। तंबू के पास पहुँचते ही उसे अपना शक और अंदाजा दोनों सच साबित होते दिखाई दिए। अंदर से आ रही आवाज उसे साफ-साफ सुनाई दे रही है। पति-पत्नी की बातचीत को ध्यान से सुनने लगा चैनल आईडी।

''सरकार को माननी तो पड़ेगी ही कबीर। आज नहीं तो कल मानेगी।''

''यह तो ठीक है सानिया, पर दिल्ली जाने के कई खतरे हैं। मैं तो चाहता हूँ कि आगरा, वरना ज्यादा से ज्यादा मथुरा पहुँचने से पहले कोई समझौता हो जाए। वैसे इस सत्याग्रह के पीछे मेरी मंशा केवल सरकार को डराना भर है।''

''तो फिर करो न मंत्रीजी से बात!''

''मुझे भी यही लगता है कि पहल हमें ही करनी पड़ेगी। सरकार से ज्यादा उलझने में कोई फायदा नहीं है।''

''तो फिर लगाओ फोन!''

सानिया की सलाह पर कबीर ने अमल करते हुए फोन लगा दिया।

''जी सर...हाँ सर,...मैं कहाँ जिद्द कर रहा हूँ सर...पूरी कमेटी का फैसला है सर...ठीक है, थोड़ा आप मेरा ख्याल रखिए...थोड़ा मैं रखता हूँ...लेकिन आगरा

पहुँचने तक कोई हल निकलना चाहिए...जी सर, कब पूरा हो रहा है...इसीलिए तो मैं कह रहा हूँ सर कि थोड़ा आप ख्याल रखिए...थैंक्यू सर...थैंक्यू-थैंक्यू!''

तंबू के पिछवाड़े झिरी से देख रहे चैनल आईडी ने देखा कि जनाधिकार सत्याग्रह का प्रणेता देखते ही देखते शालीनता, विनम्रता, सहजता बल्कि एक हद तक चापलूसी का पुतला बनता चला गया। चैनल आईडी का संदेह और पुष्ट हो गया।

''क्या कह रहे थे ?'' उत्सुकतावश पूछा सानिया ने।

''कह रहे थे कि आप चिंता न करें, मैं खुद आ रहा हूँ पीएम की चिट्ठी लेकर।''

''लेकिन इसमें इस तरह थैंक्यू-थैंक्यू की बौछार करने की क्या जरूरत थी ?''

''अरे हाँ, एक अच्छी खबर देना तो मैं भूल ही गया। मंत्रीजी बता रहे थे कि अगले महीने राष्ट्रीय सलाहकार परिषद के एक सदस्य का कार्यकाल पूरा होने वाला है। कह रहे थे कि मेरा नाम उसके लिए जोर-शोर से चल रहा है।''

''कबीर कोशिश करो कि आगरा में सरकार से समझौता हो ही जाए। ऐसे मौके बार-बार थोड़े ही आते हैं। इन सत्याग्रह-अनशनों का क्या, इन्हें तो जब चाहो कर लो। कहीं ऐसा ना हो कि इस सत्याग्रह के चक्कर में यह मौका हाथ से निकल जाए।''

''तुम कह तो ठीक रही हो लेकिन सरकार पर बिना दबाव बनाए कुछ मिलता भी तो नहीं है। क्या पता एनएसी के लिए नाम चलने के पीछे यही दबाव काम कर रहा हो।''

''फिर तो और दबाव बनने दो।''

'नहीं, इतना ही काफी है। मैं कोशिश करूँगा कि आगरे में ही समझौता हो जाए।''

''कोशिश नहीं, समझौता करने में ही भलाई है।''

''यह तो अब समय ही बताएगा।''

''साईं बाबा पर भरोसा रखो। वह सब ठीक कर देगा। वैसे समझौते के समय कुर्ते की जेब में श्री साईं लक्ष्मी प्राप्ति मंत्र, श्री साईं संकटमोचन मंत्र और श्री साईं चालीसा जरूर रख लेना।''

''लेकिन उन्हें तो मैं लाया नहीं हूँ।''

''कबीर तुम भी...। अच्छा ऐसा है डॉ. वंदना राव, सुमन भारती और सरला बजाज भी सत्याग्रह में शामिल होने के लिए कह रही हैं!''

''अब क्या करेंगी वे इसमें शामिल होकर। अब तो वैसे भी समझौता हो ही जाना है।''

''आने दो न। उन्हें क्या पता समझौते का। उन्हें भी हो जाने दो अँगुली कटाकर शहीद।'' सानिया ने हँसते हुए कहा।

''ठीक है, तुम कल सवेरे-सवेरे दिल्ली निकल जाना। परसों शाम तक उन्हें

साथ लेकर आ जाना। हो सकता है पदयात्रा परसों तक आगरा के नजदीक पहुँच जाए। अच्छा ऐसा करना, कल फैब इंडिया से मेरे लिए दो अंडरवियर जरूर ले आना।''

''ठीक है। अंडरवियर के साथ ही श्री साईं लक्ष्मी प्राप्ति मंत्र, संकटमोचन मंत्र और श्री साईं चालीसा भी लेती आऊँगी।''

''चलो सो जाओ, तुम्हारी तबियत भी ठीक नहीं है।''

''मैं यहीं सो जाती हूँ। कहीं ऐसा न हो कि रात को और तबियत खराब हो जाए।'' इतना कह सानिया वहीं जमीन पर लगे बिस्तर पर सो गई।

बदहवास चैनल आईडी तंबू के पीछे से निकल अपनी ओबी वैन की ओर चल दी। ऊबड़-खाबड़ रास्ते में कई बार वह ठोकर खाकर गिरते-गिरते बची। एक बार उसके मन में आया भी कि दूर तलक गड़े अस्थायी पंडालों में पड़ी जिंदा लाशों को झिंझोड़ते हुए जगाए, और उन्हें चीख-चीखकर बताए कि नींद में जिन सपनों के साथ वे अपने भविष्य की इबारत रचने के मंसूबे बाँध रहे हैं, उनका सेनापति उन्हें गिरवी रख कितना बड़ा सौदा करने जा रहा है। वह बाँसों पर चढ़े उस रामवचन प्रजापति को जाकर कहे कि उसके साथ कितना बड़ा छल किया जाने वाला है। मगर उसकी हिम्मत नहीं हुई यह सोचकर कि अगर उसने इन उनींदी आँखों में उम्मीदों की लौ लिये सत्याग्रहियों को बता भी दिया, तो उसके कहे पर यकीन कौन करेगा। यकीन तो ये अपने उसी सौदागर मसीहा पर करेंगे, जिसने बीच में ही इनके सपनों का सौदा करने का मन बना लिया है।

सिकंदर लोदी द्वारा बसाई गई नगरी और मुगल सल्तनत की राजधानी रही आगरा की ओर उफनता-मचलता जन सैलाब बढ़ा जा रहा है। उसी आगरा की ओर जहाँ शाहजहाँ द्वारा अपनी प्रिय बेगम की याद में बनाए गए और दुनिया के सात अजूबों में से एक ताजमहल को बनाने वाले कारीगरों के हाथ कटवा दिए गए थे। लंबी और बेहद अनुशासित दो समांतर जनधाराओं का विहंगम दृश्य देखते ही बन रहा है। ढोल, नंगाड़े, मृदंग, मोहरी, मंजीरा के साथ गगनभेदी नारों और गाए जा रहे बापू के प्रिय भजनों के साथ कई किलोमीटर लंबी पदयात्रा खत्म होने का नाम न ले। विदेशी सत्याग्रहियों के नाम पर शामिल साम्राज्यवादी घुसपैठियों के लिए तो यह दृश्य सचमुच किसी अजूबे से कम नहीं है।

राजघाट पर जलने वाली अखंड ज्योति से प्रज्ज्वलित जनाधिकार ज्योति लेकर स्वयं सर्वहारा फाउंडेशन का अध्यक्ष पदयात्रा के आगे-आगे चल रहा है। भूदान यात्रा में सक्रिय रहे बुजुर्ग बालाजी, गांधी शांति प्रतिष्ठान के उपाध्यक्ष जयंत भाई, प्रख्यात गांधीवादी बहन विंध्या मोदी, पुराने गांधीवादी हरिभाई, सर्वसेवा संघ के वीरेन भाई जैसे नामचीन गांधीवादियों के झुंड से घिरी जनाधिकार ज्योति, गांधी के

प्रिय भजन 'रघुपति राघव राजाराम, सबको सन्मति दे भगवान' के साथ अपने गंतव्य की ओर बढ़ी जा रही है।

कबीर न जाने किस उधेड़बुन में था कि अचानक बज उठे मोबाइल ने उसकी तंद्रा भंग की। उसने बड़ी सतर्कता के साथ पहले अपने आसपास देखा और जैसे ही नारों और भजनों का शोर कुछ कम हुआ, बेहद दबी जबान में बोला, "जी सर...दो तो बज ही जाएँगे...ठीक है सर।" मोबाइल बंद कर कबीर फिर से गांधी के साथ-साथ कथित और तथाकथित गांधी के मार्ग पर चलने का दम भरने वाले अनुयायियों के प्रिय बन चुके उसी भजन में लीन हो गया।

अभी कबीर अपनी आगामी योजना को मन ही मन मूर्त रूप देने के अंतिम चरण में पहुँचा ही था कि मोबाइल फिर से बजा।

"हाँ बोलो!...अभी आगरा से पंद्रह किलोमीटर दूर हैं...दो तो बज ही जाएँगे...हाँ, अभी थोड़ी देर पहले आया था...यही कि आगरा कब तक पहुँच जाएँगे...अभी आकर क्या करोगी...सूरत ही तो दिखानी है...कौन-कौन आया है साथ...अच्छाऽऽऽ पर सुना है उनसे तो अब ये सत्याग्रह-अनशन होते ही नहीं हैं फिर दिल्ली से दो सौ किलोमीटर दूर चलकर कैसे आ गईं।" इसके बाद एक ठहाका गांधी के प्रिय भजन और हवा में गूँजते नारों में घुलकर रह गया, "अच्छा सुनो, मेरे दो अंडरवियर और दूसरी सामग्री लाई हो?...ठीक है!"

मोबाइल बंद होते ही कबीर ने लगभग दौड़कर, अपने आपसे आगे निकल गए हरिभाई के हाथों से जनाधिकार ज्योति अपने हाथ में ले ली। कबीर के निर्निमेष, भावहीन चेहरे पर पुते आत्मविश्वास और आत्मबल को देख-देखकर उस चैनल आईडी को हैरानी हो रही है, जो इन हजारों वंचितों की लौ के बुझने की पूरी पटकथा खुद अपनी आँखों से पढ़ चुकी है और जिसका मंचन आज ये भूखे-प्यासे, नंगे बदन और पाँवों में छाले पड़े सत्याग्रही अपनी आँखों से देखेंगे। चैनल आईडी यह सोच-सोचकर परेशान हो रहा है कि इस सत्याग्रह में शामिल गांधी के अनुयायी और अन्य समान विचारधारा वाले उन सैकड़ों संघर्षशीलों का क्या होगा, जो इस अग्निकांड में एक झूठे साए के पीछे अपनी आहुति देने कूद पड़े हैं!

उसकी आँखों में रह-रहकर कल्पनाओं के बदरंग चित्र बनने और मिटने लगे। इन्हीं चित्रों के बीच उसके चैनल की ओबी वैन हिचकोले खाती उसी ताज नगरी की ओर बढ़ी जा रही है, जहाँ बने एक मकबरे के बारे में किसी शायर ने कहा था कि 'इक शहंशाह ने बनवा के हसीं ताजमहल हम गरीबों की मुहब्बत का उड़ाया है मजाक'। तब क्या इसी नगरी में इन गरीबों का एक बार फिर से मजाक उड़ाया जाएगा?

तेईस

बापू के प्रिय भजनों में डूबा जन सैलाब जैसे-जैसे बादशाही सड़क को रौंदता हुआ मुगल सल्तनत की चहेती राजधानी के नजदीक पहुँच रहा है, वैसे-वैसे उसका जोश भी ठहाके मारने लगा है। समाजविज्ञानी व स्त्री अध्येता डॉ. वंदना राव, डॉ. अंबेडकर दलित महिला उद्धार सभा की सुप्रीमो सुमन भारती और अखिल भारतीय अबला मंच की अध्यक्ष सरला बजाज की आँखें फटी की फटी रह गईं। दूर तक हवा में लहराते अलग-अलग रंगों के ध्वजों और विभिन्न अंचलों की वेशभूषा धारण किए जत्थों को देखकर लग रहा है मानो किसी विशाल उद्यान में भँवरों के झुंड आपस में अठखेलियाँ कर रहे हैं।

सरला बजाज ने दूर तक लहराते ध्वजों पर नजर मारते हुए डॉ. अंबेडकर दलित महिला उद्धार सभा की सुप्रीमो से कहा, ''मुझे पता होता तो मैं डिंपल को भी साथ ले आई होती। अपनी उस डाक्टरनी को देख, आते ही चैनल वाले को घेर लिया।''

सुमन भारती ने कुछ नहीं कहा। कहती भी कैसे, उसके भीतर तो कोई और ही योजना पक रही है। मगर इस बारे में कहे तो किससे कहे? परिषद में तो मिसेज़ मौर्य ने बात बनवा दी थी, यहाँ कौन है उसका। डॉ. वंदना राव को तो इस बारे में भनक भी नहीं लगनी चाहिए वरना जहाँ बात बन रही होगी, यह बनने नहीं देगी। यह समाजविज्ञानी तो यही चाहेगी—

शक्तेनापि हि शूद्रेण न कार्यो धनसंचयः।
शूद्रो हि धनमासाध ब्राह्मणानवबाधते॥

तभी उसने देखा बहन भाग्यवती कबीर के साथ किसी गंभीर विषय पर उलझी हुई है। उसने आसपास देखा और चुपके से उनके साथ चलते हुए उनकी बातों में शामिल हो गई। बातों-बातों में जल्दी ही उसे अपने भीतर पक रही योजना की भूमिका का मौका मिल गया।

''यह सरकार ऐसे कतई नहीं मानने वाली। हमें और दबाव बनाना होगा। पदयात्रा के दौरान हमें और अनशन-सत्याग्रह करने होंगे। मेरा तो मानना है कि हमारी यह पदयात्रा जहाँ-जहाँ रात में विश्राम के लिए रुके, वहाँ-वहाँ हमें सांकेतिक अनशन करना चाहिए। आसपास के गाँव-कस्बों में कैंडल मार्च निकालना चाहिए।''

''सुमनजी का सुझाव तो अच्छा है कबीर।'' बहन भाग्यवती ने सुमन भारती के सुझाव का समर्थन करते हुए कहा।

तीर एकदम निशाने पर लगा। रोआँ-रोआँ खिल उठा। बहन भाग्यवती के समर्थन से उत्साहित हो सुमन भारती अपनी योजना को साकार करती हुई किलकिलाई, ''एक तरह से यह सांकेतिक कैंडल मार्च होगा, चाहे हो घंटे भर का।''

''कबीर, सुमनजी कह तो ठीक रही हैं। जो कैंडल मार्च अभी तक जंतर-मंतर या इंडिया गेट पर नजर आता था, वह जब गाँव-कस्बों और खेत-खलिहानों में दिखाई देगा, तो देखना पूरी सत्ता हिल जाएगी।''

इसी बीच न जाने कहाँ से सानिया भी आ टपकी।

''मैम बड़ी गंभीर चर्चा चल रही है!'' कहते हुए सानिया ने एक पोलीथीन का थैला कबीर की ओर बढ़ा दिया।

समझ गया कबीर कि इस थैले में क्या सामग्री हो सकती है।

''सानिया, सुमन ने एक बहुत अच्छा सुझाव दिया है।'' इसके बाद बहन भाग्यवती ने विस्तार से पूरी योजना बता दी।

सुझाव सुनकर सानिया ने अपने पति की आँखों में झाँका। प्रत्युत्तर में कबीर केवल मुस्करा कर रह गया।

''मैम, सुझाव तो एकदम नया है। लोग पहली बार ऐसे सत्याग्रह में कैंडल मार्च देखेंगे।'' परोक्ष रूप से सानिया ने भी बहन भाग्यवती का समर्थन कर दिया।

सानिया पटेल की सहमति और समर्थन पर सुमन भारती ने अपने चारों तरफ देखा और बड़ी सफाई से उनसे छिटक सत्याग्रहियों के एक जत्थे द्वारा गाए जा रहे बापू के प्रिय भजन में शामिल हो गई और मौका पाते ही जत्थे से अलग हो किसी को फोन करने लगी, ''रामा, गोदाम में जितनी भी मोमबत्तियाँ पड़ी हुई हैं, उनके जितनी जल्दी हो सके पैकेट तैयार करवा लो...और सुनो, एक काम और करना! अपने गोयल मोमबत्ती स्टोर वाले के यहाँ जितनी भी मोमबत्तियाँ मिलें उन सबको उठवाकर अपने डॉ. अंबेडकर मोमबत्तियों के डिब्बों में पैक करवा देना, लेकिन ध्यान रहे यह काम बड़ी चतुराई और सावधानी से होना चाहिए।'' उपसचिव मिसेज़ मौर्य का नुस्खा सुमन भारती के एकदम सही मौक़े पर काम आ गया।

इधर सानिया पटेल की आँखें शुरू से ही सुमन भारती का पीछा कर रही हैं। वह मन ही मन मुस्कराई और पहले की तरह अपने पति के साथ बापू के प्रिय भजन में रम गई।

''सुमनजी, कहाँ चली गई थीं? मैं अकेली बोर हो रही थी। वैसे मुझे पता होता न सुमन कि याँ चैनलवालों की इत्ती भीड़ होगी, तो मैं भी आठ-दस

जनानियाँ पकड़ लाती। मैं तो समझ रई थी कि ऐसेई कोई काँवड़ियों जैसी यात्रा होगी। बड़े चालाक हैं ये दोनों, किसी को बताया तक नईं। पर अभी भी क्या बिगड़ा है, दिल्ली पहुँचने में कई दिन लग जाने हैं। मैं अभी डिंपल को फोन कर देती हूँ।'' कहते-कहते सरला बजाज ने तुरंत नंबर मिलाया, ''हाँ, हैलो पुत्तर...अच्छा सुन अपनी संस्था का वो जो बैनर है न...अरे नईं पुत्तर वोऽऽऽ जिसे हम हर धरने-हड़ताल में ले जाते हैं...हाँ-हाँ वही, उसे तैयार रखना...और सुन, दमादजी को कहना कि पंद्रह-बीस जंगली-सी दीखने वाली जनानियाँ भी तैयार रक्खे...हाँ-हाँ बैसीई...मैं शाम को फोन करती हूँ।'' फोन कटते ही सरला बजाज ने लंबी साँस ली। इसी बीच उसकी नजर अपनी दाईं ओर पड़ी, ''सुमन देखा, कित्ती चलाक है यह डाक्टरनी। अपनी संस्था का बैनर ले आई और हमें बताया तक नईं।''

लेकिन सुमन भारती ने इस बार भी किसी तरह की प्रतिक्रिया व्यक्त नहीं की। सच तो यह है कि उसे पता ही नहीं है कि सरला बजाज क्या कह रही है। उसका मन पंछी तो अपने डॉ. अंबेडकर दलित महिला उद्धार सभा के गोदाम में पड़ी अपनी लौ बिखेरने को आतुर धूल खाती मोमबत्तियों से बतियाने में व्यस्त है। न जाने क्यों आज सुमन भारती को चालीस चोरों में से एक यानी परिषद की उपसचिव मिसेज़ मौर्य की बड़ी याद आ रही है।

इधर कबीर उद्विग्न हो किसी को बार-बार नंबर लगा रहा है लेकिन मोबाइल स्विच्ड ऑफ आ रहा है।

''क्या हुआ?'' धीरे-से पूछा सानिया ने।

''लगता है फ्लाइट अभी आई नहीं है!'' खादीनुमा फैब इंडिया के कुर्ते की आस्तीन से माथे पर चू आए पसीने को पोंछते हुए कबीर ने कहा।

''कहीं ऐसा तो नहीं है, अचानक किसी मीटिंग में फँस गए हों!''

''कहना मुश्किल है।'' इतना कह उसने फिर से कोशिश की लेकिन पहले की तरह मोबाइल अपने कहे पर कायम रहा। कबीर की धड़कनें तेज हो गईं। ब्लड प्रेशर भी लगता है अचानक बढ़ गया है।

एकाएक पसीज गए माथे को देख सानिया बेचैन हो उठी। पत्नी-धर्म का पालन करते हुए ढाँढ़स बँधाते हुए बोली, ''घबराने से काम नहीं चलेगा। आज नहीं आते हैं तो कोई बात नहीं। वैसे भी सत्याग्रहियों से कौन-सा तुमने रात्रि विश्राम के लिए कह दिया है। कुछ देर और इंतजार कर लेते हैं, संपर्क हो जाता है तो ठीक है, वरना यात्रा तो चल ही रही है। ऐसा करो थोड़ा श्री साईं संकटमोचन मंत्रों का जाप कर लो, मन शांत हो जाएगा।''

कबीर ने पोलीथीन के थैले से एक पुस्तिका निकाली। चित्त को एकाग्र किया और चुपचाप पुस्तिका खोल श्री साईं संकटमोचन मंत्रों का जाप करने लगा—

जिसने सुग्रीव विभीषण अंगद को दिए वरदान।
साईं मेरी रक्षा करो, बनके श्रीराम भगवान॥

आप ही मात, आप ही पिता सबकी रखे लाज।
साईं मेरी रक्षा करो, बनके कवच आज॥

ब्रह्म ज्ञान दाता जो संतों के हैं सरताज।
साईं मेरी रक्षा करो, हे ज्ञानेश्वर महाराज॥

इधर जनाधिकार सत्याग्रह का प्रणेता और सर्वहारा फाउंडेशन का अध्यक्ष कबीर मन में साईं की मूरत धारण कर, श्रीसाईं संकटमोचन मंत्रों का जाप करने लगा, उधर सानिया पटेल मन ही मन श्रीसाईं के चरणों में पहुँच गई। क्या पता श्रीसाईं दोनों की गुहार एक साथ सुन पति के कष्ट का शीघ्र निवारण कर दे—

साईं मन में प्यार तुम्हारा, मानेंगे उपकार।
तेरे हाथ में लाज हमारी, तू ही पालनहार॥

कदम-कदम पर ये काँटे, तकदीरों ने बाँटे हैं।
साईं करो दया की बारिश, हम तेरी संतानें हैं॥

आज नसीबा रंग बदले, बुरे दिन खूब दिखाए हैं।
सारे गम के मारे साईं, दर पे तेरे आए हैं।

कॉमरेड सोहनलाल 'प्रचंड' जैसे खाँटी कम्युनिस्ट के दोनों भूतपूर्व शिष्यों के कानों में श्रीसाईं संकटमोचन मंत्र मानो रस घोलने लगे।

कबीर ने अभी संकटमोचन मंत्रों में से अंतिम मंत्र का जाप समाप्त ही किया था कि लगा जैसे साईं उसकी काया में प्रवेश कर गए हैं। पूरा शरीर किसी दैवी शक्ति के चलते तरंगित हो उठा। आसपास वातावरण में गूँजते उद्घोष और बापू के प्रिय भजन भी कानों में श्रीसाईं संकटमोचन मंत्र बन गूँजने लगे।

अचानक पति को इस तरह प्रकंपित होता देख सानिया घबरा गई कि वह मोबाइल क्यों नहीं उठा रहा है? उसने कबीर का बाजू पकड़ा और जोर से झिंझोड़ते हुए चीखी, "कबीर! कबीरऽऽऽ तुम्हारा मोबाइल बज रहा है!"

अकबकाते हुए कबीर ने आँखें खोल अपने चारों ओर देखा, तो झेंप गया। यह तो गनीमत है कि किसी सत्याग्रही की उस पर नजर नहीं पड़ी अन्यथा जनाधिकार सत्याग्रह को श्रीसाईं दरबार में बदलते देर नहीं लगती। हड़बड़ाते हुए उसने तरंगित होते फैब इंडिया कुर्ते की जेब से मोबाइल निकाला। मोबाइल की स्क्रीन पर चिर-परिचित नंबर देखा तो एकाएक बढ़ गया रक्तचाप अपने आप सामान्य होता चला

गया। माथे पर चू आया पसीना पलक झपकते ही भाप बन न जाने कहाँ उड़ गया। मारे खुशी के चेहरा ऐसे खिल उठा, जैसे मुरझाया हुआ सूरजमुखी का फूल सूरज की रोशनी और ताप पाकर खिल जाता है।

"हैलो...जी सर...हाँ सर, पहुँच गए हैं। नेशनल हाईवे पर...जी सर, शहर से बाहर...ठीक सर!"

मोबाइल के चुप होते ही सानिया एक बार फिर पत्नी-धर्म का पालन करते हुए चहकी, "मैंने कहा था न कि श्रीसाईं संकटमोचन मंत्रों का जाप कर लो...कर गया न मेरा बताया नुस्खा काम। साईं बाबा के नाम में बड़ी शक्ति है। देखा, उसी ने हमें संकट से निकाला है।"

कबीर ने सानिया की बातों पर कान नहीं धरे। वह तेजी से सत्याग्रहियों का मनोबल बढ़ाते और खबरिया चैनलों के कैमरों के सामने बापू के प्रिय भजनों में डूबे अपने एक जत्थे की ओर बढ़ गया।

"जयंत भाई, पीएम की चिट्ठी लेकर ग्रामीण विकास मंत्री आगरा पहुँच चुके हैं।" अपनी खुशी और मनोभावों को चतुराई से छिपाते हुए कबीर ने बापू के एक भजन को जाकर सूचना दी।

गांधी शांति प्रतिष्ठान के उपाध्यक्ष जयंत भाई ने चौंककर उसकी ओर देखा। कबीर के ये शब्द शोर के बीच से छनते हुए शायद सर्वसेवा संघ के अध्यक्ष वीरेन भाई के कानों में भी पड़ गए थे। उन्होंने यह सूचना विंध्या मोदी और विंध्या मोदी ने भूदान यात्रा में सक्रिय रहे बुजुर्ग बालाजी तक पहुँचा दी।

अचानक बापू के सारे प्रिय भजन खामोश हो गए। चलते हुए तुरंत एक आपात-सी बैठक बुलाई गई और उसमें यह विचार किया गया कि जब सरकार ने अपना प्रतिनिधि भेज दिया है, तब उससे बात करने में बुराई क्या है। देखते ही देखते सिकंदर लोदी द्वारा बसाई गई नगरी और मुगल सल्तनत की चहेती राजधानी की सीमा में प्रवेश कर चुका जन सैलाब ठिठक गया। उफनते सैलाब में पछाड़ खाती लहरें एकाएक शांत होती चली गईं। जनाधिकार सत्याग्रह के आगे-आगे चल रही खबरिया चैनलों की एक ओबी वैन और उसके चैनल आईडी को छोड़कर, सबके कान खड़े हो गए कि अचानक इस जंगल में ऐसा कौन-सा बहेलिया आ गया, जिसकी खबर सुनते ही इन सत्याग्रही पखेरुओं की साँसें अटक गईं और उन्हें इसकी भनक तक नहीं लगी।

गांधी के बताए रास्ते और अपने अहिंसक संघर्ष से निकले परिणाम और सफलता की चमक जयंत भाई, वीरेन भाई, हरिभाई, बहन विंध्या मोदी और बुजुर्ग बालाजी के भोले चेहरों पर साफ दिखाई दे रही है। अंतत: एकमत से यह निर्णय लिया गया कि यदि मंत्रीजी कोई ठोस लिखित आश्वासन लेकर आए हैं, तो उनसे बात की जाए वरना सरकार से दिल्ली में ही निपटा जाएगा। वैसे भी दिल्ली अब

है कितनी दूर!

इधर एकमत से फैसला हुआ और उधर कबीर का मोबाइल फिर से बजा। ज्यादा बात नहीं हुई। मोबाइल जल्दी ही कट गया।

''मंत्रीजी किसी भी समय यहाँ पहुँच सकते हैं जयंत भाई। हमें अब सत्याग्रहियों को बता देना चाहिए।''

''आप ही बताएँ तो बेहतर होगा।''

कबीर लाउडस्पीकर टँगे एक टैम्पू पर चढ़ गया। माइक लिया और सत्याग्रहियों को संबोधित करते हुए बोलने लगा, ''प्यारे भाइयो और बहनो! जैसाकि हमने सरकार को उसके लिखित सकारात्मक व रचनात्मक उत्तर के लिए आगरा तक का समय दिया था कि अगर हमें सरकार की ओर से कोई लिखित ठोस प्रतिक्रिया नहीं मिलती है, तो अपनी योजना के मुताबिक हम दिल्ली पहुँचकर संसद का घेराव करेंगे। हमारा यह जनाधिकार सत्याग्रह तब तक जारी रहेगा, जब तक सरकार हमारी माँगें नहीं मान लेगी। बंधुओं, सरकार ने हमारी माँगों पर सहानुभूतिपूर्वक विचार किया और बातचीत के लिए अपने एक मंत्री को भेजा है। यदि आप सब सहमत हों तो हम मंत्रीजी से अनुरोध करेंगे कि वे सीधे आपसे बात करें, क्योंकि बापू ने हमें सिखाया है कि आमजन की बातें, आमजन के ही सामने होनी चाहिए।''

इतना सुनते ही तालियों की गड़गड़ाहट से दूर तक फैला सैलाब गूँज उठा, और जब तक यह गड़गड़ाहट शांत होती एक मंत्री और कुछ अधिकारियों की टोली को सबने उसी टैम्पू पर चढ़ते हुए देखा।

''लीजिए, मंत्रीजी आ चुके हैं! आपसे अनुरोध है कि इनका तालियों से जोरदार स्वागत किया जाए!''

कबीर के इस अनुरोध पर सचमुच इतनी जोर से तालियाँ बजने लगीं कि ऐसी तब भी नहीं बजी थीं जब इसी कबीर ने सबके सामने यह प्रतिज्ञा ली थी कि यदि सरकार उसकी माँगें नहीं मानेगी, तो वह अन्न व जल त्याग कर अपने प्राणों की आहुति दे देगा।

''अब मैं आपके धैर्य की ज्यादा परीक्षा न लेकर, मंत्रीजी से निवेदन करता हूँ कि वे सरकार की बात आपके सामने रखें!'' इतना कह कबीर ने माइक मंत्री को थमा दिया।

''बहनो और भाइयो, मेरे लिए यह सौभाग्य की बात है कि मेरी सरकार ने मुझे आपसे बातचीत करने के लिए भेजा है। मैं आपके सामने प्रधानमंत्रीजी का वह लिखित आश्वासन पढ़कर सुनाना चाहता हूँ, जिसे उन्होंने मुझे आप तक पहुँचाने की जिम्मेदारी सौंपी है। आपकी एक प्रमुख माँग के अनुसार एक राष्ट्रीय भूमि आयोग गठित किया जाना चाहिए। सरकार ने आपकी यह माँग मान ली है।''

मंत्री की इस घोषणा पर पुनः तालियाँ बज उठीं।

"मैं आपको यह बताना चाहता हूँ कि सरकार ने आपकी सारी माँगें मान ली हैं। इन्हें लागू करने के लिए अगले छह महीने में एक मसविदा तैयार कर लिया जाएगा। इस काम को सरकार जल्दी ही मंत्रियों के एक समूह को सौंपने जा रही है। मैं इस कामयाबी के लिए पूरा श्रेय आपके इस युवा गांधीवादी कबीर को देना चाहता हूँ, जिसके अहिंसक संघर्ष के चलते सरकार को सारी माँगें मानने पर मजबूर होना पड़ा।"

मंत्री के इतना कहते ही पूरा जनाधिकार सत्याग्रह अपने नायक कबीर जिंदाबाद के नारों से गूँजने लगा। सारे सत्याग्रही इस सफलता पर एक-दूसरे को गले लगाकर बधाई देने लगे। बधाइयों के बीच किसी का इस ओर ध्यान ही नहीं गया कि सरकारी प्रतिनिधि मंडल यानी केंद्रीय ग्रामीण विकास मंत्री और उसके साथ आया अफसरों का अमला, टैम्पू से कब उतरा और कब गायब हो गया।

दूर तक फैले जन-प्रांतर का जो विहंगम दृश्य खबरिया चैनलों का प्रिय दृश्य होता था, एकाएक वह बेनूर होता चला गया। सत्याग्रहियों के नाम पर जो साम्राज्यवादी घुसपैठिए पूरी पदयात्रा के दौरान जगह-जगह नजर आते थे, वे भी न जाने कहाँ गायब हो गए। सारे लोकवाद्य और बापू के प्रिय भजन एकाएक खामोश हो गए। जो भगौने और कड़ाही शाम होते-होते अस्थायी भट्टियों पर नहा-धोकर चढ़ने के लिए आतुर रहते थे और जिनसे उठते भीने-भीने भपारों की महक भर से थके-माँदे, फफोले पड़े पाँव थिरकने के लिए मचल उठते थे, वे भी पूरे बारदाने के साथ उदास पड़े हुए थे।

इस समझौते से सबसे ज्यादा अपने आपको अगर कोई ठगा हुआ महसूस कर रहा है, तो वह है डॉ. अंबेडकर दलित महिला उद्धार सभा की सुप्रीमो सुमन भारती। जैसे ही उसने समझौते की खबर सुनी और यह सुना कि यह पदयात्रा अब आगरा में ही खत्म हो जाएगी, उसकी आँखों के आगे अँधेरा छा गया। लगा जैसे जुगनुओं-सी जलती हुई मोमबत्तियों की लड़ी को किसी ने एक झटके में फूँक मारकर बुझा दिया। उसने उसी समय फोन मिलाया, "हाँ, हैलो...रामा...गोयल मोमबत्ती स्टोर के यहाँ से मोमबत्तियाँ उठाई तो नहीं हैं...क्याऽऽऽ, आपने अंबेडकर पैकेट में पैक भी कर दी हैं...औ...और पेमेंट भी कर दी हैऽऽऽ!" सुमन भारती की आवाज बैठती चली गई।

इधर अखिल भारतीय अबला मंच की अध्यक्ष सरला बजाज के हाथों से भी मानो तोते उड़ गए। बेमन से उसने डिंपल को कह दिया कि वह बैनर को वहीं रहने दे, जहाँ रखा हुआ है।

खबरिया चैनलों की ओबी वैन अपने पीछे उदास लहरों को अकेला छोड़, एक-एक कर दिल्ली की ओर रवाना होने लगीं। जाते-जाते एक चैनल आईडी उस

कांताबाई से मिलकर जाना चाहती है, जो अपने बूढ़े पति और बेटे-बहू के साथ दिल्ली आने की आस में इस पदयात्रा में शामिल हुई होगी। उसने बहुत ढूँढ़ा कांताबाई और उसके परिवार को लेकिन वे उसे कहीं नहीं मिले। मिलते भी कैसे, इतने बड़े जन सैलाब में न जाने वे कहाँ धक्के खा रहे होंगे। न जाने कैसे-कैसे थपेड़ों से जूझ रहे होंगे वे सब।

निराश हो चैनल आईडी अपनी ओबी वैन में आ बैठा। देश की राजधानी की ओर तेजी से दौड़ती ओबी वैन की खिड़की से हरहराकर अंदर आती हवा के झोंकों के बीच, उसकी आँखों के सामने एक-एक दृश्य सजीव होने लगा। वही हारे-थके अधनंगे दृश्य जिनसे कुछ देर पहले तक किसी अभूतपूर्व जनक्रांति की उम्मीद थी। कानों में सत्तर वर्षीय कांताबाई का उम्मीद भरा यह कातर वाक्य गूँजने लगा, 'हमारी धरती तो छिन गई, अब जा देह को का करें। नेक-नेक करिके मरिबे ते तो अच्छो है के एक बर ही मरि जाबें।'

उसके कानों में पिछले कई दिनों से लगातार गाया जाने वाला, बापू का प्रिय भजन भी गूँजा। क्षण-भर को लगा जैसे सत्याग्रहियों का कोई जत्था इस भजन को गाता हुआ उसके पीछे-पीछे दौड़ा आ रहा है!

चौबीस

जब से यह 'हुनर योजना' शुरू हुई है और सरहद पर युद्ध शुरू हुआ है, काले पहाड़ के समांतर पुराने एनएच आठ पर आते-जाते जगह-जगह पड़ने वाले चौक-चौराहों पर कबीर और सानिया पटेल की आँखें बोली लगाने वालों और बोली लगने वाले चेहरों को टोहती रहीं लेकिन इन्हें किसी हाट में खूँटे से बँधी, नीलाम होतीं निरीह जिंदा लाशों की चीखें सुनने के लिए नहीं मिलीं। कई बार तो इन्होंने सड़क किनारे खड़े खोखों पर खरीद-फरोख्त करती भीड़ के पास जाकर चुपके से, अपने हैंडीकैम को चालू कर टोहा भी कि क्या पता कहीं इनके आसपास या इनके पिछवाड़े किसी की नीलामी ही हो रही हो। लेकिन हर बार इन्हें निराशा ही हाथ लगी। इन चौराहों पर तो सिवाय आते-जाते अजनबियों से अपनी चीजों को खरीदने के लिए मान-मनौव्वल और मनुहार करते खोखों, और सवारियों की ओर पानी के गिलास लिये गिरते-पड़ते दौड़ते नन्हे हाथों के, शायद ही कोई ऐसा दृश्य नजर आया हो, जिससे यह पता चल सके कि मुल्क की राजधानी से सटे इस टापू में कानून की कोई पहुँच नहीं है।

एक बार अमीना ख़ान की मदद से मौका तलाश कर सानिया ने नीमखेड़ा की सरपंच अख्तरी से इस तथ्य की पुष्टि भी करनी चाही। सरपंच अख्तरी ने मुस्कराते हुए पहले सानिया की ओर देखा, फिर अपनी बगल में खड़ी अपनी बिचली बहू को, हाथ कंगन को आरसी क्या वाले अंदाज में आदेश देती हुई बोली, ''हाजरा, बेटी वा अनवरी ए बुलाके लइयो!''

बिचली बहू हाजिरा अपनी सास के आदेश का पालन कर कुछ ही कदम बढ़ी थी कि अख्तरी ने उसे पीछे से टोकते हुए कहा, ''अच्छा सुण, वाकी सास होए तो वाहे भी बुला लइयो!''

इस बीच सानिया ने सरपंच से अखबारों में छपी खबरों व रिपोर्ट के आधार पर तथ्यों की पुष्टि करनी चाही, तो अख्तरी जोर-से हँसते हुए बोली, ''बहाण, इन सुरखी-बिंदी वाली मैडमन्ने ने हमारी नाक में दम कर राखो है...हम इन्ने बताता-बताता बोदा होगा, पर इनके तसल्ली ना हो री है।''

''अख्तरीजी, मैं तो इसलिए पूछ रही हूँ कि मैंने ऐसा अखबारों में पढ़ा था।''

"ई तेरी ही बात ना है बहाण...महीना-बीस दिनाँ में ये मोटा-मोटा ढूँगावाली या मेवात में रोज धरी पाँवें हैं।" अख्तरी ने थोड़ा सख्त होते हुए कहा।

सानिया का थूक हलक में ही अटक कर रह गया यह सोचते हुए कि अगर सचमुच संसद में महिला आरक्षण बिल पास हो गया और ऐसी उजड्ड चुनी जाने लगीं, तो हो लिया इस देश में महिला सशक्तीकरण का सपना पूरा। आगे की कल्पना-भर से सानिया पटेल का रोआँ-रोआँ काँप उठा।

"ले आगी अनवरी।" सामने से एक ब्याहती को आता देख, सरपंच अख्तरी ने उसके पीछे नजर मारते हुए पूछा, "अनवरी, तेरी ऊ हरामण सास रमजानो कहान् है?"

"ले सास भी आगी, अब काढ़ ले यानी धार। तेरी बिचली बहू ने हमारी सास-बहू की खल खोद्दी के माई बुला री है, जल्दी चलो।"

"आजा मेरी सौक। देख, ई मैडम तेरो वारंट लेके आई है।" हँसते हुए सरपंच ने अपने ही अंदाज में स्वागत करते हुए कहा।

"अच्छोऽऽऽ तो तैने हम या जज के मारे बुलाया है!" रमजानो ने सानिया पटेल को ऊपर से नीचे तक बेहद बारीकी से देखते हुए व्यंग्य किया।

ऐसा अक्सर होता है कि जब-जब बकौल अमीना ख़ान इस टापू पर उनके जैसा कोई अनजाना परिंदा आता है, तब आसपास के सारे परिंदे अपनी-अपनी डालें छोड़ उनके इर्द-गिर्द जमा हो जाते हैं। उनकी आँखें मारे कौतूहल के फैलने-सिकुड़ने लग जाती हैं। आज भी ऐसा ही हुआ, सानिया को सरपंच अख्तरी के पास बैठा देख पूरा नोहरा भर गया।

"ले, तबस्सुम और रेहाना भी आगी...सारी बात अब यही तीनूँ बताएँगी।" उजड्ड-सी नजर आने वाली सरपंच ने बड़ी चालाकी से सानिया को उसी के फंदे में फँसा दिया।

सानिया पटेल का माथा पसीने से भीग गया। उसने कनखियों से अपने आसपास खड़ी लगभग डेढ़ दर्जन मुस्कराहटों को देखा, तो उन्हें देखते ही वह भूल गई कि उसने सरपंच से क्या पूछा था।

"मैडम, कहाँ खोगी? तेरे आगे तीन-तीन खड़ी हैं...पूछ ले जो कुछ पूछणो है!"

मगर सानिया पटेल के मुँह से निकलने वाले शब्द बाहर आने से पहले ही सूख गए। एक अनजाने-से भय के चलते वह बस अपने इर्द-गिर्द जमा इस भीड़ को ही देखती रही।

"घबराए मत, आराम सू...एकदम तसल्ली सू पूछ ले, जो कुछ पूछणो है। वैसे भी हमन्ने भी आदत-सी पड़गी है ऐसी बातन् को जुआब देते-देते।" इसके बाद रमजानो अपनी बगल में खड़ी भीड़ की ओर मुखातिब हुई और अनवरी, तबस्सुम और रेहाना को आगे बुलाते हुए बोली, "अरी आगे आ जाओ...और देखो, ई मैडम

जो भी पूछे वाहे अपणा दिल पे हाथ धर के अपणा खुदा रसूल ए हाजर-नाजर करके सच्ची-सच्ची बताइयो सारी बात। ई मत समझियो के तिहारे ऊपर कोई जोर-जबरदस्ती कर्‌रो है।''

अनवरी, तबस्सुम, रेहाना ने आगे आते हुए स्वीकृति में सिर हिला दिया। मगर इधर सानिया पटेल की समझ में कुछ नहीं आ रहा है कि ये तीनों कौन हैं, जिनसे रमजानो दिल पर हाथ रखकर सच्ची बात बताने को कह रही है।

उजड्ड-सी दीखने वाली अख्तरी सानिया की उलझन भाँप गई।

''मैडम, ये तीनूँ वही पारो हैं जिनका बारा में तू मोसू पूछणो चाह री ही। ई रेहाना तो बिहार सू आई है...अनवरी बंगाल सू और ई तबस्सुम हैदराबादन है। अब एक ना, तेरे आगे तीन-तीन खड़ी हैं...'' बड़ी आत्मीयता से कहते-कहते एकाएक सरपंच अख्तरी तमाशबीनों में शामिल अपनी बहुओं पर टूट पड़ी, ''तिहारी टाँट में लकड़ी...मेरा बाप की लुगाई...धसड़ियो...तमन्ने सरम ना आ री है...खड़ी-खड़ी ऐसे देख री हो जैसे कोई किरसना को नाच हो रो होए...ई तो ना है कि देहरी पे मिहमान आरो है वाकू कुछ पाणी-पात को सलीको बिठाएँ...तिहारी महतारी राँड ने यही सहूर सिखा के भेजी हो तम!''

सरपंच अख्तरी के इतना कहते ही भीड़ में हड़कंप-सा मच गया। पौने दर्जन आधे घूँघट में खड़े चेहरे और तीनों बहुएँ ऐसे गायब हो गईं, जैसे गधे के सिर से सींग।

''कहा करें बहाण, आजकल की बहू-बेटीन् में धेला को भी सहूर ना है। पतो ना माँ-बाप थोड़ो-बहोत कान-कायदा सिखा के भी भेजे हैं के ना। आया-गया की थोड़ी-सी भी कदर करनी ना जाणे हैं।'' वही सरपंच अख्तरी जो थोड़ी देर पहले गरम लावे-सी खदक रही थी, अचानक हिमखंड-सी पिघलने लगी।

सरपंच अख्तरी अपनी बहुओं के बहाने तमाशबीनों के रूप में खड़ी दूसरी बहुओं को सुनाते हुए उनके तौर-तरीकों की मजम्मत कर ही रही थी कि इस बीच तीनों बहुएँ अपनी-अपनी समझ और शऊर के मुताबिक एक दूध का गिलास, दूसरी शरबत का तो तीसरी बहू छाछ का गिलास लिये बड़े अदब के साथ हाजिर थीं। सानिया पटेल ने एक-एक कर पहले तीनों बहुओं की ओर देखा और अंत में खाट पर बड़े ठसके से बैठी उनकी सास सरपंच की ओर। सरपंच और सास के रूप में बैठी अख्तरी की आँखें जैसे सानिया पटेल का आह्वान कर रही हैं कि देख हे शहरी अबला, परिवार ऐसे चलाया जाता है। अख्तरी की देहभाषा और आँखों में आते-जाते भावों को देख सानिया की आँखें झुकती चली गईं। उसी सानिया पटेल की, जिसका रोआँ-रोआँ इस कल्पना से सिहर उठा था कि अगर सचमुच महिला आरक्षण बिल पास हो गया, और ऐसी उजड्ड अख्तरियाँ एमपी, एमएलए बन गईं तो हो लिया इस देश...।

''अख्तरी, या मैडम ए कहा साँप-सो सूँघूगो!'' रमजानो ने सानिया को सोचते हुए देख कहा।

अचकचाते हुए वर्तमान में लौटी सानिया पटेल। इसके बाद वह अनवरी, तबस्सुम, रेहाना से देर तक बातें करती रही। उन तीनों ने उसे जो कुछ बताया, वह औरत की एक ऐसी दुनिया थी, जिसे सुनते हुए सानिया को अपने कानों पर विश्वास नहीं हुआ। यह वह दुनिया थी जिसे अक्सर एक गहरी साजिश के तहत नजरअंदाज कर दिया जाता है।

''अब तो होगो अकीन के या मेवात में ढोर-डंगर-सी कितेक बीरबाणी बिका हाँ...कितनीन सू धंधा करवावे हैं और...''

''पर अख्तरीजी, ऐसी अफवाह फैलाते भी तो आपके ही लोग हैं न।'' सरपंच अख्तरी की आँखों में तैर आए सुर्ख डोरों को सुलझाते हुए बोली सानिया।

समझ गई सरपंच कि सानिया पटेल का इशारा किस तरफ है।

''यही तो रोणो है बहाण के हमारा तो अपणा ही सबसू बड़ा बैरी बना पड़ा है।'' एक वाक्य में सरपंच अख्तरी बहुत कुछ कह गई।

इसके बाद सानिया पटेल ने कभी किसी के सामने, यहाँ तक कि अमीना ख़ान के आगे भी यह पारो पुराण नहीं छेड़ा। इस नीमखेड़ा में आज अगर वह किसी की सबसे ज्यादा इज्जत करती है, तो वह सरपंच अख्तरी है। सबसे अधिक किसी को स्नेह करती है तो वे यही अनवरी, तबस्सुम और रेहाना हैं। वह जब भी नीमखेड़ा आती है, इनके लिए कुछ न कुछ जरूर लाती है। भले ही सानिया पटेल आज कम्युनिस्ट नहीं है लेकिन कम्युनिज़्म का थोड़ा-सा एसेंस तो अभी बचा हुआ है उसमें।

पच्चीस

जब-जब हाँफते बूढ़ों की हौसलाअफजाई करती आह्लादित लरजती देह के साथ कदमताल करती, अखिल भारतीय अबला मंच की भावी वारिस किलकते हुए माँ की ओर देखती, तब-तब माँ का ममतामयी हृदय मारे खुशी के बल्लियों उछलने लगता। अपने कजन के दामाद को वह इस गुजारिश और खास हिदायत के साथ लाई है कि उसके मेड इन चाइना हॉटशॉट कैमरे की आँख से कोई दुर्लभ क्षण छूटने न पाए।

अभी तक तो डिंपल हॉरमनी फॉर गोल्डन फाउंडेशन द्वारा आयोजित इस मैराथन दौड़ में अपनी भूमिका और कसौटी पर खरी उतर रही है। बस, कुछ देर की बात है। माँ शेराँवाली एक बार इस बूढ़ी सेना को फिनिशिंग लाइन कुदा दे, उसके बाद इनकी बला से, कुछ भी हो। यह तो अच्छा हुआ जो सानिया पटेल अपने पति के जनाधिकार सत्याग्रह में उलझी होने के कारण उसकी पसंदीदा नायिका से मिल नहीं पाई, वरना बेचारी उन जैसी बिल्लियों के भाग का छींका कौन टूटने दे!

जैसे ही बूढ़ों के एक छोटे-से काफिले ने गिरते-पड़ते फिनिशिंग लाइन को छुआ, सरला बजाज की आँखें मारे खुशी के छलछला उठीं। सरला बजाज को खुशी इस बात की नहीं है कि गिरते-पड़ते इन बुजुर्गों ने अपनी मंजिल पा ली है, न ही उसकी आँखें इस खुशी के चलते छलछलाई हैं कि उसकी पसंदीदा नायिका और एक बड़े औद्योगिक घराने की कलावंत बहू, मुंबई के भूखे-अनाथ बच्चों के लिए किए जा चुके डांस फॉर हंगर जैसे शो की तर्ज पर कोई तमाशा करने वाली है, बल्कि उसे तो खुशी इस बात की है कि इसके बाद मदर टेरेसा और बापू की प्रेरणा की मारी, अमेरिका की एक बिजनेस पत्रिका के मुताबिक, दुनिया के दस अरबपतियों की पत्नियों में शामिल एक पत्नी सुल्तानपुरी, मंगोलपुरी, कल्याणपुरी या फिर सीमापुरी की झुग्गी-झोपड़ियों की गरीब बच्चियों के लिए किए जाने वाले फैशन शो के जरिए उसकी डिंपल को लौंच करने वाली है।

इसी खुशी में डूबी सरला बजाज लपककर अपनी पसंदीदा नायिका के पास जाकर चहचहाई, ''बहुत-बहुत बधाई हो मैडमजी!''

शायद सरला बजाज के शब्द उसकी बेटी के भाग्य-विधाता के कानों में पड़े नहीं। कोई बात नहीं, ना पड़ें। वह दोनों माँ-बेटी के समर्पण भाव को देख तो रही

है न। अभी इसे छेड़ना ठीक नहीं है। यही सोच सरला बजाज दौड़ खत्म होने का इंतजार करने लगी।

थका–माँदा इंडिया गेट गुनगुनी धूप में भीगकर धीरे–धीरे ऊँघ रहा है। आसपास की इमारतों को तो फिर भी रात में पहर–दो पहर सुस्ताने की फ़ुरसत मिल जाती है मगर शाम का झुटपुटा घिरते ही अपने ऊपर पड़ती रोशनी में यह रात–भर जागकर मानो अपने शहीदों की स्मृतियों का पहरा देता है। जिंदगी की आखिरी वेला में पहुँचे बुजुर्ग अपनी–अपनी दौड़ पूरी कर, समाज में सम्मान व प्यार की उम्मीद लिये एक–एक कर चले गए।

आखिर वही हुआ जिसका डर था।

डिंपल ने माँ की ओर तथा माँ ने डिंपल की ओर देखा। मारे कातरता के दोनों का चेहरा उतरता चला गया। सरला बजाज ने दाँत पीसते हुए कई बार इशारा भी किया परंतु नादान डिंपल माँ के इशारे को समझने में हर बार नाकाम रही। हारकर माँ को ही आगे आना पड़ा।

''मैडमजी, दौड़ तो अच्छी हो गई। भीड़ भी देखा कित्ती जमा हो गई!''

''हाँ सरलाजी। सब आपकी मेहनत का नतीजा है।''

'चलो, इस फिट्टे मुँह से कुछ तो निकला।' सरला बजाज ने मन ही मन कहा, फिर अगले ही पल बोली, ''यह तो आपने सई कहा। डिंपल ने बड़ीऽऽऽ मेहनत की है।''

एनजीओ के भविष्य डिंपल के लिए इतनी ही संजीवनी काफी थी। वह तुरंत आगे आई और अपने भाग्यविधाता से हुलसते हुए बोली, ''मैम, पिछली बार आपने झुग्गी–झोपड़ियों की लड़कियों के लिए फैशन शो के बारे में कहा था न, मैम मैंने उसकी पूरी रूपरेखा तैयार कर ली है...अगर आऽऽऽप...''

''अरे हाँ, तुमने अच्छा याद दिलाया। मैं तो भूल ही गई थी।'' इसके बाद डिंपल की भाग्यविधाता सरला बजाज की ओर पलटी, ''ऐसा करिए सरलाजी, डिंपल को लेकर आप पाँच बजे आ जाइए। इसे भी आज ही फाइनल कर लेते हैं।''

समझ गई सरला बजाज कि अभी–अभी बिना किसी झमेले के खत्म हुई दौड़ की कामयाबी की खुमारी उसकी पसंदीदा नायिका से उतरी नहीं है। इसलिए इससे पहले कि इस खुमारी की सतह से उसकी नायिका अपनी मुंडी बाहर निकाल साँस ले पाए, उसने बिना एक पल गँवाए स्वीकृति में सिर हिला दिया।

नायिका के रवाना होते ही सरला बजाज ने बेटी को डाँटते हुए बेमानी गुस्सा दिखाते हुए कहा, ''डिंपल, तूने तो आज मरवा ही देना था। मैं बार–बार इशारा कर रई थी और एक तू है कि बस घुग्घू बनी खड़ी रही। पुत्तर, इस तरह काम नहीं चलेगा...ऐसे तो तू बन ली सानिया पटेल!''

''कभी–कभी मम्मा बड़ा भी सोच लिया करो...मुझे नहीं बनना कोई सानिया–

वानिया...मैं तो टीना डालमिया बनूँगी।'' हू-ब-हू टीना डालमिया की मुद्रा अपनाते हुए बोली डिंपल।

''ठीक है...ठीक है, सानिया तो बना नहीं जा रहा है...सपने टीना डालमिया के देख रई है। वैसे तूने तैयारी तो सारी कर रक्खी है न?''

''आप चिंता मत करो। देखना, मैंने भी आज इसे शीशे में नहीं उतार दिया, तो मेरा नाम डिंपल नहीं।''

बेटी की आँखों में तैरते आत्मविश्वास के डोरों में सरला बजाज उलझती चली गई।

डिंपल जब फैशन शो की बारीकियों के साथ अपने भाग्यविधाता को पूरी रूपरेखा बता रही थी, तो सामने बैठी विधाता के भरे हुए गालों और तराशी हुई भौंहों के बीच, अंदर धँसी वही छोटी-छोटी आँखें मारे कौतूहल के फैल और सिकुड़ रही थीं, जिन्हें एक जमाने में झील की संज्ञा से नवाजा जाता था।

''मजा आ जाएगा सरलाजी जैसा डिंपल बता रही है अगर वैसा हो गया।''

''मैडमजी देखना, अगर उस दिन आग न लग जाए तो।'' सरला बजाज ने बेटी की प्रतिभा से अभिभूत होते हुए कहा।

''सच में आग लग जाएगी।'' इसके बाद डिंपल की भाग्यविधाता चिंतन की एक गहरी गर्त में उतरते हुए बोली, ''भला जिन गरीबों को दो वक्त की रोटी नसीब ना होती हो, वे अपनी लड़कियों को जब रैंप पर इठलाते हुए देखेंगे तो अपने आपको कितना प्राउडी फील करेंगे, सोचो जरा!'' अपने जमाने की मशहूर अदाकारा का रोआँ-रोआँ मारे रोमांच के किलकारियाँ मारने लगा, ''डिंपल, देखना पूरा मीडिया पागल हो जाएगा।''

''लेकिन मैम मेरा एक छोटा-सा सुझाव है।''

डिंपल के इस अनपेक्षित सुझाव पर चौंककर देखा टीना डालमिया ने। लगा जैसे कामयाबी की आसमान छूती लपटों पर डिंपल ने घड़ों पानी उँड़ेल दिया हो। जो रोएँ मारे रोमांच के परस्पर ठिठोलियाँ कर रहे थे, यकायक वे सब खामोश हो गए।

''मैम, यह शो हमें झुग्गी-झोपड़ियों में नहीं किसी ऑडिटोरियम में करना चाहिए। अगर हमें डीयू का ऑडिटोरियम मिल जाए तो मजा आ जाए।''

''पर डिंपल, पुत्तर बात तो झुग्गी-झोपड़ियों की ही हुई थी?'' बेटी को बीच में टोका सरला बजाज ने।

''हुई थी, पर जो मीडिया कवरेज डीयू से मिलेगा वो झुग्गियों में थोड़े ही मिलेगा। वैसे भी मुझे इन झुग्गी-झोपड़ियों से डर लगता है।'' एकाएक डिंपल के चेहरे पर भय की इबारतें उभर आईं।

''सरलाजी, डिंपल ठीक कह रही है। हमें रिस्क नहीं लेना चाहिए। मुंबई में भी

मैंने अपना शो ऑडिटोरियम में ही किया था...हमें ज्यादा से ज्यादा झुग्गी-झोपड़ियों से लड़कियाँ ही तो लानी होंगी। कोई बात नहीं, उनके लिए एकाध बस कर देंगे। वैसे भी सोशल एक्टिविटीज अब ऑडिटोरियम, इंडिया गेट, जंतर-मंतर और मीडिया की चीज बनकर रह गई हैं...डिंपल का यह आइडिया अच्छा है।''

''हाँ मैडम यही ठीक रहेगा...और फिर दमादजी हैं न लड़कियाँ लाने के लिए।'' इतना कह सरला बजाज ने अपने कजन के दामाद की आँखों में देखा।

इससे पहले कि अपनी इस संभावित भूमिका को लेकर दामादजी की बाँछें खिलतीं, टीना डालमिया ने यह कहकर उसे मुरझाने पर मजबूर कर दिया, ''सरलाजी, यह कोई इंडिया गेट की ह्यूमन चेन तो है नहीं जिसके लिए हमें भीड़ जुटानी है...ठीक है, मैं तीन-चार दिन में फाइनल करके बताती हूँ।''

''और मैडमजी उस फाइव स्टार होटल वाले प्रोग्राम का क्या हुआ?'' सरला बजाज ने तुरंत विषय बदलते हुए पूछा।

''उस पर अभी काम चल रहा है।''

सरला बजाज ने इसके बाद कुछ नहीं कहा। एक उम्मीद के साथ उसने अपनी पसंदीदा नायिका से विदा ली और चली आई।

डालमिया हाउस से निकलते-निकलते सरला बजाज के कजन का दामाद रुआँसा हो गया।

''पुत्तर, चिंता न कर, बड़े मौके आने हैं। अभी तो शुरुआत है।'' सरला बजाज ने दामादजी को धीरज बँधाते हुए कहा।

''मम्मा, बड़ी भूख लगी है...चलो किसी अच्छे-से रेस्त्राँ में खाना खाने चलते हैं।'' डिंपल मचलते हुए बोली।

आने वाली कामयाबी की खुमारी अपनी माँ की पसंदीदा नायिका के साथ-साथ, धीरे-धीरे अब एनजीओ दुनिया के भविष्य पर भी तारी होने लगी।

घर जाने के बजाय दामादजी ने कार विपरीत दिशा में मोड़ दी। तेज रोशनी में भीगे शहीदी स्मारक यानी इंडिया गेट का दामादजी पूरा चक्कर लगा गया। इससे पहले कि वह दूसरा चक्कर लेता, सरला बजाज ने बीच में टोक दिया, ''दमादजी, क्या कर्रे हो?''

अचानक होश आया दामादजी को। तेज गति से दौड़ते वाहनों की हैड लाइट्स में सामने चमकते गहरे नीले रंग के दिशासूचक को देख, उसने गाड़ी बाईं ओर मोड़ दी।

कार अब तेजी से कर्जन रोड यानी कस्तूरबा गांधी मार्ग पर, संभावित कामयाबी की खुशी में लगभग जश्न मनाने किसी अच्छे-से रेस्त्राँ की खोज में दौड़ी जा रही है।

पूरे झुंड में हड़कंप मच गया।

किसी ने सोचा भी नहीं था कि एक मरियल-सी देहाती गाय सरेआम उनके कान कतर लेगी, और उन्हें इसकी भनक तक नहीं लग पाएगी। समाजविज्ञानी व स्त्री अध्येता डॉ. वंदना राव को तो रह-रहकर अपने अध्येता होने पर क्षोभ कम, संदेह ज्यादा होने लगा है। वहीं डॉ. अंबेडकर दलित महिला उद्धार सभा की सुप्रीमो सुमन भारती को इससे ज्यादा फर्क नहीं पड़ा। उसे इस बात का रंज जरूर है कि वह तो मोबाइल नंबर माँगती रह गई, और सरला बजाज खुद तो अपने जमाने की अदाकारा में घुसने में कामयाब हो ही गई, साथ में अपनी बेटी को भी ले घुसी। अमीना ख़ान को भी इस हादसे से कोई ठेस नहीं पहुँची, क्योंकि उसका मानना है कि इस मुल्क में जो भी है, उस पर पहला जन्मसिद्ध अधिकार इन मुट्ठी-भर वंदना राव, टीना डालमिया और सरला बजाजों का है। दूसरा, इस सुमन भारती का है और जो थोड़ा-बहुत सत्ताइस फीसद के करीब बचता है, उसके एक छोटे-से हिस्से के बारे में ही वह सोच सकती है। हालाँकि इस पर भी काबिज होने के लिए कुछ खापें अपनी-अपनी लाठियों को तेल पिलाकर बैठी हुई हैं। रही बात इस कबीर की, उसके बारे में कुछ भी कहना मुश्किल है।

हाँ, इन सबमें अगर सबसे ज्यादा कोई दु:खी है, तो वह है सानिया पटेल। वही सानिया पटेल जिसने अपने पार्टनरनुमा पति के साथ कम्युनिज्म से बगावत कर, गांधीवाद का चोंगा ओढ़ साईंबाबा की कंठी धारण कर ली। उसके इस दु:ख के भाड़ में थोड़ा-सा ईंधन डाल, बहन भाग्यवती ने फोन पर यह कहते हुए और हवा दे दी, ''सानिया, यह क्या हुआ? हमें तो अभी तक यही लगता था कि तुम टीनाजी की खास हो, लेकिन निकल गई वह सरला बजाज?''

''मैम, ऐसी कोई बात नहीं है।'' सानिया ने विरक्त भाव से कहा।

''क्यों नहीं है कोई बात। सारा मीडिया सरला बजाज और उसकी बेटी की माला जप रहा है...और तुम कह रही हो कि ऐसी कोई बात नहीं है...लगता है तुमने आज का अखबार और टीवी नहीं देखा है। खोलकर देखो, उसकी बेटी ने चारों तरफ कैसी आग लगा रखी है!''

''हाँ मैम, नहीं देख पाई...सर्वहारा फाउंडेशन के काम में थोड़ी व्यस्त थी।'' सफेद झूठ बोल गई सानिया पटेल।

एक हल्की-सी हँसी हँसते हुए बोली बहन भाग्यवती, ''तुम दोनों पति-पत्नी इन सर्वहाराओं की सेवा में लगे रहो, और सारी लंका लूट ले जाएगी वह सरला बजाज।''

सुनते ही सानिया पटेल की आँखों के आगे अँधेरा छा गया। कनपटी की नसें तड़कने लगीं। यह अँधेरा और गहराता कि अभी-अभी शांत हुआ टेबलेट फिर घनघना उठा।

''सानिया, देखा इस सरला बजाज को। यार, यह तो बड़ी घाघ निकली। मुझे

उम्मीद नहीं थी कि सीधी-सादी दीखने वाली सरला ऐसी निकलेगी...और तो और, वह लड़की जिसे कभी बोलते नहीं देखा, रैंप पर कैसे मटक-मटक कर चल रही थी...सानिया, इसका तो कुछ करना पड़ेगा वरना ऐसा न हो कि इस हीरोइन की चिलम भरती रह जाओ तुम और रीयल हीरोज अवार्ड ले उड़े यह सरला बजाज... हैलो...हैलो! हाँ, सुन रही हो न...सच कहूँ सानिया मैंने जब से न्यूज पेपर्स और टीवी देखा है, तुम्हारी बड़ी चिंता हो रही है।'' डॉ. वंदना राव का समाजविज्ञान और स्त्री अध्ययन का पूरा दर्शन और निष्कर्ष सानिया पटेल के कानों से होते हुए दिमाग में किसी वजनी हथौड़े-सा वार करने लगा।

''कुछ नहीं होगा वंदना। हमने भी सालों कॉमरेड 'प्रचंड' जैसे आदमी की यूँ ही जूतियाँ सीधी नहीं की हैं।''

''मेरे कहने का मतलब है सानिया कि तुम्हें थोड़ा सावधान रहना पड़ेगा...अच्छा टेक केयर...बाए!''

फोन कटते ही सानिया पटेल के दिमाग की नसें तड़तड़ाने लगीं। नहीं रुका गया उससे और देखते ही देखते, हाल में खरीदे गए तीस हजारा टच स्क्रीन टेबलेट पर तर्जनी का पोर सरसराने लगा। मगर सारी कोशिशें बेकार गईं क्योंकि दूसरी तरफ से बार-बार यही स्वर सुनाई देता रहा—जिस नंबर पर आप बात करना चाहते हैं वह अभी बंद है। कृपया थोड़ी देर बार कोशिश करें।

हारकर सानिया ने अदला-बदली योजना के तहत खरीदा गया टेबलेट बड़ी बेदर्दी से एक ओर पटका, और कई साल पहले खरीदी गई अपनी बेहद प्रिय बेंत की कुर्सी के हवाले हो श्रीसाईं गीता सार में डूब गई—

हे साईं! वो कर्म क्या है जिससे नरक मिले।
किस पाप के करने से, कैसा जनम मिले॥
साईं बोले सुनले बच्चे, बात है यह सच्ची।
जैसी करनी वैसी भरनी, बुरी लगे या अच्छी॥

एक बड़े औद्योगिक घराने की समाजसेवी और कलावंत बहू ने जो पासा फेंका था, वह इस तरह सीधा पड़ जाएगा उसने कल्पना भी नहीं की थी। जिस एनजीओ को केवल अभिजात और कुलीनों की छोटी-सी दुनिया जानती थी, आज खबरिया चैनलों से लेकर कथित व तथाकथित राष्ट्रीय समाचार-पत्रों के पेज थ्री के दर्शकों तथा पाठकों की जुबान पर उसका नाम चढ़ा हुआ है। यह तो गनीमत थी कि यह सब डीयू में हुआ, अगर यही पूर्व योजना के अनुसार सुल्तानपुरी, मंगोलपुरी, कल्याणपुरी या सीमापुरी की किसी झुग्गी-झोपड़ी में हुआ होता, तब क्या होता? यह तो अच्छा हुआ कि यह सब अपनी सिविल सोसाइटी के होनहार लाड़लों ने किया, यदि ऐसा कुछ इन झुग्गी-झोपड़ियों के बच्चों ने किया होता, तो क्या होता?

एक अनजानी कल्पना में गोता लगाती अपने जमाने की मशहूर अदाकारा की बगल में रखा मोबाइल घनघना उठा। दूसरी तरफ से इंतजार किए बिना चहकी अदाकारा, "सरलाजी मुबारक हो! आपकी डिंपल ने तो सचमुच आग लगा दी।"

"आपको भी लख-लख बधाई हो मैडमजी। सच्ची कहूँ मैडम, स्वेरे से चैनलवालों के डिंपल के पास दे फोन पे फोन, इत्ते फोन आ रहे हैं कि मेरी डिंपल तो पागल ही हो गई।"

"बहुत टेलेंट है इस लड़की में। सरलाजी, मैं तो देखती ही रह गई इसे जब यह उन गरीब लड़कियों के साथ रैंप पर कैटवॉक कर रही थी...पूरा डीयू तो जैसे पागल हो गया था।"

"मैडम, एक बात तो मैं आपको बताना ही भूल गई...वो हुआ क्या कि जब मेरी डिंपल अपना फैशन शो कर रई थी न तभी मरे चार-पाँच मुंडे उसके पीछे पड़ गए...यह तो उसकी किस्मत अच्छी थी मैडम जो वह ग्रीनरूम में छिप गई और अंदर से कुंडी चढ़ा ली...वरना पता नईं वे मरे मेरी डिंपल के साथ 'क्या' करते।" सरला बजाज 'क्या' पर विशेष जोर देते हुए फिस्स से हँस पड़ी।

"हुआ तो नहीं न कुछ।" सरला बजाज की पसंदीदा नायिका ने एक रहस्यमयी हँसी हँसते हुए कोंचा।

"माँ शेराँवाली का लख-लख शुक्र है वरना मेरी डिंपल तो कहीं की नईं रहती मैडम।"

"वैसे सरलाजी, फैशन शो डीयू में होगा तो हुड़दंग भी वहीं होगा...ऐसा तो है नहीं कि शो हो डीयू में और हुड़दंग हो राजघाट पर...अच्छा सुनो, डिंपल को भेजना मेरे पास। मुझसे कुछ पैसे ले जाएगी। उन गरीब लड़कियों को कुछ और पेमेंट कर देगी।"

बात खत्म होते-होते सामने दीवार पर टँगे विशाल एलईडी टीवी स्क्रीन पर, ब्रेकिंग न्यूज के रूप में हॉरमनी फॉर गोल्डन फाउंडेशन द्वारा 'फैशन शो फॉर हंगर' नाम से आयोजित किए गए इवेंट के दौरान हुए हुड़दंग की खबर देखते-देखते मदर टेरेसा और बापू की प्रेरणा की मारी एक औद्योगिक घराने की समाजसेवी कलावंत बहू इस अश्लील कल्पना में डूबती चली गई कि सचमुच अगर डिंपल डीयू के इन शोहदों के हत्थे चढ़ गई होती तो? इसी कल्पना में खोई टीना डालमिया के पूरे जिस्म में बिजली की तरंगें दौड़ने लगीं। भीतर ही भीतर जैसे कुछ चटकने लगा। बमुश्किल वह अपने आपको इस कल्पना से बाहर लाई। सामने टीवी स्क्रीन पर बवाल काट रहे हुड़दंगी शोहदों के चित्रों को देख, बेसाख्ता उसके मुँह से निकला, 'वाह डिंपल, तूने तो सचमुच ही आग लगा दी!'

छब्बीस

मारे घबराहट के सानिया पटेल के हाथ-पाँव फूल गए। उसने खूब अंदाजे लगाए, सारी संभावनाओं और अनुमानों को तलाशा किंतु हर बार उसके डर के घोड़े एक ही जगह आकर ठिठक जाते कि हो न हो किसी ने उनके खिलाफ कोई साजिश रची है। वरना ऐसी क्या बात है जिसे बताने के लिए बहन भाग्यवती ने उन्हें अपनी परिषद के बजाय आईआईसी में बुलाया है, वह भी अकेले नहीं, कबीर और अमीना ख़ान के साथ। एकदम तुरंत।

''मैम, सब ठीक तो है?'' आईआईसी के लॉन में अकेली बैठी बहन भाग्यवती के उपहारित कीमती ब्रांडेड काले चश्मे में झाँकते हुए सानिया ने पूछा।

इस बीच पहुँच चुके कबीर ने भी आते ही घबराए-से चेहरों को गौर से देखा और फिर वहीं बिछी खाली कुर्सी पर बैठते हुए बोला, ''मैडम, क्या हुआ जो इस तरह अचानक बुलाया है?''

''कबीर, अभी थोड़ी देर पहले मेरे पास वाईपीओ (यंग प्रेजीडेंट ऑर्गेनाइजेशन) के सीईओ का मैसेज आया था कि अगले महीने उनका डेलीगेशन 'हुनर योजना' के एक्सपोजर टूर पर आ रहा है।''

''मैडम, यह तो उनका अधिकार है।''

''इन अंग्रेजों में यही एक कमी है कबीर भाई, कि बिना मौका दिए ऐसे आ टपकते हैं जैसे बिन बादल बरसात।''

''अमीनाजी, यह उनका काम है। वैसे भी इसमें घबराने की ऐसी कौन-सी बात है।'' कबीर ने निश्चिंत भाव से कहा।

''देख लो कबीर, मुझे तो बहुत डर लग रहा है। वैसे भी डरने की बात तो है ही क्योंकि इस प्रोजेक्ट के बीच में मैं जो हूँ।''

''आप निश्चिंत रहें, मैं सब सँभाल लूँगा। मैंने ऐसे कई एक्सपोजर टूर हैंडल किए हैं...बस आप उनसे पूछ कर उनका प्रोग्राम मुझे बता देना, बाकी आप मेरे ऊपर छोड़ दो।''

''मैं तो घबरा ही गई थी कबीर कि ऐसी क्या बात हो गई जो मैम ने हमें तुरंत बुलाया है।'' सानिया पटेल के चेहरे से काफी हद तक तनाव पुँछ चुका था।

''तुमने मेरी सारी चिंता दूर कर दी। अब मैं चलती हूँ।'' बहन भाग्यवती ने खड़े होते हुए कहा।

''मैडम, अब आई हो तो एक कॉफी तो पीकर जाइए!'' कबीर एक बेमानी-सा इसरार करते हुए बोला।

''मुझे अब चलने दो! एक जरूरी मीटिंग में भी पहुँचना है...आप लोग पीजिए!''

बहन भाग्यवती के जाते ही वे कॉफी पीने के लिए बढ़ गए।

''सानिया, तुम्हारी बहनजी को मैंने निश्चिंत रहने के लिए कह तो दिया है मगर सच कहूँ, है यह चिंता की बात।'' पेशानी से पसीना पोंछते हुए कबीर बोला।

''मगर कबीर भाई, आप तो कह रहे थे कि...''

''ऐसा तब होता है अमीनाजी जब सब कुछ ठीक-ठाक चल रहा होता है...यह तो तुम दोनों भी जानती हो कि अभी तक हम इस 'हुनर योजना' में कुछ खास नहीं कर पाए हैं। नीमखेड़ा को छोड़ दें तो बोड़ीकोठी और शाहचोखा प्रोजेक्ट की हालत ज्यादा अच्छी नहीं है।''

''अच्छी कैसे होगी, बोड़ीकोठी का इमाम हमें शुरू से ही परेशान कर रहा है...बल्कि उसने शाहचोखा के लोगों को बरगलाना और शुरू कर दिया है। यह तो हम ही जानते हैं कि इन्हें हमने कैसे सँभाला हुआ है।''

''यह तो अमीना ठीक कह रही है कबीर। इसने नीमखेड़ा के लोगों को भी उकसाने की कोशिश की थी।''

''एक बार तो नीमखेड़ा के इमाम ने इमारत-ए-शरिया से हमारा बोर्ड ही हटा दिया था। बड़ी मुश्किल से मनाया उसे।''

''जब हम किराया दे रहे हैं तब उसने ऐसा क्यों किया?'' कबीर ने आश्चर्य से पूछा।

''इसका भेद तो जब सरपंच अख्तरी ने बताया, तब हमें पता चला कि किराए के अलावा वक्त-वेवक्त हजार-पाँच सौ इस इमाम की जेब में भी डाल दिया करो। सरपंच की सलाह पर जब हमने ऐसा किया, तब कहीं जाकर वह कुछ शांत हुआ।''

''लेकिन अमीना तुम लोगों ने उसे शांत किया कैसे?''

''मत पूछो कबीर भाई, इसके लिए हमें कितनी मशक्कत करनी पड़ी। हुआ क्या कि हमने उस पर नजर रखनी शुरू कर दी कि इमाम साहब नीमखेड़ा से बाहर कब-कब जाते हैं।''

''तो इसका पता चला?'' कबीर का संयम टूटने लगा।

''वही तो बताने जा रही हूँ...एक दिन हमें पता चला कि इमाम साहब रमजान के आखिरी जुमे, ईद-उल-फितर और ईद-उल-जुहा यानी बकरीद की नमाज अदा करने दिल्ली की जामा मस्जिद जरूर जाते हैं।''

''यार, बड़ा शौकीन है यह तो...ईद की नमाज भी पढ़ने जाता है तो वो भी सौ किलोमीटर दूर।''

''आगे तो सुनो! चूँकि ईद पर तो इसे पकड़ना मुमकिन नहीं था क्योंकि तीज-त्योहारों के मौकों पर मेरी कोशिश रहती है कि मैं बच्चों के ही साथ रहूँ...इसलिए हमने रमजान का आखिरी जुमा अपने इस मिशन के लिए चुना।''

''और उससे एक दिन पहले इमारते-शरिया में इमने एक इफ़्तार पार्टी देने की प्लेनिंग की। चूँकि अपनी प्लेनिंग के अनुसार यह पार्टी रोज़े खोलने के समय शाम को देनी होती है, इसलिए जान-बूझकर हम रात को नीमखेड़ा में रुके। हमें अगले दिन सुबह-सुबह नीमखेड़ा से वापस दिल्ली लौटना था।'' सानिया ने आगे बताया।

''तुम्हारा कहने का मतलब है जुम्मे की सुबह!''

''हाँ कबीर भाई। अगले दिन यानी रमजान के आखिरी जुमे की सुबह जैसे ही हमें पता चला कि इमाम साहब दिल्ली के लिए रवाना हो चुके हैं, हम भी उनके पीछे-पीछे हो लिए। जब वे दिल्ली की बस का इंतजार कर रहे थे, इस बीच हम भी वहाँ पहुँच गए और उनसे ऐसे पेश आए मानो राह चलते यूँ ही उनसे मुलाकात हो गई हो।''

इससे पहले कि अमीना ख़ान कमेंटेटर की तरह आगे का आँखों देखा हाल बयान करती, सानिया पटेल आगे की घटना का नाट्य-रूपांतरण प्रस्तुत करते हुए बोली, ''इमाम साब आऽऽऽप! कहाँ जा रहे हैं सवेरे-सवेरे?''

''क्या है मोहतरमा, आज रमजान का आखिरी जुम्मा है न, दिल्ली जा रहा हूँ नमाज पढ़ने।'' अमीना ने इमाम की तरफ से जवाब दिया।

''अरे तो फिर आइए न! हम भी तो दिल्ली जा रहे हैं।'' सानिया ने साधिकार आग्रह किया।

''हाँ-हाँ आइए! जामा मस्जिद हम छोड़ देंगे आपको। आइए, आगे बैठ जाइए।'' अमीना इसरार करते हुए तुरंत ड्राइवर को दरवाजा खोलने का आदेश देती हुई बोली।

''रास्ते में एक जगह हमने ड्राइवर को नाश्ता कराने के बहाने गाड़ी रुकवाई। इधर ड्राइवर नाश्ता करता रहा और उधर हमने इमाम साब की सारी नाराजगी दूर कर दी।'' सानिया ने आँखों देखे हाल का समापन करते हुए बताया।

''पर इमाम साब की इस नाराजगी को दूर करने के लिए आखिर कीमत क्या चुकानी पड़ी?''

''यही मत पूछो कबीर भाई। इमारत का किराया तो बढ़वाया ही, साथ में पेश इमाम ने अपनी पेंशन और बँधवा ली।'' इतना कह एक जोर का ठहाका मारा राहत फाउंडेशन की प्रमुख अमीना ख़ान ने।

''लेकिन यह बात तुम लोगों ने मुझे कभी बताई नहीं?''

''क्या करते बता कर...और बता भी देते तो आप क्या करते। कबीर भाई, ऐसा

पहली बार नहीं हो रहा है। मेरा तो अक्सर ऐसे हालात से सामना होता रहता है...आए दिन इन मौलवियों से मेरा साबिका पड़ता रहता है। मैं अच्छी तरह जानती हूँ इन मजहबी लोगों को। दरअसल, लोगों को लगता है कि एनजीओ को ग्रांट खैरात में मिलती है। यह हम ही जानते हैं कि नीमखेड़ा की कुछ औरतें अगर हमारे साथ हैं तो उसकी भी एक छोटी-सी वजह है। हम जब भी वहाँ जाते हैं तो उनके लिए कुछ न कुछ लेकर जाते हैं।''

''इसीलिए कबीर हम उन्हें जागरूकता के नाम पर महिला अधिकारों के साथ-साथ घरेलू हिंसा अधिनियम, कन्या भ्रूण हत्या, महिला आरक्षण विधेयक के अलावा एड्स के बारे में भी साक्षर करते रहते हैं।''

''इसका फायदा यह है कि हमें यहाँ की हर मजहब की औरतों की मदद मिलती रहती है वरना ये ना हों तो यहाँ के मौलवी दो दिन में हमारा तामझाम उठाकर फेंक दें।'' इससे पहले कि कबीर प्रोजेक्ट से बाहर चलाई जा रही इन गतिविधियों को लेकर अपनी कोई आपत्ति दर्ज कराता, अमीना ख़ान ने पूरी स्थिति स्पष्ट कर दी।

''सानिया, यार ऐसे तो यहाँ काम करना मुश्किल हो जाएगा।'' इस बीच आ चुकी कॉफी की लंबी चुस्की लेते हुए कबीर ने चिंता जताते हुए कहा।

''कबीर भाई, उस डेलिगेशन को आप सँभालिए, प्रोजेक्ट साइट को हम देखते हैं। बस, आप हमें यह बता दीजिए कि हमें करना क्या है...हिंदुस्तानी अफसरान से तो मुझे निपटना आता है मगर इस तरह के फॉरेन डेलिगेशन से मेरा भी साबिका नहीं पड़ा है।''

''अमीना ठीक कह रही है कबीर। मेरा भी यही मानना है, अपने सरकारी बाबुओं का तो कोई रेट होता नहीं।'' सानिया पटेल ने चालीस चोरों में से एक का अनुभव साझा करते हुए कहा।

कबीर ने पहले कॉफी का एक लंबा घूँट भरते हुए कुर्सी पर अपने आपको सीधा किया और फिर पीछे गरदन टिका छत को निहारते हुए बेहद दार्शनिक मुद्रा में अनायास आ पड़ी इस आपदा से मुक्ति पाने का उपाय सोचने लगा।

''कबीर, कॉफी भी पीते रहो...ठंडी हो जाएगी!'' सानिया ने पत्नीधर्म का निर्वाह करते हुए पति की दार्शनिकता में दखल देते हुए टोका।

कुर्सी पर लंबवत् पसरे कबीर ने लंबा साँस लेते हुए उसे धीरे-धीरे बाहर छोड़ा। फिर सीधा हो यथा मुद्रा में आते हुए कॉफी की एक मुलायम और महीन-सी चुस्की ली, और बेहद गंभीरता के साथ बोला, ''अमीना, तुम्हारा कहना सही है। सबसे पहले हमें अपना पेपरवर्क अपडेट करना है।''

''कबीर, यह कोई मुश्किल काम नहीं है...परेशानी दूसरी है, और वह यह कि 'हुनर योजना' एक हजार लड़कियों के लिए है लेकिन खींच-खाँचकर अभी हमने

मुश्किल से ढाई सौ एनरॉल की हैं...इनमें भी आधी आती नहीं हैं। क्या करें लोग भेजते ही नहीं हैं। मदरसों में तो भेज देंगे, पर यहाँ नहीं भेजेंगे।''

''लेकिन अमीना एनरॉल तो हमें हजार का ही दिखाना पड़ेगा, वरना ऐसा ना हो कि फंड हमें हजार की जगह ढाई सौ का ही मिले। हो सकता है ग्रांट रद्द भी हो जाए।''

''कबीर भाई, कहाँ से लाएँ हजार लड़कियाँ?'' अमीना ख़ान बेबस होती हुई बोली।

''यह तो करना ही होगा अमीनाजी...एनरॉल तो हमें हजार ही दिखानी होंगी।''

''फिर एक काम हो सकता है कि हम कागजों में हजार लड़कियाँ ही दिखाते हैं...बाद में कह देंगे कि रोजों की वजह से नहीं आ रही हैं, क्योंकि उन दिनों रमजान शुरू हो चुके होंगे।''

''एक बात कहूँ अमीनाजी, आप भी एनजीओ की बारीकियाँ समझने लगी हैं। वैसे भीड़ इकट्ठी करने का एक तरीका और है कि क्यों न उस दिन हर आनेवाले को लंच पैक दिया जाए!''

''इसका इंतजाम भी हमने पहले से ही सोचा हुआ है।''

''अमीनाजी, डेलीगेशन के सामने आप इन ढाई सौ लड़कियों को ला सकती हो।''

''हाँ, क्यों नहीं।'' पूरे आत्मविश्वास के साथ उत्तर दिया अमीना ख़ान ने।

''तो फिर परेशानी किस बात की है...समझो, एक्सपोजर टूर हो गया कामयाब!'' चुटकी बजाते हुए कबीर बाकी बची कॉफी को एक ही घूँट में गटक गया।

सानिया और अमीना हैरान-परेशान कि कबीर को उसके इस लमलेट आसन के दौरान ऐसा कौन-सा दिव्य-ज्ञान प्राप्त हो गया जिसने उनकी सारी दुश्चिंताओं को भाप की तरह पलक झपकते ही उड़ा दिया? कैसे वह इन ढाई सौ लड़कियों को हजार में तब्दील करेगा? कैसे तीन-तीन जगह के एक्सपोजर टूर को सफल बनाएगा? दोनों ने सर्वहारा फाउंडेशन के अध्यक्ष कबीर से यह जानने की बहुत कोशिश की कि वह कैसे इन चतुर-चालाक अमेरिकियों का पट्टू बनाएगा?

''अच्छा यह बताओ कि हुनर योजना के तहत सिलाई मशीन खरीदने के लिए ढाई-ढाई हजार रुपए जिन हुनरमंद लड़कियों को दिए जाने हैं, वे कब दिए जाने हैं?''

''जैसे ही दो महीने बाद पहले बैच की ट्रेनिंग पूरी हो जाएगी।'' सानिया ने बताया।

''दो महीने यानी एक्सपोजर टूर के लगभग महीना भर बाद?''

''महीना नहीं, पंद्रह दिन बाद ही पूरी हो जाएगी।''

''फिर तो एक काम हो सकता है कि इन लड़कियों को क्यों न टूर वाले दिन

ही सीईओ के हाथों सिलाई मशीन खरीदने के लिए चेक दिलाया जाए।''

''अमीना, यह तो हमने सोचा ही नहीं था।'' सानिया ने उछलते हुए कहा।

''सचमुच आइडिया तो अच्छा है लेकिन थोड़ी-सी तरमीम के साथ कि चेक के बजाय अगर हम सीधे सिलाई मशीनें दें तो? क्योंकि मान लीजिए किसी का बैंक अकाउंट नहीं है या किसी वजह से चेक से पेमेंट नहीं हुई तो परेशानी हो सकती है।''

''यह तो और भी अच्छी बात है अमीना। इसमें हमारा ही फायदा है। अगर पेमेंट नहीं हुई तो कह देंगे कि चेक समय पर जमा नहीं कराया होगा...वैसे भी बैंक अकाउंट खुलवाना हमारी जिम्मेदारी थोड़े ही है।''

''तुम्हारा कहना सही है सानिया पर मौक़े की नजाकत तो यही कहती है कि हमें चेक की जगह मशीनें देनी चाहिए, वो इसलिए कि एक तो यह हमारा पहला फंक्शन है,...दूसरा, वाईपीओ के सीईओ आ रहे हैं। वैसे, थोड़ी-सी लाने-ले जाने की दिक्कत है वरना फायदा तो मशीनों में ही है...सानिया, समझ रही हो न, मैं क्या कह रही हूँ!''

पता नहीं सानिया पटेल अमीना ख़ान के कहे का मंतव्य समझी या नहीं, कबीर जरूर समझ गया, ''अमीना की बात में दम तो है सानिया। चेक से पेमेंट होगी पूरी ढाई हजार की लेकिन मशीन ढाई हजार की थोड़े ही होगी। ठीक है शुरुआत मशीनों से ही करते हैं...अगली बार देखेंगे कि नकद भुगतान किया जाए, या मशीनें ही दी जाएँ।'' कुछ देर खामोश रहने के बाद फिर बोला कबीर, ''एक बार यह डेलिगेशन खुश होकर चला जाए, अमीना फिर देखना बहनजी का यह यंग प्रेजीडेंट ऑर्गेनाइजेशन कैसे डॉलरों की खेप भिजवाता है...कैसे मैं इन अमेरिकियों का टटलू काटता हूँ।''

''टटलू! कबीर भाई आपने मेवात में किसका टटलू कटता हुआ देख लिया!'' अमीना ख़ान ने हँसते हुए पूछा।

''तो क्या आप ही टटलू काटना जानती हैं अमीनाजी।'' कबीर ने एक कुटिल मुस्कान बिखेरते हुए अमीना ख़ान की ओर देखा।

समझ गई अमीना ख़ान कि कबीर का इशारा उसके एनजीओ राहत फाउंडेशन के हवाले से छपी उसी रिपोर्ट, और उसके द्वारा सुनाई गई उस मनगढ़त पारो कथा की ओर है जिसका एक भी पात्र उन्हें किसी चौक या चौराहे पर नीलाम होता हुआ नहीं दिखाई दिया होगा। किसी भी गली या मोहल्ले से 'बच्ची ले लोऽऽऽ बच्ची' की टेर नहीं सुनाई दी होगी। सच तो यह है कि अनवरी, तबस्सुम या रेहाना के रूप में इन्हें इस कथा के जितने भी पात्र मिले होंगे, वे सब इन्हें अपने जैसे लगे होंगे। अपने जैसे यानी उसकी और सानिया की तरह।

सत्ताईस

अपने प्रिय बापू को इससे अच्छी श्रद्धांजलि और क्या हो सकती है। समाज में इससे बेहतर मिसाल और क्या कायम की जा सकती है और किसी का इससे बड़ा योगदान और क्या हो सकता है! कम से कम कुछ की जिंदगी तो सँवर जाएगी।

बहन भाग्यवती ने खुद ही पूरी योजना को अंतिम रूप दे, आगामी रविवार को अपराह्न सायं पाँच बजे सबको आने की सूचना भिजवा दी। अपने प्रिय बापू को श्रद्धांजलि देने की इतनी बड़ी योजना को अमली जामा पहनाने की बात हो, तो उस पर तफ्सील से चिंतन के लिए आईआईसी जैसी पुरसुकून जगह तो होनी ही चाहिए। आखिर ऐसे ठीहे आएँगे किस मर्ज के काम। ऐसी पुरसुकून जगह पर चिंतन होगा, तो जाहिर है इसमें कुछ घंटे लगेंगे ही। और जब इसमें कुछ घंटे लगेंगे तो स्वाभाविक है, तब तक डिनर अर्थात् रात्रि-भोजन का समय भी हो जाएगा। अब जहाँ कुछ जिंदगियों के सँवरने का सवाल हो, वहाँ यह बात मायने नहीं रखती है कि तीन चौथाई चिंतकों के रात्रि-भोज में खर्चा कितना आएगा। मकसद अगर बड़ा हो, तो खर्चा-वर्चा कोई मायने नहीं रखता। यदि रखता भी है तो अपनी बला से। कौन-सा किसी को अपनी जेब से देना है। इसके लिए अपना परिषद जिंदाबाद! गांधी बाबा अमर रहें!

बहन भाग्यवती की मंशा और योजना सुन आपस में खड़खड़ाती क्रॉकरी और चाय की चुस्कियों की साँसें थम गईं। एक ऐसा सन्नाटा छा गया जिससे यह अनुमान लगाना मुश्किल हो गया कि खामोश चुस्कियाँ बहन भाग्यवती से सहमत हैं, या असहमत।

खामोश चुस्कियों की चुप्पी को तोड़ बहन भाग्यवती ने अपनी बात जारी रखी, "मेरी दृष्टि में बापू के लिए इससे अच्छी श्रद्धांजलि कोई और हो ही नहीं सकती...क्यों डॉ. वंदना?" हमेशा की तरह इस बार भी बहन भाग्यवती ने सबसे पहले डॉ. वंदना राव के बहाने सबसे पूछा। उसकी नजर में इन सबमें समाज की गहरी समझ यदि कोई रखती है, तो वह है यह समाजविज्ञानी और स्त्री अध्येता यानी सामाजिक चिंतक डॉ. वंदना राव।

''मैम, है तो यह अपने आप में अनूठा प्रयोग।''

''इसीलिए आप लोगों से बिना पूछे मैंने उन्हें आपकी तरफ से हाँ कह दी।''

''हमारी तरफ से ?'' सानिया पटेल के होंठों की ओर बढ़ता चाय का कप बीच में ही ठिठक गया।

''हाँ सानिया, अगर हम सबकी एनजीओ दो-दो बच्चे भी गोद लेंगी, तो सोचो एक दर्जन बच्चों का भविष्य सँवर जाएगा।'' इसके बाद बहन भाग्यवती ने सबकी ओर देखते हुए कहा, ''इससे समाज में यह संदेश जाएगा कि देखो, एनजीओ बात-बात पर खाली मोमबत्तियाँ जलाने का काम नहीं करती हैं, कुछ रचनात्मक कार्य भी करती हैं।''

''वंदनाजी, आपका स्त्री अध्ययन संस्थान तो आसानी से कई बच्चियों को गोद ले सकता है...और अपनी सानिया और इनके पति कबीर की एनजीओ तो आधा दर्जन बच्चों को गोद लेने में सक्षम है।''

समझ गई अखिल भारतीय अबला मंच की अध्यक्ष सरला बजाज कि इस पकड़म-पकड़ाई के खेल में अगला नंबर उसी का है। इससे पहले कि बहन भाग्यवती उस तक पहुँचती, वह गुस्ल के बहाने वहाँ से फूट ली। कुछ देर बाद जब वह वापस आई तो देखा खेल ख़त्म हो चुका था। डॉ. वंदना राव को उसने औरों के साथ-साथ, अपनी भी परेशानी को हल करते हुए तर्क देते सुना।

''मैम, इसमें सवाल बच्चों के भविष्य का नहीं, सवाल उनकी सुरक्षा का ज्यादा बड़ा है। बाल मजदूरी के लिए इनसे किसी ने जबरदस्ती तो की नहीं होगी...अपने माँ-बाप की मर्जी से ही तो आए होंगे ?''

''हाँ, आए तो अपने माँ-बाप की मर्जी से ही होंगे।''

''देख लीजिए मैम, इसमें बहुत बड़ा रिस्क है। मान लीजिए ये बच्चे हमारे पास से भाग कर फिर मजदूरी करने चले जाते हैं, तब हम इन्हें कहाँ-कहाँ ढूँढ़ते फिरेंगे। जिम्मेदारी और सारी जवाबदेही तो हमारे एनजीओ की होगी न ?'' समाजविज्ञानी ने अपनी बात खत्म कर आधी से अधिक खाली हो चुकी प्यालियों की ओर ऐसे देखा, मानो वह उनका आह्वान कर रही है कि तुम भी तो कहो कुछ।

अमीना ख़ान तुरंत समझ गई समाजविज्ञानी का भाव, ''वैसे भी ये बच्चे चौदह-पंद्रह के होंगे। सबसे मुश्किल काम इसी उम्र के बच्चों को सँभालना होता है। डॉ. वंदना सही कह रही हैं, है तो यह बेहद रिस्की काम।''

''सबसे बड़ी बात तो ये है भैनजी कि अगर इनके माँ-बाप को यह पता चल गया कि उनके बच्चे हमारे पास हैं...और वो लेने आ धमके तो हम उन्हें मना तो नईं कर सकते न...भैनजी, किसी के कलेजे के टुकड़े को हम कैसे देने से मना कर देंगे।''

सरला बजाज ने जिस तरह अपनी सूरत पर ममता का लेप पोतते हुए तर्क दिया, उसकी देखा-देखी बाकी की प्यालियों ने मिनट भी नहीं लगाया सरला बजाज जैसी

शक्ल बनाने में। इस तर्क को सुन बहन भाग्यवती के होंठ भी पपड़ा गए। हिए में हूक-सी उठने लगी कि अपने प्रिय बापू को दी जाने वाली श्रद्धांजलि की रंग-बिरंगी कल्पनाओं के पुष्पों की नाजुक पंखुड़ियाँ इतनी निर्ममता से नोच दी जाएँगी...समाज में कायम होनेवाली एक मिसाल और अप्रतिम योगदान का इस तरह वध कर दिया जाएगा—उसने सोचा भी नहीं था। अगर आते ही उसने रात्रि-भोजन का ऑर्डर नहीं किया होता, तो अब तक वह इस चिंतन-शिविर का तंबू उखाड़, सरकारी वाहन में बैठ अपने आवास की ओर रवाना हो चुकी होती।

''डॉ. वंदना, अब मैं उन लोगों को किस मुँह से मना करूँगी ?'' बहन भाग्यवती ने भरभराते हुए कातरता के साथ समाधान भी उसी से पूछा, जो इन सबमें समाज की सबसे गहरी समझ रखती है।

''आप हमारे कानों में यह बात एक बार डालतीं तो सही मैम।'' डॉ. वंदना राव ने ठीक वैसा ही उत्तर दिया जिसकी ऐसे मौकों पर एक समाजविज्ञानी से अपेक्षा होती है।

''शायद तुम सही कह रही हो। चूक मुझसे ही हुई है। मुझे आप लोगों को पहले ही भरोसे में लेना चाहिए था...सचमुच इनमें से कुछ बच्चे भाग गए या उनके माँ-बाप लेने आ गए तो हम क्या करेंगे!''

समाजविज्ञानी और स्त्री अध्येता ने खाली प्यालियों की ओर विजयी भाव से देखा। इससे पहले कि बहन भाग्यवती अपने प्रिय बापू की इस श्रद्धांजलि को किसी अन्य विकल्प में बदलने के बारे में सोच पाती, समाजविज्ञानी ने अपनी इस विजय पर आखिरी कील ठोंक, गंभीरता की झूठी चादर ओढ़ते हुए कहा, ''मैम, गोद तो हम दो-दो नहीं आधा-आधा दर्जन भी ले लें लेकिन सबसे बड़ा खतरा एक और है।''

''सबसे बड़ा ?'' खाली पड़ी प्यालियों ने एक साथ दरकी हुई आवाज में पूछा।

''हाँ, सबसे बड़ा...'' इसके बाद डॉ. वंदना राव खाली प्यालियों की ओर थोड़ी-सी झुकी। फिर उसने अपने दाएँ-बाएँ ऐसे देखा कि कहीं आसपास की बेखबर कुर्सियाँ उसे सुन तो नहीं रही हैं। जब उसे पूरी तसल्ली हो गई तो वह फुसफुसाते हुए बोली, ''कि अगर इनमें से कोई लड़की, उन्हीं में से किसी लड़के के साथ रफूचक्कर हो गई तोऽऽऽ!''

''न...नहीं डॉ. वंदना, मैं उन्हें मना लूँगी...पर ऐसा नहीं होना चाहिए।'' बहन भाग्यवती बिना एक पल गँवाए समाजविज्ञानी की विजय पर मुहर लगाते हुए घिघियाई।

समाजविज्ञानी और एक स्त्री अध्येता के वाग्मितापूर्ण तर्कों के आगे एक मामूली-सी गांधीवादी चारों खाने चित्त हो गई। डॉ. वंदना राव ने सामाजिक भय के कुछ पारंपरिक हथियारों का इतनी चालाकी से इस्तेमाल किया कि बहन भाग्यवती

उनका वार नहीं सह पाई। अमीना खान, सानिया पटेल, सुमन भारती और सरला बजाज, सबने आँखों ही आँखों में डॉ. वंदना राव का आभार व्यक्त किया कि उसने उन्हें एक बदबूदार खंदक में गिरने से बचा लिया।

''वंदनाजी, तुमने मुझे एक बड़े पाप से बचा लिया। मेरा तो यही सोच-सोचकर दिल बैठा जा रहा है कि अगर मेरे कहने पर आपकी एनजीओ इन बाल मजदूरों को गोद ले लेती, और बाद में ये कांड होते तो मैं कहीं मुँह दिखाने लायक नहीं रहती। अपने बापू को मैं क्या उत्तर देती। आप सबका बहुत-बहुत धन्यवाद!''

''मैम, मैं कुछ कहना चाहती हूँ।''

सबकी निगाहें मारे विस्मय के सुमन भारती पर जा टिकीं कि जब इस मुद्दे पर परदा पड़ ही गया है, तब यह क्या कहना चाहती है।

''आप जब वायदा कर ही आई हैं तो एक बच्चे को डॉ. अंबेडकर दलित महिला उद्धार सभा गोद ले ही लेती है।''

सुमन भारती के इस प्रस्ताव पर घने अँधेरे में जैसे बिजली-सी कौंधी। अभी यह बिजली गायब भी नहीं हुई थी कि मानो घने आकाश में कोई उल्का पिंड चमका।

''मैम, जब डॉ. अंबेडकर दलित महिला उद्धार सभा एक बच्चा गोद ले सकती है, तब ग्रासरूट फाउंडेशन का भी हक बनाता है कि एक बच्चा वह भी गोद ले ले।'' सानिया पटेल की इस घोषणा पर आईआईसी का मद्धिम उजाले से आबाद कोना तालियों से गूँज उठा।

''डॉ. वंदना, यह सब क्या हो रहा है!'' हुलसते हुए बहन भाग्यवती ने समाजविज्ञानी डॉ. वंदना राव से पूछा।

मगर डॉ. वंदना राव ने कोई प्रतिक्रिया व्यक्त नहीं की। एकदम चुप रही यह सोचकर कि सुमन भारती और सानिया पटेल की तरह उसकी आदत आफत मोल लेने की नहीं है। जिसकी हो वह ले।

आईआईसी या इंडिया हैबीटेट सेंटर जैसी जगह पर लंच या डिनर करने का आनंद ही कुछ और होता है। जो तृप्ति और शांति इन कुलीन ठीहों पर आकर मिलती है, वैसी बापू के किसी आश्रम या कुटिया में थोड़े ही मिलती है। और फिर अभीष्ट बड़ा है तो फिर कहना ही क्या। ये परिषद, केंद्र, आयोग, बोर्ड जैसे अभयारण्य और आईआईसी, आईएचसी जैसे आधुनिक गृह बनाए ही आनंद और शांति प्राप्ति के लिए गए हैं।

रात्रि-भोजन खत्म होते ही सबसे पहले बहन भाग्यवती को विदा किया जाना था, बहनजी इशारे से सानिया पटेल और अमीना ख़ान को अकेले में बुलाकर ले गई।

''सानिया, एक्सपोजर टूर की तैयारियाँ कैसी चल रही हैं?''

“मैम, आप फिक्र मत करिए...शर्मिंदा नहीं होने देंगे आपको।” सानिया के बजाय अमीना ने आश्वस्त करते हुए कहा।

आश्वस्त होने के बाद बहन भाग्यवती अपने सरकारी वाहन की ओर बढ़ गई।

बहन भाग्यवती के जाते ही अपनी संकटमोचक डॉ. वंदना राव से लिपट गईं सब। देर तक उसकी कृतज्ञता की बलाएँ लेती रहीं कि उसने कितनी सूझ-बूझ से उन्हें एक बड़े संकट से बचा लिया। इधर डॉ. वंदना भी अपनी दक्षता और कौशल से अभिभूत मंद-मंद मुस्कराती रही। मगर अपने इतने लंबे अनुभव, समाज की गहरी समझ और सामाजिक चिंतन के बावजूद यह गिरह उससे सुलझ नहीं पा रही है कि डॉ. अंबेडकर दलित महिला उद्धार सभा की सुप्रीमो सुमन भारती तथा ग्रासरूट फाउंडेशन की प्रमुख सानिया पटेल ने जानते-बूझते यह पंगा क्यों मोल लिया है?

अपनी पार्टनर अर्थात् धर्मपत्नी को इतनी प्रफुल्ल और प्रसन्न मुद्रा में कबीर तभी पाता है जब वह कोई मोटा शिकार करके लौटती है। उसकी प्रफुल्लता के उसने अपने कुछ मानक तय किए हुए हैं। जैसे, शिकार से लौटते ही सानिया का सीधे गुस्लखाने में घुस जाना और देर तक कुछ न कुछ, जैसे ‘हम होंगे कामयाब’ सदाबहार कोरस की पंक्ति को गुनगुनाते रहना।

चाहकर भी कबीर ने पत्नी को नहीं छेड़ा। वह जानता है कि सोने से पहले वह जब तक अपने आखेट-प्रसंग को उससे बाँट नहीं लेगी, उसे नींद नहीं आएगी।

“कबीर, आज मैंने तुम्हारी एक बड़ी समस्या हल कर दी है।”

जिस घड़ी का कबीर को इंतजार था, वह अंततः आ ही गई। फिर भी उसने जान-बूझकर अन्यमनस्कता दर्शाते हुए कोई रुचि नहीं दिखाई। सानिया ने पति की ओर करवट ली और उसने आखेट-प्रसंग के प्रथम दृश्य का ही आँखों देखा हाल सुनाया था कि कबीर ने सीने पर रखे सानिया के हाथ को झटका और बिदकते हुए बोला, “यह समस्या हल की है या उल्टे बढ़ा दी है?”

“माई डियर पार्टनर, यह सानिया पटेल इतनी बेवकूफ नहीं है। यार, हमें कौन-सा उसे पगार देनी है। दो जून रोटी के बदले अगर हमें एक सेवक मिल रहा है तो इन भावों में बुराई क्या है।” मचलते हुए सानिया ने पति के सीने पर फिर से हाथ रख दिया।

“वो तो ठीक है लेकिन लाने से पहले अच्छी तरह जाँच-पड़ताल कर लेना कि वह है कौन। अम्माँ-बाऊजी इसके बारे में पूछेंगे जरूर। तुम तो जानती ही हो कि सलीमा को रखने पर उन्होंने कितना बवाल काटा था कि नौकरानी भी मिली तो एक म्लेच्छ ही मिली...इससे तो अच्छा था गाँव से किसी कहारिन को ही पकड़ ले जाते।”

"कबीर, दान में मिली बछिया के दाँत नहीं गिने जाते हैं...और फिर अम्माँ-बाऊजी कौन से रोज-रोज आएँगे...फिर भी मैं सावधानी बरतूँगी।"

"औऽऽऽर बाकी के खर्चे जैसे कपड़े-लत्ते सबके बारे में खुल कर बात कर लेना।"

"अब इतना भी नहीं कबीर! बाल मजदूर गोद ले रहे हैं कोई गुलाम नहीं ला रहे हैं।" इसके बाद कुछ पल चुप रह शब्दों को चुभलाते हुए सानिया बोली, "एक बात कहूँ कबीर, ऐसा नहीं लगता है कि जबसे हमने एनजीओ बनाकर मसीहा बनने का शौक पाला है, हम कुछ ज्यादा ही स्वार्थी और फ्यूडल हो गए हैं, खासकर तब से जब से यह गांधीवादी चादर ओढ़ी है।"

"तो क्या एक कम्युनिस्ट नहीं हो सकता फ्यूडल! पता नहीं तुम भी कभी-कभी कैसी बेसिर-पैर की बातें करती हो...यह नहीं सोचती कि आज हमारे पास जो कुछ है, इसी मसीहा बनने की बदौलत है।" झल्लाते हुए कबीर ने कमरे की बत्ती गुल कर दी।

बत्ती गुल होते ही क्षण-भर के लिए शयन-कक्ष में निविड़ अंधकार छा गया। सानिया कबीर के और निकट आई और लगभग चिपकते हुए शरारत-भरे अंदाज में बोली, "फिर तो हम एक तरह से वामपंथी गांधीवादी हो गए।"

"सो जाओ यार, काफी रात हो गई है। कुछ भी कहती रहती हो।" इतना कह कबीर ने विपरीत दिशा में करवट लेते हुए सिरहाने रखा लैंप, अपने आप से यह कहते हुए जला दिया, "थोड़ी देर बाद यह कहोगी कि हम गांधीवादी दक्षिणपंथी हो गए हैं।"

गांधीवादी दक्षिणपंथी! जब तक सानिया पटेल को बेफिक्र नींद ने अपने आगोश में नहीं ले लिया, तब तक यह शब्द उसके कानों में बजबजाता रहा। लैंप की मटमैली उजास ने कुछ पल पहले छाई निविड़ता को पीछे ठेल धीरे-धीरे शयन-कक्ष की एक-एक चीज को अपनी गिरफ्त में ले लिया। जब तक कबीर को नींद नहीं आई तक तक उसे लगता रहा जैसे लैंप के मटमैले उजाले से बने साए, साए नहीं कुछ अभिशप्त और अतृप्त प्रेतात्माएँ हैं, जो जगह-जगह पूरी दीवार पर उलटी लटकी हुई हैं और वे पूरी रात सपनों में उससे ठिठोली करती रहीं।

अट्ठाईस

धर्मो रक्षित रक्षितः

(जो धर्म की रक्षा करता है, धर्म उसकी रक्षा करता है।)

इमाम हाजी जमालुद्दीन को आसार कुछ ठीक नजर नहीं आ रहे हैं। जरूर यह किसी न किसी अजाब की आहट है, जो जल्दी ही इस नीमखेड़ा पर टूटने वाला है। खटका तो उसे उसी दिन हो गया था जिस दिन पहली बार कुछ सिलाई मशीनें इमारत में लाई गई थीं। उसका यह खटका तब और ज्यादा पुख्ता हो गया, जब इतनी ही मशीनें हफ्ते-भर के अंदर और आ गईं। सबसे अधिक हैरानी तो उसे यह देखकर हो रही है कि जो सानिया पटेल और अमीना ख़ान कई-कई दिनों तक नीमखेड़ा में नजर नहीं आती थीं, अब लगभग रोजाना उनकी गाड़ी हवा में गर्द उड़ाती हुई दिखाई देने लगी है। थड़ी पर औरतों का जो हुजूम हफ्ते-दस दिन में दिखाई देता था, अब ये दोनों इन्हें आए दिन घेरकर बैठी रहती हैं। यानी इस नीमखेड़ा में किसी न किसी कुफ़्र की पूरी तैयारी चल रही है। इतने सारे अंदेशों के बावजूद इमाम साहब ने यह जताने की कोशिश नहीं की कि उसके भीतर आखिर खदबदा क्या रहा है। एक एहसान के चलते चुपचाप आँखें फेर वह इस आहट को महसूस कर, मन ही मन इस आपदा से निपटने की तैयारी में जुटा हुआ है।

इधर, रमजान की वजह से रोजेदार नहीं आएँ, यह तो समझ में आता है परंतु छह-सात दिनों से हिंदू औरतों का न आने का रहस्य सानिया पटेल की समझ में नहीं आ रहा है। लगता है किसी ने उन्हें भी बरगला दिया है।

सानिया पटेल और अमीना ख़ान बेचैन हो उठीं।

इसी रहस्य का सुराग लेने की कोशिश में अगले दिन दोनों सवेरे-सवेरे जा पहुँची केला के घर। इसे महज संयोग कहिए या इनका सौभाग्य कि ये मिलने तो गई थीं केला से, पर संतरा भी वहीं मिल गई।

अचानक अपनी दहलीज पर, वह भी सवेरे-सवेरे सानिया और अमीना को देख हैरानी हुई।

"बाईजी, इतनी सिदौसी! सब राजी-खुसी तो है?"

"हमारी राजी-खुसी को छोड़ो, पहले यह बताओ कि हमसे कोई नाराजगी

है?'' सानिया पटेल ने अपनत्व जताते हुए पूछा।

''नाराजगी, बाईजी तुम तो परदेसी हो...तुमसे काई की नाराजगी होएगी?'' हैरान होते हुए प्रतिप्रश्न किया केला ने।

''फिर थड़ी पर क्यों नहीं आ रही हो? चलो, हमारे तो रोजे चल रहे हैं पर आपने क्यों आना छोड़ दिया?'' सानिया के बजाय अमीना ख़ान ने अपने आने का प्रयोजन स्पष्ट करते हुए पूछा।

''अच्छोऽऽऽ तो या मारे आई है ई जुगल जोड़ी...ऐसी कोई बात ना है बाईजी...ले, मैं भी कहा रामाण ए ले बैठी...ई बात तो पीछे भी होती रहेगी पहले चाह चढ़ा दूँ...सुनी है सहर का आदमी सिदौसी चाह पीता बताया।'' इसके बाद केला ने अपनी लड़की को आवाज दी, ''गुड्डोऽऽऽ! बेटी बकरी ने दूध दियो है के ना?''

सानिया ने अमीना की और अमीना ने सानिया की आँखों में झाँका। दोनों एक-दूसरे से मानो कह रही हैं कि यह एक्सपोजर टूर भी इन्हें न जाने कैसे-कैसे दिन दिखाएगा। बस, यह चाय पीनी और रह गई थी। मना करने का कोई बहाना भी नहीं है उनके पास। बहाना क्या, मजबूरी है! मजबूरी का नाम महात्मा गांधी उक्ति को मन में धारण कर दोनों ने मौन साधना ही उचित समझा।

''अरे वाह, बकरी का दूध। अमीना, देखा गांधी के उसूलों पर तो ये लोग चल रहे हैं, जो आज भी बकरी के दूध की चाय पी रहे हैं।'' सानिया ने महात्मा गांधी नाम की मजबूरी का सही जगह इस्तेमाल करते हुए कहा।

''बाईजी, कैसा गांधी और कैसे वाके असूल! भैंस तो हम भी बहोत बाँध लें पर इतनो आसान ना है। बाखड़ी भैंस भी आज साठ-सत्तर हजार सू कम की ना आरी है...इतने में तो छह-सात भात-छूछक भर जाएँ।'' केला ने गांधी के उसूलों में से एक की हवा निकालते हुए जवाब दिया।

इस बीच गुड्डो दूध रखकर चली गई।

''हाँ जी साब, अब बताओ! सवेरे-सवेरे कैसे चढ़ाई करी है?'' चूल्हे पर चाय के लिए पतीली चढ़ाते हुए पूछा केला ने।

''चढ़ाई कैसे की है, आते ही पूछा तो था।'' सानिया पुनः मुद्दे पर आते हुए बोली।

''बात क्या है बाईजी...तुम्हें तो पताई है कि बगीची में कोई पहोंचे हुए महाराज्जी आ रे हैं...उन्हीं के सत्संग में चले जावे हैं।''

''क्या है भैनजी के एक टैम में एक ही काम होएगो...या तो सत्संग में चली जाएँ या फिर थड़ी पे...वैसे भी इतनी फुरसत कहाँ है।'' संतरा ने केला की बात को आगे बढ़ाते हुए अपने न आने का कारण बता दिया।

''और फिर ये महाराज्जी कौन-से रोज-रोज आवै हैं बाईजी...सावन-सावन की ही तो बात है फिर तिहारे कनै ही आए करेंगे।''

सावन यानी पूरा महीना। सुनते ही सानिया पटेल और अमीना बेचैन हो उठीं।

"लो, पहले चाय पिओ बाईजी!" केला जगह-जगह कोने झड़े चाय के प्यालों को सानिया और अमीना की ओर बढ़ाते हुए बोली।

उन दोनों ने चाय के कप ले तो लिये लेकिन उनकी सूरत देख दोनों का जी मितलाने लगा। रही-सही कसर चाय की पहली चुस्की ने पूरी कर दी। लगा जैसे वे चाय नहीं शरबत-ए-आजम की घूँट भर रही हैं। साँस रोक गांधी के नाम पर हल्की-हल्की चुस्कियाँ लेते हुए, जैसे-तैसे सानिया और अमीना बापू के उसूलों में से एक यानी बकरी के दूध की चाय हलक से उतार गईं।

"केला, कुछ ऐसा कर लो कि आपका सत्संग भी ना छूटे और थोड़ी-बहुत देर के लिए थड़ी पर भी आ जाओ...देखो, आप लोग नहीं आओगी तो हमें कोई फर्क नहीं पड़ने वाला...हमारा क्या, हम तो कुछ दिनों के मेहमान हैं...वैसे भी हम जो कर रहे हैं, आपकी भलाई के लिए ही तो कर रहे हैं...आप से कुछ ले तो नहीं रहे हैं।" सानिया पटेल थोड़ी सख्त होते हुए बोली।

"खुदा-ना-खास्ता कल को आपके साथ कुछ अच्छा-बुरा हो जाए, तो उससे निपटने के लिए आपको कुछ कायदे-कानून की समझ तो होनी चाहिए।"

"बाईजी, ई बात तो तिहारी सोलह आने सही है, क्यों संतरा?"

"हाँ जीजी। फुरसत तो जिंदगी-भर ना मिलेगी...सही कह री है भैनजी...अब ये दोनूँ सबेरे-सबेरे हमारी चौखट पे चलके आई हैं तो कुछ सोच के ही आई होंगी।"

"दारी, ऐसो ना करें कि आज सबसू बगीची में बात कर लेएँ। जब तक रोजा चलें कम सू कम हम तो होई आएँ!"

केला और संतरा के संवाद पर सानिया पटेल और अमीना ख़ान ने चुपके से एक-दूसरे की ओर देखा। दोनों की आँखों में आश्वस्ति की हल्की-सी चमक कौंध कर रह गई।

तीर एकदम निशाने पर लगा।

जो थड़ी पिछले कुछ दिनों से अलसाई-सी ऊँघती रहती थी, एक बार फिर से हँसी-ठट्ठों से सराबोर हो उठी। जिन महराबों की जिल्द खुश्क हो चली थी, नर्म स्पर्शों के चलते उनमें भी मुलायमियत आ गई। रमजान खत्म होने के बाद तो थड़ी का कोना-कोना मानो कूकने लगा।

इधर जैसे ही एक बार फिर से थड़ी आबाद हुई, वैसे ही इमाम हाजी जमालुद्दीन की उद्विग्नता भी बढ़ गई। समझ गया वह कि इस नीमखेड़ा को आने वाले इस कुफ़्र से अब कोई नहीं बचा सकता। हालाँकि एक एहसान के चलते अभी भी चुप है वह।

जो थड़ी सालों से अपनी उदासी के चलते गुमसुम रहती थी, और जिसकी छत

की खामोश कड़ियों में झूलते परिंदे आपस में इसकी उदासी पर तब्सिरा कर चुपचाप चले जाते थे, वे ही अब इस थड़ी की दीवारों पर टँगे पोस्टरों में, आपस में संवाद करते किरदारों को ऐसे निहारते रहते, मानो ये भी इन पलों के गवाह बनना चाहते हैं।

जब-जब केला, संतरा, बर्फी की नहीं, कभी-कभार आतीं रमजानो व सरपंच अख्तरी की बहुएँ और अनवरी, तबस्सुम, रेहाना अपने हकों के ऊपर चढ़े वर्क़ को एक-एक कर उतरता हुआ देखतीं, तो लगता जैसे उनके सामने उनके हौसलों के सफे खुल रहे हैं। इनका एक-एक हर्फ़ उन्हें नीमअँधेरे में टिमटिमाते जुगनुओं-सा नजर आता। इनमें से बहुतों को पहली बार पता चला कि पिता की जिस जायदाद पर खाली उनके माँ जायों का कब्जा है, उसमें इनके हक की इबारत भी लिखी हुई है। बहुतों को इसी थड़ी में आकर पता चला कि तलाक या बेवा होने पर उसे या उसके बच्चों को गुजारा भत्ता पाने का पूरा कानूनी अधिकार है, और तो और जिस पति परमेश्वर के जुल्मों और निर्ममता के निशान कइयों की देह पर गोदनी बन गुदे हुए हैं, उस परमेश्वर को ललकारने का भी अध्याय एक किताब में दर्ज है।

आज सानिया पटेल और अमीना ख़ान पूरी तैयारी के साथ आई हैं। शुरुआत सानिया पटेल ने की।

''हमारे घरों में यह आम बात है कि हममें से बहुतों ने यह मान लिया है कि उन पर उनके पति परमेश्वर का पूरा हक है। छोटी-छोटी बात पर जब चाहे यह पति देव हमारे ऊपर हाथ उठा देता है...धीरे-धीरे यह उसका रोज का काम हो जाता है, और हम उसे ऐसे ही सहन करती जाती हैं...लेकिन अब इसके खिलाफ भी सरकार ने एक कानून बना दिया है कि अगर मर्द अपनी औरत के साथ मारपीट करता है, तो औरत उसके खिलाफ शिकायत दर्ज करा सकती है।''

''पर बाईजी, बगीची में आए महारज्जी तो ये कह रे हैं के हमारे वेद-पुरानों में लिक्खा है कि मरद में भले ही कितने ऐब हों...वह कहीं भी मुँह मारता फिरे और चाहे कितना भी गोबर गनेस होए, तो भी एक सति को वाकी सेवा करनी चाहिए...औरत का सुरग तो मरद के चरनों में ई होवे है।''

सानिया की हँसी छूट गई यह सोचकर कि इस अँगूठा टेक केला ने मनु महाराज के इस श्लोक विशील: कामवृत्तो वा गुणैर्वा परिवर्जित:/उपचर्य: स्त्रिया साधव्या सततं देववत्पति: का अपनी समझ से अनुवाद कर कैसी दुर्गति की है।

''बाईजी, आप ए तो हँसी छूट री है...पर असली मरन तो हमारो के हम बेद-पुरान और महारज्जी की मानें या तिहारे कानून की?''

इस बार सानिया पटेल गंभीर हो गई।

''केला, फिर तो आपके महाराज ने यह भी बताया होगा कि अगर पत्नी पहले

मर जाए, तो पति को चाहिए कि पत्नी को आग देने के बाद वह फिर से शादी करे और बच्चे पैदा करे...कहा था?''

''कहा तो था।'' हामी भरते हुए कहा केला ने।

''और यह भी कहा होगा कि पति के मरने के बाद एक सती भले ही रूखा-सूखा खाकर अपने आपको सुखा ले, मगर पति के मरने के बाद दूसरे मरद का कभी नाम न ले।''

''हाँ भैनजी, यह भी कहा था।'' इस बार उत्तर संतरा ने दिया।

''संतराजी, यह आपके पहुँचे हुए महाराजजी नहीं बोल रहे हैं, यह तो उनके भीतर बैठा मनु महाराज बोल रहा है।''

''मैडम, ये तिहारा ही मजहब में ना हमारा में भी लिखी पड़ी है के मरद ए राजी रखणो औरत की सबसू बड़ी इबादत है...हमारा मजहब में तो ई भी लिख राखी है के अगर मरद हुकम देए, तो औरत रात-भर हाथ बाँधे खड़ी रहे।'' सरपंच अख्तरी ने केला के कहे की पुष्टि करते हुए बताया।

सुनते ही अमीना ख़ान के कान खड़े हो गए। इसका मतलब है कि मौलाना अशरफ अली थानवी और उसकी 'बहिश्ती जेवर' की रूह यहाँ भी भटक रही है। अमीना को डर लगने लगा कि यह सरपंच कहीं यह और कहना शुरू न कर दे कि अगर मियाँ दिन को रात कहे तो तुम भी दिन को रात कहने लगो...कि सबसे अच्छी औरत वह है कि जब मियाँ उसकी तरफ देखे तो वह उसे खुश कर दे...अगर मियाँ किसी बात पर नाराज होकर बैठ गया, तो तुम भी गाल फुलाकर ना बैठी रहो बल्कि खुशामद करके, माफी-तलाफी करके, हाथ जोड़ के जिस तरह बने उसे मना लो।

''वैसे ई तो बेमतलब की बात है अख्तरी...मरद ने एकाध धौल-थप्पड़ मार दियो तो कहा होगो...रंडी, बात-बात पे थाणा-कचेड़ी करणा ये काई खानदानी आदमन का काम ना हैं।'' रमजानो ने सानिया पटेल को परोक्ष रूप से झिड़क दिया।

देर तक सहमी हुई थड़ी में खामोशी छाई रही। कोई नहीं आई सानिया या अमीना के समर्थन में। अचानक अँधेरे में जैसे कोई जुगनू टिमटिमाया।

''फिर तो माई, इन मरदन की जूती बणी रहो...तुड़वाती रहो इनसू अपणी देह!'' सरपंच अख्तरी की बिचली बहू हाजिरा ने पूरी थड़ी की गैरत को ललकारा।

सारी थड़ी स्तब्ध रह गई। हाजिरा के इस आह्वान ने कई जिस्मों के पुराने निशानों को फिर से हरा कर दिया। बीच-बीच में छत की कड़ियों में झूलते परिंदों का कलरव, कलरव नहीं मुक्ति की अजान-सी लगने लगा।

यह तो अमीना ख़ान ने थोड़ी-सी समझदारी दिखाई जो उसने तुरंत विषय बदल दिया, वरना हाजिरा की इस बगावत में आधी से ज्यादा थड़ी शामिल होने को तत्पर थी। यहाँ तक कि पारो अनवरी समेत तबस्सुम और रेहाना की शिराओं में बहते रक्त का ताप भी बढ़ने लगा।

"हमारा कहने का वो मतलब नहीं है जैसा आप समझ रही हैं...हमारा मकसद तो खाली आपको आपके हकों से जुड़े कानूनी नुक्तों के बारे में बताना है।"

"देख बहाण, बुरो मानो या भलो...हमन्ने ना चहिए तिहारी ई सलाह...बेमतलब हमारी बहू-बेटीन् में पुल्ग तो फूँको मत। जा काम सू आई हो वही करो!" इस बार रमजानो ने अमीना ख़ान को भी निपटा दिया।

"अम्माँ, नाराज मत हो। चलो, इस बात को यहीं खत्म करते हैं। अच्छा यह बताओ आपने कभी एड्स के बारे में सुना है?" अमीना ने हँसते हुए रमजानो को नए खेल में उलझाते हुए पूछा।

"ना बहाण, हमारो कहा मतलब जो याका बारा में हम सुणता डोलें।"

"तो चलिए, आज हम आपको इसी के बारे में बताते हैं। दरअसल, यह एक बहुत खतरनाक बीमारी है। अगर खुदा-न-खास्ता किसी को यह बीमारी हो जाए, तो इससे बचने का सबसे आसान तरीका है कि वह अपने आपको खाँसी, जुकाम, बुखार जैसी बीमारियों तक से बचाकर रखे।"

"पर भैनजी, ई बीमारी होवे कैसे है?" बर्फी ने उत्सुकतावश पूछा।

"यह पूछी तुमने असली बात!"

इससे पहले कि अमीना ख़ान इसके बारे में बताती सानिया पटेल ने हुमकते हुए डोर अपने हाथ में ले ली, "वास्तव में यह कोई छूत की बीमारी नहीं है। जिस आदमी में, जिसे पहले से एड्स है उससे आती है। दूसरे को यह तीन वजह से होती है। पहली, संक्रमित सुईं से...दूसरी, संक्रमित रक्त से और तीसरी, जो सबसे खतरनाक वजह है वह है असुरक्षित यौन संबंध।"

"देख बहाण गिटर-पिटर ये कलमा-सा तो पढ़े मत, जो बताणी है साफ-साफ बता।" पहले से झुँझलाई रमजानो ने सानिया का जैसे टेंटुआ दबाते हुए कहा।

अमीना ख़ान समझ गई कि रमजानो को नाथना इस सानिया के बस की बात नहीं है। यही सोच उसने रमजानो की नकेल अपने हाथों में ले ली। संक्रमित सुईं और संक्रमित रक्त के बारे में तो अमीना समझाने में सफल हो गई, मगर जैसे ही असुरक्षित यौन संबंधों के बारे में विस्तार से समझाने का समय आया, अमीना बड़ी चतुराई से यह कहते हुए चुपचाप बच निकली, "इसके बारे में तफ्सील से आपको सानियाजी बताएँगी।"

सानिया पटेल को पता भी नहीं चला कि वह कैसे अमीना के फंदे में फँस गई।

आखिर वही हुआ जिसका अमीना को अंदेशा कम, डर ज्यादा था। जिस डर की वजह से नकेल अमीना ने सानिया को सौंपी थी, वह सानिया के हाथ से एक बेख्याली के चलते ऐसी छूटी कि बार-बार कोशिश करने के बावजूद वह फिर इनके हाथों में नहीं आई।

"सरपंच, अब तो राजी हो री होएगी ई सुण के हम जिनाह करता डोले

हैं...पराया मरदन के पै सोती डोले हैं...वा बहाण वा, ई भली एड्स हुई...।'' हत्थे से उखड़ी रमजानो ने पूरी थड़ी को ललकारने वाले अंदाज में कहा, ''रंडियो, ये तो हमन्ने घर सू निकलवा के मानंगी!''

''अम्माँ, मेरा कहने का वो मतलब कतई नहीं है जो आप समझ रही हैं।'' सानिया पटेल के चेहरे पर हवाइयाँ उड़ने लगीं। पसीने-पसीने हो गई वह।

''चुप कर! आई अम्माँ की चोदी...यासू बड़ो और कहा मतलब होएगो तिहारो...ले बहाण, याने धरती ना फाड़ दी है कि हम तो धंधा करती डोले हैं...हम तो खसम करती डोले हैं।''

''रमजानो, निगोड़ी पहले इनकी पूरी बात तो सुन ले!'' सरपंच अख्तरी भी रिरियाते हुए बोली।

''तू चुप कर छिनाल! ई सारी बिद्या तेरी ही पढ़ाई है...ये सारा बीज तेरा ही बोया हैं...तैनई ये टाँट पे बिठा राखी हैं...मैंने तो इनका बैन वा दिन ही बाँच लिया हा, जब तैने अपणा नहोरा में हम दोनूँ सास-बहू बुलाई ही...मोहे तो पहले ही जँच रही ही के ये जो गुड़ की भेली-सी मोटा-मोटा चूतड़नवाली, आँखन पे माटी का सा काला-काला दीवला चढा के ढूंगान्ने मटकाती हीं रोज धरी रहवे हैं, जरूर कुछ न कुछ कौतक रचके मानंगी!''

देखते ही देखते अमीना को लगा जैसे उनके खिलाफ बगावत सुगबुगाने लगी है। मगर वह करे भी तो क्या करे।

''चौड़ी-चौड़ी सुरखी-बिंदी लगा के रँढ़ेल रोज आ मरे हैं या मेवात में...कदी कहवे हैं के हीं बीरबाणी नील्लाम होवे हैं, तो कदी कहवे हैं के हीं गली-मुहल्लान में बिकती डोले हैं...बहाण, अपणा या एड्स त तम अपणे ही पै धरी राखो मैं तो चली...हुँ..., मुँह लगाई डोमणी गाए ताल-बताल।'' इतना कह सचमुच रमजानो जाने के लिए खड़ी हो गई।

छत की कड़ियों में झूलते परिंदे भी रमजानो का यह रूप देख सहम गए। उधर सानिया पटेल और अमीना ख़ान के जैसे हाथ-पैर सुन्न हो गए। अमीना ने कोशिश करते हुए एक बार फिर नकेल अपने हाथ में ले ली।

रमजानो देखने में भले ही शांत हो गई परंतु भीतर अभी भी उसके लावा खदक रहा है।

''ऐ री अमीना, तू अपणा ईमान सू एक बात सच्ची-सच्ची बता के तू पक्की मुसलमान है?''

''क्यों, आपको कोई शक है।''

''फिर तो तू हदीसा-ए भी जाणती होएगी?''

''ज्यादा तो नहीं, बस थोड़ा-बहुत।'' अमीना ने आत्मविश्वास बटोरते कहा।

''वैसे एक बात कहूँ, बुरो तो ना मनेगी?''

''इसमें बुरा मानने की क्या बात है।''

''मोहे तो बहाण तू कोरी कुलखणी चोद दीख री है, जो अपणा बालक-छोटान्ने छोड़ के ऐसे हाँड़ती डोले हैं...अगर तू पक्की मुसलमान होती न, तो ऐसी बेहूदी बात ना करती।''

थोड़ी देर पहले थड़ी की जो महराबें, आपस में गुफ्तगू करते परिंदे और दीवारों पर चिपके पोस्टरों के संवाद करते पात्र सहम गए थे, एक-दूसरे से फिर बतियाने लगे। मौका पा सरपंच अख्तरी यह कहते हुए खड़ी हो गई, ''रमजानो, खड़ी होए न, जुहर की निवाज को टैम होगो है!''

इतना ही इशारा काफी था। देखते-ही-देखते थड़ी में बिछी पूरी जाजम खाली हो गई। विक्षुब्ध अमीना और सानिया चुपचाप अपना सामान समेटने लगीं। सामान समेटने के दौरान ही जुह की अजान शुरू हो गई। अजान शुरू होते ही अमीना के भीतर कुछ चटकने लगा, और कानों में थोड़ी देर पहले कहे गए रमजानो के शब्द खदबदाने लगे, ''ऐ री अमीना, अपना ईमान सू सच्ची-सच्ची एक बात बता के तू पक्की मुसलमान है!''

अमीना ख़ान ने सानिया पटेल को बिना एहसास कराए, चुपचाप अपना मुँह काबा शरीफ की ओर किया और अजान खत्म होते ही, मन ही मन आँखें मूँद जुह्र की नमाज की रकअतें बुदबुदाने लगी।

उन्तीस

मारथा एक्का।

डॉ. अंबेडकर दलित महिला उद्धार सभा की सुप्रीमो सुमन भारती को एक बार तो भ्रम हुआ कि यह किशोरी सचमुच आदिवासी है भी या नहीं। हालाँकि इसकी कद-काठी यानी ठिगना कद, स्याह रंग, चपटी नाक के साथ-साथ पाँवों के चौड़े पंजे और बिवाइयाँ इसकी साफ गवाही दे रही हैं, लेकिन इसकी पूरी तरह से पुष्टि नहीं हो पा रही है कि यह है कौन—ईसाई या हिंदू दलित? सुमन भारती ने किशोरी का अपनी तरफ से बेहद बारीक मुआयना किया। जब उसे पूरी तसल्ली हो गई कि यह पूरी तरह कठपुतली बनकर रहेगी, इसमें चंटई का लेशमात्र नहीं है, तब उसने इस पर विचार करना छोड़ दिया कि यह कौन है।

इधर इस शुभ समाचार को सुन कि उसे जल्द ही इस नरक से मुक्ति मिलने जा रही है, मारथा एक्का अपने मसीहा का सान्निध्य पाने के लिए व्याकुल हो उठी। अकेले में जाकर वह खूब रोई। सुमन भारती जब मारथा को लेने उसके पास आई, तो दौड़कर मारथा अपने मसीहा के अंक में सिमट गई। उसने तुरंत अपनी छोटी-सी पोटली उठाई और अपने मसीहा के पीछे-पीछे हो ली।

मारथा के पाँव जमीन पर नहीं पड़ रहे हैं। लग रहा है मानो वह हवा में झोंके खाती पत्तियों की घनी छाँव तले उड़ी जा रही है। खुरदरी हथेलियों और पाँवों की बीहड़ बिवाइयों में जैसे ठंडे झरने बह रहे हैं। मुक्ति की शीतल कल्पना में डूबी मारथा को पता ही नहीं चला कि वह कहाँ से चली थी, और कहाँ पहुँच गई।

'दलित महिला उद्धार सभा के बजाय मारथा के लिए यह ठिकाना ज्यादा उचित रहेगा' यह सोच सुमन भारती उसे भारती निवास ले आई। रसोई के बगल से ऊपर जाती सीढ़ियों के नीचे पड़े कबाड़े को हटा मारथा के रहने की जगह बना दी गई। जगह क्या, महज पैर पसारने भर की जगह मुहैया करा दी गई उसे।

अपने लिए इस स्वर्ग में एक निश्चित जगह पा मारथा को लगा मानो वह इस दुनिया का सबसे सुखी प्राणी है। दूर तलक फैले अनंत खुले मैदान में वह जैसे फिर से लौट आई है। अपने पीछे छोड़ आए खुले आकाश में वह फिर से उड़ने लगी है। पाँव पसारने भर के इस छोटे से स्वर्ग में बिछी पतली चटाई पर पहली रात जैसी नींद

आई, मारथा को याद नहीं कि ऐसी नींद इससे पहले उसे कब आई थी।

महीने-भर में सुमन भारती के फैसले पर खरा उतर मारथा एक्का ने जल्दी ही भारती निवास में अपनी पुख्ता जगह बना ली। उसे पता ही नहीं चला कि उसकी दिनचर्या अल्लसुबह कब शुरू होती और रात को कब खत्म होती।

मगर मारथा अब कुछ परेशान रहने लगी है। जब पूरा भारती निवास गहरी नींद में अपने सपने में खोया रहता, तब सबसे आखिर में सोने वाली मारथा, सीढ़ियों के नीचे अपने पाँव पसारने भर के स्वर्ग में खुद से जद्दोजहद कर रही होती।

पता नहीं आज कहाँ जाना है? उसे तो सबके लिए जल्दी से नाश्ता तैयार कर अपने मसीहा के साथ चलने का हुक्म मिला है।

लगभग एक घंटे बाद मारथा जहाँ पहुँची, वहाँ की गहमा-गहमी देख वह समझ गई कि यहाँ कोई उत्सव है।

''आइए सुमनजी, मैं आपका ही इंतजार कर रही थी!'' दरवाजे से हटते हुए एक परिचित-से चेहरे ने स्वागत-सा करते हुए कहा।

मारथा इस चेहरे को पहचानने की कोशिश करने लगी कि आखिर इसे देखा कहाँ है?

''मारथा, पहचाना मैडम को?'' इससे पहले कि मारथा एक्का कोई उत्तर देती, उसकी मुश्किल खुद ही हल हो गई, ''अरे ये वही मौर्य मैडम हैं जो उस दिन भी हमारे साथ तुझे लेने आई थीं। इन्हीं की बेटी की शादी है।''

''हाँ पिछान लिया।'' मारथा ने मुस्कराते हुए मुंडी हिलाई।

''सुमनजी, आपने मेरी बहुत बड़ी टेंशन दूर कर दी...अच्छा एक मिनट, पहले मैं इसको इसका काम बता आती हूँ...फिर फुरसत से बातें करेंगे, तब तक सानिया भी आ जाएगी...उनसे भी कहा है कि एकाध दिन के लिए अपना नया नौकर दे दें मुझे...लो, सानियाजी भी आ गईं...बड़ी लंबी उम्र है आपकी...ऐसा करती हूँ पहले मैं इन दोनों को काम पर लगा आती हूँ।'' इतना कह मिसेज़ मौर्य मारथा एक्का और सानिया पटेल के नौकर अर्थात् दान में मिली बछिया यानी दो जून रोटी के बदले मिले सेवक भरत को लेकर बाईं तरफ बढ़ गई।

इस बीच मारथा एक्का और भरत की नजरें एक-दूसरे से मिलीं, तो दोनों की आँखों में जैसे टूटे हुए सपनों का ज्वार उमड़ आया।

''ऐसा करिए दोनों मिलकर निपटा दो सारा काम!'' दोनों को काम बताकर मिसेज़ मौर्य वापस लौट गई परंतु उल्टे पाँव लौटते हुए बोली, ''मारथा, भरत को मैं बाहर के कामों में लगा देती हूँ...यहाँ का तू निपटा दे!''

रसोई में जूठे बर्तनों के ढेर को देखते ही मारथा को चक्कर आने लगे।

''अच्छा ऐसा कर, पहले तू नाशता बना दे...सवेरे से मेहमानों ने कुछ नहीं

खाया है...बर्तन उसके बाद साफ कर लेना...अच्छा इधर आ! एक काम और बता दूँ। फिर करती रहना आराम से।''

जैसे-जैसे मारथा के काम की फेहरिस्त लंबी होने लगी, उसे लगा वह गश खाकर गिर पड़ेगी।

''देख, ये कई दिनों के कपड़े पड़े हैं...अगर वाशिंग मशीन चलानी आती है तो उससे देख लेना वरना कपड़े तो हाथ से ही रगड़-रगड़ कर अच्छे धुलते हैं।''

एक साथ कई आदेश और निर्देश दे मिसेज़ मौर्य चली गई। उसके जाते ही सामने लगे कपड़ों के अंबार को देखकर मारथा की आँखों के आगे अँधेरा छा गया। उसने अपनी मुक्ति की कामना ही त्याग दी। एक बीहड़ कल्पना ने उसके भीतर के सारे खून को सोख लिया जैसे। स्वर्ग के इन कंगूरों में क़ैद मारथा रह-रहकर सोचने लगी कि इनसे तो पहले वाला नरक कहीं ज्यादा अच्छा था। जिन दीवारों के बीच वह अपने लिए मुक्ति का रास्ता तलाश रही है, उन रास्तों की जगह तो उसे गहरी खंदकें ही नजर आ रही हैं।

मारथा को पता ही नहीं चला कि जूठे बर्तन माँजने के बाद कपड़ों को धोते-धोते कब दोपहर हो गई। मारे दर्द के कमर कमान की तरह तन गई। पिंडलियों और बाजुओं की मांस-पेशियाँ ऐसे खिंच गईं जैसे अलगनी के दोनों सिरों को खींचकर बाँध दिया गया हो। किसी ने इस बीच उससे झूठे-से यह भी नहीं पूछा कि सवेरे से उसने कुछ खाया भी है, या नहीं।

तभी मिसेज़ मौर्य मारथा के पास आई। बाथरूम में सारे कपड़ों को धुला देख उसकी बाँछें खिल गईं।

''मारथा, ले तेरी मेम साब का फोन है!'' मिसेज़ मौर्य ने स्पीकर ऑन कर मोबाइल मारथा की ओर बढ़ा दिया।

''हैलो! जी मेम साब!''

''मारथा, उधर कोई परेशानी तो नहीं हो रही है?''

''नईं मेम साब, इदर सब ठीक है।''

''अच्छा सुन, मेरे पास किसी तरह की शिकायत नहीं आनी चाहिए, समझी! मैडम जो भी काम बताए कर देना...ला, फोन दे मैडम को!''

मारथा ने मोबाइल वापस दे दिया। मोबाइल लेते वक्त मिसेज़ मौर्य ने बड़ी सफाई से स्पीकर ऑफ कर दिया।

''हाँ सुमनजी,...नहीं-नहीं कोई परेशानी नहीं है...लड़की बहुत होशियार है...ठीक है।'' मिसेज़ मौर्य जैसे मोबाइल बंद होने का ही इंतजार कर रही थी, ''मारथाऽऽ क्या तू अपनी मेम साब के इनर्स नहीं धोती है?''

''इनऽऽऽर्स...मतलब मेम साब!'' नहीं समझ पाई मारथा।

''इनर्स, मतलब इन्हें नहीं धोती है?'' धुले हुए कपड़ों में से दो-तीन ब्रा और

इतनी ही पेंटीज उठा, इन्हें हवा में लहराते हुए झल्लाई मिसेज़ मौर्य।

"धोती हूँ मेम साब।" सामने खड़ी मेम साब यानी मिसेज़ मौर्य के माथे पर पड़ी त्योरियों की रौद्रता को देख सहमते हुए मिमियाई मारथा।

"धोती हूँ मेम साऽऽऽब!" एक पेंटी में लगे गहरे मटमैले दाग को दिखाते हुए मेम साब तमतमाते हुए बोली, "क्या खाक धोती है...धोती है तो क्या इन्हें अपने साहब के कपड़ों पर रखती है? इसे रगड़-रगड़ कर दोबारा अच्छी तरह से धो...और सारे कपड़ों को पानी में फिर से निकाल। इस बार इन्हें कपड़ों से अलग रखना...जल्दी कर, अभी खाना भी बनना है।" इतना कह मिसेज़ मौर्य पाँव पटकते हुए एक तरफ मची चिल्ल-पों में शामिल हो गई।

मारथा एक्का बर्फ़ की शिला-सी कभी धुले हुए कपड़ों के ढेर को देखती, तो कभी अँगुलियों में फ़ँसी पेंटी पर लगे दाग को, जिसे देख-देखकर उसका जी मितलाने लगा है। लगा जैसे भूख के चलते खाली आँतें उल्टियों के साथ बाहर आ जाएँगी। बाल्टी के ठिठुरते पानी में तिरमिराते अपने अक्स को मारथा देर तलक निहारती रही। देखते-देखते उसे लगा मानो किसी उथले कुएँ में कोई उदास मछली छटपटा रही है। एक ऐसी मछली जिसे चाहे जितना काटो, दर्द नहीं होता। मारथा भी अब एक ऐसी ही मछली बन चुकी है। उसे भी अब कहाँ दर्द होता है। कहाँ एहसास होता है उसे कि उसका कौन-सा हिस्सा उसके जिस्म से अलग हो चुका है। नहीं देखा गया मारथा से अपना यह छटपटाता अक्स। झपटकर उसने उसमें गँदला पानी मिला दिया। उसे आज पता चल रहा है कि सुबह के उजास ने क्यों खिड़कियों के शीशों पर दस्तक देना छोड़ दिया। बाहर से आती परिंदों की चहचहाहट क्यों एकाएक आनी बंद हो गई। क्यों नहीं धूप की किरनें अंदर झाँकती हैं और क्यों हवा के जो झोंके दरवाजों और खिड़कियों के परदों से बिना पूछे बेझिझक चले आते थे, अब आने में झिझकने लगे हैं।

एक-एक पल मारथा एक्का के लिए काटना मुश्किल हो गया। दिसंबर के ये आखिरी दो दिन काटने उसके लिए दो सदी जितने मुश्किल हो गए।

जिस समय सारे सगे-संबंधी और मिसेज़ मौर्य का पूरा परिवार अपनी लाड़ली की विदाई के विरह में मुब्तला है, उसी समय अपने परिवार की थकी-माँदी लाड़ली नींद की झपकियों के बीच अपनी मुक्ति की गिरहों में उलझी हुई है। तारों की जिस छाँव में आँसुओं में डूबे विदाई गीतों के साथ एक लाड़ली बिसूरती हुई अपने घर-आँगन को निर्निमेष आँखों से निहारे जा रही है, उन्हीं तारों के उजास में मारथा उनींदी पालकी में बैठी, एक नई सुबह की कामना में प्रार्थनारत् है।

सुबह की नीरवता ने अपने फेफड़ों में ढेर सारी हवा भर धीरे-धीरे बाहर छोड़ी। पता नहीं पिछले दो दिनों की थकावट किस आस के चलते गायब हो गई। इससे

पहले कि जगह-जगह बेसुध पड़े मेहमान जाग पाते मारथा ने पूरे घर को घर जैसा बना दिया। मिसेज़ मौर्य ने उठकर देखा, तो कुछ पलों के लिए वह अपनी लाड़ली के विरह को बिसार गई। दिन चढ़ने के साथ-साथ एक-एक कर सारे अतिथि विदा हो गए और दोपहर तक पूरा घर बिन परिंदों के रूख-सा नजर आने लगा।

अंततः वह घड़ी भी आ गई, जिसकी मारथा को बेसब्री से प्रतीक्षा थी। रसोई में जान-बूझकर घुस गई वह। यहाँ से साफ सुना जा सकता है।

''जी, सबकुछ आराम से निपट गया...याद तो आएगी ही, बेटी जो विदा हुई है...नहीं-नहीं कोई शिकायत नहीं है...।'' भीग आए कोरों को चुपके से पोंछते हुए बोली मिसेज़ मौर्य, ''प्लीज, आज और छोड़ दीजिए।''

मारथा एक्का समझ गई कि यह किसके बारे में बात हो रही है। शरीर ठंडा होने लगा उसका यह सोचकर कि इस नरक में उसे एक दिन और रहना पड़ेगा। साँस रोक उसने कानों के परदों को ढीला छोड़ मिसेज़ मौर्य के होंठों पर टिका दिया।

''अगर ऐसा है तो फिर ठीक है। आप तीन बजे आ जाइए।'' निराश होते हुए बोली मिसेज़ मौर्य।

सुनते ही मारथा ने जान-बूझकर बर्तनों को इस तरह खड़खड़ाया, मानो उसे बर्तनों से बतियाने के अलावा कुछ पता नहीं है। वह किसी काम के बहाने उसी समय बाहर आई और नजरें बचाते हुए दीवार पर टँगी घड़ी में समय देखा। डेढ़ बजा है अभी। मारथा फिर से उदास हो गई।

डॉ. अंबेडकर दलित महिला उद्धार सभा की सुप्रीमो ने तीन भी नहीं बजने दिए। देखते ही मिसेज़ मौर्य का चेहरा उतर गया।

''मारथा, जाते-जाते अपने हाथ की चाय तो पिलाती जा!'' मिसेज़ मौर्य इस कातर आग्रह के बाद सुमन भारती की ओर पलटी, ''सच कहूँ सुमनजी, मेरा मन इसे आपको देने को नहीं कर रहा है।'' फिर रसोई की ओर देख धीमे स्वर में बोली, ''ऐसी नौकरानी किस्मतवालों को भी नहीं मिलती है...कुछ भी कह दो, नजर तक नहीं उठाती है...एकदम गऊ है। यह तो उस दिन मुझी से चूक हो गई वरना एक मेड मैं भी ले आती।''

सुमन भारती ने कुछ नहीं कहा। मन ही मन अपनी किस्मत पर मुस्कराती रही।

''बुरा ना मानो तो एक बात कहूँ सुमनजी?''

मिसेज़ मौर्य ने जिस तरह सधे हुए अंदाज में कहा, सुनकर सुमन भारती बेचैन हो उठी कि जरूर इस मारथा की बच्ची ने कुछ गड़बड़ की है।

''सुमनजी, पहली बार आपसे एक चीज माँग रही हूँ...उम्मीद है मना नहीं करोगी...अपनी इस मेड को मुझे दे दो!''

सुनते ही डॉ. अंबेडकर दलित महिला उद्धार सभा की सुप्रीमो तड़ाक् से जमीन

पर आकर गिरी। इसका तो बिलकुल भी गुमान नहीं था उसे।

''मैडम, आ...आप यह क्या माँग रही हैं! आप तो जानती हैं कि मैं इसे अपने एनजीओ के लिए लाई हूँ।''

''लेकिन काम तो आप इससे नौकरानी का ही ले रही हैं?''

''वो तो कुछ दिनों के लिए ऐसे ही, फिर इसे एनजीओ में...''

''इसीलिए तो माँग रही हूँ। एनजीओ के नाम पर तो आपको और मेड मिल जाएगी पर मुझे नहीं मिलेगी। मेरी भी अगर कोई एनजीओ होती तो आपसे कहने की जरूरत नहीं पड़ती।''

''और अगर बहनजी को पता चल गया कि मैं एनजीओ के नाम पर बच्चों को लेकर सप्लाई कर रही हूँ तब...''

''बहनजी की आप चिंता मत करो, उन्हें मैं सँभाल लूँगी।''

सुमन भारती से तुरंत कुछ भी कहते नहीं बना।

''वैसे अभी कोई जल्दी नहीं है। आराम से सोचकर बता देना।'' तपते लोहे पर मिसेज़ मौर्य ने सँभलते हुए चोट की।

सुमन भारती दुविधा में पड़ गई। वह कैसे मना करे? मिसेज़ मौर्य का उस पर इतना बड़ा एहसान है कि वह ऐसी कई मारथाओं पर भारी पड़ता है। अगर आज देश-भर में होनेवाले अनशन-उपवासों और धरने-प्रदर्शनों में अंबेडकर मोमबत्तियों की सबसे अधिक माँग है, तो उसका बहुत बड़ा श्रेय इसी मिसेज़ मौर्य को जाता है। यदि उसके एनजीओ की मोमबत्तियाँ आज एक ब्रांड के रूप में जानी जाती हैं, तो उसमें जितनी बड़ी भूमिका बहन भाग्यवती की है, उतनी ही इसकी भी है।

''लीजिए, चाय पीजिए!'' इस बीच मारथा द्वारा लाई गई चाय की ओर इशारा कर, मिसेज़ मौर्य उठ अंदर चली गई। कुछ ही मिनटों के बाद वापस आई तो उसके हाथ में एक पॉलीथीन का थैला था। आते ही उसे मारथा की ओर बढ़ाते हुए बोली, ''ले, जब भूख लगे...खा लिया कर!''

सुमन भारती को पता ही नहीं चला कि चाय खत्म हो गई यदि खाली कपों को उठाने के दौरान उनकी ध्वनियों से उसकी तंद्रा भंग नहीं होती। चाय खत्म होते ही उसने मिसेज़ मौर्य से विदा ली और तेजी से बाहर निकल आई।

सोने से पहले मारथा एक्का ने पॉलीथीन की थैली को सामने रख यह देखना चाहा कि आखिर इसमें खाने के लिए क्या दिया गया है।

पुराने अखबार को बिछा मारथा ने उस पर पूरा थैला उँड़ेल दिया। थैली से बाहर आए मिठाइयों के टुकड़ों, किनारी झड़ी कुछ आधी कुछ साबुत मठरियों और शक्करपारों के चूरे को देख मारथा को समझते हुए देर नहीं लगी। भूख मिटाने के लिए उसे जो सामग्री दी गई है वह सिवाय जूठन और इस्तेमाल में न आने वाली

सामग्री के कुछ नहीं है। सामने अखबार पर पड़े जूठन के ढेर को देख-देखकर मारथा को उबकाई आने लगी। वितृष्णा से मन भरता चला गया। देर तक मारथा एक्का टकटकी लगाए उसे देखती रही। उसने सारी जूठन वापस पॉलीथीन के उसी थैले में भरी और अखबार सहित, दबे पाँव कूड़ेदान में सबसे नीचे दफन कर, सीढ़ियों के नीचे पाँव पसारने भर के अपने छोटे-से स्वर्ग में आ लेटी।

पूस की हाड़ गला देने वाली ठंड में, पुराने दो कंबलों को जोड़कर, सर्दी रोकने के लिए बनाए गए जुगाड़ में कुनमुनाती मारथा एक्का का बेचैन किशोर मन, रह-रहकर सोचता है कि एक नरक से निकलकर दूसरे में, और दूसरे से निकलकर पुनः उसी में लौट आना, यह कैसी मुक्ति है? आश्रय गृह से निकलकर कहीं उसने खुद के साथ कोई छल तो नहीं किया है...या फिर आश्रय गृह से निकालकर उसे तो नहीं छला गया है? जब तक कंबलों और देह की मिली-जुली गरमाहट ने नींद को दावत नहीं दी, तब तक उसका किशोर मन अपने साथ हुए इस घात-प्रतिघात की गुत्थियों को समझने की कोशिश में, किसी निर्जन टापू पर एकदम अकेला भटकता हुआ न जाने कितनी दूर निकल गया।

तीस

जिस वीरान पड़ी थड़ी की महराबें अपने सामने से गुजरने वालों को सूनी आँखों से ताकती रहती थीं, वही महराबें आज बरसों बाद पलक-पाँवड़े बिछाए पूरी मुस्तैदी से आने वाले मेहमानों की मेजबानी के लिए बेचैन हुई जा रही हैं। छत की जिन कड़ियों में झूलते परिंदे आपस में चुहलबाजी करते थे, वे भी सुबह से छोटे-छोटे बच्चों-सी ठिठोलियाँ कर रहे हैं।

एक्सपोजर टूर पर आ रहा यंग प्रेजीडेंट ऑर्गेनाइजेशन के प्रतिनिधियों का काफिला ग्यारह बजे के बाद कभी भी नीमखेड़ा पहुँच सकता है। इसलिए जैसे-जैसे ग्यारह बजने को हो रहे हैं, वैसे-वैसे अमीना ख़ान और सानिया पटेल की धड़कनें तेज होती जा रही हैं। खासकर अमीना की। वह यह सोच-सोचकर परेशान हुई जा रही है कि कबीर आखिर कैसे इन सयाने अमेरिकियों का पट्टू बनाएगा? कैसे वह इनका टटलू काटेगा? चलो, थोड़ी देर के लिए उसने इनका टटलू काट भी लिया, तो वह कैसे इस इमाम से निपटेगा? यानी इतना डर शेर का नहीं है जितना इस टपके का है।

अमीना और सानिया किसी तरह का जोखिम न लेते हुए, थोड़े-थोड़े अंतराल पर कभी इमारत-ए-शरिया का जायजा ले रही हैं, तो कभी थड़ी का मुआयना कर लेती हैं। हरेक सिलाई मशीन के चारों तरफ कतरनें ऐसे छितरा दी गई हैं जैसे 'हुनर योजना' में रह गए सूराखों को इनसे ढँकने की कोशिश की जा रही है। पावर प्वाइंट प्रेजेंटेशन के लिए प्रोजेक्टर एक निश्चित दूरी पर रख दिया गया है। कहते हैं कि इन नरक मसीहाओं की कामयाबी की एक बड़ी ताकत है यह प्रेजेंटेशन। सफलता की गढ़ी हुई कहानियाँ और झूठे आँकड़े इस अनौपचारिक प्रस्तुति के सबसे बड़े हथियार हैं।

दोनों ने अपने-अपने तरीक़े से अंतिम बार जायजा लिया तो पाया सबकुछ वैसे ही चल रहा है, जैसे चलना चाहिए।

'हुनर योजना' के मुआयने के लिए आ रहे वाईपीओ के प्रतिनिधियों के काफिले को सीधा थड़ी पर आना है। यहाँ लाने का एक मकसद इन अतिथियों को अपने ग्राम्य जीवन की छोटी-सी जीवंत झलक से रू-ब-रू कराना भी है। सानिया

पटेल और अमीना ख़ान को जैसे ही यह सूचना मिली कि काफिला नीमखेड़ा की सरहद में दाखिल हो चुका है, दोनों की साँसें मानो गले में अटक गईं, और जब तक वे अंतिम बार पूरी थड़ी का जायजा लेतीं, धूल के गुबार में लिपटा कारों का दस्ता थड़ी के सामने आ पहुँचा।

अहा ग्राम्य जीवन के इस दुर्लभ जीवंत दृश्य को देखते ही धूल में सना काफिला जैसे बौरा गया। देखते-ही-देखते कैमरों से उगलती और आँखों को चौंधियाती चमक से आसपास की दर-ओ-दीवार, सुंदर पीवणियों और मुँडेरों पर रखे बासन नहा उठे।

इसी बीच काफिले के कुछ सदस्य थड़ी की दाईं ओर थोड़ी दूर बनी एक आकृति के पास जाकर ठिठक गए। कुछ ने इसका बेहद बारीकी से मुआयना किया, तो कुछ इसे बाकायदा छूकर यह समझने की कोशिश करने लगे कि आखिर इसका वास्तुशिल्प और इसकी खूबसूरत नक्काशी है किस सभ्यता का प्रतीक? इसी रहस्य को जानने के प्रयास में काफिले ने इस आकृति का पूरा चक्कर ले लिया। कैमरों ने अलग-अलग कोणों से पता नहीं कितनी तस्वीरें क़ैद कर लीं। चतुर-चालाक अमेरिकियों का ऐसा मतिभ्रम हुआ कि कुछ देर के लिए वे भूल गए कि वे आखिर यहाँ आए किस उद्‌देश्य से हैं।

कबीर ने अपने अतिथियों के धैर्य और कौतूहल की और अधिक परीक्षा लेना उचित नहीं समझा। उसने अमीना को इशारा किया, तो अमीना ने उनकी जिज्ञासा को यह बताते हुए शांत किया कि इसे यहाँ बिटोवड़ा कहा जाता है, और इसमें ईंधन के रूप में उपलों को सहेज कर रखा जाता है। इस तरह अतिथि कैमरों और उनकी पेशानी पर पड़ी जिज्ञासा की सिलवटें सहज हो पाईं।

थक गए कैमरों की उत्कंठा और जिज्ञासाओं के शांत होने के बाद अतिथियों का समूह अब थड़ी पर आ गया। थड़ी की दीवारों में गड़ी पत्थरों की खूँटियों, महराबों के खंबों और एक-दूसरे के ठीक सामने बनी पीवणियों (पानी के बर्तन रखने की जगह) यानी मुगलकालीन और मध्यकालीन ग्रामीण भारत के इस साझे वास्तुशिल्प को देखते ही कैमरे फिर से हरकत में आ गए।

इधर कुछ कैमरे अपने भीतर तस्वीरों को क़ैद करने में व्यस्त हैं, तो उधर कुछ हैंडीकैम अपनी स्मृतियों में सिलाई मशीनों से पैदा होनेवाले संगीत के जीवित दृश्यों को समेटने में मुब्तिला हैं। कहीं गरीबी की रेखा से नीचे गुजर-बसर करने वाले हुनरमंद हाथ चँगेरियाँ और बीजणे बनाने में लगे हुए हैं, तो कुछ दलित हाथ नव यौवनाओं के पाँवों के लिए जूतियों के पन्ने भरने में डूबे हुए हैं। थड़ी की निस्पृह खटर-पटर से अनजान कैमरों ने उन तस्वीरों को भी याददाश्त के तौर पर अपने अंदर क़ैद कर लिया, जो इस 'हुनर योजना' का हिस्सा नहीं हैं। इसके बाद शुरू हुआ सफेद परदे पर सफलता की गढ़ी गई कहानियों और झूठे आँकड़ों का खेल। एक

ऐसा खेल जिसके किरदारों को खुद ही नहीं पता कि पार्श्व से उनके मुँह में जो शब्द उँड़ेले जा रहे हैं उनका अर्थ क्या है। सबकुछ बड़े सलीके से चुपचाप एक वैश्विक भाषा में संपन्न होता चला गया।

अभिभूत अतिथियों को लेकर कबीर अब इमारत-ए-शरिया ले आया। आबादी से बाहर खुले में दूर तलक फैली हरीतिमा और सरसों की पीतांबरी चादर से घिरी इमारत की छटा देखते ही बन रही है। ऐसा मनोहारी दृश्य एक्सपोजर टूर के इन प्रतिनिधियों ने शायद ही कभी देखा हो। जब तक कबीर वाईपीओ के प्रतिनिधिमंडल को इमारत में चल रही गतिविधियों से परिचित कराता, तब तक अमीना और सानिया ने सारी थड़ी को लाकर बगल में मंच के सामने बिछी कुर्सियों पर बिठा दिया।

अमीना ख़ान ने एक बार मौका ताड़ पास से गुजरते कबीर को कोंचते हुए कह भी दिया, ''कबीर भाई, मजा आ गया! क्या टटलू काटा है इन अमेरिकियों का।''

कुछ नहीं कहा कबीर ने। केवल मुस्कराकर रह गया।

मंच के सामने भरी हुई कुर्सियों को देख कबीर ने इस अवसर को गँवाना उचित नहीं समझा। वैसे भी दो बजने को हैं। कहीं ऐसा न हो कि लंच पैक के इंतजार में लोगों का धैर्य बगावत पर उतर आए।

''जैसाकि आप सब जानते हैं, आज हम यहाँ उन बच्चियों को सिलाई की मशीनें बाँटने के लिए इकट्ठा हुए हैं जिन्होंने हुनर योजना के तहत अपनी ट्रेनिंग पूरी कर ली है...इस योजना का मकसद है इन बच्चियों को अपने पैरों पर खड़ा करना...मेरा, अमीनाजी से निवेदन है कि वे हमारे बीच पधारे यंग प्रेजीडेंट ऑर्गेनाइजेशन के सीईओ को मंच पर लाएँ ताकि इन हुनरमंद बच्चियों को वे अपने हाथों से मशीनें प्रदान कर सकें...आपसे अनुरोध है कि हमारे इस खास मेहमान का तालियों से जोरदार स्वागत किया जाए!''

मशीन वितरण समारोह के बाद जैसे ही लंच पैक बँटना शुरू हुआ, चारों तरफ अफरा-तफरी मच गई। देखते-ही-देखते इमारत-ए-शरिया के बगल में बना पंडाल पाँवों से खुँदे धूल के बादलों में छिप गया। कबीर ने लंच पैक के डिब्बों पर झपटते और एक-दूसरे पर गिरते-पड़ते ग्रामीणों को देखा, तो उसने हल्के-से अपनी कामयाबी पर मुस्कराते हुए अमीना ख़ान की ओर ऐसे देखा मानो उससे कह रहा हो कि देखा, ऐसे काटा जाता है टटलू!

जब तक इस छीना-झपटी का माजरा बहुतों की समझ में आता, तब तक धूल से सनी कुछ आखिरी तस्वीरों को अपने भीतर क़ैद कर, कैमरों का काफिला, नीमखेड़ा से नदारद हो चुका था।

तेजी से सूरज की मंद पड़ती अस्त्र की धूप में भीगे, धूल के धीरे-धीरे शांत होते गुबार और हल्दीराम के लंच पैक के छितरे हुए खाली डिब्बों पर इमाम हाजी

जमालुद्दीन ने हल्की-सी नजर डाली और एक पल ठिठककर न जाने क्या सोचता हुआ इमारत के अंदर चला गया।

जिस थड़ी की छत की कड़ियों में झूलते परिंदे खुशहाली के वृंदगान गाते हुए नहीं थकते थे, वही परिंदे एकाएक उदास होते चले गए। पिछले कई दिनों से सिलाई मशीनों के जिस कलरव से थड़ी का पूरा सहन गूँजता रहता था, उसी सहन ने जैसे खामोशी ओढ़ ली। खामोशी भी ऐसी कि थड़ी के सामने से गुजरने भर से डर लगने लगा। और तो और, इमारत-ए-शरिया के जिस हिस्से में चिल्ल-पों मची रहती, वह भी मौन हो गई।

लगभग हफ्ते-भर बाद दिखाई दीं अमीना ख़ान और सानिया पटेल। उन दोनों को अपनी आँखों पर कुछ पलों के लिए विश्वास नहीं हुआ। इमारत से अपने बोर्ड को नदारद पा और कमरे पर लगे ताले को देख उन दोनों के पाँवों तले से जमीन खिसक गई। अब क्या करें! वही हुआ जिसका इन्हें रह-रहकर डर सताता था यानी शेर तो बिना गुर्राए चुपचाप चला गया पर टपके ने उनके मंसूबों पर पानी फेर दिया।

बदहवास-सी दोनों सरपंच अख्तरी के पास पहुँचीं परंतु सरपंच ने भी सीधे मुँह बात नहीं की। बिना एक पल गँवाए दोनों केला के घर पहुँच गईं। केला ने उन्हें जो बताया, उसे सुनते ही दोनों का चेहरा सफेद पड़ता चला गया। अब समझ में आया उन्हें सरपंच अख्तरी द्वारा सीधे मुँह बात न करने का मर्म।

"बाईजी, आप तो चली गी पर या इमाम ने ऐसो बखेड़ा खड़ो करो के बस पूछो मत, हमारी तो आफत ही आगी। अपने मेव तो याने भड़काए सो अलग, हमारे और आग लगा दी।"

"आग लगा दी...मतलब?" सानिया ने अकबकाते हुए पूछा।

"याने हमारे आर्य समाजी जो उकसा दिए है के तुम हमन्ने मरदन् के खिलाफ भड़का री हो...बस, फिर तो सारे आर्य समाजी चढ़ आए हमारे ऊपरौ।"

"केला, अपने हकों और कानूनों के बारे में बताना कैसे मरदों के खिलाफ भड़काना हो गया?" अमीना की कनपटी की नसें खिंच आईं।

"ये बात तो उनीं से जाके पूछो!" इतना कह केला ने बड़ी सावधानी से अपने आसपास देखा और फिर फुसफुसाते हुए बोली, "बाईजी, हमने तो एक बात और सुनी है केऽऽऽ..."

केला ने इसके बाद जो बताया, सुनकर अमीना ख़ान और सानिया पटेल के ऊपर जैसे खौलता पानी पड़ गया।

"कि...किसने कहा यह सब?" सानिया हत्थे से उखड़ती हुई बोली।

"लेओ! सारा गाँओं में तो या बात की रौल मची पड़ी है और तुम कहरी हो...अच्छो अकीन ना है तो सरपंच सू जाके पूछ लेओ!"

''सानिया, मैं समझ गई सारा माजरा...इसी बात का डर था मुझे...यह खेल उसी टपके का रचा हुआ है।'' अमीना ख़ान की साँसें उखड़ने लगीं।

''अच्छा सुन, अब तो सब ठीक-ठाक है न?'' सानिया ने सहमते हुए पूछा।

''वो तो बाईजी जभी पतो चलेगी जब वा इमाम सू बात करोगी।''

''लगता है यह सारा किया-धरा इसी इमाम का है...यह तस्वीरों वाली बात भी इसी ने फैलाई होगी।''

''तुम्हारा अंदाजा एकदम सही है...लगता है इस इमाम की पेंशन बढ़ानी पड़ेगी।''

''अमीना, कहीं इसे इस बात का तो पता नहीं चल गया है कि हमें और दस हजार लड़कियों को ट्रेनिंग देने के लिए ग्रांट सेंक्शन हो रही है!''

''मुझे नहीं लगता...वैसे असलियत का किसी को पता भी नहीं चलना चाहिए वरना ऐसा न हो कि आज तो एक ही इमाम की पेंशन बँध रही है, कल को तुम्हारे किसी आर्य समाजी की पेंशन बाँधनी पड़ गई तो दिक्कत आ जाएगी...यार, ऐसे तो मुल्ला की दाढ़ी सवाब में ही चली जाएगी...चल, एक बार उस टपके से भी तो मिल लें कि आखिर उसके मन में है क्या...इस वक्त वह खाली भी होगा।''

इमाम हाजी जमालुद्दीन सचमुच खाली हैं यानी जनाब आराम फरमा रहे हैं। अमीना ख़ान और सानिया पटेल के आने की उसे सूचना मिली, तो दोनों को अंदर बुलवा लिया।

''अस्सलाम वालैकुम इमाम साहब!'' अमीना ने बड़े ही अदब और लोच के साथ कहा।

''फरमाइए?'' इमाम ने प्रत्युत्तर में सीधे-सीधे कहा।

''दरअसल, जलसे के बाद आपसे मुलाकात नहीं हो पाई थी...वो क्या था कि जिसका लेना-देना था उसे निपटाने में वक्त लग गया...वैसे उस दिन जलसा तो अच्छा रहा था?'' एक ही साँस में कह गई अमीना खान।

''देखो मोहतरमा, जलसे की तो आप जानें मगर मेरी आपसे इल्तिजा और गुजारिश दोनों हैं कि खुदा के वास्ते यह कुफ्र आप कहीं और जाकर करें...कम-से-कम इस मेवात को इस अजाब से दूर रखें, तो बेहतर होगा।''

''इमाम साहब, आप किस कुफ्र और अजाब की बात कर रहे हैं?''

''उसी की जो गैर-इस्लामी तो है ही बल्कि गुनाह भी है...यहाँ की बच्चियों को आप दीन और खुदा की इबादत से भटका रही हैं।''

''हम कैसे भटका रहे हैं...हम तो इन मासूमों को इनके पाँवों पर खड़े होने में मदद कर रहे हैं...किसी की मदद या इमदाद कहाँ से गुनाह हो गया?''

''चलो मान लिया यह गुनाह नहीं है मगर तस्वीरें खींचना तो गैर-इस्लामी है। लगता है आपको दारुल उलूम के उस फतवे के बारे में नहीं मालूम, जिसके

मुताबिक फोटोग्राफी गैर-इस्लामी है, सिवाय पासपोर्ट और पहचान-पत्र के कहीं और के लिए फोटो खींचने की इजाजत नहीं दी जा सकती...मगर आप खिंचवाती हैं और उन्हें मगरिबी मुल्कों में सप्लाई भी करती हैं। मैंने दारुल उलूम के सदर मुफ्ती को इस मुतल्लिक लिख दिया है, एकाध दिनों में वहाँ से फतवा रवाना हो जाएगा। अच्छा, एक बात बताइए कि जो सिलाई मशीनें और खाने का सामान दिया गया है, उसके लिए पैसा कहाँ से आया है?'' इमाम हाजी जमालुद्दीन ने अमीना ख़ान को घेरते हुए पूछा।

‘‘इससे क्या फर्क पड़ता है कि पैसा कहाँ से आया है...वैसे भी अच्छे मकसद के लिए यह बात कोई मायने नहीं रखती है।''

‘‘भले ही मकसद गैर-इस्लामी हो!'' इमाम के नथुने फड़फड़ाने लगे।

‘‘इमाम साब प्लीज, गुस्सा मत करिए...आराम से बातें करते हैं...अमीना ठीक है, हम अपना प्रोजेक्ट कहीं और शिफ्ट कर लेते हैं।'' काफी देर से चुपचाप सुन रही सानिया पटेल की घिग्घी बँध गई।

‘‘तो क्या, कहीं और ले जाने से गुनाह कम हो जाएगा। भलाई इसी में है कि आप इस मेवात से अपने आपको दूर रखें!''

‘‘इमाम साहब, हमने कोई गुनाह नहीं किया है। आने दीजिए फतवा। हम दारुल उलूम, दारुल कजा, फिक्ह जहाँ भी जाना होगा, जाएँगे और अपनी बात कहेंगे...चलो सानिया...अच्छा इमाम साहब, अल्लाह हाफिज!''

अमीना ख़ान सानिया पटेल को लेकर इमारत से बाहर आ गई।

‘‘मुझे तो बड़ा डर लग रहा है अमीना कि कहीं कोई बखेड़ा न खड़ा हो जाए...प्लीज, किसी भी तरह इस मामले को ठंडा करो!''

‘‘तुम्हें क्या यह शख्स इतनी आसानी से मानने वाला लग रहा है?''

‘‘जैसे भी माने, मनाओ इसे! जो कुछ देना हो देकर पीछा छुड़ाओ...जहाँ इतना खर्च हो रहा है, वहाँ कुछ और सही। हम यह सोचकर तसल्ली कर लेंगे कि ये भी हमने बहन भाग्यवती को दिए हैं।''

‘‘यह बाद की बात है सानिया। पहले फतवे को तो आने दो। फतवे के बाद ही आकर बात करेंगे...अब यहाँ रुकने का कोई मतलब नहीं है।''

किसी ठहरे हुए पोखर में मानो ऊँची-ऊँची लहरें उठने लगीं। वही हुआ जिसका सरपंच अख्तरी को डर था। उसका यह डर वाजिब भी है क्योंकि बकौल इमाम, अगर यह सरपंच इस अमीना ख़ान और सानिया पटेल को शह नहीं देती, तो वह न जाने कब का इन्हें खदेड़ देता।

इधर रमजानो को जैसे ही पता चला, वह भी अपने डर की पुष्टि के लिए

सरपंच अख्तरी के पास पहुँच गई, ''अख्तरी, सुनी है ई ढेह इमाम काई फतवा ए लायो है? बहाण, हमन्ने तो इन हरामी फतवा-फरमानन् सू वैसेई डर लगे है। मैंने तो तोसू पहले ही कही ही के इन रंडीन्ने मत मुँह लगा, पर तैने सुणी होए जब न।'' इतना कहते हुए रमजानो ने दोनों हाथों से सिर थाम लिया।

''वैसे मैंने अमीना के पै फोन करवा दियो है...आती होएगी एकाध दिन में।''

''अब कै आके ऊ पिंड खिजूर लेएगी...सुणी है उनका तो बोरड-वोरड भी इमाम ने फिंकवा दिया है।'' कुछ पल चुप रहने के बाद रमजानो ने धीरे-से पूछा, ''पर ई फतवा आयो काँई बात पे है?''

''अरी कुछ ना। इन मुल्ला-मौलवीन् को मरदन पे तो बस चले ना है, ले-देके हमीं मिले हैं इन्ने...कह रो है के इन्ने उन अँगरेजन सू हमारी बहू-बेटीन् का काँई लू फोटू खिंचवाया है...हमन्ने ये मरदन के खिलाप भड़का री बताई...ई तो ऊ बात होगी बहाण के कुम्हार को कुम्हारी पे तो बस चले ना है, गधी का कान ऐंठतो डोले है।''

''अब तो या अजाप सू खुदा ही बचाए!'' रमजानो की आवाज बैठती चली गई।

अमीना ख़ान एक ही साँस में पढ़ गई फतवे को। हैरानी हुई सानिया को कि जिस फतवे को लेते हुए अमीना के हाथ काँप रहे थे, और भयातुर आँखों में अनिष्ट के डोरे तैर आए थे, अंत तक आते-आते वही फतवा आत्मविश्वास से भरी अँगुलियों में कसमसा रहा है।

''क्या हुआ, सब ठीक तो है?'' सानिया ने अमीना के चेहरे पर नजरें गड़ाते हुए पूछा।

''कुछ नहीं। चल, सरपंच के पास ही चलकर बताती हूँ सारी बात।'' फतवे को बेरहमी से थैले में ठूँस आगे बढ़ गई अमीना।

इमाम से फतवा ग्रहण करने के बाद उनके साथ कौतूहल, जिज्ञासा, भय, आशंका व अनिष्ट से भरे सवालों का छोटा-सा हुजूम हो लिया, जिसमें सरपंच के घर पहुँचने तक इतने ही सवाल और शामिल हो गए।

बिचली बहू हाजिरा से अमीना और सानिया के आने की सूचना पाते ही सरपंच अख्तरी लपककर आई। सरपंच के आते ही अमीना थैली से फतवे को बाहर निकाल हवा में लहराते हुए बोली, ''सरपंचजी लो, यह रहा आपका फतवा!''

अख्तरी ने कागज के एक पुर्जे पर लिखी बेजान इबारत को देखा। इससे पहले कि वह कुछ कहती बेजान इबारत एकाएक जिंदा हो उठी। अमीना ने जैसे ही पूरे फतवे को पढ़कर खत्म किया, छाया हुआ सन्नाटा ठठाकर हँस पड़ा।

''सुन लिया सरपंचजी, यह है वह फतवा जिसने हम सबकी जान सुखा रखी

थी...मैं इसे लेकर दारुल उलूम ही नहीं, दारुल कजा और फिक्ह जाऊँगी और कहूँगी कि अगर लड़कियों को हुनरमंद बना उन्हें उनके पाँवों पर खड़ा करना गलत है, तो मैं नहीं मानती इस फतवे को...इन फूल-सी बच्चियों को इनकी राह दिखाना गुनाह है, तो ऐसा गुनाह मैं बार-बार करूँगी...इस केला, संतरा, बर्फी, हाजिरा, अनवरी, तबस्सुम, रेहाना को इनके हकों और कानूनों के बारे में बताना कुफ़्र है, तो मुझे ऐसे कुफ़्र पर नाज है।'' अमीना ने एक वक्र मुस्कान उछालते हुए सरपंच अख्तरी के बहाने, अपने चारों तरफ खड़े हुजूम को सुनाते हुए पूरी दृढ़ता के साथ कहा।

सरपंच अख्तरी की पौली में ऐसी खामोशी छा गई कि आपस में एक-दूसरे की साँसें साफ सुनाई देने लगीं। डरी-सहमी प्रश्नाकुल आँखों में पहले तो सानिया ने धीरे-से झाँका, और फिर मौका देख उसने ज्यों ही अमीना के समर्थन में तालियाँ बजाईं, पूरी पौली करतल ध्वनियों से गूँज उठी। डरी-सहमी आँखों को शायद इसी पहल की दरकार थी।

''चुप करो छिनाल! ताली तो ऐसे पीट री हो जैसे हीं काई रंडी को नाच हो रो होए...असल बात ए तो ये बता ना री हैं।''

''असल बात, कौन-सी असल बात?'' अमीना ख़ान ने हैरान होते हुए प्रतिप्रश्न किया रमजानो से।

''वहीऽऽऽ के...'' कहते-कहते रुक गई रमजानो। उसने वहाँ जमा खलकत पर नजर मारी और जैसे ही सरपंच अख्तरी के पोतों पर उसकी निगाह पड़ी, वह तेजी से उनकी ओर लपकी, ''मेरा बाप का चोदा, हीं कै तिहारी दादी नाच री है...चलो, ही सू!''

एकाएक पौली में थोड़ी के देर लिए तनाव के ताँत ढीले पड़ गए। हल्के-से गूँजे ठहाकों से पौली में उजास-सा फैल गया। रमजानो ने अंतिम बार यह जानने की गरज से भीड़ पर नजर मारी कि कोई छोरा-छापरा बच तो नहीं गया है, फिर मुद्दे पर वापस आते हुए बोली, ''पर हमने तो ई सुणी है के वा दिन वो अँगरेज हमारी जो फिलम और फोटू खींच के लेगा हैं, उन्ने वे नंगी कर-करके बेचंगा?''

रमजानो का इतना कहना था कि सरपंच अख्तरी की बिचली बहू हाजिरा बुक्का मारकर हँस पड़ी। मुश्किल से अपनी हँसी पर काबू पाया उसने, ''ओ हो तेरी फोटू...ताई, तेरी बूढ़ी-ठेरी का फोटू सू उन्ने कहा मिलेगो, जो वाहे बेचंगा...हमारी होती, तो कुछ बात भी जँचती।''

सरपंच अख्तरी की पौली आगे की कल्पना में हँसते-हँसते लोट-पोट हो गई। अख्तरी का मारे हँसी के पेट दुखने लगा। पौली में अचानक प्रवेश कर गए इस प्रहसन ने फतवे की चिंदी-चिंदी कर, जैसे हवा में उड़ा दिया, और जो चंद टुकड़े रह गए थे, उन्हें हाजिरा ने यह कहते हुए मसल दिया, ''ताई रमजानो, या इमाम का चोदा सू कोई ई जाके पूछे के कहीं फोटून् का भी लत्ता उतरता देखा है!''

"ई बात जँचे तो ना है हाजरा, पर ये फोटू-फिलम हमारा हदीस में हैं तो गुनाह।"

"गुनाह भी है और गैर-इस्लामी भी है...पर एक बात बताओ कि जो आदमी इन बच्चियों को एक हुनर के बूते उनको अपने पैरों पर खड़ा होने की ताकत दे रहा है, क्या उसे इतना भी हक नहीं है कि वह किसी को यह दिखा सके कि देखो हमने मेवात की इन बच्चियों को इनके पैरों पर खड़ा किया है। अगर आपको भी लगता है कि यह गुनाह है, तो हम अपना प्रोजेक्ट किसी दूसरे इलाके में ले जाते हैं।"

अमीना ख़ान के चुप होते ही पूरी भीड़ को मानो साँप सूँघ गया। इससे पहले कि कहीं से कोई बगावती स्वर उभरता, सरपंच ने तुरंत कमान अपने हाथ में ले ली, "हमारो कहणा को ई मतलब ना है कि तम कहीं और चली जाओ...हमने तो बहाण जो सुणी है वही कह री हैं।"

"ऐसो है या फतवा-वतवा के मारो गोली...चोदा ऐसा फतवा अपणा घरन् में हम रोज देखे हैं...हुँ, सबकुछ इन मरदन् कू ही चहिए...ये तो बणा डोलें छेला और हम्पे दुनियाभर की पाबंदी।" इतना कह रमजानो ने पिच्च से जमीन पर थूक दिया।

"बात फतवे की नहीं है...इसका तो मैं जवाब दे दूँगी, बात है उस जहर की जो इस नीमखेड़ा में फैलाया जा रहा है।" अमीना ख़ान ने अंततः विषय का पटाक्षेप करते हुए कहा।

धीरे-धीरे पौली से पूरी भीड़ छँट गई। सरपंच के अलावा रमजानो, अमीना और सानिया रह गईं। अख्तरी ने मौका देख दबी जबान में कहा, "बहाण, तमसू कही तो ही के तम या इमाम को करो कुछ इंतजाम।"

"इंतजाम कहा, दारी याका मुँह में हजार-पाँच सौ उड़स देओ...अपणे आप चुप बैठ जाएगो।" रमजानो ने वही तरीका बताया जिस पर आज तक अमीना और सानिया अमल करती आ रही हैं।

अमीना ख़ान और सानिया पटेल ने एक-दूसरे की ओर देखा और होंठों ही होंठों में मुस्कराकर रह गईं। जिस पौली में कुछ देर पहले तक ढेरों डरे-सहमे प्रश्न भाएँ-भाएँ करते हुए विचर रहे थे, और हवा तक आने से कतरा रही थी, उसी पौली में अब हवा के झोंके पूरी निडरता के साथ आ-जा रहे हैं।

इकतीस

'गंगाधर आचार्य को इतनी जल्दी इतना कठोर निर्णय नहीं लेना चाहिए था। अगर वह थोड़ा धीरज से काम लेता, तो उन्हें भी पूरे देश ने जयंतभाई, हरिभाई, वीरेनभाई, बालाजी और बहन भाग्यवती जैसे पुराने व एकदम खाँटी गांधीवादियों के संग कबीर के जनाधिकार सत्याग्रह का नेतृत्व करते हुए देखा होता।' रह-रहकर आचार्यजी को अपनी इस जल्दबाजी पर क्षोभ हो रहा है।

पहली बार सर्वोदयी कल्याण सभा को मिली इतनी मोटी रकम के कागजी पुर्जे को गंगाधर आचार्य काफी देर तक टकटकी लगाए देखते रहे। इस पर अंकित शून्यों से जब-जब इनकी आँखें मिलतीं, तब-तब ये उससे नजरें चुरा जाते। पता नहीं इस बेजान पुर्जे पर अंकित इन शून्यों में ऐसा क्या है जिसके चलते आचार्यजी की उससे नजरें मिलाने की हिम्मत नहीं हो रही है।

गंगाधर आचार्य ने अपने एकांत का सदुपयोग करते हुए, धीरे-से आँखें मूँदीं, गहरी साँस ले उसे बाहर छोड़ा और फिर पूरे शरीर को ढीला छोड़ दिया। थोड़ी देर बाद उन्होंने आँखें खोल अपने आसपास देखा, तो लगा कुछ क्षण पहले उनके चारों ओर जो कुहासा छाया हुआ था, वह पूरी तरह छँट चुका है। जो शरीर मूँज की तरह ऐंठा जा रहा था, वह भी नरम टहनी-सा हो गया। उन्होंने बगल में रखी 'सत्य के प्रयोग' उठाई और उसका एक अध्याय खोल लिया। पता नहीं आचार्यजी बापू की इस आत्मकथा में ऐसा कौन-सा सत्य खोजना चाह रहे थे कि खोजते-खोजते उन पर एक अलौकिक खुमारी तारी होने लगी। इसी बीच उनकी नजर बापू के इस कथन पर ठहर गई—मुझे दुनिया को कोई नई चीज नहीं सिखानी है। सत्य और अहिंसा अनादि काल से चले आए हैं। बापू के इस कथन को पढ़ते हुए आचार्यजी को पता ही नहीं चला कि भारी होती पलकों के साथ कब उनकी आँखें लग गईं।

पिछले कई दिनों से आचार्यजी को लग रहा है कि उनके भीतर रह-रहकर कुछ घुमड़ रहा है। पूरी-पूरी रात वे किसी अपरिचित आकुलता और अन्यमनस्कता के चलते सो भी नहीं पा रहे हैं। मन न जाने कैसी उचाटता और नैराश्य से भरा हुआ है कि उन्हें कुछ भी अच्छा नहीं लग रहा है। मन बार-बार कह रहा है कि वे यहाँ से कुछ दिनों के लिए चले जाएँ। मगर कहाँ व किस दिशा में जाएँ, यही उनकी

समझ में नहीं आ रहा है। उन्होंने एक बार फिर अपनी आँखें बंद कीं, शरीर को ढीला छोड़ मन पंछी को खुला छोड़ दिया। जब वह वापस लौटा तो आचार्यजी ने पाया उनके सामने जैसे उनके भावी पड़ाव और तय दिशा का पूरा नक्शा बिछा हुआ है।

गंगाधर आचार्य के आने की सूचना पा बहन भाग्यवती को जैसे यकीन नहीं हुआ। अपने सामने इतने दिनों के बाद एक बार फिर से देख उसे ही नहीं पूरे चैंबर को आश्चर्य हुआ।

''माफ करना शायद गलत समय पर आ गया। लगता है कोई जरूरी सभा चल रही है।''

''आचार्यजी, आने का कोई गलत समय नहीं होता...एकदम सही समय पर आए हो।'' इसके बाद वह समाजविज्ञानी डॉ. वंदना राव की ओर पलटी, ''वंदनाजी, देखिए! कैसा संयोग है कि इतने दिनों बाद आज पूरी आयोजन समिति एकत्रित हो गई...आचार्यजी, न कोई फोन न सूचना...कहाँ से अचानक रास्ता भटक गए?''

''इधर प्रतिष्ठान आया था, सो सोचा आपसे भी मिलता चलूँ औऽऽऽर आपका धन्यवाद भी करता चलूँ।'' गंगाधर आचार्य ने एकदम झूठ बोलते हुए कहा। वह कैसे बताएँ कि पिछले कुछ दिनों से जिस आकुलता के चलते उनका मन जिस विषाद में डूबा हुआ था, वह शायद बहन भाग्यवती से मिलने की ही उत्कंठा थी।

''मिलने की बात तो ठीक है परंतु धन्यवाद किस बाऽऽऽत का...'' अचानक बहन भाग्यवती को याद आ गया कि आचार्यजी किस धन्यवाद की बात कर रहे हैं। इससे पहले कि चैंबर में उपस्थित पूर्व आयोजन समिति इस धन्यवाद के गर्भ में छिपे रहस्य को भाँप पाती, तुरंत एक घुटे हुए अध्यक्ष की तरह बात सँभाल ली, ''अच्छा उसका...चलो काम हो गया न।''

गंगाधर आचार्य निस्पंद से देर तलक, अरसे बाद बल्कि एक हद तक भूल चुके अध्यक्ष के चैंबर के पुनर्पाठ से गुजरते हुए इसके पात्रों को समझने की कोशिश करते रहे कि इतने दिनों में इन पात्रों की चारित्रिक विशेषताओं में क्या-क्या परिवर्तन आया है।

''मैम, ऐसा करते हैं कि आज इटेलिया की कॉफी पी जाए...बहुत दिन हो गए हैं।'' इंडिया हैबीटेट सेंटर यानी आधुनिक पिरामिड के इस कई सितारा रेस्तराँ में, अन्य सस्ते रेस्तराओं की अपेक्षा प्राय: महँगी कॉफी पीने की सानिया पटेल की इच्छा बलवती हो उठी।

''हाँ मैम, मेरा भी बड़ा मन कर रहा है यहाँ की कॉफी पीने का।'' समाजविज्ञानी, स्त्री अध्येता और आजकल सामाजिक चिंतक कही जाने वाली डॉ. वंदना राव ने सानिया का समर्थन करते हुए कहा।

''एक कॉफी पिलाने के लिए आचार्यजी को वहाँ खींचकर ले जाएँ...फिर किसी दिन चलेंगे...वैसे भी अब लंच का समय हो रहा है...इटेलिया का तो किसी दिन आपसे लंच ही करेंगे।''

''फिर ऐसा करते हैं मैम, लंच ही करने चलते हैं...कॉफी किसी और दिन पी लेंगे। वैसे आचार्यजी ने हमारे साथ कभी लंच या डिनर किया भी नहीं है।'' सानिया पटेल ने हुलसते हुए देखा गंगाधर आचार्यजी की ओर।

''यह तो ठीक है लेकिन पेमेंट कौन करेगा...आईआईसी में होता तो परिषद की ओर से हो जाता।''

''मैम, पेमेंट भी मैं करूँगी।'' सानिया ने तपाक् से बहन भाग्यवती की दुविधा दूर करते हुए कहा।

''क्या बात है सानिया, आज इंडिया हैबीटेट सेंटर का लंच कराने का बड़ा मन कर रहा है...घर में क्या कोई नई खुशी आने वाली है?'' बहन भाग्यवती ने सानिया पटेल को कोंचते हुए पूछा।

''न...नहीं मैम, उसकी अब कोई संभावना नहीं है...वो दरअसल क्या है कि आपके साथ बहुत दिनों से लंच नहीं किया है न, इसलिए।''

''सानिया, कोई तो बात है?'' इस बार बहन भाग्यवती ने सानिया पटेल की आँखों में झाँकते हुए उसे भेदना चाहा।

इस बार सानिया पटेल ने एक आह्लाद-भरी रहस्यमयी मुस्कान बिखेर मौन धारण कर लिया।

''ठीक है सानिया, अब तो हम इटेलिया तभी चलेंगे जब हमें यह पता चलेगा कि यह लंच आखिर हम ले किस खुशी में रहे हैं।''

''मैम, कहा न ऐसी कोई बात नहीं।'' टालना चाहा सानिया ने।

''यार सानिया, तेरी इस कोई बात नहीं ने भूख और बढ़ा दी...जल्दी बता कि यह लंच किस खुशी में दिया जा रहा है?'' डॉ. वंदना राव ने ठुनकते हुए इसरार किया।

सानिया पटेल ने पूरे चैंबर की ओर देखा, फिर सकुचाते हुए बताया, ''मैम, वो क्या है कि कबीर को एनएसी का मेंबर बनाया जा रहा है।''

''एनएसी मतलब राष्ट्रीय सलाहकार परिषद का?'' समाजविज्ञानी डॉ. वंदना राव ने चौंकते हुए पूछा।

इसके बाद चारों ओर से सानिया को दी जानेवाली शुभकामनाओं का ताँता लग गया। 'कोऊ नृप होई, हमें का हानि' वाला भाव लिये गंगाधर आचार्य पूरे चैंबर के साथ आधुनिक पिरामिड की ओर चल दिए। मगर आचार्यजी का यह भाव उस समय चूर-चूर हो गया, जब एक भव्य डाइनिंग हॉल के दस्तरखान पर दिए गए ऑर्डर के अनुसार भिन्न-भिन्न प्रकार के आमिष और निरामिष दोनों तरह के व्यंजन

परोसे जाने लगे। दो चपाती और थोड़े से दाल-चावल के साथ-साथ बाकी का जो बिल आया, और चुकाने के लिए सानिया पटेल ने पर्स से गड्डी निकालकर हजार-हजार के कई नोट गिने, तो आचार्यजी की आँखों के आगे फुलझड़ियाँ फूटने लगीं। गंगाधर आचार्य को पहली बार लगा कि कबीर को जिस एनएसी का सदस्य बनाया गया है, जरूर यह अपने आप में कोई बड़ी बात होगी, वरना यह सानिया पटेल क्यों इतना खर्च करती।

इससे पहले कि सब अपनी-अपनी दिशाओं की ओर प्रस्थान करते, बहन भाग्यवती ने सानिया पटेल को याद दिलाते हुए कहा, ''सानिया, तुमने अपने यहाँ के लिए आचार्यजी को निमंत्रण नहीं दिया?''

''माफ करना, यह तो मैं भूल ही गई थी...आचार्यजी, कल शाम को आप मेरे यहाँ आमंत्रित है।'' सानिया पटेल ने क्षमा माँगते हुए कहा।

नहीं समझ पाए गंगाधर आचार्य। अकबकाए-से स्वयं मन ही मन आमंत्रण का अनुमान लगाने लगे। बहन भाग्यवती समझ गई आचार्यजी द्वारा प्रत्युत्तर में किसी तरह की प्रतिक्रिया व्यक्त न करने की वजह।

''सानिया, तुमने निमंत्रण तो दे दिया परंतु यह नहीं बताया कि आमंत्रित किसलिए कर रही हो।''

''सॉरी मैम...वो क्या है आचार्यजी कि कल शाम को हमने अपने अपार्टमेंट में श्रीसाईं संध्या का आयोजन किया है।''

''श्रीसाईं संध्या?''

''आचार्यजी, वैसी ही जैसे हम माता का जगराता कराते हैं।'' अखिल भारतीय अबला मंच की अध्यक्ष सरला बजाज ने एक बार फिर अपनी अहम भूमिका निभाते हुए, बातों ही बातों में अपनी भी एक सूचना देते हुए आचार्यजी को निमंत्रित कर दिया, ''वैसे मेर कू भी अगले महीने माता की चौकी बिठानी है...आपको जरूर आना है अचार्यजी!''

''अच्छा-अच्छा, लेकिन...''

''लेकिन-वेकिन कुछ नहीं...बेचारी सानिया इतने प्यार से आपको आमंत्रित कर रही है और एक आप हैं...कोई बहाना नहीं चलेगा...और हाँ, आज शाम को खाना आप मेरे साथ खाएँगे...मैं गाड़ी भिजवा दूँगी।'' बहन भाग्यवती ने गंगाधर आचार्य को कुछ कहने का कोई मौका नहीं दिया और तेजी से अपने सरकारी वाहन में बैठ गई।

सबके अपनी-अपनी दिशाओं में गायब होते ही गंगाधर आचार्य गेरुआ रंग की विशाल दीवारों वाले अभिजात वर्ग के ठीहे यानी आधुनिक पिरामिड की विशाल इमारत के बाहर अकेले रह गए, एकदम ठगे-से।

देर तक सड़क के किनारे अकेले खड़े आचार्यजी रह-रहकर अपने आप पर

झल्लाते रहे कि आखिर उनके भीतर ऐसी कौन-सी लिप्सा है, जो न चाहते हुए भी उन्हें यहाँ खींच लाई है? ऐसी कौन-सी तृष्णा है जिसे बुझाने की चाह में, वे कंकरीट के मरुस्थल में लहकती इस मरीचिका की ओर दौड़े चले आए हैं? उन्होंने मन को स्थिर करते हुए शांत किया और आँखें मूँद जैसे खुद से इन सवालों का जवाब माँगने लगे। आँखें खुलीं तो देखा सामने एक ऑटो रिक्शा खड़ा है।

''बाबा, कहाँ जाना है?'' ऑटो रिक्शा चालक ने बड़ी विनम्रता से पूछा।

गंगाधर आचार्य ने अचकचाते हुए अपने आसपास देखा, एक गहरी साँस ली और धीरे-से यह कहते हुए उसमें बैठ गए, ''गांधी शांति प्रतिष्ठान!''

साउथ एवेन्यू। सरकारी आवास के लॉन में मखमली घास पर लगी गोलाकार मेज के एक तरफ बैठे गंगाधर आचार्य की नजर सामने रोशनी में नहाए साँची के स्तूप की नकल पर बने राष्ट्रपति भवन के कंगूरे पर टिकी हुई है। ऐसा लग रहा है जैसे मुगल और क्लासिक यूरोपीय शैली के इस विशाल गुंबद पर अंजुरी में रोशनी भरकर उँड़ेल दी हो। सामने फेंस से छनकर आती-जाती जुगनूओं की भीड़ में खोए गंगाधर आचार्य न जाने किस कल्पना में खोए हुए थे कि उनकी तंद्रा भंग हुई।

''क्या हुआ आचार्यजी, कुछ परेशान-से लग रहे हो?'' बहन भाग्यवती ने आते हुए पूछा।

''मैं एक बात सोच रहा था बहनजी...''

''आचार्यजी, यह तो सोचना मत कि मुझसे नहीं होगा अब यह सब।'' हँसते हुए बोली बहन भाग्यवती।

''ऐसा कुछ नहीं है...मुझे लगता है कि अपना निर्णय लेने में मैंने कुछ जल्दी कर दी थी। बाद में शांत मन से सोचा कि मुझे थोड़ा धीरज से काम लेना चाहिए था।''

''चलो, आपकी समझ में आया तो सही...मैंने आपको पहले भी यही समझाने की कोशिश की थी, और आज भी खाने के बहाने यही समझाने के लिए बुलाया है। आचार्यजी, हमें अपने पूर्ववर्ती और इन कबीर-सानियाओं से सीखना चाहिए कुछ। जरा, अपने ही इन स्मारकों, निधियों, शांति प्रतिष्ठानों, सेवा मंडलों, सेवक समाजों में झाँककर देखो कि कौन कहाँ-कहाँ से विदेशी अनुदान ले रहा है...यह महज संयोग नहीं है आचार्यजी कि भूदान और फोर्ड फाउंडेशन के कार्यक्रम एकसाथ शुरू हुए। भूदान के साथ-साथ श्रमदान की अवधारणा पर इतना जोर दिया ही इसलिए गया था ताकि साम्राज्यवादियों द्वारा बेगारों के शोषण को और मजबूत किया जा सके...आपको सुनकर यकीन न हो लेकिन यह एक कड़वी सच्चाई है कि भारत सेवक समाज की स्थापना इसी प्रक्रिया को मजबूती प्रदान करने के लिए की गई थी वरना ऐसा यूँ ही नहीं है कि बड़े-बड़े गांधीवादी आज अकूत दौलत कमाकर, बड़े-

बड़े संस्थानों के मालिक बने बैठे हैं...

''अपने-अपने संस्थानों में क्रांति और बदलाव की गरमा-गरम बहस करने वाले न जाने कितने बौद्धिक दलालों को हाथ में कटोरा लिये फंडिंग एजेंसियों की चौखट पर दंडवत् देखा जा सकता है...ये वही लोग हैं आचार्यजी, जो साम्राज्यवादी नीति बनाने वालों के लिए जी-जान से कच्चा माल जुटाते हैं...और कमेरों के विरुद्ध रणनीतियाँ बनाने में उनकी सहायता करते हैं...कबीर द्वारा निकाली गई जनाधिकार सत्याग्रह यात्रा इसका जीता-जागता उदाहरण है...कितनों को पता है कि आगरा तक आने वाले असंख्य दलित-आदिवासी आज कहाँ हैं...वापस अपने-अपने घरों को लौट गए या बड़े शहरों और महानगरों के जन-समुद्र में बिला गए? कबीर को सरकार ने ऐसे ही राष्ट्रीय सलाहकार परिषद का सदस्य नहीं बनाया होगा...इसके लिए कबीर और सरकार में न जाने कितना बड़ा समझौता हुआ होगा!''

गंगाधर आचार्य चुपचाप सुनते रहे। कान उनके भले ही बहन भाग्यवती की बातों पर धरे हुए हैं, लेकिन नजर उनकी अभी भी सामने रोशनी में नहाए कंगूरे पर टिकी है।

''एक समय इस देश के एक सबसे बड़े फाउंडेशन के दानदाताओं में हर्षद मेहता जैसा शेयर दलाल और ऐसे-ऐसे नाम थे जिन्हें आज लोग भूल चुके हैं। सच्चाई तो इस एनजीओ दुनिया में घुसने से ही पता चलती है कि असल में उपेक्षितों और वंचितों का मसीहा बन कौन उनकी सेवा कर रहा है, और कौन उनका दोहन व शोषण कर रहा है...एक भारतरत्न की समाजसेवी उत्तराधिकारी ने यह यूँ ही नहीं कहा होगा आचार्यजी कि अगर दुनिया से गरीबी का खात्मा हो जाए, तो हम बेरोजगार हो जाएँगे।

''आचार्यजी, गाँव-देहात तो खाली इंकलाब की प्रयोगशालाएँ बनकर रह गए हैं...जिंदगी जीनी है तो अपने पाँच सितारा कम्युनिस्टों और गांधीवादियों की तरह महानगरों में रहो...क्या रखा है गाँवों में...ये तो चाँदमारी के महज ऐसे अभ्यास स्थल हैं जहाँ उपेक्षितों और वंचितों के सपनों पर निशाना साधा जा सकता है...अब तो एनजीओ धन उगाही के गिरोह बनकर रह गए हैं। क्या आप कल्पना कर सकते हैं कि जनाधिकार सत्याग्रह यात्रा के नाम पर विदेशों से भी धन मिला है कबीर को...इतना ही नहीं, इसके सर्वहारा फाउंडेशन को अमेरिका-यूरोप से सिल्क रूट फेस्टिवल, गोल्डन पाथ, हिमालय दर्शन, जल सागर जैसी अनाम परियोजनाओं के नाम पर लाखों डॉलर और यूरो के रूप में इतना अनुदान मिल चुका है कि उन्हें रुपयों में तब्दील कर, उनके पीछे लगे शून्यों को गिना जाए तो गिनते-गिनते आपको चक्कर आ जाएँ...इतने महँगे होटल में एक एनजीओ चलानेवाली समाजसेविका ऐसे ही छह-सात लोगों को करारे नोट नहीं लुटा रही है...आज का दृश्य तो एक नमूना-भर है...।

''कॉमरेड सोहनलाल 'प्रचंड' तो एक छोटी-सी कोठरी में अपने अतीत के गले हुए पन्नों को सहेज कर रखने की जद्दोजहद में खपे हुए हैं, और उनके अघाए हुए वारिसों का लंच और डिनर फाइव स्टार होटलों में होता है...कड़वी सच्चाई कह रही हूँ आचार्यजी कि आस्तिक हुआ कम्युनिस्ट सबसे खतरनाक होता है...।''

''मेम साब, खाना लगा दूँ?'' बीच में हस्तक्षेप करते हुए सरकारी आवास पर तैनात सेवक ने पूछा।

''आचार्यजी, भूख तो नहीं लग रही है?''

कुछ नहीं कहा आचार्यजी ने। हालाँकि यह समय उनके नियमित रूप से भोजन करने का है, परंतु जब से उनकी यह समय-असमय आवाजाही बढ़ी है, सारी दिनचर्या गड़बड़ा गई है।

''जब एक कम्युनिस्ट पतित होता है तो इस हद तक होता है कि वह अपने ईश्वर से भी नहीं डरता है।''

''बहनजी, आदमी को पतित होने में कितनी देर लगती है...इससे कोई फर्क नहीं पड़ता कि वह कम्युनिस्ट है या गांधीवादी, दलित है या सवर्ण। अगर व्यक्ति ने संघर्ष और अभाव को एक अभिशाप की तरह जिया है, तो वह इस अभिशाप से मुक्ति के लिए किसी भी हद तक जा सकता है...ऐसे कितने लोग हैं जो संघर्ष और अभाव को अपने जीवन में प्रेरणा के रूप में ग्रहण करते हैं।''

''इसीलिए तो मैंने आपको सानिया से उसकी साईं संध्या में आमंत्रित कराया है ताकि आप अपनी आँखों से खुद देख लें...आपको क्या लगता है कि वह आपको आमंत्रित करना भूल गई थी, बिलकुल नहीं...सच तो यह है कि वह आपको बुलाना ही नहीं चाहती थी।''

गंगाधर आचार्य ने गौर से देखा बहन भाग्यवती की ओर। अस्थायी-सी दीवार के रूप में लॉन को घेरकर खड़ी की गई फेंस से छन-छनकर आती रोशनी में एक-दूसरे के चेहरे को पढ़ना मुश्किल हो रहा था।

''आइए, खाना खाते हैं...आपको भी प्रतिष्ठान जाना है।'' इतना कह बहन भाग्यवती खड़ी हो गई।

सरकारी आवास के डाइनिंग हॉल में खूबसूरत गोलाकार खाने की मेज पर लगे खाने को देखकर भ्रम हुआ गंगाधर आचार्य को।

''क्या, किसी और को भी बुलाया है खाने पर?''

''नहीं तो।''

''फिर इतने प्रकार के व्यंजनों की क्या जरूरत थी। आप तो जानती ही हैं कि मैं शुरू से ही अल्पाहारी हूँ...मेरी खुराक ही कितनी है।'' इतना कहते हुए आचार्यजी खाने की मेज पर बैठ गए।

बाहर गंगाधर आचार्य को गांधी शांति प्रतिष्ठान ले जाने के लिए अध्यक्ष की सरकारी कार लग चुकी है।

पहली बार किसी ऊँचे ओहदे वाली अनाधिकृत रूप से लगी लालबत्ती वाली कार की पिछली सीट पर अकेले बैठे आचार्यजी को एक अलग तरह की अनुभूति हो रही है। साउथ एवेन्यू मार्ग पर बेतहाशा दौड़ते जुगनुओं की भीड़ में शामिल होते ही गंगाधर आचार्य की दिन-भर की थकान और सारा विषाद मिट गया। वही साँची के स्तूप की नकल पर बना राष्ट्रपति भवन का विशाल गुंबद, आते समय हल्की रोशनी में भीगा हुआ लग रहा था, अब पूरी तरह ऐसे नहाया हुआ है मानो किसी बृहत सोने के कटोरे को आसमान में उलटा टाँग दिया हो। एडविन ल्यूटियन की कल्पना की देन स्वर्ण मृग-सा मायावी सोने का कटोरा यानी देश के प्रथम नागरिक के निवास का कंगूरा पीछे छूटता हुआ, अंततः आँखों से कब ओझल हो गया, गंगाधर आचार्य को पता ही नहीं चला।

बत्तीस

कबीर और सानिया पटेल को देखते ही बहन भाग्यवती की बाँछें खिल उठीं। उन दोनों के लिए यह पहला मौका है जब बहनजी उन्हें अपने ड्राइंग रूम की बजाय सीधे बेडरूम में लेकर गई है। ऐसा भी नहीं है कि इससे पहले ये दोनों बहनजी के इस सरकारी आवास पर आए न हों लेकिन इस बार पहले की अपेक्षा आज यहाँ कुछ ज्यादा ही नीरवता छाई हुई है। कबीर ने चुपके से आँखों ही आँखों में इस नीरवता के रहस्य को जानने के लिए पहले पूरे आवास को खँगाला, और फिर पत्नी की ओर देखकर होंठों-ही-होंठों में मुस्करा कर रह गया। प्रत्युत्तर में सानिया भी मुस्करा कर रह गई कि ऐसे कामों के लिए परदादारी बहुत जरूरी है।

''पता नहीं, अमीना कहाँ अटक गई!'' दीवार घड़ी की ओर देखते हुए व्यग्रता के साथ बहन भाग्यवती ने कबीर-सानिया को सुनाते हुए अपने आप से कहा।

इससे पहले कि उन दोनों में से कोई प्रतिक्रिया व्यक्त करता, सरकारी आवास पर तैनात सेवक छोटू ने आकर बताया, ''मेम साब, अमीना मैडम भी आ गई हैं।''

''अमीना, मरी बड़ी लंबी उम्र है।'' अमीना ख़ान के अंदर प्रवेश करते ही बहन भाग्यवती अनौपचारिक स्वागत करते हुए चहकी।

''लो, शैतान का नाम लिया और शैतान हाजिर!''

''सानिया प्लीज, ऐसा मत कहो...नाम लेने पर शैतान नहीं फरिश्ते हाजिर होते हैं।'' इससे पहले कि सानिया बहन भाग्यवती के अनौपचारिक स्वागत को गरिमा प्रदान करती, अमीना ने अपनी आपत्ति जताते हुए सानिया को टोक दिया।

''अरे यार, मैंने कौन-सा तुम्हें सचमुच का शैतान कहा है, मैंने तो मुहावरे के तौर पर कहा था।'' खिसियाते हुए सानिया ने सफाई दी।

''आइए अमीनाजी, बैठिए...एक मिनट, पहले मैं छोटू को काम पर लगा आती हूँ।'' इतना कह बहन भाग्यवती अपने सरकारी सेवक को इत्मीनान से बढ़िया-सा नाश्ता तैयार करने का आदेश देने के लिए बाहर निकल गई।

मौका देख कबीर भी जैसे अंतिम रिहर्सल करते हुए सानिया और अमीना को निर्देश देते हुए बोला, ''आप दोनों को याद है न कि किसको क्या कहना है?''

''आप बेफिक्र रहें, कबीर भाई।'' अमीना ख़ान ने आश्वस्त करते हुए कहा।

"और सुनाइए, कैसा रहा आपकी हुनर योजना का एक्सपोजर टूर...सबकुछ शांति से निपट गया न?" अपने सेवक को खेल में लगाकर वापस आते हुए पूछा बहन भाग्यवती ने।

"मैम, इतना खर्च करने पर भी क्या शांति से नहीं निपटेगा।"

"सानिया, कौन-सा आपको अपनी जेब से खर्च करना पड़ा है...जैसी ग्रांट, वैसा खर्चा।"

"वो तो ठीक है मैम पर इतना नहीं सोचा था जितना हो गया।" अमीना ख़ान ने चेहरे पर उदासी ओढ़ते हुए कहा।

"ऐसा कितना हो गया...इतनी मोटी ग्रांट में से अगर तीन-चार हो भी गए तो कौन-सी आफत आ गई...वसूल तो सारा हो ही जाना है।"

"तीन-चार, मैम आप क्या कह रही हैं।" अमीना ने बहन भाग्यवती के अनुमान पर पानी फेरते हुए रहस्योद्घाटन किया, "पूरे बारह लाख खर्च हुए हैं।"

"बारह लाख! अमीना, ऐसा कौन-सा उन अमेरिकियों को सोने के किले में ठहराया था, जो इतना खर्च हो गया?"

"मैम, मैं पूरा खर्च बता रही हूँ...खाली छह लाख तो वाईपीओ के डेलिगेशन पर हो गया...तीन सौ सिलाई मशीनें...आठ सौ लोगों का लंच पैक, टेंट, आना-जाना। यह तो मोटा-मोटा खर्च है मैम...इमामों के बारे में तो मैंने आपको अभी बताया ही नहीं है।"

"हाँ मैम, एक नई मुसीबत और पैदा हो गई है...वहाँ के इमामों ने अलग से डिमांड शुरू कर दी है।" सानिया ने अमीना की बात को विस्तार देते हुए, इस नई मुसीबत से हल्की-सी गर्द पोंछते हुए कहा।

"इमामों की डिमांड?"

"हाँ मैडम, इसके बारे में विस्तार से आपको अमीनाजी बताएँगी।" कबीर ने अमीना ख़ान की ओर देखते हुए कहा।

इसके उपरांत अमीना ख़ान ने इमाम प्रकरण का पहले से तय, जो चित्र प्रस्तुत किया, भय-मिश्रित कल्पना की चाशनी में एक-एक दृश्य को डुबो-डुबोकर जिस तरह बयान किया उसे सुनकर अपने जमाने की गांधीवादी बहन भाग्यवती का रोआँ-रोआँ काँप उठा। आँखों के आगे अँधेरा छाने लगा। ऐसा लगने लगा जैसे इमामों की भीड़, उसी के पीछे दौड़ी चली आ रही है।

कबीर ने कनखियों से अमीना की ओर ऐसे देखा, मानो उससे कह रहा हो कि इसे दबोचने का इससे अच्छा मौका फिर नहीं मिलने वाला है। अमीना भी समझ गई अपने पार्टनर का संकेत।

"मैम, यह तो हमारी किस्मत अच्छी थी, जो हम वहाँ से सही-सलामत निकल

आए वरना पता नहीं हमारा क्या होता...आप तो अच्छी तरह जानती हैं इस मेवात के बारे में।''

अमीना ख़ान ने लगभग हाँफते हुए एक हौलनाक मंजर पैदा करते हुए, उसका जिस तरह अंत किया, बहन भाग्यवती ने उसी समय प्रण कर लिया कि वह सपने में भी इस नासपीटे मेवात की तरफ पाँव करके नहीं सोएगी। उसकी आँखों के आगे अमीना ख़ान द्वारा बताया गया वह दृश्य ताजा हो उठा, जिसमें जगह-जगह चौराहों पर नीलाम होतीं जिंदा लाशों की कातर चीखें सुनाई दे रही हैं। खौफनाक तस्वीरों से पैदा हुई दुर्दम्य कल्पनाओं के चलते बहन भाग्यवती का जिस्म जैसे ठंडा पड़ने लगा। कबीर, अमीना, सानिया की आपस में नजरें टकराईं, तो तीनों अपनी सफलता और इस उपलब्धि पर मन-ही-मन मुस्कराने लगे।

''अ...अमीना, ऐसे तो यहाँ काम करना बहुत मुश्किल है बहन।'' बमुश्किल अपने आपको डर की सुरंग से बाहर खींचते हुए बोली बहन भाग्यवती।

''आप इसी से अंदाजा लगा सकती हैं मैम...बारह लाख तो खर्च हो चुके हैं, ऊपर से इन इमामों की डिमांड, सो अलग...''

''छोड़िए अमीनाजी, इन बातों का अब कोई मतलब नहीं है...जो डील हो चुकी है उस पर तो कायम रहना ही पड़ेगा।'' इसके बाद कबीर बहन भाग्यवती की ओर पलटा, ''मैडम, सारा कैश चलेगा या कुछ का चेक भी दे दें?''

कबीर के श्रीमुख से इस शुभ समाचार को सुनते ही मेवात में इमामों की भीड़ से घिरे, बहन भाग्यवती के ठंडे जिस्म में ठहरा हुआ रक्त एकाएक ठहाके मारकर दौड़ने लगा। जगह-जगह चौक-चौराहों पर नीलाम होतीं जिंदा लाशों की चीखों की जगह कानों में कोयल की कूक गूँजने लगी। शिथिल पड़े शरीर में अचानक जान आ गई।

''कबीर, सारा कैश ही ठीक रहेगा। आप तो जानते ही हैं कि चेक में कितना रिस्क है...और इस मरे चेक का कौन हिसाब देता फिरेगा। मेरे हिसाब से कैश ही अच्छा रहेगा।''

''जैसी आपकी इच्छा।'' अमीना ख़ान की ओर देखते हुए कबीर ने सैन चलाते हुए कुछ इशारा किया।

अमीना ख़ान ने अपने हैंडबैग से एक मोटा लिफाफा निकाला और उसे कबीर की ओर बढ़ा दिया। कबीर ने उस लिफाफे को अभी बहन भाग्यवती को दिया ही था कि सेवक छोटू नाश्ता लेकर आ गया। इससे पूर्व कि छोटू लिफाफे के अंदर के मजमून के बारे में कल्पना करने की कल्पना कर पाता, बहन भाग्यवती ने उसे ग्रहण करते हुए पूछा, ''वैसे इसमें बापू की पूरी सामग्री तो है न?'' लिफाफे को सोफे के किनारे रखी तिपाई पर जल रहे टैबल लैंप के उजाले में भीगी, बापू की स्निग्ध मुस्कान बिखेरती प्रतिमा के चरणों में अर्पित कर छोटू को निर्देश देते हुए बोली,

''छोटू, जरा बाहर देखना...मिसेज़ मौर्य आने वाली होंगी।''

मिसेज़ मौर्य का नाम सुनते ही सानिया पटेल बेचैन हो उठी कि चालीस चोरों में से एक इस चोर को भी इसी समय आना था।

''मैम, मिसेज़ मौर्य भी आ रही हैं?'' हिचकिचाते हुए सानिया ने पूछा।

''अरे नहीं, इस छोटू को बाहर रखना था...आपको तो पता ही है कि आजकल इन नौकरों का कोई भरोसा नहीं होता...बड़े बेईमान होते हैं ये...पता नहीं किसकी कब नीयत खराब हो जाए...आजकल किसी का कोई दीन-ईमान नहीं है...सानिया कितने हैं?'' अपने बेईमान सरकारी सेवक छोटू के बाहर जाते ही बहन भाग्यवती ने दरयाफ्त किया।

''मैम, अभी तो दो हैं...बाकी...''

''केवल दोऽऽऽ ?'' बहन भाग्यवती का चेहरा अनायास एक तनाव के चलते खिंचता चला गया।

''मैम, आपको बताया न कि छोटे से टूर पर बारह खर्च हो गए...हम तो अधिक से अधिक चार-पाँच मानकर चल रहे थे लेकिन क्या पता था कि ओवर बजट हो जाएगा।''

''ऊपर से इन इमामों की डिमांड।'' अमीना ने सानिया की चिंता में शामिल होते हुए कहा।

''मैडम, जैसे ही अगली किस्त रिलीज होगी, सबसे पहले आपका हिसाब करेंगे।''

''वैसे सीईओ खुश होकर तो गया है न?'' कबीर से आश्वासन मिलते ही बहन भाग्यवती ने बात पलट दी।

''यह तो आप बताइए मैम।'' सानिया ने टोहते हुए पूछा।

''खुश नहीं होता तो ऐसे ही पाँच हजार बच्चियों का और ग्रांट सेंक्शन कर गया...अगर मुझे पता होता कि इतनी मोटी ग्रांट मिल जाएगी तो मैं भी अपना एक एनजीओ रजिस्टर्ड करा लेती...लीजिए, नाश्ता करिए!'' इतना कह बहन भाग्यवती ने लिफाफे को बापू के चरणों से उठाया, और उसे तिपाई की दराज के हवाले कर दिया।

नाश्ता खत्म होते ही तीनों ने यहाँ से प्रस्थान करने में ही भलाई समझी। यहाँ रुकने का वैसे भी अब कोई औचित्य नहीं रहा, और फिर क्या पता चालीस चोरों में से वह चोर कहीं सचमुच ही ना आ टपके।

''उफ्फ, बड़ी घाघ निकली! मुश्किल से काबू में आई।'' बाहर आते ही पसीज आए माथे को पोंछते हुए कहा अमीना ख़ान ने।

''कह रही थी कि अगर मुझे पता होता कि इतनी मोटी ग्रांट मिल जाएगी, तो मैं भी अपना एक एनजीओ रजिस्टर्ड करा लेती...यह तो नहीं सोच रही है कि बिना

एनजीओ खोले मुफ्त में जो मिल रहा है, वह क्या कम है।'' सानिया ने मुँह बिचकाते हुए कहा।

''वैसे तुम दोनों ने उसका अच्छा टटलू काटा। इमामों वाली कहानी तो किसी हॉरर फिल्म से कम नहीं थी।''

''कबीर भाई, इस फिल्म को दिखाए बिना यह पाँच से कम में मानती भी नहीं।''

''लेकिन अब यह सोचो कि इस बारह को कहाँ–कहाँ एडजस्ट करना है...अमीना, आप उस एजेंसी से बात करो कि वह और मशीनों का बिल बना दे...उसका जितना बनेगा, दे देंगे।''

''ऐसा करते हैं, कहीं इत्मिनान से चलकर बैठते हैं...वहीं करते हैं सारी बात।''

''इटोपिया ही चलें?'' अमीना के प्रस्ताव पर कबीर ने जगह सुझाते हुए कहा।

''वहाँ तो बहुत भीड़ होगी...वैसे भी वहाँ का खाते–खाते बोर हो चुके हैं...ऐसा करते हैं जजीरा चलते हैं, वहीं बैठते हैं आराम से...जजीरा जैसा नॉनवेज आप लोगों ने आज तक नहीं खाया होगा।''

''लेकिन हमारा तो आज उपवास है। फिर कभी चलेंगे।''

''उपवास! कबीर भाई, आचार्यजी की तरह आप कब से इस चक्कर में पड़ने लगे हैं?''

''अरे नहीं, यह गांधीजी वाला उपवास नहीं...नवरात्रों वाला व्रत है।'' कबीर के बजाय सानिया ने अमीना का भ्रम दूर करते हुए बताया।

''तो फिर कबीर भाई, आप मत लेना।''

''नहीं अमीना, मेरा भी व्रत है। ऐसा करते हैं आज पंजाब ग्रिल या रॉयल चाइना चलते हैं नवरात्र स्पेशल खाने।'' सानिया पटेल ने अमीना की मुश्किल हल करते हुए प्रस्ताव रखा।

''सानिया, एक बात कहूँ, मैं पहली बार किसी कम्युनिस्ट को व्रत या उपवास रखते हुए देख रही हूँ।'' अमीना हैरान होते हुए बोली।

''क्यो, इसमें बुराई क्या है! वैसे भी मार्क्स ने कब कहा है कि मनुष्य को अधर्मी होना चाहिए। ठीक है हम विचारों से कम्युनिस्ट हैं लेकिन स्वभाव से अधर्मी नहीं हैं...।''

''और अब तो वैसे भी हम गांधीवादी हो गए हैं...गांधी तो वैसे ही व्रत रखते थे।'' सानिया पटेल ने स्त्री धर्म का पालन करते हुए पति के कहे को पूरी तरह स्पष्ट कर दिया।

अमीना ख़ान उनका आग्रह नहीं टाल पाई और बेमन से उसकी गाड़ी कबीर की गाड़ी का अनुसरण करते हुए पीछे–पीछे चल दी।

वातानुकूलित केबिन की मद्धिम रोशनी में एक कोने को हथिया लिया उन तीनों ने।

"सानिया, तुम भी उस हलवाई से आठ सौ लंच पैक का कैशमीमो बनवा लेना, जहाँ से तुमने ये हल्दीराम लंच पैक लिये थे!" इसके बाद कबीर ने चारों तरफ देखा और फिर धीरे-से बोला, "अमीना, वैसे सारे एडजस्ट करने के बाद सात-आठ के बीच तो मामला बन ही जाएगा?"

"आठ तो नहीं, छह-सात के बीच बच जाएँगे।" अमीना ने कबीर के अनुमान में संशोधन कर अपने बैग से एक स्लिप पैड निकाला और उसे मेज पर खोलते हुए हिसाब लगाने लगी, "सिलाई मशीनों का बिल चौबीस सौ रुपए फी मशीन के हिसाब से कैसा रहेगा?"

"ऑरिजनल खरीद तो इनकी वैसे सोलह सौ है न...चौबीस सौ ठीक है...और सानिया तुमने लंच पैक की किस हिसाब से पेमेंट की है?"

"पेमेंट तो मैंने पैंतीस के हिसाब से की है किंतु बिल साठ रुपए प्रति लंच पैक के हिसाब से बनवाया है, वह भी मुश्किल से बना है।"

"क्याऽऽऽ, साठ रुपए के हिसाब से...कहीं हल्दीराम का लंच पैक साठ रुपए में मिलता देखा है...यार, तुम मरवाओगी क्या!"

"वो तो ठीक है कबीर लेकिन हल्दीराम का था तो नहीं न, उसका तो खाली डिब्बा था।"

"सानिया, खानेवाले को इससे मतलब नहीं होता कि अंदर क्या है, उसे तो जो दिखाई देता है, उससे मतलब है...अच्छा ऐसा करना उस हलवाई से खाली बिल ले आना। जिस हिसाब से बनने हैं हम खुद बना लेंगे।"

"वैसे मशीनों की जगह चेक देना ज्यादा मुनासिब रहता।"

"मैंने तो आपसे पहले ही कहा था...वैसे भी दो-ढाई हजार के लिए कौन बैंकों में चक्कर काटता फिरेगा, और जब खाते खुलेंगे और उनमें चेक डाले जाएँगे, तब तक न जाने कितनों की तारीख निकल चुकी होगी...तारीख से याद आया अमीना, अगर चेकों पर कम-से-कम एक महीने पहले की तारीख डाली जाए तो कैसा रहे...यानी बैंकों में चेक डालने का जितना कम टाइम मिलेगा, पेमेंट के चांस उतने ही कम होंगे।"

"यार, आइडिया तो अच्छा है। ऐसे तो बहुत सारे चेकों की पेमेंट ही नहीं होगी—यानी कुछ की पेमेंट बैंक में देर से चेक डालने की वजह से नहीं होगी और कुछ की चेक न डालने से होगी।"

"अमीना एक बात कहूँ, हम चाहे मेवात के बारे में कुछ भी कहें, मगर सच्चाई क्या है हम सब जानते हैं...मुझे तो अपने गुजरात से आपका यह मेवात कहीं ज्यादा अच्छा लगा। मैं जब पहली बार यहाँ आई थी तो जगह-जगह मुँह से हुक्के की नै

लगाए छोटे-छोटे कबीलों को देखकर डर गई थी...सफेद दाढ़ी और सिर पर बँधी बुजुर्ग पगड़ी ने कितनी आत्मीयता से पूछा था पहली बार कि बेटी कहान् जाओगी...और ये सरपंच, रमजानो, केला, हाजिरा ये तो गजब हैं यार!''

सानिया पटेल के मुँह से यह सुन अमीना ख़ान को लगा मानो किसी गर्म रेतीली सख्त जमीन को, फुहारों का तेज झोंका भिगोकर निकल गया।

कबीर चुप्पी साधे सानिया पटेल और अमीना ख़ान के वार्तालाप को सुनने की भंगिमा दिखाता रहा। जबकि सच्चाई यह है कि वह मन ही मन सारी संभावनाओं पर मनन कर रहा है। इसी बीच मेज पर रॉयल चाइना स्पेशल नवरात्र थालियों को आया देख पहली बार किसी तरह की प्रतिक्रिया व्यक्त करते हुए बोला, ''यह बाद की बात है कि चेकों पर तारीख कब की डालनी है...फिलहाल तो स्पेशल नवरात्र थाली का आनंद लीजिए...चलिए, शुरू कीजिए!''

तैंतीस

सूरज के पीतांबरी अक्स से फूटी किरनों ने मंथर गति से बहती यमुना को जैसे सोने के वरक से ढक दिया। बीच में जगह-जगह बने अभ्रक के कणों से मिली रेत के एक उदास जजीरे पर मछलियों के लिए जाल फैलाकर बैठे युवक को गंगाधर आचार्य बहुत देर से टकटकी लगाए निहार रहे हैं। उन्हें रेत के इस जजीरे पर बैठे युवक की उम्मीद और सब्र पर रह-रहकर हैरानी हो रही है। यह तो क्षितिज में डूबने को आतुर गाढ़ी पीतांबरी चादर ओढ़े सूरज ने उनको इजाजत नहीं दी, वरना पता नहीं वे इस युवक के चल रहे सब्र के इम्तिहान को कब तक देखते रहते।

दूर तक फैले यमुना के पूर्वी तट से फर्लांग भर दूर बसे ह्वाइट हाउस अपार्टमेंट को ढूँढ़ने में आचार्यजी को ज्यादा मुश्किल नहीं हुई। गेट पर बने केबिन में तैनात गार्ड के पास अभी वे पहुँचे ही थे कि लगा किसी ने पीछे से उन्हें टोका है। पलटकर देखा तो मुस्कराते हुए बोले, ''अरे, सरलाजी आप! अच्छा हुआ जो आप मिल गईं।''

अपार्टमेंट के परिसर में दाखिल होते ही सामने बने विशाल पंडाल और मंच पर प्रस्थापित रंग-बिरंगे, छोटे-बड़े बल्बों की रोशनी में नहाई प्रतिमा को देखकर आचार्यजी समझ गए कि यही है श्रीसाईं संध्या स्थल। पंडाल की व्यवस्था में जुटे आधा दर्जन के करीब युवकों को देख वे थोड़ा असमंजस में पड़ गए।

''सरलाजी देखा, इस देश में कितनी बेरोजगारी है...जरा देखिए, टेंटवाले भी आजकल कैसे नौजवान रखने लगे हैं।''

''अचार्यजी, ये टेंटवाले नईं हैं...ये तो कबीर की संस्था, वो क्या नाम हैऽऽऽ सर्वहारा फाउंडेशन में काम करनेवाले लड़के हैं। अचार्यजी, कभी इनका घर जाकर देखो, एकदम महल है।''

''चलिए, आज आए हैं तो उस महल को भी देख लेंगे।''

''आपको पता है इनके दोनों बच्चे फोरन में पढ़ते हैं?''

अखिल भारतीय अबला मंच की अध्यक्ष सरला बजाज ने जब से कबीर-सानिया के महल की प्रशंसा की है, तभी से गंगाधर आचार्य का पंडाल में जी नहीं लग रहा है।

"एक मिन्ट अचार्यजी, मैं सानिया से पूछती हूँ कि कोई और आया है या नईं।" इसके बाद सरला बजाज ने अपने मोबाइल से नंबर लगाया, "हैलोऽऽऽ सानियाजी...मैं सरला बजाज...अच्छा मैं पूछ रई थी कि कोई और आया है या नईं...क्या!...ठीक है मैं अभी आती हूँ...हाँ, अचार्यजी हैं...नईं-नईं बाहर गेट पर ही मिल गए थे...ठीक है।" फोन कटते ही सरला बजाज हड़बड़ाते हुए बोली, "लो, हम यहाँ झक्क मार रहे हैं और ऊपर पूरी साईं मंडली बैठी हुई है...चलिए अचार्यजी, हम् भी ऊपर ही चलते हैं।"

ह्वाइट हाउस के एक ब्लॉक की छठी मंजिल पर स्थित 'कबीर-सानिया कुटीर' में जैसे ही सरला बजाज के पीछे-पीछे गंगाधर आचार्य ने प्रवेश किया, उसकी भव्यता देख उनकी आँखें चौंधिया गईं। इटैलियन चिकने पत्थरों से बने फर्श पर नंगे पाँव चलते हुए आचार्यजी ऐसे सँभल-सँभलकर कदम रख रहे हैं कि अब फिसले तब फिसले। थोड़ी देर के लिए लगा जैसे किसी अजायबघर में आ गए हों। जगह-जगह करीने से रखी दुर्लभ प्रतिमाओं, विभिन्न प्रकार के मृद्‌भाँडों, आदिवासी मूर्तिकलाओं, देसी-विदेशी पेंटिंग्स से पटी दीवारों से नजर हटने का नाम नहीं ले रही है।

इससे पहले कि इस अजायबघर में गंगाधर आचार्य आगे बढ़ते, सामने से आती सानिया पटेल ने स्वागत करते हुए कहा, "आइए आचार्यजी, स्वागत है!"

गंगाधर आचार्य सरला बजाज के साथ सानिया पटेल के पीछे-पीछे उस ओर बढ़ गए, जिधर से ठहाके सुनाई दे रहे थे।

"आइए आचार्यजी, आपका ही इंतजार हो रहा है।" बहन भाग्यवती उन्हें अपने पास बिठाते हुए बोली।

गंगाधर आचार्य को यह देखकर और भी हैरानी हुई कि सामाजिक परिवर्तन के सपनों को साकार करने का जज़्बा रखने वाले जितने बेरोजगार क्रांतिवीर, नीचे पंडाल में तैनात हैं, लगभग उतने ही यहाँ तैनात हैं। पूरे अजायबघर की दीवारें मध्यम स्वर में बज रहे एक फिल्मी गीत के पैरोडीनुमा साईं-भजन से तरंगित हैं। घर की पूरी फिजा साईंमयी है मानो।

"लीजिए!" सामाजिक परिवर्तन का सपना पाले एक क्रांतिवीर के हाथों में थमी ट्रे में बहुराष्ट्रीय कंपनी के शीतल उत्पाद से छलकते गिलासों की ओर संकेत कर, सानिया पटेल यह कहते हुए एक कमरे में प्रवेश कर गई, "एक मिनट, मैं अभी आई!"

वापस लौटी तो उसके साथ एक किशोर-किशोरी थे।

"आचार्यजी, मैं आपसे इनका परिचय कराती हूँ...यह है हमारा बेटा पावेल और यह है बेटी निलोवना।"

"बच्चों के नाम तो आपने एकदम विदेशियों जैसे रखे हुए हैं।"

''इसलिए अचार्यजी कि दोनों फोरन में जो पढ़ते हैं।'' सरला बजाज ने लपककर बाकी का परिचय देते हुए एक तरह से सानिया पटेल का काम हल्का कर दिया।

''नहीं-नहीं ऐसी बात नहीं है। दरअसल, एक समय व्यक्ति को कुछ नाम और चीजें बहुत प्रिय होती हैं...क्या है आचार्यजी कि पावेल और निलोवना मक्सिम गोर्की के एक उपन्यास के पात्र हैं जिनसे एक समय मैं बहुत प्रभावित रही हूँ...इसीलिए मैंने बच्चों के नाम इन पात्रों के नाम पर रखे हैं।''

''लगता है गोर्की आपको कुछ अधिक ही पसंद है।'' कहते-कहते गंगाधर आचार्य सानिया के बेटे की ओर पलटे, और उससे बेहद स्नेह से पूछा, ''पावेल, बेटा पढ़ाई के बाद क्या करने का इरादा है?''

''अंकल, एमबीए करके पापा का बिजनेस सँभालने का इरादा है।'' कबीर-सानिया के इकलौते बेटे यानी मक्सिम गोर्की के एक उपन्यास के पात्र पावेल ने पूरे आत्मविश्वास के साथ अपनी मंशा जताते हुए उत्तर दिया।

''शाबाश, बेटा इरादा तो बड़ा ही नेक है।'' पावेल के इरादे पर अपने प्रोत्साहन की मुहर लगा, गंगाधर आचार्य ने पूरे घर को पुनः निहारा और यह कहकर बहुराष्ट्रीय कंपनी के शीतल उत्पाद को एक ही साँस में हलक से नीचे उतार गए, ''सानियाजी, बेटा तो आपका बहुत ही समझदार और लायक है।''

''होगा क्यों नईं अचार्यजी, आखिर बेटा किसका है।'' अखिल भारतीय अबला मंच की अध्यक्ष सरला बजाज ने एक बार फिर अपनी महती भूमिका का निर्वाह करते हुए सानिया पटेल का काम आसान कर दिया।

सानिया पटेल को काटो तो खून नहीं। इधर गंगाधर आचार्य ने हल्के-से सानिया की आँखों में ऐसे देखा जैसे उससे कह रहे हैं कि मूसी के जाए तो भिट्ट ही खोदेंगे।

''सानिया, तुम्हारी संध्या का समय क्या है?'' बहन भाग्यवती ने सानिया पटेल को गंगाधर आचार्य के जबड़े से बाहर खींचते हुए पूछा।

''मैम, समय तो हो चुका है। बस, चलते हैं, कबीर को आने दो।''

''ठीक है, आप आइए! हम नीचे चलते हैं।'' इतना कह बहन भाग्यवती सबको लेकर नीचे पंडाल में आ गई।

जैसे-जैसे अँधेरा घिरने लगा, वैसे-वैसे साईं संध्या अपनी रफ्तार पकड़ने लगी। गंगाधर आचार्य से अब बैठना मुश्किल हो गया। नींद के मारे पलकें बोझिल होने लगीं जबकि बगल में बैठी बहन भाग्यवती की अधमुँदी आँखों से यह अनुमान लगाना मुश्किल है कि वह सो रही है, या साईं की भक्ति में लीन है।

इसी बीच भभकती जोत के उजाले में भीगे चेहरों में हुई हलचल को देख, बहन भाग्यवती ने आचार्यजी को झिंझोड़ते हुए कहा, ''आचार्यजी, उधर देखिए!''

आँखों को मींडते हुए गंगाधर आचार्य ने हड़बड़ा कर देखा, तो सिवाय झूमते भक्तों के उन्हें कुछ दिखाई नहीं दिया।

''सामने दाईं ओर देखिए! लगता है वंदना राव और सानिया पर साईं आ गया है।'' मारे रोमांच के बहन भाग्यवती किलकते हुए फुसफुसाई।

भभक रही जोत के आगे सचमुच समाजविज्ञानी और स्त्री अध्येता डॉ. वंदना राव और मक्सिम गोर्की के उपन्यास के पात्र पावेल की माँ सानिया पटेल जोर-जोर से झूम रही हैं, और देखते-ही-देखते इन दोनों के अलावा साईं बाबा ने अखिल भारतीय अबला मंच की अध्यक्ष सरला बजाज को भी अपने लपेटे में ले लिया। सरला बजाज पर तो सानिया पटेल का साईं बाबा इस कदर मेहरबान हुआ कि ऐसी आज तक अपनी कॉलोनी में आधा दर्जन से अधिक विशाल भगवती जागरण करवाने के बावजूद माँ शेराँवाली भी नहीं हुई होगी। जो सानिया पटेल कुछ क्षण पहले अपने साईं के वशीभूत थी, उसी के लिए विकट समस्या खड़ी हो गई कि वह किसको सँभाले—समाजविज्ञानी, स्त्री अध्येता व स्त्री अध्ययन संस्थान की डायरेक्टर डॉ. वंदना राव को, या इस सरला बजाज को?

''मैम, लगता है सरलाजी पर साईं बाबा के साथ-साथ, माता भी आ गई है।'' डॉ. अंबेडकर दलित महिला उद्धार सभा की सुप्रीमो सुमन भारती ने जमीन पर चित्त पड़ी सरला बजाज को पाँव पटकते हुए देखकर कहा।

''आपको कैसे पता?'' बहन भाग्यवती ने उचकते हुए पूछा।

''मैम, आपको सरलाजी के मुँह से 'जय माता दी...जय माता दी...साईं राम...साईं राम' नहीं सुनाई दे रहा है!''

''लेकिन सुमनजी, साईं के पंडाल में यह जय माता कहाँ से घुस आई।'' झल्ला उठी इस बार बहन भाग्यवती।

''मैम, ध्यान से सुनिए!''

बहन भाग्यवती ने कानों के परदों को ढीला छोड़ ध्यान से सुनने की कोशिश की तो पाया सुमन भारती सही कह रही है। सरला बजाज ने सचमुच 'साईं राम, जै माता दी...साईं राम, जै माता दी' की रट लगाई हुई है।

गंगाधर आचार्य के लिए यह दृश्य किसी चमत्कार से कम नहीं है कि ग्रासरूट फाउंडेशन, इंस्टीट्यूट फॉर वीमेन्स स्टडीज और अखिल भारतीय अबला मंच की मालकिनों की काया में साईं बाबा और माँ शेराँवाली की रूहें प्रवेश कर गई हैं। ऐसा दुर्लभ संजोग और दृश्य आचार्यजी ने अपनी पचहत्तर वर्ष की इतनी उम्र में पहली बार देखा है। अचानक उनकी आँखों के सामने पितृसत्तात्मक व्यवस्था की क्रूरता से उपजी, महिला आरक्षण के समर्थन में जंतर-मंतर पर कैंडल मार्च के दौरान वही हृदयविदारक तस्वीर ताजा हो उठी, जिसमें अपने प्राणों की आहुति देने जा रही वीरांगनाओं में से एक यही वीरांगना सरला बजाज लगभग मूर्च्छित हो गई थी।

अभी गंगाधर आचार्य सवाई जयसिंह द्वितीय द्वारा सूर्य तथा अन्य खगोलीय पिंडों की स्थिति व गति के अध्ययन के लिए बनाई गई वेधशाला, अर्थात् प्राचीन भारत की वैज्ञानिक उन्नति की मिसाल जंतर-मंतर के यंत्रों की भूल-भुलैया में भटकते, इस उद्‌घोषणा ने उन्हें वापस श्री साईं संध्या में ला पटका, ''भक्तजनो, अब श्रीसाईं आरती होने जा रही है...कृपया सब अपने-अपने स्थान पर खड़े हो जाएँ।''

इसके बाद श्रीसाईं आरती शुरू हो गई—

आरती श्रीसाईं गुरुवर की, परमानंद सदा सुरवर की।
जाकी कृपा विपुल सुखकारी, दुख, शोक, संकट, भयहारी॥

इधर आरती चलती रही, उधर गंगाधर आचार्य भक्तों की भीड़ में पंजों के बल उचक-उचककर यह जानने का प्रयास करते रहे कि समाजविज्ञानी डॉ. वंदना राव और सरला बजाज की काया को साईं बाबा और माँ शेराँवाली ने मुक्त किया है या नहीं। आचार्यजी ने यह देखकर राहत की साँस ली कि आरती खत्म होने तक दोनों पूरी तरह सामान्य हैं। सानिया पटेल से तो उसी समय साईं बाबा उतर गया था, जब वह सरला बजाज पर आ गया था।

''बहनजी, अब चलना चाहिए! मैं तो यहाँ आपके कहने पर आ गया वरना यह समय मेरे सोने का होता है।'' आरती समाप्त होते ही आचार्यजी बोले।

''नींद तो मुझे भी आ रही है और वैसे भी सब शांति से निपट गया...एक मिनट...सुमनजी, जरा सानिया से जाकर कहना कि हम लोग जा रहे हैं!''

बहन भाग्यवती का संदेश लेकर हरकारा तुरंत रवाना हो गया। वापस लौटा तो साथ में कबीर और सानिया, दोनों थे।

''मैम, कुछ देर और रुक जातीं तो अच्छा लगता...और फिर आचार्यजी कौन-सा रोज-रोज आते हैं।'' सानिया ने एक बेमानी इसरार करते हुए कहा।

''सानिया, अब हम निकलेंगे। आचार्यजी को सुबह-सुबह ट्रेन भी पकड़नी है।''

इससे पहले कि सानिया पटेल आगे कुछ कह पाती, बहन भाग्यवती उनसे विदा ले आगे बढ़ चुकी थी।

पंडाल से बाहर आते ही गंगाधर आचार्य से नहीं रुका गया, ''सही कहा था बहनजी आपने कि जिंदगी जीनी है तो अपने ऐसे पाँच सितारा कम्युनिस्टों और गांधीवादियों की तरह शहरों और महानगरों में रहो...(एक हल्की हँसी के बाद) जो कभी कम्युनिस्ट थे आज वे गांधीवादी बन, जमना किनारे एक भव्य और महँगे अपार्टमेंट में रह रहे हैं, और वंचितों तथा उपेक्षितों के मसीहा बन उनके नाम पर अकूत दौलत इकट्‌ठा कर बड़ी-बड़ी दुकानों के मालिक बने बैठे हैं।''

जवाब में बहन भाग्यवती ने कुछ नहीं कहा।

सरकारी गाड़ी रोशनी की झालरों को पीछे छोड़ तेजी से यमुना के समांतर दौड़ी

जा रही है। यमुना के हल्के बहाव में तैरती रोशनी की झालरों के प्रतिबिंबों के साथ, बीच-बीच में हवा का कोई झोंका अधखुली खिड़की से अंदर आता, तो लगता मानो पानी की कोई तेज फुहार भिगोकर निकल गई है। गंगाधर आचार्य ने धीरे-से पूरी खिड़की खोल दी। बगल में बैठी बहन भाग्यवती ने रह-रहकर रोशनी के चकत्तों से भीगते आचार्यजी की ओर देखा, तो उसने भी धीरे-से अपनी तरफ की खिड़की पूरी खोल दी।

चौंतीस

इधर एक बार फिर धोखा हुआ सरला बजाज के साथ।

अँगुलियों पर पसरे खूबसूरत बहुरंगी निमंत्रण-पत्र का मजमून पढ़ने के दौरान ही अखिल भारतीय अबला मंच की अध्यक्ष पर मूर्छा-सी छाने लगी। पूरा पढ़ने के बाद तो पछाड़ खाकर गिरते-गिरते बची। उसकी समझ में अब आ रहा है कि पिछले कई दिनों से बाईं आँख क्यों लहक रही थी। क्यों वह बार-बार थूक लगाने और थपथपाने के बावजूद शांत नहीं हो रही थी। समझ तो सरला बजाज तभी गई थी कि जरूर कुछ-न-कुछ अनर्थ होने वाला है जिसकी पुष्टि यह निमंत्रण-पत्र कर रहा है यानी इधर साईं संध्या को हुए सप्ताह भी नहीं हुआ और उधर निमंत्रण-पत्र उसके दरवाजे पर था। साईं संध्या के दौरान एकाएक लहकने की गति के बढ़ने का कारण अब समझ में आ रहा है। शून्य में ताकती सरला बजाज की अँगुलियों से सरसराता हुआ निमंत्रण-पत्र कब जमीन पर जा गिरा, उसे पता ही नहीं चला। न जाने क्यों उसकी माँ शेराँवाली उस पर इस तरह कृपा नहीं बरसाती है, जैसे इन दिनों सानिया पटेल और उसके पति कबीर पर उनका साईं बरसा रहा है जिसकी ताजा मिसाल जमीन पर पड़ा यह बहुरंगी खूबसूरत निमंत्रण-पत्र है। एक बार उसकी नजर जमीन पर पड़े निमंत्रण-पत्र पर चटख रंग के मोटे-मोटे अक्षरों में छपे कबीर के नाम पर पड़ी, तो एक पल के लिए उसे लगा मानो उस पर निमंत्रण-पत्र के अक्षर नहीं, खुद कबीर ठहाका मारकर हँस रहा है।

अपने जमाने की मशहूर अदाकारा, उसकी पसंदीदा नायिका, मदर टेरेसा और बापू के आदर्शों की मारी और एक बड़े औद्योगिक घराने की कलापारखी समाज सेवी बहू से सरला बजाज को ऐसी उम्मीद नहीं थी। उस समय के नौजवान, जो आज अनेक प्रकार की प्रचलित व्याधियों के शिकार हैं, इस अदाकारा की जिस तस्वीर को भुला चुके थे, उसकी सुनहरी स्मृतियों में इसी सरला बजाज ने अपने करवा चौथ इवेंट के जरिए रंग भरे थे और बुजुर्गों की जिस मैराथन दौड़ के लिए सरला बजाज ने रात-दिन एक कर दिया था, वह उसके साथ दूध की मक्खी जैसा बर्ताव करेगी, उसने सोचा भी नहीं था। और तो और, जिस हॉरमनी फॉर गोल्डन फाउंडेशन की पहुँच, कुलीन घरानों की छोटी-सी दुनिया तक सीमित थी, उसे पेज

थ्री की सुर्खी बनाने से लेकर खबरिया चैनलों का प्रिय एनजीओ बनाने का श्रेय इसी सरला बजाज की इकलौती सुपुत्री डिंपल को जाता है। उसी डिंपल को जिसने अपनी अस्मत दाँव पर लगा झुग्गी-झोपड़ियों की गरीब लड़कियों के लिए डीयू में आयोजित 'फैशन फॉर हंगर' नाम के इवेंट से पूरी मीडिया में आग लगा दी थी। जिसने इतना कुछ किया हो, उसे इस तरह बिसरा दिया जाएगा, सोच-सोचकर सरला बजाज की देह निष्प्राण हुई जा रही है।

अपने इस संताप को सरला बजाज आखिर किससे बाँटे—डॉ. अंबेडकर दलित महिला उद्धार सभा की सुप्रीमो सुमन भारती से, या राहत फाउंडेशन की अध्यक्ष अमीना ख़ान से? वह देर तक इस पर चिंतन करती रही परंतु किसी निर्णय पर नहीं पहुँच पाई। हारकर उसने मन ही मन इन दोनों के नाम का सिक्का उछाला, तो सिक्के ने अमीना के पक्ष में अपना मत दिया।

"अमीनाजी, अदाबर्ज है!"

इस असमय 'अदाबर्ज' को सुन खटका हुआ अमीना ख़ान को। वह जानती है कि यह सरला बजाज इस तरह गलत उच्चारण के बावजूद इस 'अदाबर्ज' को यूँ ही जाया करने वाली नहीं है। कुछ तो खुश्क है।

"अमीनाजी, पढ़ लिया आपने कार्ड?" बिना किसी भूमिका के सीधे-सीधे पूछ लिया सरला बजाज ने।

"कौन-सा कार्ड सरलाजी?"

"हाय राम! यहाँ इत्ता बड़ा कांड हो गया और एक आप हैं कि अभी भी पूछ रई हो कि कौन-सा कार्ड।"

"कसम से सरलाजी मुझे नहीं पता।"

"सुना है अपनी टीना डालमिया कबीर को किसी फाइव स्टार होटल में कोई अवार्ड दे रई है!"

"अच्छाऽऽऽ तो आप रीयल हीरोज अवार्ड की बात कर रही हो।"

"हुँ, काहे का रीअल हीरो...सिवाय उस एक्टरनी की चमचागिरी के ये हस्बैंड-वाइफ करते क्या हैं...सच्ची कहूँ अमीनाजी, हमसे नईं होता ये सब।"

"सरलाजी छोड़ो! इनसान को अपना काम करते रहना चाहिए। मेहनत और ईमानदारी का इनाम एक दिन उसे जरूर मिलता है।"

"इन हस्बैंड-वाइफ की ईमानदारी की बात आप ना ही करो तो अच्छा है...मैं सब जानती हूँ ये कित्ते हरिश्चंदर हैं...सुना है किसी मुस्लमान एरिया में ये दोनों खूब माल काट रहे हैं।" थोड़ी देर के लिए सरला बजाज भूल गई कि वह किससे बात कर रही है।

इससे पहले कि सरला बजाज कबीर-सानिया के साथ-साथ किसी और की ईमानदारी को बेपर्द करती, अमीना ने उसे रोकने में ही भलाई समझी, "हरेक का

अपना-अपना ईमान है...अच्छा एक मिनट, दरवाजे पर कोई आया है।'' इतना कह अमीना ख़ान ने फोन काट दिया।

'हुँ, लगता है यह भी उनसे मिली हुई है...तभी उनके गीत गा रही है।' अपने आप से कहते हुए सरला बजाज दूसरा नंबर मिलाने लगी।

''हैलोऽऽऽ हाँजी सुमन मैडम कैसी हो?''

सुमन मैडम! खटका हुआ सुमन भारती को, क्योंकि सरला बजाज उसके लिए 'मैडम' का संबोधन कुछ खास मौकों पर ही करती है—वह भी तब जब उसे कोई खबर या सूचना देनी होती है।

''मैं बिलकुल ठीक हूँ। आप सुनाइए?''

''आपको तो पता होगा सुमनजी कि कबीर को कोई अवार्ड मिलने जा रहा है?''

''अवार्ड! कैसा अवार्ड?''

''लो, आप भी अमीना जैसी बात कर रई हो।''

''पर मिला किसलिए है?'' दूसरी तरफ से सुमन भारती झल्ला उठी।

''वई, किसी समाज सेवा के लिए और किसके लिए...हम तो जैसे झक्क मार रहे हैं और समाज की सेवा वो हस्बैंड-वाइफ ही कर रहे हैं...हैलो...हैलोऽऽऽ''

''सरलाजी, मैं अभी बाहर हूँ आकर बात करती हूँ।'' मोबाइल बंद होते ही वह हाथ से छूटकर गिरते-गिरते बचा। सुमन भारती एक गहरे विषाद में, यह सोचते हुए उतरती चली गई कि वह तो मोबाइल नंबर माँगती रह गई और अवार्ड ले उड़ा सर्वहाराओं का मसीहा कबीर।

'अब क्या आकर खक्क बात करेगी, जब सब कुछ लुट गया!' सरला बजाज बेरहमी से मोबाइल को एक तरफ पटकते हुए बड़बड़ाई।

सामने जमीन पर पड़े खूबसूरत बहुरंगी निमंत्रण-पत्र पर छपा कबीर का नाम, अखिल भारतीय अबला मंच की अध्यक्ष सरला बजाज की बेचारगी पर अभी भी ठहाका लगा रहा था।

पैंतीस

उनींदी ओस की बूँदों ने अभी आँखें भी नहीं खोली थीं, और सुबह की गुनगुनी धूप अपनी पाँखें झाड़ ही रही थी कि सोनू भंगड़ा पार्टी के प्रो. कल्लू उर्फ़ लक्ष्मीकांत-प्यारेलाल के मजनूँ का टीला स्थित दफ्तर में अफरा-तफरी-सी मच गई। यह पहला मौका है जब प्रो. कल्लू को इतनी सुबह कोई ऐसी खुशखबरी मिली है। प्रो. कल्लू ने सारे शोहदों को उसी समय पकी-अधपकी नींद में सूचित करना शुरू कर दिया।

ढोल मास्टर मेढक ने कुनमुनाते हुए कच्ची नींद में होने का बहाना बनाया, तो प्रो. कल्लू हत्थे से उखड़ गया, "अबे भड़वी के इदर लिच्छमी सबेरे-सबेरे दरवज्जे पे खड़ी है और तेरे कू नींद की पड़ी हुई है!"

"नईं उस्ताज्जी, बात क्या है कि रात को एक पाल्टी फँस गई थी, इसलिए इंग्लिस कुछ जादा हो गई।"

"देख मेढक, मूँड तो खराब करे मत...बस कह दिया तो कह दिया..." इसके बाद प्रो. कल्लू अनुनय करते हुए बोला, "अब हरामी के जने, ऐसे मौके बार-बार नईं आते हैं...देख आज मेरी तरफ से तेरी छंग पीने की खुल्ली छूट है।"

"पर उस्ताज्जी, ये ऐसी कौन-सी पाल्टी है जो इत्ती सबेरे-सबेरे आ मरी...अभी तो कोई इलेक्सन-फिलेक्सन भी ना हैं।" ढोल मास्टर मेढक से रात की खुमारी धीरे-धीरे हल्की होने लगी।

"अबे उसकी कोठी पे चलना है जिसपे एक राजस्थानी औरत ने एक बर अपने नागिन डांस से हमारी ले ली थी।"

"नईं उस्ताज्जी!"

"माँ कसम, उसी पाल्टी का फोन आया है।"

"फिर तो मैं अभी आया उस्ताज्जी!"

"अबे, अब तू इतना ताता मुल्ला मत बन...बस तैयार रहियो, पता नईं कब चलना पड़ जाए।"

ढोल मास्टर मेढक की आँखों के आगे उसी दिन का चित्र ताजा हो गया। उसका सारा नशा अब पूरी तरह हिरन हो चुका था।

एक लंबी जद्दोजहद के बाद आधी रात की इस कामयाबी ने अतीत की सारी स्मृतियों को फिर से हरा कर दिया। यह बात दीगर है कि इस नए इतिहास के बहुत से पुराने किरदार और गवाह आज मौजूद नहीं रहेंगे। काश, आज भी ये मौजूद होते जिन्होंने रिजर्वेशन एक्सप्रेस के कारवाँ को अविस्मरणीय बना दिया था। इसलिए एक बार फिर से उन्हीं यादगार पलों को दोहराने की कोशिश में बहन भाग्यवती ने पूरे आरक्षण कोर ग्रुप की आपातकालीन बैठक बुलाई है। जब तक कोर ग्रुप के सारे सदस्य आते बहन भाग्यवती अपने मातहत के साथ माथापच्ची करती रही कि कैसे आनेवाले पलों को फिर से यादगार बनाया जाए।

नौ बजते-बजते पूरा कोर ग्रुप इकट्ठा हो गया।

बहन भाग्यवती की पेशानी की चढ़ी हुई त्योरियों और चेहरे के तनाव ने बिना बताए इशारा कर दिया कि सबकुछ ठीक नहीं है।

''मैम, आपने जैसे ही कहा मैंने तुरंत भंगड़ेवाले को फोन कर दिया।'' सानिया पटेल ने बहन भाग्यवती की चिंता में घुलने की कोशिश करते हुए कहा।

''वो तो ठीक है सानिया...लेकिन इस भंगड़ेवाले के ढोल भी तो तभी बजेंगे जब उनके सामने कोई नाचने वाला होगा...अब मैं और तुम तो नाचेंगे नहीं। पिछली बार तो भँवरी और उस बिग बोस वाली ने रंग जमा दिया था, इस बार उन्हें कहाँ से लाएँ।''

''मैम, वैसे इस खुशी के मौके पर एकाध ठुमके हमें भी लगाने चाहिए, वरना पार्टी अध्यक्ष को कैसे पता चलेगा कि इस कामयाबी से हमें कितनी खुशी हुई है।''

''यह तो बाद की बात है सानिया। मैं चाहती हूँ कि इस बार भी अध्यक्षजी के आवास पर वैसा ही जश्न हो जैसा रिजर्वेशन एक्सप्रेस वाले दिन था। डॉ. वंदना, आप ही बताओ कुछ तरीका?'' बहन भाग्यवती ने हर बार की तरह अपनी विशेष संकटमोचक समाजविज्ञानी और स्त्री अध्येता से पूछा।

''इस समय तो एक ही काम हो सकता है मैम कि मानवी शृंखला की तरह कुछ झुग्गी-झोपड़ी वाली लेडीज हायर की जाएँ।''

''चिंता मत करो भैनजी, मैं हूँ न...लो, आपके सामने अभी करती हूँ दमादजी को फोन...बताओ कित्ती जनानियाँ चाहिए?'' कहते-कहते अखिल भारतीय अबला मंच की अध्यक्ष सरला बजाज के अँगूठे का पोर सचमुच मोबाइल के अंकों से अठखेलियाँ करने लगा।

''सरलाजी, अभी रुक जाओ...कुछ और सोचने दो!''

बहन भाग्यवती के इस निर्देश पर सरला बजाज के साथ-साथ पूरा चैंबर चिंतन में डूब गया।

काफी चिंतन-मनन के बावजूद किसी तरह का विकल्प न होने के कारण बहन

भाग्यवती ने निराशा भरी लंबी साँस लेते हुए कहा, ''लगता है कि हमें डॉ. वंदना के सुझाव पर ही गौर करना पड़ेगा।''

''मैम, मजा आ जाता अगर आज भी वे सारी सेलिब्रिटीज हमारे साथ होतीं...माई गॉड, उस भँवरी ने तो उस दिन कमाल ही कर दिया था।''

''मुझे क्या पता था वंदनाजी कि रात को यह बिल लोकसभा में सचमुच ही पास हो जाएगा...अगर थोड़ा-सा भी अनुमान होता तो मैं सबको बुलवा लेती...और नहीं तो कम-से-कम भँवरी को तो बुलवा ही लेती, चाहे उसके लिए हवाई जहाज करना पड़ जाता...सच कहा तुमने डॉ. वंदना, उस भँवरी ने कमाल कर दिया था...क्या डांस किया था उसने!'' बहन भाग्यवती ने शोक संतप्त मुद्रा में जिस तरह समाजविज्ञानी और स्त्री अध्येता डॉ. वंदना राव की कल्पना को विस्तार दिया, उसने पूरे चैंबर को आर्द्रता से भर दिया।

अभी बहन भाग्यवती नैराश्य के इस कुहासे से उबरने ही वाली थी कि उससे पहले अखिल भारतीय अबला मंच की अध्यक्ष उसे धकियाते हुए बाहर लाई, ''भैनजी, करूँ दमादजी को फोन?''

''अब तो करना ही पड़ेगा।''

बहन भाग्यवती की ओर से हरी झंडी मिलते ही सरला बजाज की आँखों की चमक बढ़ गई। बिना एक पल गँवाए उसने अपने कजन के दामाद को फोन मिला दिया, ''हैलोऽऽऽ दमादजी मुबारकाँ...पुत्तर, अपना अरक्षण जो पास हो गया...अब तो पक्का समझो...अपनी भैनजी जो हैं...अच्छा सुन, एक जरूरी काम है...वो क्या है कि अध्यक्ष के घर मुबारक देने वास्ते कुछ जनानियाँ चाहिएँ...नईं-नईं इज्जत का स्वाल है और फिर टिकट का भी तो स्वाल है...हाँ-हाँ, रेट की चिंता मत कर, पिछली बार से पाँच-सात रुपए ज्यादा दिलवा दूँगी...एक मिन्ट...'' बात को बीच में रोक बहन भाग्यवती की ओर देखा, ''दमादजी पूछ रहा है कि कित्ती जनानियाँ चहिए होंगी और कब चहिए?''

''सौ के करीब काफी रहेंगी मैम।'' समाजविज्ञानी डॉ. वंदना राव ने परोक्ष रूप से संख्या बता दी।

''दमादजी, ज्यादा नईं बस एक ही बस चाहिए...जै माता दी!...लो जी आपका तो हो गया काम।'' सरला बजाज को जब तक बहन भाग्यवती संख्या और समय बताती, उसने पहले ही मोर्चा मार लिया।

''सानिया, तुम भी उस भंगड़ा पार्टी को फोन कर दो कि ग्यारह बजे हर हालत में पहुँच जाएँ ताकि बारह बजे तक हम अध्यक्षजी के आवास पर पहुँच जाएँ...मिसेज़ मौर्य, आपने गुलदस्तों का ऑर्डर तो कर दिया है न?''

''हाँ मैम, बस आने ही वाले हैं...मैम, सरलाजी से यह तो पूछ लीजिए कि उन लेडीज का क्या हिसाब-किताब होगा...किस रेट से उन्हें पेमेंट करनी होगी?''

उपसचिव मिसेज़ मौर्य ने बाद में पड़नेवाले किसी तरह के पचड़े से बचने की गरज से पूछा।

''भैनजी, हिसाब-किताब क्या होना है...उसकी आप चिंता न करो...आप तो चलने की तैयारी करो, बाकी इस सरला पर छोड़ दो!''

''सरलाजी फिर भी...बात पहले तय हो जाए तो ज्यादा ठीक रहता है।'' बहन भाग्यवती ने अपने मातहत की सलाह और सुझाव पर अमल करते हुए कहा।

''अगर ऐसी बात है भैनजी तो आप बस्सऽऽऽ पार्टी अध्यक्ष से मेरे लिए कौंसलर की टिकट की जेक भिड़वा देना।''

''कौन से काउंसलर की टिकट?'' बहन भाग्यवती ने हैरान होते हुए पूछा।

''अपने वार्ड की...अब तो बिल भी पास हो गया...अगर अपने वार्ड से पार्टी का टिकट मिल गया तो समझ लो जीत पक्की।'' सरला बजाज ने हुलसते हुए कहा।

पूरे चैंबर की समझ में अब आया कि सरला बजाज अपने कजन के दामाद से किस टिकट के सवाल की बात कर रही थी।

''टिकट ऐसे नहीं मिलती है सरलाजी...उसके लिए काम करना पड़ता है। खाली एनजीओ बनाकर हल्ला मचाने से या खाली टिकट मिलने से कोई आदमी जीतता नहीं है...आपके बारे में लोगों को पता भी होना चाहिए।''

''वंदनाजी, ऐसा मत कहो...सारी कोल्नीवाले जानते हैं मुझे कि वो देखो, ये वोई एनजीओ वाली मैडम है जो रोजाना टीवी पर आती है...और आप कहती हैं किऽऽऽ'' कहते-कहते सरला बजाज निराशा में डूबती चली गई।

हँसी छूट गई समाजविज्ञानी डॉ. वंदना राव की, ''सरलाजी, मैं भी पिछले डेढ़ दशक से टीवी पर रोजाना आ रही हूँ तो क्या मैं प्राइम मिनिस्टर बन जाऊँगी...ठीक है अगर जमानत जब्त कराने का इतना ही शौक है तो कोई क्या कर सकता है।''

''वंदनाजी, एक बार आप टिकट दिलवा दो...अगर मैंने भी जीतकर नहीं दिखा दिया तो सरला बजाज नहीं मेरा नाम!''

अखिल भारतीय अबला मंच की अध्यक्ष सरला बजाज के इस आत्मविश्वास को देख पूरा चैंबर स्तब्ध रह गया।

''चलिए, पहले आप जनानियाँ तो मँगाइए...उसके बाद करते हैं आपके लिए कुछ।'' बहन भाग्यवती ने विषय पर विराम लगाते हुए कहा।

बहन भाग्यवती के सरकारी आवास पर पार्टी अध्यक्ष को शुभकामनाएँ देने के लिए रवाना होने तक अच्छी-खासी खलकत जमा हो गई। सोनू भंगड़ा पार्टी के उस्ताद प्रो. कल्लू उर्फ़ लक्ष्मीकांत-प्यारेलाल ने रवाना होने से पूर्व अपने ढोल मास्टर मेढक की ओर जैसे ही इशारा किया कि पहले से तैयार मेढक की चोब मचल उठी। नार्थ एवेन्यू के आसपास का पूरा वातावरण ढोल की गुमक से गूँज

उठा। प्रो. कल्लू ने अपने ढोल मास्टर मेढक की तरफ फिर से देखा। समझ गया मेढक कि सबकुछ ठीक है। बहन भाग्यवती के आवास के आसपास फिर से खामोशी छा गई। जब तक शुभकामना यात्रा रवाना नहीं हुई, चिल्ल-पों मची रही।

जो जोश और उमंग पार्टी अध्यक्ष के आवास पर रिजर्वेशन एक्सप्रेस के पहुँचने के समय था, वह आज नजर नहीं आ रहा है। कुछ इसे पार्टी अध्यक्ष के आवास के इर्द-गिर्द पहले से जमा हुजूम ने ठंडा कर दिया, और जो थोड़ी-बहुत कसर रह गई थी उसे जगह-जगह लगे अवरोधकों और उनके आसपास तैनात सुरक्षाकर्मियों की बेरुखी ने पूरा कर दिया। अर्थात् सरला बजाज द्वारा अपने कजन के दामाद से मँगाई भीड़ समेत पूरे कोर ग्रुप को सुरक्षाकर्मियों ने आवास से लगभग पचास कदम पहले ही रोक दिया।

बहन भाग्यवती और समाजविज्ञानी डॉ. वंदना राव ने अपने-अपने तरीके से हिंदी और अंग्रेजी में सुरक्षाकर्मियों को समझाने की बहुत कोशिश की लेकिन नतीजा वही ढाक के तीन पात। सुरक्षाकर्मियों पर न तो गांधी का असर हुआ, न लॉर्ड मैकाले का। बहन भाग्यवती को जब कोई उपाय नहीं सूझा, तो हारकर उसने लग जाए तो तीर, नहीं तो तुक्का ही सही कहावत का सहारा ले, आसाराम बापू के नुस्खे को आजमाने की ठानी।

अपने 'बापू' का स्मरण कर हिम्मत बटोरते हुए बहन भाग्यवती सुरक्षाकर्मी के एकदम निकट आई, और खच्च से उसका हाथ पकड़ लिया। अचानक इस कार्रवाई से सुरक्षाकर्मी घबरा गया। आसपास जमा भीड़ को देख पसीने-पसीने हो गया वह। उसने बहुत कोशिश की परंतु वह हाथ छुड़ाने में सफल नहीं हो पाया।

अगले ही पल बहन भाग्यवती मिन्नतें कर गिड़गिड़ाने लगी, "भइया, हमें कुछ नहीं करना है...बस, पार्टी अध्यक्ष को यह गुलदस्ता भेंट करना है।"

"वो तो ठीक है मैडम लेकिन जब इससे आगे जाने की परमिशन ही नहीं है तो मैं कैसे जाने दूँ...अगर मैं ऐसे यहाँ खड़ी तमाम औरतों का भाई बनकर इन्हें आगे जाने दूँगा, तब तो हो ली मेरी नौकरी!" सुरक्षाकर्मी लगभग रिरियाते हुए बोला।

"भइया, हम अध्यक्ष के पास अंदर नहीं जाएँगे...बस, उनके गेट के बाहर थोड़ी-सी खुशी मनाकर लौट जाएँगे।" बहन भाग्यवती ने एकदम गांधीवादी गुहार लगाते हुए कहा।

"ठीक है मैडम, मैं इसी शर्त पर आगे जाने की पर्मिशन दे रहा हूँ।"

"भइया, आपका बहुत-बहुत धन्यवाद!"

इस तरह पार्टी अध्यक्ष को शुभकामनाएँ देने में तो अपने परम पूज्य आदरणीय आसाराम बापू का यह नुस्खा ही काम आया कि अगर हमारी बहू-बेटियाँ, माँ-बहनें किसी संकट में फँस जाएँ तो सामने वाले का हाथ पकड़ उसे वे भइया कहकर उससे प्रार्थना करेंगी तो ईश्वर उनकी जरूर मदद करेगा।

आगे जाने की इजाजत मिलते ही सोनू भंगड़ा पार्टी का ढोल मास्टर मेढक जैसे बौरा गया। अध्यक्ष के आवास के मुख्य द्वार तक पहुँचते-पहुँचते मेढक का हाथ पूरी तरह खुल गया। सुरक्षाकर्मी से मिली सशर्त अनुमति तथा कुछ ठुमकों की रस्म अदायगी के बीच मेढक की चोब अचानक नरम पड़ गई। उसने अपने उस्ताद प्रो. कल्लू उर्फ़ लक्ष्मीकांत-प्यारेलाल को इशारे से बुलाया।

"अबे उस्ताज्जी, साली वो नागिन नईं दिखलाई पड़ री है जिसने पिछली बार हमारी फाड़ दी थी?" मेढक ने चोब को हल्का-सा रोककर, कान में फुसफुसाते हुए कहा।

प्रो. कल्लू को भी अचानक जैसे याद आ गया। उसने चारों तरफ नजर मारी मगर बीच घेरे में पसीने से तर मटकते कुछ अनियंत्रित बेडौल ढूँगों के, मस्तक पर हिचकोते खाता वह राजस्थानी बोरला उसे कहीं दिखाई नहीं दिया।

"उस्ताज्जी, स्साला यह ढूँगा मटकाना भी कोई डांस हुआ। डांस तो उसने किया था।" इतना कह मेढक ने ढोल की तान ही बदल दी और कुछ देर बाद ढोल भी बजाना बंद कर दिया।

ढोल के रुकते ही मटकते अनियंत्रित नितंबों ने राहत की साँस ली। बहन भाग्यवती सहित डॉ. वंदना राव, सानिया पटेल, सरला बजाज ऐसे हाँफने लगीं मानो मीलों फैली रेगिस्तानी बालू पर दौड़कर आई हों। सानिया पटेल और डॉ. वंदना राव का कुर्ता तो दस ही मिनट के ढूँगा मटकाऊ नृत्य के चलते पसीने से भीगकर शरीर से चिपक गया।

सार्वजनिक प्रसन्नता प्रकट करने के बाद कोर ग्रुप की मुखिया बहन भाग्यवती और समाजविज्ञानी डॉ. वंदना राव तो जुगाड़ कर पार्टी अध्यक्ष के आवास में प्रवेश कर गईं। परंतु जैसे ही सानिया पटेल, अमीना खान, सरला बजाज, सुमन भारती और हाथ में गुलदस्ता थामे उपसचिव मिसेज़ मौर्य अंदर जाने लगीं, सुरक्षा में तैनात एक खाकी वर्दी ने उन्हें बेरहमी से रोक दिया।

अपने आप से पीछे छूट गए अपने कोर ग्रुप को बहन भाग्यवती ने पीछे मुड़कर देखा, तो वह उल्टे पाँव लपककर आई। उसने खाकी वर्दी को समझाने की बहुत कोशिश की, खूब मान-मनौव्वल किया परंतु वह टस से मस नहीं हुआ। चूँकि गुलदस्ता बाहर रह गया था इसलिए मुश्किल से खाकी वर्दी एक और व्यक्ति को अंदर भेजने के लिए राजी हुआ।

अब क्या करे बहन भाग्यवती? इस एक अनार यानी गुलदस्ते को अंदर ले जाने के लिए तत्पर पाँच बीमारों में से वह किससे आने के लिए कहे। इससे पहले कि बहन भाग्यवती कोई निर्णय ले पाती, सरला बजाज ने मिसेज़ मौर्य से गुलदस्ता झटका और जब तक बाकी बचे चार बीमार कुछ समझ पाते, सरला बजाज मेटल डिटेक्टर की चौखट के बीचों-बीच थी। सबकुछ इतनी तेजी से हुआ कि किसी की

कुछ समझ में नहीं आया, यहाँ तक कि उपसचिव को भी जिसके हाथ में गुलदस्ता था। उसे पता ही नहीं चला कि कब उसके हाथों से गुलदस्ता सरला बजाज के हाथों में पहुँच गया।

कोर ग्रुप की तीनों अहम सदस्य एक-दूसरे का मुँह ताकती रह गईं, जबकि अखिल भारतीय अबला मंच की अध्यक्ष सरला बजाज हाथ में गुलदस्ता थामे बड़े ठसके के साथ बहन भाग्यवती के संग पार्टी अध्यक्ष को शुभकामनाएँ देने जा रही है।

सानिया पटेल के चेहरे से मानो खून निचुड़ गया कि इस सरला बजाज से वह कब तक मात पर मात खाती रहेगी। कबीर को इसका पता चलेगा तो वह क्या सोचेगा? मगर होनी को कौन टाल सकता है। क्या पता नियति को यही मंजूर हो। मन को शांत करने के लिए सानिया ने श्रीसाईं मंत्र जाप करने की सोची परंतु अगले ही क्षण इस विचार को यह सोचकर स्थगित कर दिया कि इसका अब क्या फायदा! क्योंकि जिस चिड़िया को खेत चुगना था, वह तो उसकी आँखों के सामने चुग-चुगाकर कब की फुर्र हो चुकी है।

शुभकामनाओं के रूप में गुलदस्ता स्वीकार करते हुए पार्टी अध्यक्ष ने पहले इधर-उधर देखा, और जब उसे पूरा यकीन हो गया तब जाकर उसने बहन भाग्यवती से पूछा, ''बहनजी, आपकी वो सेलिब्रिटीज कहाँ हैं?''

वही हुआ जिसका डर था।

''मैडम, वो...वो क्या है कि इस बार भी बिल पास हो जाएगा इसका अंदाजा नहीं था...इसलिए हम उन्हें बुला नहीं पाए।'' अकबकाते हुए बहन भाग्यवती ने उत्तर दिया।

''क्यों, पूरा देश इस बात को जानता था कि इस सत्र में यह बिल पास हो जाएगा...वैसे भी पार्टी का एक मेंबर होने के नाते आपको तो ज्यादा पता होना चाहिए!''

बहन भाग्यवती चुप। जो सरला बजाज पूरे ठसके से पार्टी अध्यक्ष के साथ खड़े होने का मंसूबा पालकर आई थी, उसने बड़ी सफाई से बहन भाग्यवती की ओट ले ली।

बहन भाग्यवती की ओर से संतोषजनक उत्तर न पा पार्टी अध्यक्ष कुछ क्षणों के लिए जैसे अतीत में लौट गई। आँखें जैसे बिल पास होने के बाद आई शुभचिंतकों के इस हुजूम में भँवरी, सुल्ताना शेख, मुशरतजहाँ, रुखसाना कौसर, संपतपाल को खोज रही हैं। खोज रही हैं उनको जो गुमनाम अँधेरों में अपने भयावह अतीत को याद करते हुए, पता नहीं कितनी बार टूटकर बिखरती होंगी। उसकी आँखें खोज रही हैं उन अभागिनों को, जिन्हें किसी निर्जन टापू पर ले जाकर, अपनी छाती से चिपका

उनके दु:खों का आख्यान सुनती रहे। मगर इस निठल्ली अघाई भीड़ में उनकी जैसी एक भी सेलिब्रिटी नहीं दिखाई दी—न भँवरी जैसी, न सुल्ताना शेख जैसी...न मुशरतजहाँ जैसी, न संपतपाल जैसी।

पार्टी अध्यक्ष ने गुलदस्ता एक ओर पटक दिया। समाजविज्ञानी व स्त्री अध्येता डॉ. वंदना राव ने नजर बचते ही बहन भाग्यवती की ओर देखा। तुरंत समझ गई बहन भाग्यवती डॉ. वंदना राव की आँखों की भाषा। उसने औपचारिकता निभाने के लिए पार्टी अध्यक्ष से हाथ जोड़ते हुए विदा ली और आवास से बाहर चली आई। उसने यह तक जानने की कोशिश नहीं की कि डॉ. वंदना राव और सरला बजाज उसके पीछे हैं भी या नहीं।

छत्तीस

डॉ. अंबेडकर दलित महिला उद्धार सभा की सुप्रीमो सुमन भारती ने मोबाइल की स्क्रीन पर उभरे नंबर को देखते ही लपककर उठाया। एक पल रुककर गहरी साँस ले, बाहर छोड़ी और मन ही मन बाबा साहेब का स्मरण कर बड़े ही सधे हुए भाव से बोली, ''हैलो...जी मैडम...आ जाती हूँ। वैसे आपके यहाँ मेरा आना ड्यू भी है!''

फोन कटते ही सुमन भारती थोड़ा असमंजस में पड़ गई कि ऐसी क्या बात है जिसके लिए उसे सवेरे-सवेरे बुलाया है, वह भी घर पर। उसने एक बार फिर गहरी साँस ली और घड़ी की ओर देखा—अभी आठ बजे हैं। चूँकि वह पहली बार उसके घर जा रही है इसलिए शिष्टाचार के नाते खाली हाथ जाना ठीक नहीं रहेगा। वह एक बार फिर दुविधा में घिर गई कि ऐसा क्या ले जाना उचित रहेगा कि शिष्टाचार भी निभ जाए, और प्रभाव भी अच्छा पड़े। अपनी स्मृति के आधार पर सुमन भारती ने अपने ज्ञात-अज्ञात सारे निजी ठिकाने खँगाल मारे परंतु ऐसी कोई वस्तु नजर नहीं आई, जिसे किसी को पहली बार और सुबह-सुबह दे दिया जाए। एक बार उसने सोचा भी कि क्यों न नकदी का लिफाफा भेंट कर दिया जाए। मगर अगले ही क्षण इस विचार को त्याग दिया कि नहीं, नकदी की गिनती उपहारों में नहीं घूस में होती है। एक बार उसने अपने ठिकानों को पुनः खँगाला, तो इस बार उसकी खोज और मेहनत जैसे सफल हो गई। उसने अपनी खोज को हैंड बैग के हवाले किया और जाने की तैयारी करने लगी।

''आइए...आइए सुमनजी! आपका स्वागत है।'' दरवाजा खोलते हुए मिसेज़ मौर्य ने सुमन भारती का अनौपचारिक स्वागत करते हुए कहा।

अंदर प्रवेश करते हुए सुमन भारती ने चारों तरफ नजर मारी। बेहद सलीके व सुरुचिपूर्ण ढंग से सुसज्जित ड्राइंग रूम की भव्यता देख, वह अपने उद्‌गार पर नियंत्रण नहीं रख पाई, ''मैडम, मुझे बड़ी खुशी होती है जब मैं अपने लोगों का ऐसा स्टैंडर्ड आफ लिविंग देखती हूँ...खैर छोड़िए और बताइए सवेरे-सवेरे कैसे याद किया?'' सुमन भारती तुरंत मुद्‌दे पर आ गई।

''सुमनजी, मैम का एक और टर्म बढ़ने के बारे में तो आपने सुना ही होगा?''

''हाँ, सुना तो था।''

''एक अच्छी खबर देनी है आपको कि चेयरपर्सन मैम का तीन साल के लिए टर्म और बढ़ गया है।''

सुनते ही सुमन भारती का चेहरा उतर गया। यह तो अच्छा हुआ जो वह ज्यादा महँगा उपहार नहीं लाई।

''मैंने आपको इतनी सवेरे एक खास मकसद के लिए बुलाया है। हालाँकि आपको भी एकाध दिन में पता चल ही जाएगा...फिर भी मैं आपको पहले ही बता रही हूँ...मेरा एक सुझाव है सुमनजी कि जब आप उन्हें बधाई देने जाएँ, तो आपका गुलदस्ता औरों से अलग और भव्य होना चाहिए।''

सुमन भारती एकटक मिसेज़ मौर्य को देखती रही। उसकी समझ में नहीं आ रहा है कि उसका गुलदस्ता औरों से क्यों अलग होना चाहिए!

''सुमनजी, ऐसा सुझाव देने के पीछे एक खास वजह है...वही मैं बताने जा रही हूँ ताकि आपका सस्पेंस खत्म हो जाए।''

सुमन भारती का दिल जोर-जोर से इस तरह धड़कने लगा जैसे वह किसी भी क्षण उछलकर बाहर आ जाएगा।

''सॉरी, एक मिनट...पहले मैं चाय के लिए कह आती हूँ।'' इतना कह मिसेज़ मौर्य अंदर चली गई।

सचमुच सुमन भारती का दिल मानो अब बाहर ही आनेवाला है।

मिसेज़ मौर्य जल्दी ही वापस लौट आई।

''मैं आपको ऐसा इसलिए कह रही हूँ कि शायद आपको पता है या नहीं कि अपनी चेयरपर्सन मैम भी वही हैं, जो हम हैं।''

''यह आप क्या कह रही हैं मैडम! अगर ऐसा था तो आपने आज तक बताया क्यों नहीं!'' सोफे में धँसी डॉ. अंबेडकर दलित महिला उद्धार सभा की सुप्रीमो सुमन भारती उछलते हुए बोली।

''कुछ बातें मैडम बताने की नहीं, समझने की भी होती हैं...यह रहस्य तो आपको उसी दिन समझ में आ जाना चाहिए था, जब इंडिया गेट से जंतर-मंतर तक निकलनेवाले कैंडल मार्च के लिए सानिया पटेल और डॉ. वंदना राव के विरोध के बावजूद मैम ने आपकी एनजीओ की मोमबत्तियों को रिकेमेंड किया था...आपको तो तभी समझ जाना चाहिए था जब मैम ने पूरे कोर ग्रुप के सामने कहा था कि डॉ. अंबेडकर मोमबत्तियों को ब्रांडेड बनाना हमारे हाथ में है, कहा था न?''

''हाँ मैडम, कहा तो था।'' अपनी समझ को मन ही मन मलामत देते हुए हामी भरी सुमन भारती ने।

''और उन्होंने यह भी कहा था कि डॉ. अंबेडकर अकेले सुमन भारती या मिसेज़ मौर्य के नहीं हैं, हम सबके हैं?''

''हाँ यह भी कहा था।'' सुमन भारती धीरे-धीरे जैसे आत्मग्लानि के अथाह समंदर में समाने लगी।

''सुमनजी, मैम ने इतना इशारा कर दिया फिर भी आप कह रही हैं कि आपने पहले बताया क्यों नहीं...आपको क्या लगता है कि मैम को आपके बारे में कुछ नहीं पता। उन्हें सब पता है...उन्हें तो यह भी पता है कि आप मार्केट से दूसरी कंपनियों की सस्ती मोमबत्तियों को खरीदकर अपने पैकेट्स में डाल उन्हें अंबेडकर मोमबत्तियों के नाम से सप्लाई करती हैं। फिर भी वे हर जगह आपकी मोमबत्तियों की सिफारिश करती हैं, क्यों? इसलिए कि बेईमानी से भी अगर फायदा हो रहा है तो अपने ही आदमी को हो रहा है न!''

सुमन भारती एक अपराधबोध और प्रायश्चित भाव के चलते नजरें झुकाए ऐसे बैठी रही कि काश, यह धरती फट जाए और वह उसमें समा जाए।

''लेकिन एक बात ध्यान रहे सुमनजी कि इसकी भनक किसी को नहीं लगनी चाहिए कि यह बात आपको मैंने बताई है...लीजिए, चाय पीजिए!'' इस बीच आ चुकी चाय की ओर इशारा करते हुए बोली मिसेज़ मौर्य।

''मैडम, आपका बहुत-बहुत धन्यवाद। वैसे एक बात कहूँ, पता नहीं क्यों मेरा मन भी बार-बार यही कह रहा था कि हो न हो बहनजी हमीं में से हैं...बस, एक विनम्र अनुरोध और है कि जब आपने इतना सब बता दिया तब एक बात और बता दीजिए...'' सुमन भारती ने आसपास देखा और फिर धीमी आवाज में पूछा, ''मैडम, आपने पक्का पता तो कर लिया है न कि बहनजी सचमुच हमीं में से हैं...आप समझ रही हैं न कि मैं क्या कहना चाह रही हूँ?''

''सुमनजी, मैं सब समझ रही हूँ आप क्या कहना चाह रही हैं। आप यकीन करिए मैम भी वही हैं, जो हम दोनों हैं।''

इस आश्वासन के बाद डॉ. अंबेडकर दलित महिला उद्धार सभा की सुप्रीमो ने चाय का पहला घूँट लिया। चाय का यह घूँट जब धीरे-धीरे हलक से नीचे उतर रहा था, तब लग रहा था मानो अमृत की धार नीचे उतर रही है। ऐसी धार जिसने सुमन भारती की सुप्त शिराओं में बहते रक्त के प्रवाह को एक नई गति प्रदान की है।

चाय खत्म कर सुमन भारती ने धीरे-से अपना हाथ बैग में डाला, और उसमें रखा पैकेट बाहर निकाल मिसेज़ मौर्य की ओर बढ़ा दिया।

''यह क्या सुमनजी?'' एक बेमानी प्रतिवाद करते हुए पूछा मिसेज़ मौर्य ने।

''कुछ नहीं है...आप तो जानती ही हैं कि अपने यहाँ किसी के घर पहली बार जाते हैं, तो खाली हाथ नहीं जाते हैं।''

''वो तो ठीक है लेकिऽऽऽन...'' इस बीच पैकेट से अनावृत हो चुका उपहार मिसेज़ मौर्य के गले की शोभा बन चुका था।

''कितना सुंदर लग रहा है मैडम आपके गले में पड़ा यह हैदराबादी हार।''

जबरन खिलखिलाकर हँसने का प्रयास करते हुए बोली सुमन भारती।

"थैंक्यू सुमनजी...पर मेरी बात का ख्याल रखना!" पुनः याद दिलाते हुए मिसेज़ मौर्य ने कहा।

उपसचिव मिसेज़ मौर्य की ताकीद ने डॉ. अंबेडकर दलित महिला उद्धार सभा की सुप्रीमो सुमन भारती की रात की नींद और दिन का चैन हर लिया। कहीं ऐसा न हो कि मिसेज़ मौर्य की तरकीब और सलाह उसे कहीं का ना छोड़े। ऐसा न हो कि चालाक सानिया पटेल और घाघ समाजविज्ञानी डॉ. वंदना राव को शक हो जाए। इसी उधेड़बुन में कई दिन और कई रातें बीत गईं परंतु सुमन भारती को कोई आसान रास्ता नहीं दिखाई दिया। जो रास्ते हैं वे सब इन दोनों से होकर गुजरते हैं। बस, अब एक ही तरकीब और रास्ता बचा है। ऐसे कृत्यों के लिए इससे पवित्र और सुरक्षित जगह बड़े-से-बड़ा कोई किला भी नहीं होता। यही तय कर सुमन भारती ने मिसेज़ मौर्य की सलाह में थोड़ी-सी तरमीम कर अंतिम रूप दे दिया।

अनुमान एकदम सही निकला यानी चौथे दिन अधिकतर सभी को अखबारों के जरिए पता चल गया कि जानी-मानी गांधीवादी और समाजसेविका बहन भाग्यवती का सरकार ने राष्ट्रीय बाल एवं महिला परिषद की अध्यक्ष के रूप में कार्यकाल अगले तीन साल के लिए और बढ़ा दिया है।

अपनी योजना के अनुसार सुमन भारती ने एक समझदारी भरा काम यह किया कि उसने उसी दिन बहन भाग्यवती को फोन कर दिया, "हैलो! हैलो...हैलो! मैम मैं सुमन..." जान-बूझकर सुमन भारती ने ऐसा दर्शाया जैसे नेटवर्क काम नहीं कर रहा है।

उसने फिर से नंबर लगाया। इस बार नेटवर्क काम करने लगा। क्यों नहीं करता, उसने मना ही कब किया था।

"मैम, बहुत-बहुत बधाई हो...वो...वो क्या है मैम कि मैं अभी हैदराबाद में हूँ...असली बधाई मैम मैं आकर ही दूँगी...परसों शाम को लौटूँगी...अगले दिन आती हूँ मैम...नमस्कार!" सुमन भारती बड़ी चतुराई से अपनी इस गढ़ी हुई कहानी पर खुद ही मुस्कराई, और देर तक सामने बेसुध पड़े बेईमान मोबाइल को निरखती रही।

अगले दो दिन सुमन भारती के लिए दो सदियों जितने लंबे हो गए। रह-रहकर उसका मन कर रहा है कि वह इसी समय उड़कर बहनजी के पास पहुँच जाए। मगर उसने झूठ ही ऐसा बोला है कि यदि वह इस पर अडिग नहीं रहती है, तो सारे किए-कराए पर पानी फिर जाएगा। हारकर उसने चंचल मन को यह कहते हुए समझाया कि अब सिवाय हैदराबाद से लौटने के दूसरा रास्ता नहीं है।

आज सुमन भारती की दिनचर्या घड़ी की सुई से शुरू हुई है। मिसेज़ मौर्य की सलाह के मुताबिक उसने अपनी समझ से गुलदस्ता सबसे अलग बनवाने की कोशिश की है। लेकिन वही दुविधा एक बार फिर उसके सामने आ खड़ी हुई है, जो मिसेज़ मौर्य के घर जाने से पूर्व खड़ी हुई थी क्योंकि यहाँ भी उसका पहली बार जाना हो रहा है। हालाँकि दोनों के शिष्टाचारों में बहुत बड़ा अंतर है। मिसेज़ मौर्य जहाँ मातहत है तो बहन भाग्यवती उसकी मुखिया। इसलिए शिष्टाचार निभाने का औजार भी पद व गरिमा के अनुसार होना चाहिए। इस बार सुमन भारती को इसमें अधिक माथापच्ची नहीं करनी पड़ी।

धुली हुई गुनगुनी पीतांबरी ओढ़नी में लिपटा साँची के स्तूप की नकल पर बना गुंबद दूर से साफ दिखाई दे रहा है। सुमन भारती को इसी गुंबद के दक्षिण में साउथ एवेन्यू मार्ग पर स्थित एक बँगले पर जाना है।

मुख्य द्वार पर लगी नेम प्लेट के सामने ऑटो रिक्शा जाकर रुक गया। सुमन भारती ने बँगले के परिसर में प्रवेश किया, तो देखा लॉन के एक कोने में गड़े झूले पर अगले तीन साल की नई-नई अध्यक्ष सुबह की धूप सेंकती, हल्के-हल्के झोंटे खाती हुई, मोबाइल पर किसी से बात कर रही है। खूबसूरत विशाल गुलदस्ते के साथ सुमन भारती को आया देख, अध्यक्ष ने उसी समय बात खत्म की और झूले से उतर तेजी से गुलदस्ते की ओर आई।

''मैम, बहुत-बहुत बधाई हो!'' सुमन भारती ने विधिवत् बधाई देते हुए कहा।

''बहुत-बहुत धन्यवाद सुमन।'' गुलदस्ता ग्रहण करते हुए बहन भाग्यवती ने सुमन भारती को गले लगाते हुए आभार व्यक्त किया।

डॉ. अंबेडकर दलित महिला उद्धार सभा की सुप्रीमो को जिस अपनत्व के साथ बहन भाग्यवती ने गले से लगाया था, उसकी आत्मीय गंध व ऊष्मा से सुमन भारती को विश्वास हो गया कि मिसेज़ मौर्य ने गलत सूचना नहीं दी थी।

''सुमन, अंदर ही चलकर बैठते हैं, बाहर थोड़ी ठंड है।'' इतना कह बहन भाग्यवती ने सरकारी सेवक छोटू को बुलाते हुए कहा, ''छोटू, बैडरूम का ब्लोअर चालू कर देना!''

''मेम साब, वह तो खराब है।'' हाथ में गुलदस्ता पकड़े छोटू ने मासूमियत से उत्तर दिया।

''क्याऽऽऽ! वह अभी तक ठीक नहीं हुआ...जरा मोबाइल देना!'' गुलदस्ते के साथ छोटू द्वारा उठा लिए मोबाइल की ओर इशारा करते हुए तमतमाई दूसरे कार्यकाल की नई-नई अध्यक्ष।

छोटू ने मोबाइल अपनी 'मेम साब' को पकड़ा दिया।

''मिसेज़ मौर्य, आपसे कोई काम समय से नहीं होता...गर्मियों में एसी खराब और सर्दियों में ब्लोअर...कब करा दोगी...नहीं-नहीं आज ही होना चाहिए!'' मोबाइल

पर दहाड़ते हुए अपने मातहत को डाँटने के बाद मोबाइल वापस छोटू को दे दिया।

सुमन भारती ने गांधीवादी बहन भाग्यवती का यह रौद्र रूप पहली बार देखा, इसलिए थोड़ी सहम गई।

सरकारी बँगले के बरामदे में प्रवेश करने से लेकर पूरे शयनकक्ष को सुमन भारती अच्छी तरह देख गई लेकिन उसे दूर-दूर तक न दीवारों पर, न उनमें बने आले-ताखों में, न शीशे की अलमारियों में, न किसी तिपाई-चौकी पर ऐसा कोई सबूत या निशानी दिखाई दी, जिससे मिसेज़ मौर्य के कहे की पुष्टि होती हो। हाँ, पूरा बँगला बापू की मूर्तियों, उनके चित्रों और प्रतीक चिह्नों के साथ-साथ गांधी साहित्य से जरूर पटा हुआ है। कैसी विडंबना है कि जिस घर में अंबेडकर की जगह होनी चाहिए, वह एक सत्याग्रही ने कब्जाई हुई है।

तभी उसकी नजर सिरहाने लगी तिपाई पर पड़ी। एक कोने में तिपाई पर जल रहे टेबल लैंप की रोशनी में नहाई महीन मुस्कान बिखेरते छोटे-से मूर्तिशिल्प, और फ्रेम में जड़ी तस्वीर को देखते ही उसके कानों में जैसे किलकिलाते छोटे-छोटे झरनों के सोते फूटने लगे। छोटे-से फ्रेम में जड़ी तस्वीर के बगल में सारनाथ स्थित ईसा पूर्व पाँचवीं सदी की घुँघराले बालों वाली बुद्ध के सिर की अनुकृति के नीचे लिखी छोटी-सी इबारत भवतु सब्बमंगलं में उलझी सुमन भारती की तंद्रा भंग हुई।

''लीजिए, नाश्ता शुरू करिए!''

''मैम, नाश्ता तो मैं...''

''सुमन, इतने सवेरे वह भी इतवार के दिन किसके यहाँ बनता है नाश्ता? आइए, औपचारिकता जैसी कोई बात नहीं है...मैंने भी नहीं किया है...वैसे भी अपने लोगों के साथ कैसी औपचारिकता।''

इस बार सुमन भारती को जैसे किसी जल प्रपात की धार भिगो गई।

''लेकिन मैम, इतना भारी नाश्ता!''

''देखो, इन्सान को नाश्ता राजा की तरह, लंच राजकुमार की तरह और डिनर भिखारी की तरह करना चाहिए, लेकिन हमारे यहाँ उलटा होता है।'' अपनी प्लेट में नाश्ता परोसते हुए बोली बहन भाग्यवती।

डॉ. अंबेडकर महिला उद्धार सभा की सुप्रीमो सुमन भारती बहन भाग्यवती के इस सविनय आग्रह को नहीं टाल पाई, और ठीक राजा की तरह जमकर नाश्ता किया।

नाश्ता होने के बाद पता नहीं बहन भाग्यवती ने अनायास घड़ी में समय देखा या सायास, परंतु सुमन भारती के लिए इतना ही इशारा काफी था कि उसे अब चलना चाहिए। छुट्टी का दिन है, न जाने कौन आ टपके। सरकारी सेवक छोटू नाश्ते के जूठे बरतन ले जा चुका है। उठते-उठते सुमन भारती ने चारों तरफ उचटती-सी निगाह मारी। जब उसे पूरी तसल्ली हो गई तो उसने पहले से अधखुले बैग से एक

सुर्ख डिब्बा निकाला और उसे बहन भाग्यवती के हाथ में थमाते हुए बोली, ''मैम, यह आपकी नई शुरुआत के लिए...आपको एक बार फिर से बहुत-बहुत बधाई!''

''ये...ये क्या सुमन?'' बहन भाग्यवती को अचानक झटका-सा लगा।

''कुछ नहीं है मैम...डॉ. अंबेडकर दलित महिला उद्धार सभा की ओर से छोटी-सी भेंट है...प्लीज, मना मत करिएगा। वैसे भी मैम, आज इस दलित महिला उद्धार सभा के पास जो कुछ है वह आप की ही बदौलत है...आज अंबेडकर मोमबत्तियाँ पूरे देश में एक ब्रांड के रूप में जानी जाती हैं तो मैम इसका पूरा क्रेडिट आपको जाता है।'' इस बीच सुर्ख डिब्बे से बाहर निकल चुकीं सोने की चूड़ियों के जोड़े में से एक बहन भाग्यवती की कलाई तक पहुँच चुकी थी।

''नहीं सुमन, ऐसा कुछ नहीं है। मुझे लगता है जिस महापुरुष ने इस देश के दबे-कुचले और शोषित वर्गों, विशेषकर दलितों में स्वाभिमान की अलख जगाई है...उन्हें द्विजों के बराबर खड़ा होने का हौसला दिया है और जिसकी बदौलत आप और हम सम्मान के साथ जी रहे हैं, ऐसे महापुरुष के नाम पर बनी चीजों को ब्रांड बनाना हमारा कर्त्तव्य है।''

सुर्ख डिब्बे से निकली दूसरी चूड़ी भी बहन भाग्यवती की घिए-सी कलाई में पहुँच गई।

''मैम, मुझे भी आपके बारे में कहाँ पता चलता अगर मिसेज़ मौर्य...'' कहते-कहते अचानक सुमन भारती रुक गई। उसे कुछ देर पहले बहन भाग्यवती द्वारा अपने ही सजातीय मातहत को पिलाई गई डाँट याद आ गई।

''क्या बताया मिसेज़ मौर्य ने मेरे बारे में?'' भाँप गई बहन भाग्यवती कि उसकी मातहत पूरी लंका फूँक चुकी है।

इधर सुमन भारती अपनी नादानी और संयमहीनता पर मन-ही-मन खीझ उठी। अब क्या करे वह। चार तोले की दोनों चूड़ियाँ तो पहले ही बहन भाग्यवती की कलाई की शोभा बन चुकी हैं। अब क्या बचा है लुटने को। टूट गई डॉ. अंबेडकर दलित महिला उद्धार सभा की सुप्रीमो। उसने क्षण-भर के लिए चित्त शांत किया और इस निष्कर्ष पर पहुँची कि उसे अब सबकुछ बता देना चाहिए। वैसे भी इस समय यहाँ इन दोनों के अलावा है कौन। सारनाथ स्थित ईसा पूर्व पाँचवीं सदी की बुद्ध के सिर की अनुकृति और टेबल लैंप की रोशनी में नहाई डॉ. अंबेडकर की महीन मुस्कान बिखेरती तस्वीर पर सुमन भारती ने यह सोचते हुए निगाह मारी कि बुतों और तस्वीरों की भी शायद कोई गवाही होती हो।

''मैम, मिसेज़ मौर्य ने मुझे सब बता दिया है कि आप भी वही हैं जो हम हैं।'' सुमन भारती ने बाबा साहब को मन में धारण कर साफ-साफ बता दिया।

''सुमन, अब तो तुम्हें सबकुछ पता चल ही गया है लेकिन इस बारे में किसी और को नहीं बताइएगा...और हाँ, एक बात और कि आप मेरे यहाँ आई हैं इस बात

का पता वैसे अब तक मिसेज़ मौर्य को लग चुका होगा लेकिन उसे इस बात की भनक नहीं लगनी चाहिए कि आपने मुझे दिया क्या है...आप नहीं जानती हैं मिसेज़ मौर्य को।''

''मैम, इतने दिनों में तो मैं भी जान चुकी हूँ उन्हें...पर क्या है मैम कि अपने मतलब के लिए कब किसे बाप बनाना पड़ जाए, क्या पता।'' इतना कह सुमन भारती जोर से हँसते हुए जाने के लिए खड़ी हो गई। बहन भाग्यवती से विदा ले वह जाने लगी तो जाते-जाते जैसे उसे कुछ याद आ गया, ''मैम, कल शाम को आईआईसी कितने बजे पहुँचना है?''

''जितने बजे पिछली बार पहुँचे थे।''

बाहर धूप और निखर आई है। सुमन भारती ने देखा तो पाया मुगल व क्लासिक शैली का जो गुंबद आते समय गुनगुनी धूप की पीतांबरी ओढ़नी में कुनमुना रहा था, अब पूरी तरह धूप में नहाया हुआ अबोध बच्चे-सा खिलखिला रहा है।

सैंतीस

शाम के आठ बजते-बजते आजाद भारत के कुलीनों की बैठक आईआईसी का मद्धिम उजाले में भीगा वही पुराना कोना एक बार फिर आबाद हो गया। अपने वायदे के अनुसार महिला आरक्षण बिल पास होने की खुशी में बहन भाग्यवती अपनी पूरी मंडली के साथ आई है। जिस दिन इस देश के एक शहर में रिसी जहरीली गैस से हजारों लोग मौत के आगोश में समा गए थे, उसी हत्याकांड की बरसी के दिन देश की राजधानी में पहुँची रिजर्वेशन एक्सप्रेस की एक सेलिब्रिटी यानी गैंगरेप की शिकार भँवरी ने समा बाँधते हुए जो रोमांच और थ्रिल पैदा किया था, उसी थ्रिल को एक बार फिर से सेलिब्रेट करने, तथा बिल पास होने के बाद पार्टी अध्यक्ष के आवास पर खट्टे हुए मन व विषाद को हैंग आउट करने सिविल सोसाइटी का पूरा जत्था आ चुका है। पिछली बार की तरह इस बार भी गंगाधर आचार्य के न होने से सबने राहत की साँस ली। भले ही इस बार भी आचार्यजी नहीं हैं मगर पिछली बार की तरह दाल-भात का वह मूसरचंद आज भी मौजूद है। यह बात अलग है कि पहले की तरह समझदारी दिखाते हुए वह सबसे अलग जाकर बैठ गया।

मूसरचंद की इस उपस्थिति से पूरी मंडली में बेचैनी व्याप गई यह जानते हुए कि इस बार भी शुभकामना यात्रा में जो भीड़ जुटाई गई थी, वह इसी की सहृदयता का परिणाम था। अब उसके सामने यक्ष प्रश्न यह पैदा हो गया कि इस मूसरचंद से निजात पाने के लिए सामने बैठी मेजबान बिल्ली के गले में घंटी कौन बाँधे ? बहुत सोच-विचार कर निरीह आँखों ने इशारों ही इशारों में जिस चूहे को तैयार किया वह अपनी जगह से खड़ा हुआ और इस मूसरचंद भगाओ मुहिम की अगुवाई करते हुए मेजबान बिल्ली को अलग ले गया। उन दोनों के पीछे-पीछे सानिया पटेल भी हो ली।

''मैम, सरलाजी के इस दामादजी को आपने आज भी बुला लिया!'' समाजविज्ञानी चूहे ने मेजबान बिल्ली के गले में घंटी लटका, उसमें पहली गाँठ लगाते हुए कहा।

''वंदनाजी, मैंने नहीं बुलाया। ये अपने आप ले आईं।''

''सारा मजा खराब कर दिया।''

"मैम, किसी भी तरह इस दामादजी से पिंड छुड़ाओ!" सानिया पटेल ने बिना वक्त जाया किए डॉ. वंदना राव का साथ देते हुए गुहार लगाई।

"ठीक है, मैं अभी आपके सामने सरलाजी को बुलाकर कह देती हूँ।"

बहन भाग्यवती ने सचमुच उसी समय सरला बजाज को बुलाया और सबकी भावनाओं से उसे अवगत करा दिया। सुनते ही सरला बजाज बिफर गई।

"सरलाजी, वो बात नहीं है जैसा आप समझ रही हैं।"

"बात यह है कि इस औरतों की दुनिया में एक मर्द का क्या काम।" समाजविज्ञानी और स्त्री अध्येता ने अपने अनुभव व अध्ययन के आधार पर इशारे से बहन भाग्यवती के मंतव्य को स्पष्ट करते हुए कहा।

"ऐसा करिए कोई भी बहाना बनाकर भेज दो इन्हें।"

सरला बजाज के लिए इतना ही संकेत काफी था। कोई रास्ता नहीं बचा उसके पास। कुछ देर सोचने के बाद यह कहते हुए अपने कजन के दामाद की ओर बढ़ गई, "ठीक है भैनजी, मैं दमादजी को जाने के लिए कहती हूँ।"

इसके बाद सबने सरला बजाज को अपने कजन के दामाद से न जाने क्या कहते हुए देखा। थोड़ी देर बाद उसने वापस आकर जैसे ही यह शुभ सूचना दी कि उसने दामादजी को विदा कर दिया है, तो पूरा कोना किलक उठा।

मद्धिम उजाले में भीगा कोना सरकारी खर्चे पर छलकते मतवाले प्यालों की जलतरंगों से तरंगित हो उठा। इससे पहले कि समाजविज्ञानी व स्त्री अध्येता की जायकेदार विमर्शों में लिपटी तकरीर शुरू होती, न जाने कब से ताक में बैठी अखिल भारतीय अबला मंच की अध्यक्ष सरला बजाज ने डॉ. वंदना राव की बगल में बैठी अमीना ख़ान को रँगे हाथों पकड़ लिया।

"अमीनाजी, आऽऽऽप भी?"

सरला बजाज ने जिस तरह 'आप' को चुभलाया, उससे सबने अमीना की तरफ चौंककर देखा।

"क्या हुआ सरलाजी?" डॉ. वंदना राव ने पूछा।

"क्या हुआ, आपको नजर नईं आरा है कि अमीना के हाथ में क्या है?"

"गिलास है और क्या है।"

"गिलास तो है पर इस गिलास में है क्या?"

"जिन है और क्या है।" इस बार खुद अमीना ने रहस्य से परदा हटाते हुए बताया।

"हाय राम, शराब है!" सरला बजाज ने सबको सुनाते हुए कहा।

"तो क्या हुआ, वह तो सबके हाथ में है...मेरे हाथ में है...सानिया के हाथ में है...इसमें हाय राम कहाँ से आ गया...हाय राम तो आप ऐसे कह रही हैं जैसे रावण ने सीता का हरण कर लिया हो!"

''हमारी बात छोड़ो वंदनाजी...पर एक मुसलमान के हाऽऽऽथ में।''

''हमारी बात छोड़ो, क्या मतलब हुआ इसका...कौन क्या करेगा, यह आप तय करेंगी।'' डॉ. वंदना राव ने डाँटते हुए कहा।

अमीना ख़ान का हवा में ठिठका गिलास कब नीचे आ गया, पता नहीं चला।

''वंदनाजी, मुझे ऐसे अधकचरे हिप्पोक्रेट मिडिल क्लास से इसीलिए नफरत है...अरे भई, जो मन करे वह करना चाहिए...गुलाम थोड़े ही हैं हम किसी के।'' अमीना ख़ान एक बेपरवाह हँसी हँसते हुए लंबा घूँट लेते हुए बोली।

''लगता है सरलाजी, आपको इस शराब से कुछ ज्यादा ही नफरत है।'' धीरे-धीरे डॉ. वंदना राव का समाजविज्ञान अपने खोल से बाहर आने लगा।

''हाँ, बहुत ज्यादा है।'' मुँह बिचकाते हुए हिकारत भरे भाव के साथ कहा सरला बजाज ने।

''अच्छा, एक बात बताइए, क्या आपके हस्बैंड शराब पीते हैं?''

''अब नहीं, पहले पीते थे।''

''अब क्यों नहीं पीते?''

''अब हमने गुरु ले रक्खा है।''

यहीं फँस गई सरला बजाज।

समाजविज्ञानी डॉ. वंदना राव ने पहले सरला बजाज को घूरकर देखा और एक झटके के साथ दूसरे पैग का आखिरी घूँट हलक से उतार गई। उसकी कंचे-सी सुर्ख आँखों को देख सरला बजाज की घिग्घी-सी बँध गई। पिछले कई सालों की लगातार मुलाकातों के बावजूद वह इस समाजविज्ञानी को आज तक नहीं समझ पाई है कि आखिर यह है क्या बला। चुपचाप वह निर्निमेष उसे देखती रही। पता नहीं यह डॉक्टर की बच्ची क्या पूछ बैठे।

समाजविज्ञानी व स्त्री अध्येता ने पुनः जिन से भर दिए गए गिलास से एक लंबा घूँट मारा, थोड़ी आगे झुकी और निचले होंठ के दाएँ हिस्से को दाँतों के बीच भींचते हुए, सरला बजाज की आँखों में उतरते हुए शरारत भरे अंदाज में बोली, ''आपके साथ कभी ऐसा हुआ है सरलाजी कि आपके हस्बैंड दारू चढ़ा के आए हों, और आपके बिस्तर में घुस गए हों?''

''हाँ जी, ऐसा तो कई बार हुआ है।''

''फिर तो ऐसा भी हुआ होगा कि उसने आपके साथ जबरदस्ती भी की होगी।''

''कई बार।''

''तो आपने कभी उसकी हरकत का विरोध नहीं किया?''

''क्या फायदा मैडम, मर्द कोई मानने वाला थोड़ेई होता है।''

''मानता नहीं था या सचमुच आप विरोध नहीं करती थीं।'' इसके बाद डॉ.

वंदना राव बहन भाग्यवती की ओर पलटी, ''मैम, यह है हमारे मिडिल क्लास की हिप्पोक्रेसी और उसका चरित्र कि अपने पक्ष को मजबूत करने के लिए तुरंत कुतर्क गढ़ लेता है...अब देखो न, जब पति परमेश्वर इनके काम के थे तो उसके दारू पीने पर एक पतिप्राणा को कोई आपत्ति नहीं थी...और जब वह किसी काम का नहीं रहा तब उसे भेजा गुरुकुल में...। अरे भई, अगर आप एक-दूसरे की इच्छाओं को पूरा करने में नाकाम रहते हैं, तो उसे कवर करने के लिए किसी गुरु या संत की शरण में जाने की क्या जरूरत है...अपनी कमजोरी को छिपाने के लिए अपनी इच्छाओं का दमन करना कहाँ का न्याय है...बेचारे अपने ऋषि-मुनियों और राजा-महाराजाओं के प्रिय पेय को क्यों बदनाम करते हो...अमीनाजी, लेट्अस एन्जॉय।'' इतना कह समाजविज्ञानी अपना पूरा गिलास रीता कर गई।

अखिल भारतीय अबला मंच की अध्यक्ष सरला बजाज पानी-पानी हो गई।

''सरलाजी, बुरा मत मानिएगा, आपको तो किसी सनातन महासभा का कार्यकर्त्ता होना चाहिए...खैर छोड़िए, आपकी समझ में नहीं आएँगी ये बातें।''

''वंदनाजी छोड़िए! आप भी पता नहीं किस प्रपंच में फँस गईं।'' सुमन भारती ने हँसते हुए कहा।

इसके बाद मद्धिम उजाले में आजाद भारत की कुलीन बैठक का भीगा यह कोना महिला आरक्षण बिल पास होने, और बहन भाग्यवती को परिषद की अध्यक्ष के रूप में मिले विस्तार की खुशी के, सरकारी खर्चे से मनाए गए जश्न में तब तक डूबा रहा, जब तक एक-एक कर बत्तियाँ गुल नहीं होने लगीं।

अड़तीस

सीलन-भरी कोठरी में अकेले पड़े कॉमरेड सोहनलाल 'प्रचंड' का मारे कल्पना के, हँसते-हँसते बुरा हाल हो गया। इतना बुरा कि पतली जिल्द में लिपटे जिस्म की अस्थियाँ चरमराने लगीं और आँतें ऐंठने लगीं। अपने कानों पर उन्हें अभी भी विश्वास नहीं हो रहा है। हालाँकि असंभव कुछ भी नहीं है लेकिन इतना भी संभव नहीं है कि किसी पर यूँ ही कोई साईं या देवी-देवता आ जाए। वह भी सानिया पटेल और एक समाजविज्ञानी पर।

अतीत में लौटते हुए कॉमरेड 'प्रचंड' अपने प्रिय शिष्यों और भावी वारिसों के एकाएक हुए इस अविश्वसनीय रूपांतरण के छोटे-छोटे टुकड़ों को आपस में मिलाते हैं, तो एक छोटी-सी कुछ अधूरी और कुछ मुकम्मल तस्वीर बनती नजर आती है। ग्रासरूट एक्टिविस्टों को रोजगार देने के बहाने चंदा उगाहने वाले गिरोह की उत्पत्ति इसकी पहली अधूरी तस्वीर है। जबकि आमजन की लामबंदी भंग कर उनके आंदोलनों को छिन्न-भिन्न कर सत्ता की दरारों में पैठ बनाने में कामयाबी हासिल करना, इस रूपांतरण की मुकम्मल तस्वीर है।

दलित-आदिवासियों को हक दिलाने के लिए निकाली गई विशाल जनाधिकार सत्याग्रह यात्रा और इसी दौरान यात्रा के अंतिम चरण में मुगल साम्राज्य की चहेती राजधानी में 'आगरा समझौते' की आड़ में, अपने अधिकार पाने की आस में धूल-धूप सहने वाले सर्वहाराओं को बीच मंझधार में छोड़ देने वाले दृश्य कॉमरेड 'प्रचंड' की स्मृतियों में आज भी क़ैद हैं। कानों में अभी भी तालियों का समवेत नाद और कबीर जिंदाबाद के गगनभेदी उद्घोष गूँज रहे हैं। जबकि बापू के प्रिय भजनों के बोल कानों में गरम सीसे-से खदक रहे हैं। आँखें टीवी पर तिरमिराते अंधे स्क्रीन पर इन भजनों के बीच उन दृश्यों को आज भी तलाशती हैं, जिनके लिए उनके प्रिय शिष्यों ने क्या-क्या प्रयोग नहीं किए थे। कैसे 'सर्वहारा स्वराज अभियान' की आड़ में भीड़ भरे चौक-चौराहों से लेकर हाट-बाजार में व्यवस्था के खिलाफ जहर उगलते हुए बेरोजगार वर्ग शत्रुओं का एक छापामार दस्ता तैयार कर लिया था।

कैसे भूल सकते हैं कॉमरेड 'प्रचंड' उस दृश्य को जब इसी अभियान का इश्तिहार हाथ में लिये, जवानी से पहले टूटे हुए सपनों के दर्द को समेटे, इसी दस्ते

के कुछ बेरोजगारों को पटना जंक्शन पर देखा था। वर्षों पहले देखा गया वह दृश्य जब-जब उन्हें याद आता है, पूरे शरीर में सुर्ख चींटियाँ-सी सरसराने लगती हैं। मगर उन्हें क्या पता था कि इस कारवाँ की अगुवाई करनेवाले ही एक दिन धन इकट्ठा करने वाले माफिया की शक्ल अख्तियार कर लेंगे? कॉमरेड 'प्रचंड' जिन्हें अपना वारिस मानने का भ्रम पाले हुए थे, वे ही एक दिन भोले, बेजुबान परिंदों का शिकार करने वाले बहेलिए बन जाएँगे, इसी की उन्होंने कौन-सी कल्पना की थी।

जब इतना कुछ संभव है, तब यह क्यों नहीं संभव हो सकता कि साईं अपने किसी भक्त और उस भक्त की संगत पाने वाली स्त्री अध्येता और समाजविज्ञानी पर आ जाए।

कॉमरेड सोहनलाल 'प्रचंड' ने गहरी साँस ली और अपने आपको उसी पुराने जर्जर हो चुके तख्त के भरोसे छोड़ दिया, जो कभी भी भरभराकर ढह सकता है। उनींदी और भारी पलकों के बीच अनायास उन्हें लगा जैसे सामने बंद पड़े टीवी की अंधी स्क्रीन पर उनका प्रिय शिष्य कबीर अपनी उसी कविता का पाठ कर रहा है, जिसे सुनाते हुए कभी उसकी आँखें एक उम्मीद भरे सपने से चमक उठती थीं। पता नहीं क्यों, आज एक बार फिर कॉमरेड 'प्रचंड' की चाह इसी कविता को सुनने के लिए बलवती हो उठी। उन्होंने सिरहाने रखे फोन का रिसीवर उठाया और काँपती अँगुलियों से अपने प्रिय शिष्य का नंबर लगाने लगे। मगर बार-बार कोशिशों के बावजूद वे अंत तक इसमें विफल रहे, क्योंकि जिस नंबर पर वे बात करना चाहते हैं, वह अभी व्यस्त है।

बाबा मैं तेरी पतंग, सतगुरु मैं तेरी पतंग
हवा विच उडदी जावाँगी, हवा विच उडदी जावाँगी
सैंया (साईंया) हाथों छोड़ी ना, मैं कट्टी जावाँगी
बाबा मैं तेरी पतंग...

तीन मूर्ति का पूरा चक्कर लेते हुए मदर टेरेसा क्रिसेंट और सरदार पटेल मार्ग के पूर्वी छोर पर प्रस्थापित दांडी मार्च प्रतिमा अर्थात् ग्यारह मूर्ति से पहले कबीर ने गाड़ी रोक दी। कानों में मिसरी घोलते भजन को गुनगुनाती और उसमें पूरी तरह डूबी, अपने सैंया (सानिया पटेल अपने इस प्रिय भजन को जब भी गुनगुनाती है, वह हमेशा साईंया का सैंया ही उच्चारित करती है।) के संग अनंत ब्रह्मांड में झोंटे खाती सानिया पटेल एक व्यवधान के चलते जैसे धड़ाम् से पृथ्वी पर आकर गिरी।

"क्या हुआ?" मानव लोक में आते ही सानिया ने हड़बड़ाते हुए पूछा।

"सानिया याद है, तुमने एक दिन कहा था कि जबसे हमने एनजीओ बनाकर मसीहा बनने का शौक पाला है, हम कुछ ज्यादा ही स्वार्थी हो गए हैं।"

"हाँ कहा था तो?" हैरानी हुई सानिया को कि उसके कहे को कबीर आज क्यों उद्धृत कर रहा है, वह भी इतने दिनों बाद!

"ये देखो पाँच मिस्ड काल...पता है ये किसके नंबर की कॉल हैं—कॉमरेड 'प्रचंड' की।"

"होंगी यार, इसमें इतना बेचैन होने की क्या बात है!" अपने सैंया यानी साईं से तादात्म्य टूटने की झल्लाहट सानिया के शब्दों में साफ झलक रही है।

"ऐसा मत कहो सानिया, आखिर एक समय वे हमारे रोल मॉडल रहे हैं...हमने उनसे बहुत कुछ ग्रहण किया है...बहुत कुछ सीखा है।"

कबीर की अपने गुरु के प्रति अभी भी बची हुई कुछ श्रद्धा से सानिया को लगा कि शायद कबीर सही कह रहा है। कॉमरेड 'प्रचंड' के बारे में उसे ऐसा नहीं कहना चाहिए था।

"वैसे तुम कहना क्या चाहते हो?" अपने साईं से तादात्म्य को पूरी तरह विच्छेद करते हुए पूछा सानिया ने।

"कॉमरेड 'प्रचंड' से हमें मिले हुए कितना अरसा हो गया है...तुम्हें नहीं लगता है कि हमें उनसे मिलते रहना चाहिए!"

पति का सुझाव सुन सानिया पटेल का स्त्री-धर्म दुविधा में पड़ गया, "वो तो ठीक है कबीर लेकिन उनकी उस जेजे कॉलोनी में जाने के नाम भर से मेरा जी मितलाने लगता है...उबकाइयाँ आने लगती हैं मुझे...बजबजाती नालियों से उठती बू के मारे सिर फटने लगता है...कितनी घुटन रहती है उनकी उस सीलन भरी कोठरी में!"

"फिर तो इस बदबू के चलते हम उनके पास कभी जा ही नहीं पाएँगे।" कबीर ने जिस तरह डूबी हुई आवाज में कहा, उससे सानिया के पास बचने का कोई रास्ता नहीं रहा।

बेमन से जाने के लिए तैयार होती हुई बोली, "ठीक है अगले रविवार को चलते हैं लेकिन ज्यादा देर नहीं रुकेंगे...वहाँ रुकने का मतलब तो आप समझते ही हैं।"

कॉमरेड सोहनलाल 'प्रचंड' को इसकी बिलकुल भी उम्मीद नहीं थी। अरसे बाद अचानक यूँ अपने सामने खड़े अपने वारिसों को देख, एक बार तो कॉमरेड 'प्रचंड' पहचान ही नहीं पाए। कैसे पहचानते? इससे पूर्व ये जब भी आए हैं इनका दैहिक आकार पहले की अपेक्षा कुछ ज्यादा ही संपन्न नजर आया है। हो सकता है यह उनका दृष्टिदोष हो क्योंकि इस बार इनकी दैहिक संपन्नता और भव्यता को देख वे किसी गहरी सोच में पड़ जाए। जो गठे हुए छरछरे बदन संघर्ष व हौसलों का आह्वान किया करते थे, और जिनके पसीने की गंध से वे उन्हें दूर से ही पहचान लिया करते थे, उन्हीं से एक्स्ट्रा लार्ज साइज के नाजुक फैब इंडिया कुर्ते-पायजामे मानो बगावत पर उतारू हैं।

''अरे आओ पार्टनर, आज कैसे इस जेजे कॉलोनी का रास्ता भूल गए?'' जर्जर तख्त से बैठने का प्रयास करते हुए बोले कॉमरेड 'प्रचंड'।

''माफ करना सर, उस दिन एक मीटिंग में फँसा हुआ था। इसलिए बात नहीं कर पाया।''

कबीर आगे बढ़ कॉमरेड 'प्रचंड' को सहारा देने की कोशिश करता कि कॉमरेड 'प्रचंड' ने यह कहते हुए उसे बीच में रोक दिया, ''पार्टनर, अभी इतना भी कमजोर नहीं हुआ हूँ कि मुझे किसी के सहारे की जरूरत पड़े...सहारे की जरूरत उन्हें पड़ती है जिनके पाँवों के नीचे जमीन नहीं होती है...वैसे भी बुलंदियाँ छूने वालों के पास फ़ुरसत कहाँ होती है।''

''नहीं सर, ऐसी कोई बात नहीं है। सोचा, फोन क्या करूँ...आपके पास जाकर ही बातें करेंगे।''

जोर से हँसे कॉमरेड सोहनलाल 'प्रचंड', इतनी जोर से मानो किसी ने पकड़कर झिंझोड़ दिया हो। कबीर भीतर तक सिहरता चला गया।

''तुम्हें क्या लगता है पार्टनर कि इस सीलन भरे कमरे में मुझे कुछ पता नहीं रहता...सऽऽऽब पता रहता है।'' इसके बाद उन्होंने पति-पत्नी के जिस्म की गहराई से पैमाइश की और मुस्कराते हुए बोले, ''कॉमरेड, काफी स्वस्थ हो गए हो। लगता है नरक मसीहाओं की यह दुनिया खूब रास आ रही है...ऐसा रौब-रुआब वर्ग शत्रु बने रहने पर थोड़े ही होता। वहाँ तो लोकल ट्रेनों में 'सर्वहारा स्वराज अभियान' के इश्तिहार बाँटने में ही जिंदगी बीत जाती।''

''सर, इधर आप लगता है काफी बीमार रहने लगे हैं।'' कबीर ने कॉमरेड 'प्रचंड' का ध्यान बाँटने की कोशिश की।

''बीमारी क्या पार्टनर, अब तो चला-चली का मेला है...और सानिया तुम्हारा कैसा चल रहा है...सुना है तुम्हारी भी गिनती आजकल कुछ खास फेमिनिस्ट सोशल एक्टिविस्टों में होने लगी है।''

''आपको किसने कह दिया सर कि मैं फेमिनिस्ट हूँ...हाँ, सोशल एक्टिविस्ट जरूर हूँ पर फेमिनिस्ट नहीं, कम से कम घर तोड़ने वाली नारीवादी तो बिलकुल भी नहीं।''

''मेरे कहने का मतलब यह नहीं था। खैर, जाने दो...सुना है इधर तुम एनएसी के मेंबर हो गए हो?'' कॉमरेड 'प्रचंड' ने वापस कबीर पर आते हुए पूछा।

''जी...जी सर।'' कबीर ने हकलाते हुए उत्तर दिया।

''और साथ में इधर उसी एक औद्योगिक घराने ने तुम्हें किसी रीयल हीरोज नाम के अवार्ड से भी नवाजा है, जिसके खिलाफ सेज के नाम पर किसानों की उपजाऊ भूमि कब्जाने को लेकर कुछ किसान संगठनों ने आवाज बुलंद की थी?''

कबीर चुप।

''सही रास्ते पर चल रहे हो पार्टनर...अब देखो न यह कैसा संयोग है कि जो कभी क्रांति और बदलाव का सपना देखा करते थे, आज वे विदेशी फंडिंग एजेंसियों की चौखट पर नवयुगी मसीहा बनकर हाथ में कटोरा लिये भीख माँग रहे हैं...जिन साम्राज्यवादी और पूँजीवादी शक्तियों के खिलाफ जनांदोलनों की अगुवाई किया करते थे, आज उन्हीं के हाथों सम्मानित हो रहे हैं।''

''सर, आप गलत सोच रहे हैं। यह अवार्ड तो मुझे माइक्रो फाइनेंस और जनाधिकार सत्याग्रह के जरिए गरीब आदिवासियों और दलितों को जंगल और जमीन पर उनका हक दिलाने के लिए दिया गया है।''

''माइक्रो फाइनेंस यानी ग्लोबल गरीबी मिटाने की इस नई दुकान खोलने के लिए मिला है...और यह एनएसी की मेंबरशिप?''

''यह तो सर सरकार का फैसला है।'' कबीर का जैसे हलक सूखने लगा।

''नहीं पार्टनर, यह इनाम तुम्हें इन्हीं गरीब दलितों और आदिवासियों के सपने गिरवी रखने के एवज में मिला है, जिन्हें तुम हक दिलाने की बात कर रहे हो...कहाँ गया तुम्हारा और सरकार का समझौता?'' इसके बाद कॉमरेड 'प्रचंड' बेहद शांत भाव से बोले, ''वैसे इसमें कसूर तुम्हारा नहीं है पार्टनर, क्योंकि सत्ता और व्यवस्था में भागीदारी के बिना इतनी ख्वाहिशों को पूरा नहीं किया जा सकता...'' कुछ पलों की खामोशी के बाद कॉमरेड सोहनलाल 'प्रचंड' की धवल भौंहों में हल्का-सा कंपन हुआ, तथा बाँस की खपच्ची-सी लरज चुकी कमर सीधी की, ''कॉमरेड...माफ करना पार्टनर, पता नहीं क्यों मैं अभी भी तुम्हारे कम्युनिस्ट होने का मुगालता पाले हुए हूँ...हाँ, तो एक सवाल मुझे बहुत दिनों से परेशान कर रहा है कि ऐसा क्या था जो लालकिले पर लाल झंडा फहराने का सपना देखने वालों ने अचानक गांधी की लाठी थाम ली? क्या दुनिया के तमाम सपने अब गांधी के बताए रास्ते पर चलकर पूरे होंगे...क्या गांधी का तरीका ही इच्छाओं और सपनों को पूरा करने का एकमात्र तरीका है...या फिर गांधी के रास्ते पर चलना इतना आसान है कि उस पर जो चाहे निकल पड़े, बिना यह सोचे कि इसकी बीहड़ताओं को पार करना कितना मुश्किल है...और क्या दुनिया के दूसरे रास्ते बेहद दुर्गम और कठोर हैं...क्या एक मामूली-सी दुपल्ली टोपी ओढ़ने, हालाँकि अब तो इसकी भी जरूरत नहीं है...बापू के भजनों की कुछ पंक्तियों, वक्त-बेवक्त लोगों को बहलाने के लिए सुराज के चंद जुमलों को रटने और 'सत्य के प्रयोग' व 'हिंद स्वराज' के पन्ने उलटने भर से आदमी गांधी का अनुयायी या गांधीवादी कहलाने का हकदार हो जाता है?''

''हो तो नहीं जाता पर सर उसके लिए कोशिश तो कर ही सकता है।''

एक फीकी हँसी हँसे कॉमरेड 'प्रचंड'।

''चोला बदलने से ख्वाहिशें भले ही पूरी हो जाएँ पार्टनर, सपने नहीं होते। सपनों को पूरा करने के लिए निर्मम साधना और तप की जरूरत पड़ती है...और जो

अपने असली चोले की हिफाजत नहीं कर पाता, वह उधार के चोले की क्या हिफाजत करेगा...मुझसे बहुत बड़ी गलती हो गई, जो तुम्हारे अंदर मैंने अपना अक्स देख लिया...मैं तुम्हारी इच्छाओं और लालसाओं को ही तुम्हारा लक्ष्य समझ बैठा...मैं चूक गया जो तुम्हारी ख्वाहिशों और सपनों में फर्क नहीं कर पाया...मैं ही क्रांतिकारी चादर में छिपे हुए इन साम्राज्यवादी ट्रोजन होर्स का चरित्र नहीं समझ पाया, जिनकी नजर में गरीबी और सेवाभाव की कोई विचारधारा नहीं होती।''

कुछ भी कहते नहीं बना कबीर से। बस गरदन झुकाए चुपचाप बैठा रहा। छोटे से कमरे में उन तीनों के बीच खामोशी के सिवाय कोई नहीं था।

एकाएक ठहरे हुए पानी में कुछ हलचल-सी हुई। नजरें उठाकर कबीर ने एक पल के लिए कॉमरेड 'प्रचंड' की ओर देखा, ''सर, अगर आप अन्यथा न लें तो एक बात कहूँ, जवानी के पहले सपनों के टूटने का दर्द क्या होता है, आपसे बेहतर शायद ही कोई जानता होगा। आपने जो कहा है वह अपनी जगह सच है लेकिन आप यह चाहेंगे कि जो दर्द आपने झेला है, वैसा ही हम भी झेलें?''

कबीर के इस प्रश्न ने कॉमरेड सोहनलाल 'प्रचंड' को अनुत्तरित-सा कर दिया।

''रही बात सपनों और ख्वाहिशों की, सो इससे कोई फर्क नहीं पड़ता कि वे कैसे पूरे होते हैं...सर, अगर इजाजत हो तो हम चलें?'' कबीर ने हिम्मत जुटाते हुए कह ही दिया।

''जाना चाहते हो?'' एक क्षण रुककर कॉमरेड 'प्रचंड' ने कबीर की आँखों में झाँकते हुए जैसे अनुनय की, ''पार्टनर, एक छोटी-सी गुजारिश है...और मुझे पूरा यकीन है कि तुम इनकार नहीं करोगे...इसके बाद कभी नहीं कहूँगा...''

जाने के लिए कुर्सियाँ छोड़कर खड़े हो गए कबीर-सानिया फिर से बैठ गए।

''पार्टनर, तुम्हारे मुँह से उस कविता को अंतिम बार सुनना चाहता हूँ।''

कॉमरेड सोहनलाल 'प्रचंड' के इस आग्रह पर कबीर की धमनियों में दौड़ता रक्त ठिठक-सा गया। कबीर ने नजरें बचाते हुए सानिया की ओर देखा। सानिया ने भी आँखों ही आँखों में जैसे कहा कि फटाफट सुनाकर फूट लो यहाँ से।

सानिया की मौन स्वीकृति पर कबीर ने अपने आत्मबल को सहेजा और जैसे ही उसने कविता सुनाने की कोशिश की, लगा होंठ शुष्क हो पपड़ा गए हैं। बार-बार की कोशिशों के बावजूद होंठों से शब्द नहीं फूटे। मुश्किल से उसने चित्त एकाग्र कर अभी आधी कविता ही सुनाई थी कि कॉमरेड 'प्रचंड' ने उसे बीच में टोक दिया, ''पार्टनर, ऐसे नहीं वैसे सुनाओ जैसे कभी अपने कॉमरेडों के जन-समूह को पूरे जोश के साथ सुनाया करते थे!''

मगर कॉमरेड सोहनलाल 'प्रचंड' जैसे इस कविता को सुनना चाहते थे, कबीर चाहकर भी उसे नहीं सुना पाया। माथे पर पसीना चू आया। पहले जैसी लय, धार और ओजस्विता जैसे भोंथरी हो गई। कविता के नाम पर कोरे शब्द रह गए। समझ

गए कॉमरेड 'प्रचंड' कि कबीर नहीं सुना पाएगा। इसके बाद किसी तरह का इसरार नहीं किया और उन्हें जाने की इजाजत दे दी।

अपने प्रिय शिष्यों को जाते हुए कॉमरेड सोहनलाल 'प्रचंड' तब तक देखते रहे जब तक उन दोनों के दूर जाते साए धुँधले नहीं पड़ गए। पीछे से दोनों के अनियंत्रित नितंबों को देख, उन्हें ऐसा लगा, मानो उनमें एक-दूसरे को पछाड़ने की स्पर्धा छिड़ी हुई है। एकाएक एक अपराधबोध के चलते कॉमरेड 'प्रचंड' ने नजरें फेर लीं।

सीलन भरी कोठरी में पीछे छूट गए कबीर की कविता के शब्द रह-रहकर कॉमरेड सोहनलाल 'प्रचंड' के कानों में जैसे चुहलबाजी करने लगे—साथी, लाल सलाम/मैंने सपना देखा/लालकिले पर लहराता/लाल झंडा देखा। परकोटे से लालकिले के/खुद को भाषण देते देखा/सामने फैले जनसमूह को/लाल सलाम लेते देखा।

उन्तालीस

गंगाधर आचार्य पहली बार मध्य जून में जब देश की इस राजधानी में आए थे तो आग बरसाते लू के थपेड़ों से जिस्म जल-जल उठा था। वैसी प्रचंड गरमी आचार्यजी ने अपनी जिंदगी में इससे पहले कभी नहीं देखी थी। इस बार भी आए हैं तो वैसी ही देह को झुलसा देने वाली आग बरस रही है। ऐसा लगता है जैसे यहाँ का मिजाज ही कुछ ऐसा है।

न जाने क्या-क्या सोचते हुए आचार्यजी ने पहले की तरह परिषद में प्रवेश किया ही था कि मुख्य द्वार के बगल में बने गार्ड रूम में तैनात नए-नए सुरक्षाकर्मियों ने अपने दायित्व का निर्वाह करते हुए उन्हें बीच में ही रोक दिया। आचार्यजी ने अपने परिचय के साथ, अपने गंतव्य के बारे में बताया तो सुरक्षाकर्मी ने आगंतुक रजिस्टर यह कहते हुए आगे कर दिया, ''सर आपने उनसे मिलने के लिए एपोंटमेंट तो ले रखा है न? आजकल मैडम किसी से बगैर एपोंटमेंट के मिलती नहीं हैं।''

गंगाधर आचार्य को बुरा नहीं लगा। उन्होंने रजिस्टर में अपना नाम दर्ज किया, और पहले से बैठी आगंतुकों की भीड़ में वे भी शामिल हो गए। कुछ के हाथों में तरह-तरह के गुलदस्ते देख उन्हें थोड़ी आत्मग्लानि और शर्मिंदगी भी महसूस हुई। लेकिन जानते हुए भी वे अनासक्त भाव से चुपचाप बैठे रहे। कुछ ही देर बाद एक महीन खनकती आवाज उछली, ''सर, जाइए प्लीज।''

ब्रास की चिर परिचित चमचमाती नेम प्लेट वाले दरवाजे को धकेल आचार्यजी ने अंदर प्रवेश किया, तो चैंबर में तबियत से छिड़के गए गुलाब के इत्र के तेज भभूके ने उनका स्वागत किया।

''आइए, आचार्यजी, स्वागत है!'' सामने दीवार पर टँगे राष्ट्रपति, प्रधानमंत्री और उन दोनों के बीच पहले की तरह लटके बापू के नीचे बिछी कुर्सी ने गर्मजोशी के साथ उनका स्वागत किया।

एक खाली कुर्सी पर बैठते-बैठते आचार्यजी गुलाब गंध में लिपटे पूरे चैंबर का मुआयना कर गए। दूसरे कार्यकाल के रूप में मिले राजभोग की चमक चेहरे और आँखों में साफ झलक रही है। चैंबर की दीवारों वाला हिस्सा किस्म-किस्म के बासी और ताजा गुलदस्तों से अटा पड़ा है। सबसे ज्यादा अचरज उन्हें दीवार पर टँगी बापू

की बदली हुई तस्वीर को देखकर हुआ। अचरज इसलिए कि जहाँ पहले इस जगह स्निग्ध मुस्कान बिखेरती बापू की स्वाभाविक और सहज तस्वीर टँगी हुई थी, उसकी जगह खिलखिलाते हृष्ट-पुष्ट गांधी ने ले ली है। गंगाधर आचार्य इस परिवर्तन पर मन-ही-मन मुस्कराकर रह गए।

''अरे सानिया, आचार्यजी का भी तो मुँह मीठा कराओ!'' अध्यक्ष बहन भाग्यवती ने सानिया पटेल को टोकते हुए कहा।

सानिया ने अन्यमनस्कता के साथ अपने सामने रखा बर्फी का डिब्बा आचार्यजी के आगे सरका दिया।

इससे पहले कि बर्फी का टुकड़ा उठा आचार्यजी उसे मुँह में डालते, बहन भाग्यवती ने पूछ लिया, ''अरे भई, यह तो पूछ लो कि किस खुशी में कराया जा रहा है!''

मुँह की ओर जाता हाथ बीच में ही झूलकर रह गया। एक बार उनके मन में आया भी कि वे कह दें कि उन्हें सब पता है परंतु कहते-कहते रुक गए।

''अच्छा पहले इन्हें बधाई दो!'' आचार्यजी की चुप्पी देख बहन भाग्यवती ने कहा।

अकबकाए से गंगाधर आचार्य सोचने लगे कि वे बधाई देंगे तो इस बहन भाग्यवती को देंगे। इस सानिया पटेल को किस खुशी में दें। फिर भी सबका मन रखने के लिए उन्होंने बधाई दी और बर्फी का टुकड़ा मुँह में डाल लिया। समझ गई बहन भाग्यवती कि आचार्यजी से यह गाँठ अभी भी नहीं खुली है।

''आचार्यजी, आपने मुँह भी मीठा कर लिया और बधाई भी दे दी लेकिन लगता है आप अभी भी नहीं समझ पाए हैं कि सानिया पटेल ने आपका किस बात के लिए मुँह मीठा कराया है?''

सचमुच आचार्यजी को नहीं पता।

''हमारी सानिया को आचार्यजी सरकार ने गांधी स्मृति एवं दर्शन का डायरेक्टर नियुक्त किया है।''

''हे राम!''

गंगाधर आचार्य के मुँह से अनायास निकला। मुँह में घुली बर्फी हलक से उतरते हुए गोले की तरह अटक गई बीच में। उन्होंने धीरे-से नजर घुमाकर पूरे चैंबर पर दृष्टि डाली, तो लगा जैसे बापू की हत्या के समय उछटे खून के सूखे छींटों से पूरी दीवारें सनी हुई हैं। चैंबर में दाखिल होते हुए जो ठहाके उन्होंने सुने थे, उन्हें अब लग रहा है जैसे ये ठहाके बापू के झूठे वारिसों द्वारा उनकी हत्या की खुशी में मनाए जानेवाले जश्न के ठहाके हैं।

''...तो मैम, जब आप उनके पास गई थीं, तब आपका दिल जोर-जोर से धड़क रहा होगा!'' गंगाधर आचार्य के आने से जो रंग में भंग पड़ चुका था और पहले से

चल रहे प्रसंग का जो तारतम्य टूट गया था उसमें पुन: गाँठ लगा, बर्फी के लगभग खाली हो चुके डिब्बे को धीरे-से अपनी ओर खींचते हुए सानिया पटेल बोली।

"मत पूछ सानिया। मैंने मन-ही-मन बापू का स्मरण किया और सीधा उनसे अपनी बात कह दी।" सीने पर हाथ रख बहन भाग्यवती ने उसी छूटे हुए प्रसंग पर आते हुए कहा।

"फिर उन्होंने क्या कहा मैम?" इस बार समाजविज्ञानी डॉ. वंदना राव की मारे कौतूहल के कंचे-सी मोटी-मोटी आँखें ठहर गईं। कानों में झूलती किसी आदिवासी क्षेत्र की महिलाओं द्वारा पहनी जाने वाली दुर्लभ किस्म की झुमकियाँ मारे रोमांच के काँपने लगीं।

"कुछ नहीं बोले। बस, सामने खुले फोल्डर पर नजर गड़ाए होंठों पर मुस्कान तैरती रही...मैं तुरंत समझ गई उनकी इस मुस्कान का अर्थ।"

"मुस्कान का अर्थ?" मारे उत्तेजना के इस बार डॉ. अंबेडकर दलित महिला उद्धार सभा की सुप्रीमो सुमन भारती की लवें सुर्ख हो उठीं।

"हाँ सुमन...वास्तव में वे मेरी उसी कविता में डूबे हुए थे जो मुझे भी सबसे प्रिय है...मगर कुछ पलों के बाद जैसे ही उन्होंने कहा कि बहनजी उपलब्धियाँ तो आपकी यही कह रही हैं कि आपको एक मौका और मिलना चाहिए। देश के ऐसे संस्थानों को आप जैसे कर्त्तव्यनिष्ठ, निस्वार्थ, ईमानदार और असली गांधीवादी समाजसेवियों की ही जरूरत है...आप निश्चिंत होकर जाइए और अगले टर्म की तैयारी कीजिए।"

"ओ माई गॉड! मैम, पीएम ने यह सब कहा।" सानिया पटेल के बेकाबू तांबई गाल गहरे होते चले गए, "मैम प्लीज, आज और सुना दीजिए उस कविता को!"

"हाँ मैम, हम सब आपके मुँह से उस कविता को एक बार फिर से सुनना चाहते हैं...मौका भी अच्छा है।" सुमन भारती सानिया पटेल का समर्थन करते हुए ठिनुकी।

"वैसे थीम साँग के बाद आपके मुँह से आपकी कोई कविता सुनी भी नहीं है।" इस बार सानिया पटेल मचलते हुए बोली।

"हाँ भैनजी, बहुत दिन हो गए आपसे कोई गाना सुने!"

"सरलाजी, इसे गाना नहीं कविता या नज़्म कहते हैं।" अमीना ख़ान ने सरला बजाज की अज्ञानता को दुरुस्त करते हुए टोका।

बहन भाग्यवती को जँच गया कि अगर उसने जल्दी ही इन काव्य-रसिकों को अपनी प्रिय कविता नहीं सुनाई, तो गीत, कविता और नज़्म को लेकर छिड़ने वाले विमर्श पर काबू पाना मुश्किल हो जाएगा। उसने अरसे से अनछुए सुरों को खँखारते हुए साधा, चित्त को एकाग्र किया और छिड़ने वाले विमर्श की लपटों पर काबू पाते हुए अपनी सबसे प्रिय कविता की सस्वर बौछार शुरू कर दी—आँसू की कुछ बूँदें

तो/मेरी आँखों से ढुलककर/बरौनियों पर बंदनवार-सी तन गई हैं/और कुछ गालों से होती हुई/धरती पर गिरकर/धूल और मिट्टी में सन गई हैं/मगर कुछ ऐसी भी हैं/जो स्वाति कणों-सी/तुम्हारे आँचल में पहुँचकर मोती बन गई हैं।

कविता खत्म करते ही बहन भाग्यवती ने सबको छोड़ स्त्री अध्येता, स्त्री अध्ययन संस्थान की डायरेक्टर, समाजविज्ञानी और वर्तमान की सामाजिक चिंतक डॉ. वंदना राव की ओर देखा। वह जानती है कि यहाँ मौजूद काव्य-रसिकों के इस झुंड में कविता का मर्म और गहराई को सच्चे अर्थों में अगर कोई समझता है, तो वह अकेली यह डॉ. वंदना राव ही है।

मगर इधर इस चतुर-चालाक स्त्री अध्येता और सामाजिक चिंतक को भी जैसे इस बात का पहले से इल्हाम था। इसलिए उसने आसानी से यह कहते हुए अपना पिंड छुड़ा लिया, "मैंने पहली बार जब इस कविता को सुना था तभी कह दिया था कि सच्चे मायने में यह एक उत्तर-आधुनिक स्त्री-विमर्श की सच्ची और कालजयी कविता है।"

सामाजिक चिंतक, स्त्री अध्येता और स्त्री अध्ययन संस्थान की एक डायरेक्टर की भारी-भरकम विशेषणों में लिपटी इस ऐतिहासिक टिप्पणी को सुन, परिषद की ताजा-ताजा बनी अध्यक्ष बहन भाग्यवती बिना पंखों के हवा में उड़ने लगी। यह बात अलग है कि वह आज तक नहीं समझ पाई है कि यह उत्तर-आधुनिकता, स्त्री-विमर्श और कालजयी है क्या बला?

"मैम, आचार्यजी से आप उस बारे में भी बात करिए न!" बहन भाग्यवती का एकल काव्यपाठ समाप्त होते ही, उपसचिव मिसेज़ मौर्य ने अपनी अध्यक्ष को याद दिलाते हुए कहा।

"अरे हाँ, अच्छा दिलाया...क्या मामला था इनका?"

"मैम, इन्होंने जो उपयोगिता प्रमाण-पत्र दिया है वो ठीक नहीं है।"

"कैसे ठीक नहीं है, इन्हें बताइए!"

उपसचिव ने इस बीच मँगा ली गई संबंधित फाइल खोली और उसे खोलकर आचार्यजी को समझाते हुए बोली, "सर, आपने यहाँ जो खर्च दिखाया है न, वह ठीक नहीं है...क्योंकि आपको फंड मिला है सवा चार लाख और आपने उसमें से खर्चा दिया है साढ़े तीन लाख।"

"हाँ, तो इसमें गलत क्या है?"

इधर उपसचिव मिसेज़ मौर्य नादान गंगाधर आचार्य को परोक्ष रूप से यह समझाने की चेष्टा कर रही है कि इस पचहत्तर को कैसे ठिकाने लगाया जाए, उधर पूरे चैंबर के होंठों पर एक रहस्यमयी मुस्कान तैरने लगी, यह सोचकर कि कैसे-कैसे लोग एनजीओ बनाकर सामाजिक कल्याण और बदलाव का भार अपने कंधों

पर ले लेते हैं। इन्हें यह तक नहीं पता कि सरकारी धन को कैसे ठिकाने लगाया जाता है। जिन्हें सलीके से सरकारी धन खर्च करना नहीं आता, वे क्या खाक समाज सेवा करेंगे।

''आचार्यजी, मिसेज़ मौर्य के कहने का तात्पर्य यह है कि बेशक आप खर्चा एक पैसा भी न करें लेकिन कागजों में उसे पूरा दिखाइए।'' सरकारी धन का सदुपयोग कैसे किया जाता है, उसका तरीका और कोई नहीं बकौल पीएम एक कर्त्तव्यनिष्ठ, निस्वार्थ, ईमानदार और असली गांधीवादी, अपने एक पुराने सहयोगी को बता रही है।

''ऐसे कैसे हो सकता है बहनजी ?'' गंगाधर आचार्य ने प्रतिवाद करना चाहा।

''आचार्यजी, ऐसेई होता है...हम सब ऐसेई तो करते हैं...क्यों सानियाजी ?''

इससे पहले कि बहन भाग्यवती कुछ कह पाती, अखिल भारतीय अबला मंच की अध्यक्ष सरला बजाज ने अपने बराबर में बैठी ग्रासरूट फाउंडेशन की अध्यक्ष सानिया पटेल से पुष्टि कराते हुए कहा।

गंगाधर आचार्य ने सरला बजाज के इस रहस्योद्घाटन पर पहले गांधी स्मृति एवं दर्शन की नई-नई बनी निदेशक व गांधी की एक भावी वारिस की ओर देखा, फिर सरला बजाज की ओर पलटे, ''मुझे सब पता है सरलाजी। पिछले सालों में मैंने यही तो देखा है...लेकिन है तो यह आपने आप में एक अनैतिकता ही न!''

''आचार्यजी, इसमें कैसी अंतिकता...सरकार किसलिए पैसा दे रई है, समाज सेवा के लिए न...।''

''सरलाजी, एक मिनट आप चुप रहिए... !'' इतना कह बहन भाग्यवती सामाजिक चिंतक डॉ. वंदना राव की ओर मुड़ी, ''वंदनाजी, आप ही समझाइए इन्हें!''

''मैम, इन्हें समझाने की कोई जरूरत नहीं है। ये सब समझ रहे हैं।''

अध्यक्ष बहन भाग्यवती ने कोई प्रतिक्रिया व्यक्त नहीं की। एक समाजविज्ञानी और सामाजिक चिंतक होने के नाते शायद डॉ. वंदना राव उससे इस मामले में बेहतर जानती है।

''ठीक है मिसेज़ मौर्य, जैसा आचार्यजी चाहते हैं वैसा ही करिए।'' अपने मातहत को अध्यक्ष होने के नाते निर्देश देते हुए विषय पर विराम लगाना ही उचित समझा बहन भाग्यवती ने।

तरह-तरह के कृत्रिम और प्राकृतिक फूलों से बनाए गए गुलदस्तों से फूटती गंध में गंगाधर आचार्य का अब दम घुटने लगा। इससे अच्छा और कोई मौका नहीं हो सकता। वैसे भी वे इस बार दुविधाओं और अंतर्द्वंद्वों की सारी गाँठों से अपने आपको मुक्त करके आए हैं। उन सारी मोखियों को पूरी दृढ़ता और ताकत के साथ बंद करके आए हैं, जिनसे छन-छनकर आने वाली लिप्सा और इच्छाओं की किरनों

के आने का अंदेशा रहता है, और जो खुले में टहलती धूप की जगह जबरन काबिज होने की कोशिश करती हैं।

''बहनजी, आपसे एक बात कहनी है!''...चैंबर में दुबकी खामोशी के जालों को धीरे-से हटाते हुए बोले गंगाधर आचार्य।

गंगाधर आचार्य ने जिस तरह अपनी पुरानी सहयोगी और गांधीवादी बहन भाग्यवती की आँखों में झाँकते हुए कहा, उससे बहन भाग्यवती के भीतर जैसे कुछ थरथराने लगा। रोआँ-रोआँ एक अपरिचित भय से मुस्तैद हो गया। गंगाधर आचार्य के चेहरे पर उभरे और आँखों में अचानक पैदा हुए विश्वास को देख सहम गई बहन भाग्यवती। शून्य में ताकती आँखें आचार्यजी के चेहरे पर चस्पाँ हो गईं।

''मेरा सामर्थ्य और मेरी हिम्मत अब जवाब दे चुकी है...बहनजी, कृपया मुझे इस सबसे अब मुक्त करिए!'' द्वंद्व कक्ष से बाहर निकल गंगाधर आचार्य ने हिम्मत बटोरते हुए कहा।

''आचार्यजी, जैसी आपकी इच्छा। जब आपने निर्णय ले ही लिया है तब मैं आपको नहीं रोकूँगी।'' गहरी साँस ले बहन भाग्यवती ने अंतत: गंगाधर आचार्य के फैसले को सबके सामने स्वीकारते हुए कहा।

''अगर बुरा न मानें तो एक बात कहूँ? दरअसल मैम, जवाब इनकी हिम्मत ने नहीं दिया है...असली बात यह है कि ये अपने आपको हमारी सिविल सोसाइटी में फिट नहीं कर पा रहे हैं...क्यों आचार्यजी?''

''यह आपका पक्ष हो सकता है वंदनाजी, मगर मैं ऐसी अघाई भीड़ से अपने आपको दूर ही रखना चाहता हूँ जिसके लिए ये इंडिया गेट, जंतर-मंतर, राजघाट ऐसी मजारें हो गई हैं कि पूरे दिन पाप करो और साँझ होते ही जली हुई मोमबत्तियों के साथ उन्हें धो आओ। दुर्भाग्य से यही फैब इंडियाई जंतर-मंतरी अपने आपको इस देश का भाग्य-विधाता मानने का भ्रम पाले हुए हैं, वह भी जनता से माँगे गए चंदे के बल पर।''

''आचार्यजी, आपको इस सिविल सोसाइटी से आखिर इतनी नफरत क्यों है?'' सामाजिक चिंतक डॉ. वंदना राव के नथुने फड़फड़ाने लगे।

''मुझे किसी से कोई नफरत या ईर्ष्या नहीं है...मुझे नफरत है उस प्रपंच से जिसने स्याह और सफेद व बुरे और अच्छे का अंतर ही मिटा दिया है...शब्दों के मतलब और उनकी तार्किकता को ही खत्म कर दिया है...यह वही सिविल सोसाइटी है जो शिक्षा की बड़ी-बड़ी दुकानें और शो रूम खोलकर, मुँहमाँगी मोटी रकम वसूल कर कॉरपोरेट लुटेरों की फौज तैयार कर रही है...एक तरफ यह प्रगतिशील होने का ढोंग रचती है, तो दूसरी तरफ धार्मिक पाखंड का पोषण करती है।''

गंगाधर आचार्य के इस वाक्य पर पूरे चैंबर में सिहरन-सी दौड़ गई।

''...वंदनाजी, मैं तो उस दुचित्तेपन से नफरत करता हूँ जो एक तरफ अपने

आपको सबसे बड़ा देशभक्त मानता है, और दूसरी तरफ वह सांप्रदायिकता, जातिवाद, भ्रष्टाचार, भेदभाव और झूठे दंभ जैसी व्याधियों से सबसे ज्यादा ग्रस्त है...यह वही सिविल सोसाइटी है जो सांप्रदायिक दंगों में सज-धजकर लूटे गए सामान के साथ ऐसे ही देशभक्तों की अगुवाई करता है...

''खैर छोड़िए...बहनजी, मैं तो आपसे यही निवेदन करने आया हूँ कि मुझे इस ठगों और धोखेबाजों के स्वर्ग से मुक्त करिए...मुझे इस स्वर्ग में रहने का शौक नहीं है...मुझसे निहत्थों के विरुद्ध होने वाली यह हिंसा, जो भले ही दिखाई नहीं देती हो, अब बर्दाश्त नहीं होती...मैं सर्वोदयी कल्याण सभा की अपनी इस छोटी-सी मैली-कुचैली दुनिया में ही खुश हूँ...इतना आत्मबल तो बापू सिखा ही गए हैं कि दीन-हीनों के बीच कैसे रहा जाता है। मेरी आत्मा इस बात की गवाही नहीं देती है कि गरीबों और मजलूमों के हिस्से को मार मैं चुपड़ी खाऊँ...मैं तो अपनी इस फाकाकशी में मस्त हूँ।''

वातानुकूलित चैंबर में कँपकँपा देने वाली ठंडक के बावजूद बहन भाग्यवती के ललाट पर पसीना छलछला आया। चेहरे की रक्त कोशिकाओं का रंग फीका पड़ गया।

राष्ट्रीय बाल एवं महिला कल्याण परिषद की दोबारा बनी नई-नई अध्यक्ष के ठिठुरते चैंबर में छा गए निर्दोष मौन को भेदते हुए गंगाधर आचार्य विदा लेने के लिए खड़े हो गए।

''मैं...मैं गाड़ी से छुड़वा देती हूँ!'' बहन भाग्यवती जानती है, कि आचार्यजी का एकमात्र ठिकाना गांधी शांति प्रतिष्ठान ही है।

''नहीं, मुझे अभी प्रतिष्ठान नहीं समाधि स्थल जाना है।''

''तो फिर मैं छोड़ देती हूँ मैम! मुझे भी राजघाट ही जाना है गांधी दर्शन।'' गांधी स्मृति एवं दर्शन की नई-नई डायरेक्टर ने ठसके से कहा।

''सानियाजी, आप बातें करिए। मैं चला जाऊँगा। इस दिल्ली के कुछ-कुछ रास्ते थोड़े-बहुत मैं भी जानने लगा हूँ...मुझे किस रास्ते पर और किस दिशा में जाना है, इतना तो मैं जानता हूँ...अच्छा, आप सबको मेरा प्रणाम!'' विनम्रता के साथ हाथ जोड़ते हुए पूरे चैंबर से विदा ले गंगाधर आचार्य बाहर आ गए।

खुले में बाहर आते ही लू का तेज थपेड़ा गंगाधर आचार्य से जोर-से टकराया। बावजूद आग बरसाती प्रचंड गरमी के आचार्यजी के जिस्म का पोर-पोर भीतर तक एक चिर-परिचित शीतलता से भीगता चला गया। पूरी देह वसंत की नर्म टहनियों-सी मुलायम हो गई।

बापू के समाधि स्थल परिसर में प्रवेश करने से पहले गंगाधर आचार्य ने पलटकर पीछे की ओर देखा, तो गांधी दर्शन के वर्षों पुराने बोर्ड को देख मन-ही-मन मुस्कराकर रह गए। उन्होंने गहरी साँस ले बाहर छोड़ी और फिर समाधि स्थल

की ओर बढ़ गए।

समाधि स्थल पर दशकों से अनवरत अपनी लौ और ऊष्मा प्रदान करते कलश पर नजर डाल, बापू के चरणों की ओर पालथी मार मन को एकाग्र और शांत कर समाधि लगाकर बैठ गए गंगाधर आचार्य। अंतस में हौले-हौले बापू के प्रिय भजन के शब्द गूँजने लगे—रघुपति राघव राजाराम/पतित पावन सीताराम/ईश्वर अल्लाह तेरो नाम/सबको सन्मति दे भगवान।

जब तक गंगाधर आचार्य बापू के चरणों में बैठे रहे और समाधि स्थल के मुख्य द्वार से हरहराकर आते लू के थपेड़े शरीर से टकराते रहे तब तक लगता रहा जैसे ये लू के थपेड़े नहीं, बर्फ़ की घाटी से गुजरकर आते हवा के ठंडे झोंके हैं। पश्चिम में तन कर खड़े आग उगलते सूरज की प्रचंड धूप भी मानो चंदन का लेप-सी लग रही है। लग रहा है जैसे पूरी देह किसी भीजी हुई चादर में लिपटी हुई है।

गंगाधर आचार्य सारी आत्म-स्वीकृतियों को बापू के चरणों में अर्पित कर समाधि स्थल से बाहर आए, तो सामने दरख़्तों की टहनियों में उलझे सूरज को देख हौले-से मुस्कराए, और गांधी शांति प्रतिष्ठान की ओर बापू के इस प्रिय भजन को गुनगुनाते हुए पैदल ही चल दिए—

वैष्णव जन ते तेने कहिए जे पीड़ परायी जाणे रे
पर दुक्खे उपकार करे तोये मन अभिमान ना आणे रे
सकल लोक माँ सहुने वंदे निंदा न करे केनी रे
वाच-काछ-मन निश्चल राखे धन-धन जननी तेनी रे
वैष्णव जन तो तेने कहिए जे...।

●●●